El yo fabulado
Nuevas aproximaciones críticas a la autoficción

Ana Casas (ed.)

EL YO FABULADO
Nuevas aproximaciones críticas a la autoficción

Ana Casas (ed.)

Iberoamericana - Vervuert - 2014

Publicación financiada con la ayuda de la Universidad de Alcalá y de su área de Literatura Española

Índice

LA AUTOFICCIÓN EN LOS ESTUDIOS HISPÁNICOS: PERSPECTIVAS ACTUALES[1]

Ana Casas

UNIVERSIDAD DE ALCALÁ

En 1977 el escritor y profesor francés Serge Doubrovsky inventó el neologismo «autoficción» para definir *Fils*, ya desde su contracubierta, como una «ficción de acontecimientos estrictamente reales». Apostaba así por la existencia de un género mestizo en el que, contradiciendo a Philippe Lejeune en su célebre artículo de 1973, sí era posible que un héroe de novela llevara el mismo nombre que el autor: es decir, el pacto de ficción sí era compatible con la identidad de nombre entre autor, narrador y personaje.

Como ya ha sido explicado en diversas ocasiones, a partir de que Doubrovsky llamara la atención sobre sí mismo, algunas voces empezaron a aplicar el concepto de «autoficción» a obras que se estaban publicando por esos años y también a textos anteriores. Así, por ejemplo, Jacques Lecarme afirmaba en 1984 que la casilla de Lejeune no estaba vacía desde hacía mucho tiempo, y, para corroborarlo, aportaba los ejemplos de André Malraux, Louis-Ferdinand Céline o Patrick Modiano. A este trabajo siguieron otros a propósito de los vínculos y dependencias entre la autobiografía y la autoficción: los llevados a cabo por Lecarme (1994) y Lecarme en colaboración con Éliane Lecarme-Tabone (1997); la tesis de Marie Darrieussecq (1997) sobre Serge Doubrovsky, Hervé Guibert, Michel Leiris y Georges Perec, o su artículo de un año antes en *Poétique*. De esta manera, en un primer momento la autoficción nació muy apegada a la autobiografía, en tanto que expresión posmoderna de esta.

A mediados de los 80, sin embargo, empezó a vincularse también a la novela, cuando algunos críticos se mostraron reacios a aceptar sin más la

---

1. El presente libro forma parte del proyecto «Figuraciones del yo y representación autoficcional en narrativa, cine, teatro y novela gráfica en el marco de la teoría de los géneros», financiado por el Subprograma Ramón y Cajal (MICINN-RYC) 2011.

ambigüedad genérica de esta modalidad narrativa. Vincent Colonna amplió el concepto al entenderlo como la serie de procedimientos empleados en la ficcionalización del yo (*cfr.* su tesis doctoral, de 1989, y su libro de 2004), de modo que la autenticidad de los hechos apenas entraba en consideración, ni la autoficción se limitaba al periodo bajo el signo de la crisis del sujeto: al parecer de Colonna, también eran autoficcionales *La divina comedia* o «El Aleph», aunque en ellos no hubiera sombra de duda con respecto a su ficcionalidad. Esta línea, que permitía revisar los textos desde una perspectiva diacrónica y establecer un hilo histórico que uniera las obras autoficcionales de distintas épocas, fomentó el interés, partiendo de la identificación entre autor y personaje, por determinadas figuras y recursos de la ficción, tales como la metalepsis o la *mise en abyme*[2].

Como se deduce de lo anterior, desde finales de los años 70 y hasta la actualidad, han proliferado los estudios sobre la autoficción en Francia (y en general, en las zonas de habla francesa), donde la práctica de las literaturas del yo —en concreto, de la novela autobiográfica y de la narrativa autoficcional— ha tenido un importante desarrollo. Ello explica, en gran medida, que el empeño investigador en torno a esta temática también haya sido muy notable, como ponen de relieve los trabajos citados, así como otros realizados en fechas posteriores. Desde una perspectiva historicista, destacan los libros de Sébastien Hubier (2003) y, especialmente, de Philippe Gasparini (2004 y 2008), que profundiza en las implicaciones y consecuencias de la recepción paradójica de la autoficción, al llamar la atención sobre las informaciones que orientan la lectura de la obra y aparecen contenidas en los diversos niveles textuales y extra-textuales. No obstante, su mayor aportación ha consistido en ahondar en los recursos textuales (voz y perspectiva, estrategias temporales), que acaban determinando qué clase de texto tiene entre manos el lector.

Entre la ya abundante bibliografía sobre la autoficción, aunque menos abarcadores o panorámicos que los trabajos de Colonna, Hubier y Gasparini, resultan muy sugerentes los estudios de Régine Robin (1997), quien vincula la autoficción a la escritura judía y al Holocausto como respuesta a la experiencia traumática, y de Madeleine Ouellette-Michalska (2007) y Annie Richard (2013) en torno a la literatura de género. En estos casos la práctica poco ortodoxa de la autoficción estrecha los lazos con las escrituras «descentradas» o marginales de judíos y mujeres. Otras ópticas, como la de

---

2. Para un recorrido más amplio de las trayectorias seguidas por la teoría de la autoficción, puede consultarse Casas (2012: 9-33).

la crítica genética (Jeannelle y Viollet, eds. 2007) o de la poética cognitiva (Schmitt 2010) ofrecen interesantes reflexiones en torno al fenómeno.

En general, la perspectiva adoptada en estos trabajos es de cariz teórico —se preguntan por los deslindes genéricos de la autoficción, sus características, alcance y manifestaciones más relevantes—, aplicándose casi en exclusiva a la literatura francesa contemporánea, con algunas pocas fugas a la literatura producida en otras lenguas. Solo a partir de finales de los 90, la crítica española —y más tardíamente la producida en Hispanoamérica— se ha ocupado de la cuestión. Por motivos que valdría la pena esclarecer (entre los que probablemente esté el papel desempeñado por el centro de investigación Unidad de Estudios Biográficos que dirige Anna Caballé en la Universidad de Barcelona, con respecto a la recepción de la teoría francesa en torno a la autobiografía y sus formas afines), la española es una de las pocas tradiciones no francófonas que ha incorporado la noción de autoficción (la anglosajona, por ejemplo, prefiere otros conceptos, como *faction*, que, aun pudiendo incluir el de autoficción, lo rebasa ampliamente). Manuel Alberca —de la Universidad de Málaga e integrante de la citada Unidad de Estudios Biográficos— es quien ha contribuido de manera más notoria a la divulgación de la teoría en torno a la autoficción, aplicándola a la narrativa hispánica. Desde sus primeros artículos sobre el tema, en los que elabora la teoría del «pacto ambiguo» (1998), hasta su libro de 2007, así como en trabajos posteriores a esta fecha, aúna los postulados pragmáticos de Lejeune y las categorías establecidas por Lecarme. Con respecto a la literatura del otro lado del Atlántico, cabe señalar las aportaciones de la crítica argentina, en especial la que se cuestiona los límites de la autobiografía y se interroga por sus derivas autoficcionales, como sucede en los trabajos de Nora Catelli (2007), José Amícola (2007), Julio Premat (2009) y Alberto Giordano (2007, 2008, 2011).

Así, a partir del cambio de siglo, y pese a la labilidad conceptual de la que, a menudo, se ha acusado a la autoficción, la operatividad del término explica el progresivo incremento de trabajos de crítica hispánica: las monografías de Alicia Molero de la Iglesia (2000) y José Manuel González Álvarez (2009); así como los volúmenes colectivos dirigidos por Jacques Soubeyroux (2003), Vera Toro, Sabine Schlickers y Ana Luengo (2010) o Antonio J. Gil González (2013)[3], en los que se incluyen trabajos

---

3. Al libro de Gil González, centrado en la narrativa, se unen, en la misma colección, los volúmenes colectivos dirigidos por Laura Scarano (2013) y Marta Álvarez (2013), dedicados respectivamente a la autorrepresentación en la poesía y en el medio audiovisual.

sobre Javier Marías, Enrique Vila-Matas, Javier Cercas, Luis Goytisolo, César Aira, Fernando Vallejo, etc. Autores que, con frecuencia, captan la atención de los críticos en un buen número de trabajos parciales publicados como capítulos de libros o artículos de revista.

De igual modo, se han incrementado las actividades de difusión científica sobre el tema, especialmente gracias a la celebración de diversos congresos internacionales: *Le Moi et l'espace autobiographique et autofiction dans les littératures d'Espagne et d'Amérique Latine* (Universidad de Saint-Étienne, 26-28 de septiembre de 2002); *Autor, lector y público en la ficción de las letras hispánicas contemporáneas* (Universidad de Lausana, 19-20 de mayo de 2008); *Auto(r)ficción en la literatura española y latinoamericana* (Universidad de Bremen, 6-8 de febrero de 2009); *Autorrepresentaciones. II Congreso internacional de la red de investigación sobre metaficción en el ámbito hispánico* (Universidad de Borgoña, 21 y 22 junio de 2012); *La autoficción hispánica en el siglo XXI. I Jornadas internacionales sobre narrativa actual* (Universidad de Alcalá, 7-9 de octubre de 2013); *Coloquio Internacional «La autoficción en América Latina»* (Pontificia Universidad Católica del Perú, Lima, 24-25 de octubre de 2013) o el *III Coloquio Internacional «Escrituras del yo»* (Universidad de Rosario, Argentina, 4-6 de junio de 2014).

A estas alturas a nadie se le escapa ya que el contexto que vio surgir en Francia la autoficción (y la teoría en torno a la autoficción) es muy similar al que sirve de marco a las narrativas del yo en lengua española. La progresiva ampliación del espacio autobiográfico que venía fraguándose desde finales del siglo XIX, así como su colonización de la novela, fomentaron la apropiación de la primera persona como voz del relato, la expresión introspectiva y frecuentemente digresiva, o el abandono del esquema episódico y la sucesión de aventuras como organizadores de la trama, a favor de convertir el universo íntimo de los personajes (y, cada vez más, de los propios autores) en materia narrativa. Esto, suficientemente documentado con respecto a la literatura francesa —occidental, en general— vale también para la literatura producida en español, sobre todo la de aquellos lugares, como España y Argentina que, saliendo de experiencias colectivas traumáticas (dictadura, represión, censura), han encontrado en las literaturas del yo un cauce de libertad a través del cual comunicar los deseos, las frustraciones y los anhelos individuales. Como en Francia, desde finales de los años 70, principios de los 80, y hasta la actualidad, Carmen Martín Gaite, Jorge Semprún, Francisco Umbral, Enrique Vila-Matas, Javier Marías, Antonio Muñoz Molina, Javier Cercas, Antonio Orejudo, Gonzalo Hidalgo Bayal, Luisgé Martín, Marta Sanz, Manuel Vilas, en España; César Aira, Sylvia Molloy, Ricardo Piglia, Félix Bruzzone, Patricio Pron, Alan Pauls, Daniel Guebel, Laura Alcoba, Washington Cucurto, en Argentina; Mario Levrero en Uruguay; Sergio Pitol, Mario Bellatin, Margo Glantz, Angelina Muñiz-Huberman, Alejandro Rossi, Julián Herbert, Guillermo Fadanelli, en México; Fernando Vallejo, Daniel Jaramillo, en Colombia; Patricia de Souza en Perú; Pedro Juan Gutiérrez en Cuba; Rodrigo Rey Rosa en Guatemala; Luis Barrera Linares en Venezuela, entre otros muchos, han practicado la autoficción en sus distintas modalidades. Así, la que cuaja en un cierto tipo de relato intimista, fundamentalmente referencial y centrado en la experiencia personal, pero narrado con los recursos de la novela (Umbral, Molloy, Herbert, Pauls); la que se cruza con el relato testimonial, donde los elementos ficcionales colaboran en la construcción de la memoria y de los valores morales, más allá de la vivencia histórica (Cercas, Pron, Bruzzone); el relato auto-metaficcional (Vila-Matas, Piglia, Pitol, Levrero); o la autoficción concebida como relato humorístico, en el que la proyección del autor se carga de ironía, sátira y hasta distorsión grotesca (Aira, Bellatin, Fadanelli, Cucurto, Vilas).

No obstante, las reflexiones sobre la autoficción hispánica —como también ha sucedido a menudo en los países francófonos— se han interesado por los aspectos de índole pragmática que propician el llamado «pacto ambiguo», por lo que abundan los trabajos en torno a los indicios paratextuales y peritextuales que orientan la recepción lectora en un sentido u otro (lectura autobiográfica, novelesca o ambiguamente autoficcional). Esta clase de aproximaciones defiende una idea de la autoficción que la hace depender en exceso del referente: determinar hasta qué punto una obra es más o menos fiel con respecto a una vida, o hasta qué punto la proyección ficcional del autor hace justicia a la persona real, no aclara demasiado sobre el funcionamiento de un texto. Algunas voces, como ya hizo Philippe Forest (2001) en su día en Francia, proponen trascender la dimensión referencial —incluso autobiográfica— de la autoficción, para concentrarse en los dispositivos irónicos que separan el yo figurado del yo real. Así lo entiende José María Pozuelo Yvancos (2010), cuando acuña precisamente la expresión «figuración del yo», como indicativo de la textualización de la voz autorial y con el objeto de evitar el escollo de la verificación, que, para este crítico, poco o nada aporta a la comprensión de las obras, en su caso de Javier Marías y Enrique Vila-Matas, autores a los que dedica el grueso de su estudio. Por su parte, Julio Premat (2009) ha desgranado, esta vez en el contexto de la literatura argentina, la vertiente «negativa» de la autoficción, liberada de los amarres de lo autobiográfico, en la que sitúa a escritores tan diversos como Macedonio Hernández, Jorge Luis Borges, Ricardo Piglia o César Aira, cuyas proyecciones autoriales resultan inexactas, fragmentadas, tramposas, parodiadas…, como reflejos de una identidad en potencia que nunca llega a confirmarse.

En esta línea algunos críticos del ámbito hispánico han empezado a incorporar conceptos e ideas de otros campos, en especial de la sociología literaria: por ejemplo, las reflexiones de Jerôme Meizoz (2007) sobre el lugar que ocupa el autor en el contexto de nuestra sociedad, organizada según los cánones del capitalismo y la mundialización. Desde esta óptica, los creadores ocupan una posición singular dentro del campo artístico, de manera que su «identidad» como tales creadores se ve continuamente subrayada por los *media* que, de distintas formas, promocionan o visibilizan sus obras y, a veces incluso, sus personalidades. En consecuencia, el papel público de los creadores influye de manera determinante en la recepción que hacemos de sus textos y en las correspondencias que somos capaces de establecer entre la persona y su proyección ficcional. En este sentido, la sociología literaria permite evaluar la interacción entre receptor y creador en un nivel que trasciende lo textual pero que, sin duda, se proyecta en lo textual. De igual manera, el control que los creadores son capaces de ejercer sobre su propia imagen también es un aspecto que merece ser valorado: así, los blogs (Manuel Vilas), el periodismo de opinión (Enrique Vila-Matas), las intervenciones en programas de televisión (Jaime Bayly) o la práctica del autorretrato fotográfico (Angélica Liddell) inciden en la recepción de las obras y en las estrategias de cooperación lectora.

Algunas de estas reflexiones permiten establecer una posición intermedia entre la autoficción como modalidad de la escritura del yo sobre un eje básicamente referencial —pese a las eventuales distorsiones ficcionales—, y la autoficción como la expresión de un rechazo —o cuanto menos de una actitud de perplejidad— ante la supuesta factualidad del autor gracias a extremar determinados mecanismos disruptivos y paradójicos, como los recursos transgresivos de la ficción (metalepsis, *mise en abyme*) o las diversas formas del humor (parodia, ironía, sátira). Los trabajos que se incluyen en el presente volumen integran estas y otras consideraciones en un intento de avanzar en el estudio de la autoficción hispánica desde parámetros novedosos o escasamente explorados hasta ahora. Buscan abrir nuevas vías de investigación con respecto a un asunto que cada vez goza de mayor protagonismo en la cultura hispánica: hoy, más que en otras épocas, la autoficción responde a una tendencia general del arte contemporáneo, pues, asumida la imposibilidad de un referente estable —incluido el propio autor—, los creadores siguen afanándose, en plasmar sus identidades (fragmentaria y precariamente), con más intensidad incluso que en otros periodos. Emprenden así una búsqueda que va del cauce introspectivo —en el que prima la representación de lo íntimo— a formulaciones que se vinculan a la memoria colectiva y el testimonio. Entre ambos polos, tienen lugar otras manifestaciones de carácter eminentemente lúdico, cuyos contenidos pueden ser metanarrativos, humorísticos, paródicos, etc.

La intensificación del giro subjetivo en las literaturas hispánicas se expresa, en suma, a través de las experiencias personales como objeto de las obras más allá de la mera inspiración, en la medida en que estas son asumidas como materia novelable o dramatizable. Ello, unido a los procesos, también habituales con mayor frecuencia, de hibridación discursiva (convergencia de distintos géneros; diversificación de las formas de autorrepresentación; problematización de la dualidad factualidad-ficción; inclusión de nuevos soportes y medios), explica en este momento concreto de nuestra historia la emergencia y el desarrollo de los relatos autoficcionales.

En este contexto, hemos querido reunir una serie de estudios en torno a la representación autorial dentro del ámbito hispánico. Con ese objeto, el libro se divide en tres partes. La primera, de carácter eminentemente teórico, incluye seis trabajos que, acogiéndose a diversos marcos metodológicos (narratología, pragmática, sociología literaria, poética cognitiva, teoría del drama, etc.), buscan también explorar otros campos del pensamiento susceptibles de enriquecer el debate sobre la autoficción. Así, el ensayo de Fernando Cabo Aseguinolaza acude al concepto de «heteronimia», cuyo origen se encuentra en la teoría de la lírica que él tan bien conoce, así como al de «teatralidad», acuñado en su día por el historiador del arte Michael Fried, con el fin de subrayar la tensión entre ocultarse y exponerse que anima a muchos autores. Cabo baraja también otros conceptos que hasta ahora no habían sido aplicados a la autoficción, como «itinerancia» —al hilo de la interpretación que Edward Said hace del Conrad más autobiográfico— y «lectura» —cuando el autor interpreta de manera crítica las obras de otros escritores, haciendo confluir novela y ensayo—. De este modo, teatralidad, itinerancia y lectura colaboran en fijar una determinada imagen que el autor ofrece de sí mismo a los demás.

Por su parte, Arnaud Schmitt vuelve sobre las conexiones entre la auto-ficción y la poética cognitiva, en la línea de otros trabajos suyos anteriores (2007, 2010, 2011). En ellos rebatía la idea, hartamente repetida, según la cual la recontextualización de los elementos referenciales —sometidos a parodia y deconstruidos a la vez que exhibidos en el texto— generaba en las obras autoficcionales una indeterminación en los pactos de lectura. Ponía, de esta manera, en entredicho la posibilidad —que tradicionalmente han defendido los teóricos de la autoficción— de dos pactos simultáneos (autobiográfico y ficcional). Acogiéndose a la poética cognitiva, Schmitt postulaba, por el contrario, la existencia de pactos consecutivos gracias a tener lugar actos de lectura diversos y específicos para una misma obra. En esta ocasión, las aportaciones de la poética cognitiva y los planteamientos de Marie-Laure Ryan, Peter Stockwell, Norman Hollan o Richard J. Gerrig, entre otros, permiten a Schmitt postular la existencia de un «desplazamiento deíctico», esto es, el paso de un yo real a un yo ficticio, gracias a insertar un mundo posible (más cercano a la virtualidad experiencial que a la propia ficción) en un mundo referencial.

Susana Arroyo Redondo también se interesa por los distintos elementos que orientan la recepción lectora. En su caso, aborda el estudio del paratexto (portada, título, prólogo, ilustraciones) y el peritexto (entrevistas, reseñas, documentales) de las obras y, en especial, la función pragmáticamente ambigua que estos desempeñan. Arroyo se hace eco, así, de una idea ampliamente difundida entre la crítica, según la cual las autoficciones se presentarían como construcciones complejas que implicarían distintas formas de codificar la experiencia del yo. Su descodificación por parte del receptor requiere, en consecuencia, que éste despliegue estrategias igualmente complejas. Sus conocimientos previos con relación a los códigos empleados —perteneciente a los diversos discursos convocados, autobiográfico y ficcional— resultan esenciales para llevar a cabo una correcta recepción de la obra. De otro modo, la lectura se vería empobrecida (el texto sería interpretado como una autobiografía o una ficción), al no apreciarse el juego coparticipativo que la obra propone. La exigencia de un receptor precavido y suspicaz, por lo tanto, también parece ser una de las condiciones de la autoficción a tener en cuenta. En este sentido, no puede desdeñarse, sino todo lo contrario, el papel de los paratextos en la configuración del horizonte de expectativas del lector.

Desde una perspectiva distinta, en la que se combina la pragmática con el análisis textual, Gilberto D. Vásquez Rodríguez aborda las múltiples relaciones teóricas y prácticas entre la autoficción y las literaturas del recuerdo (también conocidas como «narrativas testimoniales» o «novelas testimonio»). Con este fin, se apoya en la noción de «memoria del daño», de Carlos Thiebaut, desde la que desgrana conceptos tan esquivos como «verdad», «ficción» y «mendacidad». De esta manera, y tomando como ejemplo la obra de Jean Améry, Jorge Semprún e Imre Kertész, se interroga por la condición de veracidad en textos que emplean mecanismos de la ficción, así como por la «literariedad» de obras en las que la experiencia del daño se expresa sin aparente «transformación narrativa». Todas estas cuestiones aluden a la dificultad de discernir los complejos procedimientos y posibilidades de la autoficción para una manifestación de la verdad de lo real pero desde la ficción.

Un aspecto con relación a las obras autoficcionales muy poco explorado hasta ahora ha sido el de la operatividad del concepto en otras artes además de la literatura. En efecto, aunque la autoficción es un fenómeno amplio que traspasa y transciende el espacio de la narrativa, existen pocos trabajos sobre sus manifestaciones cinematográficas y teatrales, especialmente en el ámbito del Hispanismo. Valgan como excepción varios de los artículos incluidos en *Cineastas frente al espejo* (Martín Gutiérrez, ed. 2008), *La risa oblicua* (Oroz y de Pedro Amatria, eds. 2009) o *Imágenes conscientes* (Álvarez, ed. 2013); y, con respecto al teatro, los esclarecedores estudios de Beatriz Trastoy (2002, 2006) en torno al teatro unipersonal argentino, los de José-Luis García Barrientos (2009a, 2009b) a propósito de relevantes dramaturgos contemporáneos y el ensayo de Vera Toro (2010), quien de manera explícita aplica al teatro la teoría de la autoficción. Ello a pesar de contar con importantes experimentos en torno a la figura del autor, como los realizados en el llamado «documental creativo», que aúna performatividad, autorretrato y ficción, por ejemplo en algunas obras de Víctor Erice, Carla Subirana, Elías León Siminiani, Albertina Carri y Benjamín Ávila, o en las obras dramáticas de José Luis Alonso de Santos, Angélica Liddell, Lola Arias y Sergio Blanco, así como los llevados a cabo en el monólogo cómico, el teatro de improvisación o la *performance*.

Los trabajos que en alguna ocasión han abordado estas cuestiones ponen de relieve hasta qué punto el estudio de la autoficción en el cine y el teatro puede aportar interesantes elementos de reflexión. La especificidad espectacular de ambos soportes alumbraría, sin duda, algunos aspectos con relación a la representación «problemática» del autor, al tener que hablar, en los dos casos, de un autor colectivo y no individual (en el teatro, el dramaturgo, el director de escena, los actores; en el cine, el guionista, el director, el realizador del montaje). A partir de algunos de estos interrogantes, el ensayo de Javier Ignacio Alarcón se ocupa de la variante «especular» de la autoficción —en la terminología de Vincent Colonna— y de manera específica de su expresión en el cine autoficcional. Se interesa concretamente por la autoficción que toma conciencia de sí misma a través de los recursos de la metalepsis y la *mise en abyme* y que, de este modo, exhibe al autor (liberado de cualquier factualidad, por mucho que esta persista en tanto huella o recuerdo) como un producto del texto, manteniéndolo, paradójicamente, oculto tras la máscara de la ficción y vacío de toda identidad. Una figura que Alarcón ilustra a través del paradigmático ejemplo de Woody Allen y de uno de sus films más emblemáticos, *Stardust Memories*, en el que la referencialidad inicial —gracias a multiplicar las marcas que identifican al protagonista con el Woody Allen real— acaba derivando en el eclipse total del autor, al no ser posible, después de un incesante juego de espejos, determinar dicha identidad.

José-Luis García Barrientos parte del carácter inmediato del teatro —el modo de representación que se opone al modo mediado de la narración—, así como de la convención que establece el desdoblamiento de los diversos elementos teatrales sobre el eje realidad-ficción (el actor se desdobla en personaje, se desdoblan también el espacio, el tiempo, el público) para abordar lo que él considera las «paradojas de la autoficción dramática». Bajo su punto de vista, la particular naturaleza del teatro dificulta el discurso autobiográfico, pero, en cambio, sí justifica el discurso autoficcional: la existencia de un autor colectivo junto con la presencia del cuerpo del (autor) actor como signo escénico (en consecuencia, fingido, ficcional) hacen que lo autobiográfico se incline de manera natural hacia la ficción. De este modo, García Barrientos entiende que el teatro autoficcional resuelve la aporía del teatro autobiográfico y, para corroborarlo, analiza *El álbum familiar*, del español José Luis Alonso de Santos, *Nunca estuviste tan adorable*, del argentino Javier Daulte, y *Tebas Land*, del uruguayo Sergio Blanco.

El segundo bloque del libro, «Panoramas», reúne tres trabajos de corte historicista sobre literatura hispánica, aunque sin soslayar la reflexión teórica. Manuel Alberca revisita su propia trayectoria científica como estudioso de la autoficción y describe su posición actual con respecto a dicho fenómeno. Así, entiende que la autoficción —tanto en su práctica como en la reflexión generada en torno a ella— es fruto de un contexto muy específico: el de la postergación de la autobiografía. Una situación superada en la actualidad, en la medida en que el *boom* de obras autoficcionales ha permitido que el relato autobiográfico alcanzara, gracias a utilizar los moldes de la ficción, el reconocimiento literario. A estas alturas, cuando ya nadie duda de la literariedad de la autobiografía, se impone, bajo el punto de vista de Manuel Alberca, devolver el principio de veracidad al relato autobiográfico, aun pudiendo incorporar este las formas y los recursos de la novela. Desde esta óptica, se analizan tres textos paradigmáticos de la autobiografía actual o «antificción», como la llama Alberca jugando con los términos y las categorías: *No ficción*, de Vicente Verdú, *Tiempo de vida*, de Marcos Giralt Torrente, y *Visión desde el fondo del mar*, de Rafael Argullol.

Siempre en el ámbito de la literatura española, Domingo Ródenas de Moya sitúa su trabajo en un marco metodológico contrario al adoptado por Alberca, lo que da cuenta de la diversidad de planteamientos que el estudio de la autoficción todavía acoge. Así, la autoficción para Ródenas no es una modalidad de la autobiografía —una variante más o mejos heterodoxa de esta, como defiende Alberca— sino de la novela, lo que implica la suspensión de todo principio de veracidad. Desde esta perspectiva, selecciona un buen número de novelas recientes —evitando el análisis de obras que ya han sido objeto de estudio en otros trabajos, como algunas novelas de Javier Marías, Javier Cercas o Enrique Vila-Matas—, a través de las que aborda con perspicacia el fenómeno de la representación y proyección autoriales: *Los amores confiados*, *Las manos cortadas* y *La misma ciudad*, de Luisgé Martín; *El espíritu áspero*, de Gonzalo Hidalgo Bayal; *Años lentos*, de Fernando Aramburu; *Bilbao-Nueva York-Bilbao*, de Kirmen Uribe; *La luz es más antigua que el amor* y *Medusa*, de Ricardo Menéndez Salmón; *Un momento de descanso*, de Antonio Orejudo; *Vida de Pablo*, de Carlos Pardo. El trasvase de elementos ficcionales y referenciales que la autoficción propicia, dejando que lo real penetre «el dominio de la ficción a instancias de la ficción misma», es, para Ródenas de Moya, uno de los caminos que ha permitido a la novela salir de su solipsismo autorreferencial.

Concluye este apartado el trabajo de Daniel Mesa Gancedo sobre las formas diarísticas en la narrativa hispanoamericana reciente. Para él, los «diarios autoficcionales», que crean avatares del autor, extienden la duda sobre la sinceridad que se presupone al diario, confirgurándose como «un simulacro de escritura íntima». Así, determinadas obras de Victoria de Stéfano, Mario Levrero, Wendy Guerra, Rodrigo Rey Rosa, Jorge Eduardo Benavides, Claudia Ulloa, Jorge Volpi o Claudia Apablaza permiten poner en relación la novela-diario con la ambigüedad del pacto autoficcional, desplegada a través de los paratextos, las inscripciones del nombre del autor más o menos veladas, las alusiones biográficas y otras marcas referenciales, el contenido metatextual (en especial, los comentarios sobre el propio proceso de la escritura) o los guiños intertextuales.

Por último, la tercera parte incluye un conjunto de textos críticos que tienen por objeto analizar determinados elementos recurrentes de la autoficción a través del estudio de algunas obras concretas. El primero de ellos, de Natalia Vara Ferrero, aborda la función de la parodia en la construcción del yo autoficcional en *París no se acaba nunca* (2003) de Enrique Vila-Matas; la capacidad desreferencializadora de esta estrategia, a través de la que se confrontan de manera irónica una serie de acontecimientos supuestamente autobiográficos, colabora en la deconstrucción del sujeto —en apariencia real, pero solo en apariencia— que protagoniza las páginas de este relato. Sigue a continuación el ensayo de Julien Roger sobre la metatextualidad —especialmente en cuanto problematización del lenguaje— y la intertextualidad como potenciadores de lo imaginario y lo literario en textos que a simple vista podrían leerse como relatos autobiográficos más o menos convencionales; para ilustrarlo se fija en dos obras de Sylvia Molloy, *Varia imaginación* (2003) y *Desarticulaciones* (2010). A través de las nociones de «espectacularidad», «simulacro» y «caos creador», Lionel Souquet se ocupa de varias obras autoficcionales de Fernando Vallejo (*El desbarrancadero*, 2001; *La Rambla paralela*, 2004; *Años de indulgencia*, 2005; *El don de la vida*, 2010) y Pedro Lemebel (*Zanjón de la Aguada*, 2004; *Adiós mariquita linda*, 2005); en ellas sus autores construyen una identidad «loca», subversivamente homosexual, que socava la idea de una identidad unívoca al tiempo que permite observar de manera crítica la realidad del momento. Por su parte, Palle Nørgaard conecta la autoficción con la novela de la memoria histórica, en especial a través de los conceptos de «autenticidad», «autoridad» y «posmemoria» aplicados a *Bilbao-Nueva York-Bilbao* (2008), de Kirmen Uribe: las diversas fuentes referenciales de la novela (documentos, diarios, fotografías, entrevistas realizadas por el autor, libros de investigación, artículos de Internet) conformarían un primer nivel de la narración, subsumido y tamizado más tarde, en un segundo nivel, por la ficcionalización y la transformación de la memoria en relato. Cierra el volumen el trabajo de Ana Rueda sobre la «novela de campus», y también «novela en clave», *Un momento de descanso* (2011), de Antonio Orejudo, espacio en el que se disuelven los géneros y las formas: la ficción y la autobiografía, la novela y el ensayo, la autoficción y la docuficción.

Estamos convencidos de que los catorce ensayos que componen este volumen, con sus nuevos enfoques y nuevas metodologías, alumbrarán zonas todavía poco exploradas en la teoría de la autoficción.

BIBLIOGRAFÍA

ALBERCA, Manuel (1996): «El pacto ambiguo», *Boletín de la Unidad de Estudios Biográficos* 1, 9-18.

— (2007): *El pacto ambiguo. De la novela autobiográfica a la autoficción*. Madrid: Biblioteca Nueva.

ÁLVAREZ, Marta (ed.) (2013): *Imágenes conscientes. AutoRepresentacioneS#2*. Binges: Orbis Tertius.

AMÍCOLA, José (2007): *Autobiografía como autofiguración*. Rosario: Beatriz Viterbo.

CASAS, Ana (2012): «El simulacro del yo: la autoficción en la narrativa actual», en: Ana Casas (ed.), *La autoficción. Reflexiones teóricas*. Madrid: Arco Libros, 9-42.

CATELLI, Nora (2007): *En la era de la intimidad, seguido de: El espacio autobiográfico*. Buenos Aires: Beatriz Viterbo.

COLONNA, Vicent (1989): *L'autofiction. Essai sur la fictionalisation de soi en littérature*. Lille: ANRT (microfiches nº 5650).

— (2004): *Autofiction & autres mythomanies littéraires*. Auch: Tristam.

DARRIEUSSECQ, Marie (1996): «L'autofiction, un genre pas sérieux», *Poétique* 107, 369-380.

— (1997): *Moments critiques dans l'autobiographie contemporaine: l'ironie tragique et l'autofiction chez Serge Doubrovsky, Hervé Guibert, Michel Leiris et Georges Perec*. Universidad Denis Diderot-Paris VII, tesis de doctorado.

DOUBROVSKY, Serge (1977): *Fils*. Paris: Galilée.

FOREST, Philippe (2001): *Le Roman, le Je*. Nantes: Pleins Feux.

GARCÍA BARRIENTOS, José-Luis (2009a): «El autor y el público en la ficción teatral: Paradojas de la ausencia y la presencia», en: Mariela de la Torre, Victoria Béguelin-Argimón y Rolf Eberenz (eds.), *Sobre tablas y entre bastidores: Acercamientos al teatro español. Homenaje al profesor Antonio Lara Pozuelo*. Madrid: Biblioteca Nueva, 15-34.

— (2009b): «(Im)posibilidades del drama autobiográfico (*El álbum familiar* y *Nunca estuviste tan adorable*)», en: Osvaldo Pellettieri (ed.), *En torno a la convención y a la novedad*. Buenos Aires: Galerna, 93-104.

Gasparini, Philippe (2004): *Est-il je? Roman autobiographie et autofiction*. Paris: Seuil.

— (2008): *Autofiction. Une aventure du langage*. Paris: Seuil.

Gil González, Antonio J. (ed.) (2013): *Las sombras del novelista. Auto-RepresentacioneS#3*. Binges: Orbis Tertius.

Giordano, Alberto (2007): *Una posibilidad de vida. Escrituras íntimas*. Buenos Aires: Beatriz Viterbo.

— (2008): *El giro autobiográfico de la literatura argentina actual*. Buenos Aires: Mansalva.

— (2011): *Vida y obra. Otra vuelta al giro autobiográfico*. Rosario: Beatriz Viterbo.

González Álvarez, José Manuel (2009): *En los «bordes fluidos». Formas híbridas y autoficción en la escritura de Ricardo Piglia*. Bern: Peter Lang.

Hubier, Sébastien (2003): *Littératures intimes, les expressions du moi, de l'autobiographie à l'autofiction*. Paris: Armand Colin.

Jeannelle, Jean-Louis, y Viollet, Catherine (eds.) (2007): *Genèse et Autofiction*. Louvain-la-Neuve: Academia-Bruylant.

Lecarme, Jacques (1984): «Fiction romanesque et autobiographie», en: *Universalia. Encyclopaedia Universalis*. Paris: Encyclopaedia Universalis, 417-418.

— (1994): «Autofiction, un mauvais genre?», *Autofictions & Cie. Ritm* 6, 227-249.

Lecarme, Jaques y Lecarme-Tabone, Éliane (1997): *L'autobiographie*. Paris: Armand Colin.

Lejeune, Philippe (1973): «Le pacte autobiographique», *Poétique* 14, 137-161.

Martín Gutiérrez, Gregorio (ed.) (2008): *Cineastas frente al espejo*. Madrid: T & B Editores.

Meizoz, Jerôme (2007): *Postures littéraires. Mises en scène modernes de l'auteur*. Genève: Slatkine.

Molero de la Iglesia, Alicia (2000): *La autoficción en España. Jorge Semprún, Carlos Barral, Luis Goytisolo, Enriqueta Antolín y Antonio Muñoz Molina*. Bern: Peter Lang.

Oroz, Elena, y de Pedro Amatria, Gonzalo (eds.) (2009): *La risa oblicua. Tangentes, paralelismos e intersecciones entre documental y humor*. Madrid: Ocho y medio.

OUELLETTE-MICHALSKA, Madeleine (2007): *Autofiction et dévoilement de soi*. Montréal: ZYZ.

POZUELO YVANCOS, José María (2010): *Figuraciones del yo en la narrativa. Javier Marías y E. Vila-Matas*. Valladolid: Cátedra Miguel Delibes.

PREMAT, Julio (2009): *Héroes sin atributos. Figuras de autor en la literatura argentina*. Buenos Aires: Fondo de Cultura Económica.

RICHARD, Annie (2013): *L'autofiction et les femmes: un chemin vers l'altruisme?* Paris: L'Harmattan.

ROBIN, Régine (1997): *Le Golem de l'écriture. De l'autofiction au cybersoi*. Montréal: XYZ.

SAGASETA, Julia E. (2006): «La vida sube a escena. Sobre formas biográficas y teatro», *Telón de fondo. Revista de teoría y crítica teatral* 3, disponible en <http://www.telondefondo.org>.

SCARANO, Laura (ed.) (2013): *La poesía en su laberinto. AutoRepresentacioneS#1*. Binges: Orbis Tertius.

SCHMITT, Arnaud (2007): «La perspective de l'autonarration», *Poétique* 149, 15-29.

— (2010): *Je réel / Je fictif, Au-delà d'une confusion postmoderne*. Toulouse: Presses universitaires du Mirail.

— (2011): «Making the Case for Self-Narration against Autofiction», *a/b: Auto/Biography Studies* 25.2, 122-137.

SOUBEYROUX, Jacques (dir.) (2003): *Le Moi et l'espace autobiographique et autofiction dans les littératures d'Espagne et d'Amérique Latine*. Saint-Étienne: Publications de l'Université de Saint-Étienne.

TORO, Vera (2010): «La auto(r)ficción en el drama», en: Vera Toro, Sabine Schlickers y Ana Luengo (eds.), *La obsesión del yo. La auto(r)ficción en la literatura española y latinomericana*. Madrid/Frankfurt: Iberoamericana/Vervuert, 229-250.

TORO, Vera, SCHLICKERS, Sabine, y LUENGO, Ana (eds.) (2010): *La obsesión del yo. La auto(r)ficción en la literatura española y latinomericana*. Madrid/Frankfurt: Iberoamericana/Vervuert.

TRASTOY, Beatriz (2002): *Teatro autobiográfico. Los unipersonales de los 80 y 90 en la escena argentina*. Buenos Aires: Nueva Generación.

— (2006): «La escritura autobiográfica en el escenario y en la pantalla: una cuestión de estilos (Acerca de Notas de tango de Rafael Filippelli)», *Telón de fondo. Revista de teoría y crítica teatral* 4, disponible en <http://www.telondefondo.org>.

1. ESTUDIOS TEÓRICOS

TEATRALIDAD, ITINERANCIA Y LECTURA: SOBRE LA TRADICIÓN TEÓRICA DE LA AUTOFICCIÓN

Fernando Cabo Aseguinolaza
UNIVERSIDADE DE SANTIAGO DE COMPOSTELA

Creo que todos estaremos de acuerdo en aceptar que la autoficción constituye un buen ejemplo de esas acuñaciones conceptuales que, tras haber alcanzado una fácil carta de circulación en los medios de la crítica y la teoría literaria, generan la plusvalía de lo que podríamos llamar autoevidencia. Esto es, la capacidad para suscitar una amplia aceptación sobre su sentido y el alcance del fenómeno al que se refiere, o incluso para circular sin necesidad de mayores precisiones sobre ese sentido último. Todos parecemos entender, en suma, de qué hablamos cuando hablamos de autoficción, y a menudo se le suma a esa apariencia de consenso el valor añadido de una noción que caracteriza, a nuestros ojos, una peculiaridad valiosa de la escritura contemporánea, aunque también, desde una mirada menos complaciente, cabe entenderla como una manifestación de aquello a lo que Claudio Guillén (2006: 433-434) apuntaba cuando escribía: «Hoy en día se lleva mucho la exhibición constante y satisfecha del yo del escritor. Hemos pasado del "yo odioso" de Rimbaud al yo adorable y adorado de multitud de autores». En la circulación habitual del concepto de autoficción se percibe, efectivamente, no solo la confianza en haber aprehendido un determinado procedimiento o fenómeno sino también una valoración implícita de ese supuesto fenómeno.

Ana Casas (2012) ha apuntado de manera muy certera algunos de los equívocos y vacilaciones que se agazapan tras el empleo confiado del término. En buena medida, remiten a su propio origen: un término nacido de un uso literario idiosincrásico, el de Serge Doubrovsky, que pronto fue ampliado a otros contextos y situaciones y del que, a contrapelo de algunas de esas ampliaciones, se ha tratado reiteradamente de reconducir a una definición manejable. La cosa no es fácil por varios motivos. Uno tiene que ver con el hecho de que los usos *grosso modo* autoficcionales no se limitan al ámbito literario: pintura, fotografía, cine, televisión o cómic ofrecen ejemplos abundantes que obligarían probablemente a una perspectiva algo menos estrecha en la medida, al menos, en el que al lado de las identidades nominales aparecen otras tan engañosas y efectivas como ellas, por ejemplo las visuales[1]. Otro, sobre el que volveremos, sugiere que la mera utilización del término autoficción sitúa la cuestión en un terreno teórico muy preciso, que oculta otras líneas que han abordado cuestiones muy próximas y que sin duda contribuyen a recordarnos los peligros de la simplificación cuando se acota sin demasiada advertencia un determinado fenómeno. Y un tercer motivo es que, en realidad, desde el momento en que se empieza a hablar de autoficción se toma la cuestión en varios sentidos que no son fácilmente reconducibles a una definición única.

Detengámonos en ello. La autoficción es un concepto surgido con pretensión de paradoja —la de la ficción asentada sobre la reivindicación del yo autorial, garante de verdad o realidad por excelencia, a su vez fuente y objeto de ficcionalización—, que solo puede entenderse frente al trasfondo cartesiano, el de Philippe Lejeune o Gérard Genette, de cierta crítica o teoría francesa de la literatura. Un cartesianismo que con tanta efectividad rebatió Adorno, *avant la lettre*, en textos como el de «El ensayo como forma», una de las mejores introducciones al pensamiento estético contemporáneo (Lorenzo Tomé 2012). Serge Doubrovsky, en la celebérrima contraportada a *Fils,* dejó clara esa voluntad adversativa al situar su novela en los resquicios de las caracterizaciones tan cartesianas de Lejeune, afirmando la posibilidad, nada novedosa por otro lado, de que un héroe de novela llevase el nombre del autor

---

1. Esto da lugar a algunas situaciones paradójicas desde el punto de vista teórico. Por ejemplo, la de que la tradición de tipo posestructural en la que se sitúa la acuñación del concepto de ficción no incorpore una dimensión muy proclive a la iconoclastia. Emmanuel Levinas, Maurice Blanchot o Jacques Derrida, entre otros, son exponentes de ello. Puede recordarse, en particular, el ensayo de este último *Mémoires d'aveugle. L'autoportrait et autres ruines* (1990), extraordinariamente sugestivo a propósito de los conflictos de la autorrepresentación. En el terreno específico de las series televisivas, no es difícil pensar en juegos de identificación visual, y a veces nominal y biográfico, como *I love Lucy*, protagonizada y coproducida en los años cincuenta por Lucille Ball, o, de manera más autoconsciente, en casos recientes como *Seinfeld* (1989), *Curb your enthusiasm* (2000), *Bored to Dead* (2007), en las que se modulan de distintas maneras las posibilidades de identificación visual y nominal entre roles autoriales (productores, guionistas...), personajes y actores.

y, por tanto, la compatibilidad del pacto de ficción con la identidad nominal, homonímica, entre autor, narrador y personaje. Es decir, la de una novela bajo la forma de la autobiografía *sensu strictu* —no una mera autobiografía ficticia ni tampoco una novela autobiográfica— o, de otra manera, la de una autobiografía sometida al pacto de ficción, a pesar de los compromisos del nombre propio. Pero también hablaba Doubrovsky en ese pequeño texto de 1977 de su novela como una «ficción de hechos reales», lo que no solo es algo distinto a lo anterior, sino que traslada la cuestión a un terreno mucho más amplio y comprometido que el de la identidad nominal mantenida por encima de los límites aleatorios entre realidad y ficción.

Ya en Doubrovsky parecía coexistir, pues, una concepción amplia del fenómeno con otra mucho más estrecha[2]. Esta última confirma en el nombre el principal índice de identidad personal, al menos desde el punto de vista lingüístico; la primera apunta a una cuestión de índole cultural mucho más determinante y también más difusa. La que lleva, por ejemplo, a que haya dejado de funcionar la higiénica actitud tradicional —modernista— ante la ficción. Si pensamos en la percepción más abarcadora de la caracterización de la autoficción, no sobra señalar su vinculación con corrientes mucho más amplias. Por ejemplo, la que puede ilustrar Raymond Federman, con sus ensayos próximos al manifiesto, que fue publicando desde los primeros años setenta, en torno a la noción de *Surfiction*, y cuyo horizonte, además de su propia práctica narrativa, era tanto el *Nouveau roman* como la novela posmoderna norteamericana que venía pidiendo un lugar desde finales de los años cincuenta. En ellos, como en su propia escritura novelística, quedaba claro que lo esencial era el distanciamiento respecto de las concepciones tradicionales y ordenadas de la representación, basadas en la confianza en distintas formas de duplicidad o dualismo. Una actitud crítica y creativa con evidentes dejos deconstruccionistas y posestructurales (Di Leo 2011):

> Déplacement, différence, répétition: ce sont les nouvelles donnés de la surfiction et non plus imitation et représentation fidèle. Donc, dans la fiction d'aujourd'hui et de demain, seront abolies toutes les distinctions entre le réel et l'imaginaire, le conscient et l'inconscient, le passé et le présent, la vérité et le mensonge. Toutes les formes de duplicité disparaitront. (Federman 2006: 13).

---

2. Que ha llevado a ulteriores confusiones, bien señaladas por José María Pozuelo en el capítulo introductorio de *Figuraciones del yo en la narrativa* (2010).

En ese contexto el juego de identidades nominales se vuelve un procedimiento auxiliar al servicio de propósitos de mayor alcance como el ejercicio de la desafección ideológica o el rechazo de la historia como relato impuesto. Federman (2006: 142) lo ha expresado con suficiente claridad a propósito de sus propias novelas, diríamos, autoficcionales:

> L'auteur fictif qui apparait dans plusieurs des mes romans s'appelle Federman (avec ou sans majuscule); mais l'auteur est également connu sous le nom de HOMBRE [sic] DELLA PLUMA, HOMME DE PLUME, PENMAN, FEATHERMAN, ou encore NAMREDEF. D'ailleurs, le fait d'inscrire son nom dans sa fiction n'est qu'une façon de subvertir le factuel et d'abolir la frontière entre la réalité et l'imagination —entre la vérité et le mensonge. Une autre manière, encore plus efficace, c'est le métalangage qui désigne nettement la vérité de ce qui est fictif tout en dénonçant l'imposture du réalisme. S'il arrive qu'une portion du récit soit tirée de la vie de l'auteur, elle est minée par le métalangage.

La visión más restrictiva trata, por contra, de acotar con la mayor claridad cartesiana el concepto de la autoficción y, para ello, lo preciso es rehuir en lo posible las implicaciones que hacen significativa la autoficción desde un punto de vista cultural o ideológico y someterla a alguna clase de requisito formal, que no puede ser otro que la homonimia de autor, narrador y personaje. Aunque sin reconocerlo así en la mayor parte de las ocasiones, este entendimiento de la autoficción privilegia lo que tiene de dispositivo retórico: una figura, no muy alejada, en mi opinión, de procedimientos como el apóstrofe o la apelación al público, que suponen un desvío del circuito pragmático dominante en un determinado contexto ficcional. Casi una forma de metalepsis. De otra manera, cabría entenderla como una variante, más que su contrario, de un procedimiento como la heteronimia. Esta, sobre el trasfondo de las modernas concepciones de la lírica, consiste en la generación de un sujeto alternativo al autorial a partir del texto poético, y luego, si acaso, puede dar lugar a hipotéticas biografías y retratos de los sujetos autoriales así constituidos con nombres alternativos a los del autor «real». La autoficción, de este modo, sería más bien una forma de lo que llamaremos autonimia: el hacer surgir desde el texto un sujeto con el mismo nombre del autor, y sobre todo con circunstancias comunes, que así resulta, no en un antecedente del texto, sino su consecuencia. Y, por tanto, el resultado de una figuración. No deberíamos olvidarnos de que, cuando Unamuno o Machado coquetearon con figuraciones próximas a los heterónimos, se reservaron, lo mismo que el propio Pessoa, la posibilidad de que alguna de ellas compartiese con ellos el mismo nombre propio.

Pero ¿importa tanto la coincidencia nominal? Para algunos tratadistas sí, hasta el punto de presentarla como la clave de lo que entienden como género. Enrique Vila-Matas, por cierto, ha apuntado algunas de las paradojas de la cuestión en «La importancia de no llamarse Ernesto», artículo incluido en *El viajero más lento* (2011). Desde luego cabe alguna sospecha de un procedimiento y una delimitación tan confiada en algo tan poco confiable como la identidad nominal, sobre todo cuando se trata de escritores y de esa querencia tan recurrente a alterar el nombre propio o, directamente, a buscarse otro que pudiera actuar como nombre de pluma. La voluntad por modificarlo es, sin duda, una evidencia de la importancia que tienen los nombres y de su capacidad para actuar como sostenedores de identidades públicas o privadas. Pero admitamos que, con mayor o menor contundencia, la exigencia de la homonimia entre personaje, narrador o autor despierta, al menos, dudas sobre cuál ha de ser el nombre aceptable de este último para que pueda actuar como referencia en el género de la novela autoficcional. ¿Tiene Bernardo Atxaga una biografía o es esta una posibilidad reservada solo a José/Joseba Irazu? Preguntas como esta no tienen respuesta fácil, pero sí la capacidad de suscitar otras muchas cuestiones ulteriores sobre lo que verdaderamente significa la autoficción. Recordemos que Conrad aseguraba que un autor tenía la edad del primero de sus libros publicados: «Yet a writer is no older than his first published book» (Conrad 1946: 108). En una visión restrictiva, pero no ingenua, cabría pensar que, en efecto, la autoficción es una variante de la heteronimia en la que el nombre del personaje y del narrador resultan coincidir con aquel otro por el que se conoce al autor. Es decir, la identificación va de dentro a fuera. El peso del modelo autobiográfico, de otro lado, y la dependencia de Lejeune llevan a ese requisito de la triple identificación. Pero, podemos también preguntarnos, por ejemplo, si hay motivos de peso para excluir del marbete de novela autoficcional aquellos casos en los que el nombre del personaje no solo difiere del propio del autor, sino que se proyecta hacia un referente histórico distante, aunque bien definido y reconocible y —en principio, al menos— alejado del escritor. Pienso en casos como *Almas en pena, chapolas negras* o *Cuervo blanco* de Fernando Vallejo, donde el asunto de la novela es la reconstrucción biográfica de José Asunción Silva o de Rufino Cuervo de la mano de un divagador agente epistémico identificado con más o menos explicitud con el autor colombiano[3].

Lo que trato de insinuar es que el entusiasmo con la autoficción puede llegar a constituir más una rémora que un instrumento valioso —sobre todo cuando se sobredimensiona o se impone el interés escolar por las definiciones cerradas— para el debate sobre el concepto de ficción, de autoría y de escritura que se esconde tras muchos de estos fenómenos. Y, me temo, también un impedimento para apreciar debidamente la riqueza de aproximaciones teórico-críticas que han tratado de dar cuenta de esta suerte de encrucijadas de la escritura contemporánea, a menudo preteridas por lo que no es sino un episodio menor (Doubrovsky) de una tensión teórica de mucho mayor alcance. Más allá de la figura está el fenómeno de la autorrepresentación o el de la figuración autorreferencial, muy ligada a la tradición moderna de debates sobre lo sublime. Abundando en ello, parece oportuno recordar algunas líneas teóricas, que, sin acogerse de forma explícita al amparo de la autoficción, pueden ayudarnos a profundizar con alguna pertinencia en estas cuestiones.

Por ejemplo, las extensas reflexiones y análisis desenvueltos por el historiador del arte Michael Fried a propósito de la noción de teatralidad y su incidencia en el desarrollo de la historia moderna de la pintura y de la fotografía a partir de la intrincada dialéctica doctrinal y también práctica surgida en torno a ella. Fried parte en sus consideraciones de los escritos de Diderot sobre el teatro y sobre la pintura. Su principal obra de referencia en esta cuestión es *Absorption and Theatricality. Painting and Beholder in the Age of Diderot* (1980), traducida en el año 2000 como *El lugar del espectador. Estética y orígenes de la pintura moderna*. La dialéctica a que me refiero es la implicada en los dos términos que encabezan el título original inglés. *Absorbimiento* sugiere la total identificación del sujeto, ajeno a cualquier circunstancia externa, con aquello que realiza o

---

3. Preguntado sobre la fusión de crítica y novela a propósito de *Respiración artificial*, Ricardo Piglia (2001: 128) parece definir la mecánica de, entre otras, estas novelas de Vallejo, aunque soslayando la presencia digresiva y gárrula de la figura autorial del narrador: «Pienso ante todo en la figura (policial, pero también, digamos así, literaria) del investigador. Una primera persona que no narra su propia historia, es decir, una primera que cuenta la historia de otro [...], una historia en la que está implicado y a la que conoce solo parcialmente. Esa posición permite incorporar testimonios, pesquisas, citas, hipótesis que funcionan como las que un crítico construye cuando investiga en un libro o en una época».

con el objeto con que se halla en relación en un momento dado, hasta el punto de un cierto olvido de sí mismo y desde luego de la presencia de posibles observadores. *Teatralidad*, en cambio, se refiere al ejercicio de una determinada actividad sometida a la anticipación de las reacciones del espectador y, por tanto, a las expectativas que en él despierta el comportamiento en cuestión. Ciertamente ambas opciones están ligadas a determinadas posiciones morales, especialmente en la medida en que, según deja patente Fried, la teatralidad se convierte a menudo en sinónimo de amaneramiento e incluso de falsedad, de sumisión a una sociabilidad convencional; o, de otra manera, de falta de compromiso con la actividad en sí misma y hasta de ausencia de conexión con lo vital y primigenio. Esto es, para decirlo aun de otro modo, la teatralidad sería la expresión por antonomasia de ese problema tan característicamente moderno que es la pérdida de la experiencia.

Al final, lo determinante parece ser si se toma en cuenta o no al espectador para subordinar a su consideración y perspectiva la propia representación. Y en último término se trata también de cómo se sienta ante esa representación el observador: como alguien que ve o percibe por sí mismo o, por el contrario, como aquel a quien algo le es mostrado de un modo abiertamente intencional[4]. La contrapartida de ello es una exigencia compositiva, que dejó en claro Diderot: la de que quien contempla —o lee, añádase— debe ser tratado como si no estuviese allí como espectador; o, para expresarlo de acuerdo con la reformulación de Fried (2005: 547), la de que quien se sitúa en la posición del espectador perciba que nada en la pintura o en la representación está prefigurado de manera específica para que él lo contemple.

En el pensamiento literario contemporáneo podemos reconocer numerosas apuestas por formas de antiteatralidad, que de hecho conforman algunas de las líneas fundamentales de la crítica contemporánea: así, sirvan como meros ejemplos, las vinculadas a distintas formas de neohistoricismo, y sus lecturas de los textos desde ángulos sesgados o abiertamente parciales, o aproximaciones como las de Jacques Rancière (2007: 23) y su entendimiento de la literatura como la superación de la palabra retórica en cuanto «parole qui n'est proférée pas par personne». O también muchas de las posiciones de Barthes, como la que cuaja en la noción de *punctum*, a la que, con buenas razones, dedicó Fried (2005), precisamente, un pe-

---

4. Como apunta Fried (2005: 546), se trata de una reformulación de la diferencia de raíz dideroteana entre «seeing» y «being shown».

netrante ensayo. En él *La cámara lúcida* era situada por Fried en plena corriente antiteatral, apoyándose en el rechazo tajante por parte de Barthes de los efectos deliberados o, como también decía, retóricos de determinadas fotografías. No obstante, el autor de *S/Z* no se detenía en fotografías centradas, según podría esperarse de acuerdo con la tradición diderotiana, en sujetos absortos, ajenos por completo al hecho de estar siendo fotografiados y, en consecuencia, sin atisbo alguno de pose. Su apuesta era más radical: lo llevó a situar el *punctum*, al menos en algunas de sus consideraciones, en un *après coup*, en una posterioridad, que sustrae a quien ve de la posición de espectador. Es desde esa postrimería como se vuelven efectivas determinadas escenas o sucesos que no podían haber sido objeto de una atención consciente en el presente del fotógrafo y de su asunto. Como señala Fried, siguiendo de cerca al propio Barthes, el efecto del *punctum* sobre un observador depende de la no existencia de este para el fotógrafo (sujeto representante). El efecto de la célebre foto del invernadero (*Photo du Jardin d'Hiver*) dependía para el hijo que era Barthes de su contemplación al poco de la muerte de su madre, de lo que sucedía fuera o luego de ella y que está por completo al margen de la intencionalidad de la propia fotografía: la muerte de quien posa confiada y, por anticipación, de quien la contempla afectado por ese *punctum*.

Pero, como es sabido, Barthes evitó reproducir la foto, sugiriendo que el *punctum* es ajeno a la reproducibilidad o, de otra manera, al valor de exhibición[5]. Y, de hecho, en algún momento de su texto reclamaría como actitud idónea para suscitar la emergencia del detalle —«laiser le détail remonter à la conscience affective» (Barthes 2002: 833)— el cerrar los ojos ante la fotografía. Un medio para substraerse de la retórica intencional de la imagen. En el caso de la literatura, la equivalencia, supongo, sería el no leer o, más precisamente, no reconocerse en el que lee. Y, desde el punto de vista de la escritura, entender esta como un ejercicio de ilegibilidad (Blesa 2013a y 2013b).

Desde esta perspectiva, y en este marco, la autoficción y, más en general, las formas de autorrepresentación autorial en literatura se situa-

---

5. «Je ne puis montrer la Photo du Jardin d'Hiver. Elle n'existe que pour moi. Pour vous, elle ne serait *qu'une* photo indifférente, l'une des mille manifestations du "quelconque"; elle ne peut en rien constituer l'objet visible d'une science; elle ne peut fonder une objectivité, au sens positif du terme; tout au plus intéresserait-elle votre studium: époque, vêtements, photogénie; mais en elle, pour vous, aucune blessure» (Barthes 2002: 849).

rían de pleno en el campo de la teatralidad. Por lo que tienen de figura, de retoricismo y también por lo que la autonominación implica de quiebra del ensimismamiento antiteatral, de modo que el lector «is beeing shown» la figura del autor en poses varias. La autoficción no es ajena al valor de exhibición, además. En efecto, ¿hasta qué punto la autoficción tiene que ver con esa necesidad de mostrarse el autor reconociblemente ante los lectores? ¿Hasta qué punto su omnímoda presencia en las letras y las artes de nuestros días, como práctica de figuración propia o de *self-fashioning*, es consecuencia de unas condiciones de mercado en un contexto, inesquivable, de mundialización, en el cual la reproducibilidad, por mucho que engañosa, y las proliferaciones imaginarias, a través de remediaciones y traducciones, resultan determinantes?

El retraimiento y tangencialidad de la antiteatralidad moderna frente a la apelación autoficcional, más o menos directa, próxima a un efectismo retórico, se presentarían como polos antitéticos. Pero no todo es tan sencillo[6]. El propio Fried (2005: 545-546) advertía de un giro decisivo en la tradición pictórica antiteatral. Se habría producido en la obra de Manet en las décadas de 1860 y 1870 y se definiría como una crisis de sostenibilidad de la tradición crítica y artística antiteatral en su sentido, digamos, clásico. La latencia de quien contempla, del espectador, no puede ser ya obviada, por mucho que se marque la diferencia con la teatralidad más tradicional. Una salida al dilema creado va a ser la progresiva asunción por parte del arte de su propio fracaso, o de la inconsecuencia de su pretensión de verdad con respecto a la vida, o, hablando de literatura, de la precariedad de «ficción suprema de la ausencia del lector». Podría hablarse, en cierto modo, de la antiteatralidad como acto fallido. Lo que significaría que, en último término, la

---

6. Recuérdese, por ejemplo, el manifiesto «The real begins where the spectacle ends», de 1966, del ya mencionado Raymond Federman, que situaba la práctica literaria por él propugnada en una relación de hostilidad abierta con la noción de espectáculo: «What is the antidote to this unreflexive and lazy precipitation of what still pretends to be literature? It is the kind of writing that resists the recuperation of itself into distorted or false figures and images. The kind of literature we need now is the kind that will systematically erode and dissipate the setting of the Spectacle, frustrate the expectation of its positive beginning, middle, and end, and cheap resolution. This kind of writing will be at the same time frugal and denuded, but rhetorically complex, so that it can seize the world in a new way. This kind of writing must create a space of resistance to the alienated devotion to images –to the refining and undermining of the world by images. This kind of writing should be like an ironic free tense within the opacity of the Spectacle».

única manera de negar la teatralidad es través de medios teatrales, lo que llevaría, en palabras de Robert Pippin (2005: 579), a que el observador sea «actively negated, or displaced spatially, or even corporeally drawn into, merged with the painting». Y, poco más allá, a concluir que «we will not understand the fate of that notion unless we understand such painters as exploring something like the proper understanding of the mode of being of participant-agent-beholders in a complex rapidly changing social world».

Resulta urgente, a mi juicio, considerar el fenómeno de la autorrepresentación autorial, o de la autoficción en concreto, en el contexto de estos dilemas estéticos, pero también morales y ontológicos, inscritos en la cuestión de la teatralidad. Un documento de innegable interés al respecto, que nos ayuda a apuntar otras dimensiones teóricas relevantes, es el prólogo de Joseph Conrad (Józef Teodor Konrad Korzeniowski) a *A personal record* (1912), uno de los textos autobiográficos del autor junto con *The mirror of the sea* (1906). Constituye una muy sugestiva reflexión sobre la situación y los modos de la presencia del autor ante la ficción, lo que por sí mismo resulta muy oportuno para cualquier análisis de la autoficción. Véase, por ejemplo:

> I know that a novelist lives in his work. He stands there, the only reality in an invented world, among imaginary things, happenings, and people. Writing about them, he is only writing about himself. But the disclosure is not complete. He remains, to a certain extent, a figure behind the veil; a suspected rather than a seen presence –a mouvement and a voice behind the draperies of fiction. (Conrad 1946: xiii)

Todo ello en un lenguaje que se acoge de continuo al ámbito de lo teatral, de la tensión entre exposición y ocultamiento (*disclosure, veil, draperies*), en una conexión directa con su dimensión más retórica:

> In order to move others deeply we must deliberately allow ourselves to be carried away beyond the bounds of our normal sensibility –innocently enough, perhaps, and of necessity, like an actor who raises his voice on the stage above the pitch of natural conversation- but still we have to do that ... But the danger lies in the writer becoming the victim of his own exaggeration. (Conrad 1946: xvii-xviii)

Al mismo tiempo Conrad asume una poética del *restraint*, en lo que, en suma, constituye la proclamación de un entendimiento de la ficción como un acto de exposición propia en pugna permanente con la voluntad de mantenerse, literalmente, dueño de sí mismo[7].

Pero me interesa ahora, en especial, llamar la atención sobre otra fuente para la reflexión en torno a estas cuestiones, acaso algo imprevista. Se trata del primer libro de Edward Said, derivado de su tesis doctoral defendida en Harvard y publicado originalmente en 1966. Fue su título, de obvio interés para nuestro caso, *Josep Conrad and the Fiction of Autobiography*. Cierto que Conrad no fue *strictu sensu* autor de autoficciones, pero sí, como muestra Said, un continuo fabulador de su propio carácter. Y por otra parte, lo que no es en absoluto indiferente, se trata de un texto que no puede considerarse tangencial en la extraordinaria obra de Said, sino, más bien, imprescindible para entender el trasfondo teórico y conceptual de *Orientalismo* y de otras obras posteriores del palestino.

En este ensayo, el autor de *Out of place* presentaba a Conrad como expresión de «the fate of lostness and disorientation», lo cual autoriza la vinculación de lo que haya en su producción de autoconstitución de un carácter con el principio de itinerancia (simbólica, verbal o estrictamente referencial). Es una forma, quizá algo tangencial, de situar la autoficción en una red conceptual de tenor espacial, que, sin embargo, ha de resultar muy iluminadora al respecto. Como manifestó el propio Said en una entrevista, nadie como el narrador polaco le sugería «the sense of being in and out of language, being in and out of worlds, the skepticism, the radical uncertainty, the sense that you always feel that something terribly important is going on but you cannot tell what it is...» (*cfr.* Said 2008: x). Alguien podrá aventurar, de manera harto plausible, que estamos ante un modo crítico construido a partir de una identificación muy estrecha, autobiográfica o incluso autoficcional, con el objeto de estudio y comentario. Y, de hecho, es bien conocida la importancia de la figura de Conrad en el desarrollo de la obra crítica de Said y su función casi especular en la reflexión sobre la condición propia del crítico. Volveremos enseguida sobre ello.

Pero, más importante ahora, ¿en qué aspectos se apoya Said para hablar de ficción de la autobiografía en lo que se refiere al autor polaco? Ya que lo primero que debe aclararse es que su consideración no se limita a textos autobiográficos o memorialísticos, como *The mirror of the sea* o *A personal record*, sino que se apoya de manera muy especial en los

---

7. Por ejemplo, «I have a positive horror of losing even for one moving moment that full possession of myself which is the first condition of good service» (Conrad 1946: xvii).

relatos cortos de Conrad y también en sus cartas personales a distintos destinatarios[8]. Esta manera de abordar la cuestión, a través de la consideración conjunta de cauces de escritura de diferente compromiso referencial, permite no solo apreciar el flujo interdiscursivo que recorre y se transforma en estos ámbitos de escritura habitualmente segregados desde una visión higiénica de las letras, como la que subyace en el llamado pacto de ficción[9], sino que se muestra particularmente adecuada para penetrar en los recovecos de esa teatralidad que exhibía Conrad, según veíamos, en el prefacio de *A personal record*. Complementariamente con lo anterior, conviene constatar que Said, como muchos otros de los que han contribuido a estos debates (Barthes o el propio Fried), lo hizo desde un repertorio intelectual de índole fundamentalmente fenomenológica, en el que los nombres de Ortega o Sartre tienen una presencia especialmente notable. Con este avío abordaba, en efecto, Said la dificultad en la relación con la objetividad como instigadora de un repliegue del sujeto sobre sí mismo y el efecto que ello tiene en la complicada relación con el pasado en la medida en que «the past action is sapped of all content by the reflecting present» (Said 2008: 112). Contexto en el que cabe situar la indagación en las distintas formas de autorreferencialidad autorial en los relatos de Conrad. Porque Said desarrolla un análisis de la configuración de los personajes del escritor polaco en la cual su entendimiento como figuras de tensiones autoriales y elementos en la construcción del carácter autorial abren la vía para una reflexión sobre la autoficción.

---

8. El título de la tesis doctoral presentada en Harvard el año 1964 fue, de hecho, *The Letters and Short Fiction of Joseph Conrad*.

9. A ella se alude en la espléndida novela de Ramon Saizarbitoria *Martutene*, a propósito de la percepción de que en la obra del escritor Martin, uno de los protagonistas, se trasluce una identificación entre sus personajes y el propio escritor tanto como su pareja, con el trasfondo, como referencia, de las prácticas autoficcionales de Max Frisch en *Montauk*, subtexto permanentemente tematizado en *Martutene*. Así: «Nunca más se ha permitido insinuar [Julia] nada acerca del paralelismo entre su escritura [la de Martin] y sus vidas, tantas veces patente en los episodios de Faustino Iturbe. Ha respetado escrupulosamente el pacto de la ficción, que, en una de sus acepciones, alude a la necesidad de disociar al autor del narrador, algo que los críticos respetan cada vez menos. En relación a ese pacto, Martin ha escrito que el lector es como un esforzado caballero que, ante la accidental flatulencia de una dama, mira al perro» (Saizarbitoria 2013: 173). No hay en ella autoficción en sentido estricto, pero sí, como se colige de este fragmento, una rica y compleja autorreferencialidad, que muestra que, acaso, la autoficción no es sino su consecuencia inevitable, por pura implicación. Vale la pena leer las observaciones de Joseba Gabilondo (2013).

Un segundo aspecto, decisivo a mi juicio, es la radicación de todo ello por parte de Said en la necesidad de fijar, por medios distintos, una imagen pública del autor ante sus posibles lectores, imagen que resulta en lo fundamental de su propia escritura. Resulta muy sugerente, en efecto, la presentación de Conrad como guiado por un afán de constituir un carácter («to make a character of and for himself»). Algo imperioso para quien de un modo u otro se presenta como un hombre de acción, o al menos como un hombre vuelto sobre su pasado de hombre de acción. El carácter sería, entonces, la manifestación de aquella ansiedad por asegurar, frente al vértigo de la acción pura o a las incertezas de la exposición pública, el máximo grado posible de «rational self-possesion». Como escribe en una carta de 1896 el mismo Conrad, la voluntad de volcarse en la literatura se halla inextricablemente asociada a la urgencia de «make a name» (*cfr.* Said 2008: 26), que puede entenderse tanto en un sentido figurado o fraseológico —alcanzar notoriedad, adquirir reputación— como literal, especialmente iluminadora en alguien como el autor de *The Nigger of the Narcissus*. Escribir para hacerse un nombre. Este construir, hacer o fabricar un nombre admite ser planteado, de hecho, como núcleo de la autoficción, especialmente si se conecta —en realidad no puede ser de otra forma— a la constitución de un carácter. Algo que, en realidad, solo tiene algún sentido cuando ese carácter no se da por descontado y resulta de una u otra manera problemático. O cuando esa constitución puede tener relevancia por circunstancias que apuntan al mercado o la institución literaria.

Sobre lo primero, cabe subrayar que Conrad descreía o desconfiaba de la fijeza o contundencia del carácter. Así, intimaba a John Galsworthy —el autor de la célebre *The Forsyte Saga*—: «And before all one must divest oneself of every particle of respect for one's character» (*cfr.* Said 2008: 37). Tener esto en cuenta puede ayudar a comprender la importancia que se deriva para el Conrad epistológrafo —y que Said hace muy bien en destacar— de la toma de distancia respecto del carácter propio, de la excentricidad, por cuanto se estima como requisito para que surja la capacidad de una especulación libre y fluida (*disengaged*). Algo que invita a pensar en la notable garrulería de la mayor parte de los narradores autoficcionales. Y en cuanto a lo segundo, que puede sugerir alguno de los motivos tras el auge contemporáneo de las autoficciones, me limitaré a acudir otra vez a las páginas de *Martutene* y a las reflexiones de uno de sus protagonistas, el escritor donostiarra Martin, que apuntan en una dirección digna de ser explorada con más detenimiento:

… la cuestión ahora es que *in my day* la aspiración de un buen escritor en España era vender cinco mil ejemplares, mientras que en el mercado actual ese es el límite mínimo de rentabilidad, y la ambición vender cientos de miles de ejemplares. Eso requiere hacer del escritor una imagen de marca susceptible de promoción, convertirse el mismo en producto y sostener un adecuado ritmo de producción porque, una vez creado el mercado, es preciso alimentarlo. Ocurre con todas las artes, por otro lado. (Saizarbitoria 2013: 104-105)

Una última cuestión, especialmente relevante para el autor de *Orientalism*, resulta también digna de nota. Es la que se refiere a la conexión entre el efecto desecador del pensamiento y la conciencia sobre la vitalidad de la experiencia pasada, siempre latentes en el afán constructivo del carácter, y la viralidad de la conciencia europea, cuya expansión histórica parece un paralelo geopolítico y discursivo de esa proliferación ampliadora de la conciencia. Said no deja de sugerir la relación de esto con el europeísmo del Conrad de los últimos años, el de una Europa que habría sabido ganar el espacio para su propia individualidad. Este habría sido el sentido, en sus días, de lo que podríamos considerar la autorrealización de la idea de Europa, no alejada de la autorrealización de la identidad del propio Conrad a través de su obra.

Teatralidad, itinerancia…; resta por apuntar un tercer aspecto anunciado en el título, que es el de la lectura. O más precisamente el que hace tan a menudo del narrador o personaje autoficcional un lector, proclive a emplear la lectura como una de las formas por excelencia en la validación —y, a veces, la pura difuminación— del carácter erigido en el texto. Solo una nota de entrada. En *Martutene* —última mención a esta novela en la que no hay autoficción en el sentido escolar del término—, la lectura, relectura, evocación, cita e incluso traducción en el ámbito de la ficción de una novela real, esta sí de carácter autoficcional, adquiere un papel de primer orden en la constitución autorreferencial del universo narrativo: se trata de *Montauk* (1975), de Max Frisch. Una pregunta que estimo pertinente apunta a la conexión que cabría establecer con esta fijación lectora de determinados narradores autoficcionales y aquellos que antes definíamos como agentes epistémicos de relatos volcados —con cierto sesgo cervantino— en la indagación de determinadas cuestiones, casi siempre a través de la lectura más o menos obsesiva. Al hilo de lo cual podríamos también preguntarnos si, en esta búsqueda errática o sistemática, la digresión es un elemento accesorio o, más bien, constitutivo de un determinado modo de entender la ficción.

Enrique Vila-Matas, que ha tratado de Conrad y de *A personal record*, nos proporciona, quizá, alguna pista al respecto. Pienso, por ejemplo, en el artículo titulado «En el Chevrolet prestado» (incluido igualmente en *El viajero más lento*), donde también Conrad tiene su parte, que sirve de muestra a pequeña escala de la elaboración de un sujeto autoficcional a través del fluir de referencias literarias y a escritores y lugares fantasmagóricos. Siempre en un proceso de remisión perpetua: Mondoñedo, Cintra, Buenos Aires. Cunqueiro, Pessoa, Borges, Bioy... Puede que esa errancia —en principio, sustentada en una línea de lectura— no sea ajena a otra de las observaciones que Conrad (1946: xx) señalaba en el prefacio de *A personal record*, a propósito de un estilo o una manera de contar: «trying to be conversational —escribía— I have only managed to be unduly discursive». Dice el autor de *Nostromo* que el modo discursivo no es sino el resultado de una falencia y a la vez de un exceso, consecuencia última en ambos casos de su inhabilidad para cuajar un tono coversacional. Algo fuera del alcance, explica el propio escritor, de quien no tiene el hábito de la conversación y se define por un carácter forjado entre silencios. Y la discursividad para Conrad se materializa en la desatención a la disposición cronológica en favor de una lógica más digresiva y, en cierto modo, especulativa. Sin duda algo digno de nota en un libro cuyo asunto central es el nacimiento de Conrad como escritor.

Uno de quienes mejor vieron esto fue Claudio Guillén. Por ejemplo, en un magnífico artículo que dedicó a la obra novelística de Helder Macedo. En él reconocía lo mejor de la novela contemporánea en la sintonía con un entendimiento de la ficción afín a aquel que se revela en los ejercicios autoficcionales: «Es primordial este juego tan serio, tan característico de las mejores novelas actuales (las novelas inteligentes), que combina la anécdota vivida con lo imaginado, la experiencia supuestamente real del autor con la ficción supuestamente inventada de la novela» (Guillén 2006: 454). Un juego serio porque, como había dejado claro Fried al tratar de la teatralidad, estas propuestas estéticas solo alcanzan pertinencia en relación adversativa (adjetivo de Guillén) con un cierto estado moral. No me resisto a citar de nuevo al añorado comparatista:

Toda historia esconde su anverso, toda virtud su vicio, todo amor su irrealidad imaginada, todo saber su ignorancia, toda democracia su simulacro. Es oportuno así que sintamos hasta qué punto respiramos en la actualidad una contaminación no ya material sino moral, una general porosidad transigente y una blandura acomodaticia que no perdonan ni al lector corriente ni sobre todo al lector y al crítico de hoy. (Guillén 2006: 454)

Esta clase de conexiones debería desempeñar su papel en cualquier teoría sobre la autoficción. Pero me importa más señalar ahora otro aspecto que Guillén situaba en el núcleo de esta nueva [?] forma de novelar. No es sino la colusión de novela y ensayo, algo que resulta de la discursividad a que ya se refería Conrad, y en particular su concreción a través de una intensidad metaliteraria realmente notable. Permite reconocer, en efecto, una aproximación muy fructífera, al amparo de la autoficcionalidad, entre un sector de la novela contemporánea, en realidad moderna, y el ensayo tal como en su momento lo entendiera y lo planteara Adorno. Con probabilidad el hecho de que el ensayo se emplace entre las escrituras del yo —y que, como igualmente recordaba Guillén, «el ensayo se realiza ensayándose»— hagan de él un territorio muy atractivo para los ejercicios autoficcionales, o como se quiera denominarlos. Pero ¿por qué en estos ejercicios que tanto se aproximan al ensayo adquiere un papel tan relevante la literatura, el saber literario o, sobre todo, la condición del sujeto como lector y, a partir de ella, la exhibición de sus lecturas?

Sin duda tiene algo que ver aquella voluntad conradiana de «to make a name», y fijar ese nombre a una determinada posición, que mucho tiene que ver también con la propia e idiosincrásica postulación de un canon. Es lo que hacía de hecho Conrad en *A personal record*, unas memorias muy peculiares que giran en torno a la escritura de *Almayer's Folly*, la primera de sus novelas, en donde *Gil Blas*, el *Quijote*, o los nombres de Victor Hugo, Dickens, Thackeray o Trollope contribuían a articular un sucinto horizonte europeo para el acceso del polaco a la escritura novelística. Y es algo que puede rastrearse sin la menor dificultad en la escritura estrictamente ensayística de muchos autores contemporáneos, lo cual cabría entender como la expresión de una relación con la tradición que no es la reglada y ortodoxa.

Alguien que sabe de estas cosas, Ricardo Piglia (2001: 12), insistía, en uno de los textos reunidos en *Crítica y ficción* (1986), sobre la dificultad moderna —idea, al parecer, baudelaireana— para llegar a ser artista sin ser crítico, recalcando que «un escritor es alguien que traiciona lo que lee, que se desvía y ficcionaliza». La lectura, en efecto, como instancia de ficcionalización. Ese desvío es, en sí, un gesto antiteatral, cuando menos en un sentido: el que lleva a rechazar el lugar reservado desde el texto para su lector, haciendo de ese rechazo un factor de escritura. Ahí se abriría un espacio para alguna hipótesis posible sobre el papel de la lectura crítica —y la relación que establece con la tradición, el canon o los clásicos— y el de la lectura de quien luego escribe sobre esas lecturas en el debate sobre la teatralidad. Y también sobre la conexión entre todo ello y el estallido autoficcional de la novela contemporánea. Quizá no sea del todo impropio arrimar a esta propuesta el comentario que al poco añade Piglia (2001: 13): «En cuanto a la crítica pienso que es una de las formas modernas de la autobiografía. Alguien escribe su vida cuando cree escribir sus lecturas... Y digo autobiografía porque toda crítica se escribe desde un lugar preciso». Tejer el propio carácter a partir de la relación inscrita en la novela con la literatura es, en efecto, un procedimiento familiar en la autoficción contemporánea; y a Piglia siempre le ha interesado la fusión moderna de ficción y crítica. Desde ahí hay poco trecho, en efecto, hasta propuestas como la de *Critifiction*, realizada por Federman (1993), en relación a la fusión de crítica y ficción en la novela posterior a la Segunda Guerra Mundial[10], o incluso, de manera no tan inmediata, a lo que se ha dado en llamar *Confessional criticism*, en el que el ejercicio de la crítica convive, o se sustenta, en el despliegue bien patente de elementos autobiográficos o biografemas (Said o Derrida, por ejemplo).

Pero, para volver a la cuestión de la teatralidad, esta centralidad aparente de la lectura admite ser entendida en aquella situación contemporánea, enfatizada más arriba, que llevaba a Fried o a Pippin a señalar que la antiteatralidad solo podía manifestarse a través de medios teatrales. Uno de los bucles en que se desarrolla la modernidad literaria. De este modo el observador, y para nosotros el lector, no puede ya ser simplemente ignorado, sino que ha de ser, decía Pippin, negado de forma activa (logofagias, ilegibilidad), desplazado o incluso sumergido en la obra, inscrito en ella o suplantado. Si entendemos de esta manera algunas de las prácticas autoficcionales más relevantes, no será difícil orientar de un modo distinto al habitual la teoría de la autoficción, de modo que permita comprender mejor el verdadero calado estético e ideológico de estas prácticas. De algunas de ellas, al menos.

---

10. Inevitable mencionar al respecto «Chet Baker piensa en su arte», que no por azar lleva el subtítulo de «(Ficción crítica)» —una ficción crítica es también lo que en el relato escribe una primera persona «que se hace pasar por un crítico» y lo que leemos nosotros—. Este relato de Vila-Matas (2011b) puede entenderse como una reflexión crítico-ficcional sobre la paradoja de lo teatral como expresión de lo teatral, al mismo tiempo que su puesta en práctica.

BIBLIOGRAFÍA

Barthes, Roland (2002): *Oeuvres complètes V. Livres, textes, entretiens 1977-1980*. Paris: Seuil.

Blesa, Túa (2013a): «Escritura sin lectura. *La jalousie* de Alain Robbe-Grillet y *La jalousie. Exposición* de Simon Zabell, un ejercicio de ilegibilidad», *Castilla. Estudios de Literatura* 4, 581-603.

— (2013b): «Leer lo que no está escrito», *La Manzana Poética* 33, 61-66.

Casas, Ana (2012): «El simulacro del yo: la autoficción en la narrativa actual», en: Ana Casas (ed.), *La autoficción. Reflexiones teóricas*. Madrid: Arco Libros, 9-42.

Conrad, Joseph (1946): *The Mirror of the Sea. Memories and Impressions / A Personal Record. Some Reminiscences*. London: J. M. Dent and Sons.

Di Leo, Jeoffrey (2011): *Federman's Fictions. Innovation, Theory, and the Holocaust*. New York: SUNY Press.

Federman, Raymond (1993): *Critifiction: Postmodern Essays*. Albany: State University of New York Press

— (1996): «The real begins where the spectacle ends», disponible en <http://www.federman.com/rfsrcr1.htm> [última consulta: 15.07.2013].

— (2006): *Surfiction* (trad. Nicole Mallet). Marseille: Le Mot et le Reste.

Fried, Michael (2000): *El lugar del espectador. Estética y orígenes de la pintura moderna* (trad. Amaya Bozal). Madrid: Antonio Machado Libros.

— (2005): «Barthes's *Punctum*», *Critical Inquiry* 31.3, 539-574.

Gabilondo, Joseba (2013): «Saizarbitoria y el ángel de la historia (o *Martutene* como parte de una utopía postglobal anunciada)», *Cuadernos de Alzate* 46-47, 295-311.

Guillén, Claudio (2006): *De leyendas y lecciones. Siglos XIX, XX y XXI*. Barcelona: Crítica.

Lorenzo Tomé, José (2012): *Theodor W. Adorno. El rescate de la felicidad*. Culleredo: Espiral Maior.

Piglia, Ricardo (2001): *Crítica y ficción*. Barcelona: Anagrama.

Pozuelo Yvancos, José María (2010): *Figuraciones del yo en la narrativa. Javier Marías y E. Vila-Matas*. Valladolid: Cátedra Miguel Delibes.

Rancière, Jacques (2007): *Politique de la littérature*. Paris: Galilée.

Said, Edward W. (2008): *Joseph Conrad and the Fiction of Autobiography*. New York: Columbia University Press.

Saizarbitoria, Ramón (2013): *Martutene* (trad. Madalen Saizarbitoria). Donostia: Erein.

Vila-Matas, Enrique (2011a): *El viajero más lento. El arte de no terminar nada* [orig. 1992]. Barcelona: Seix Barral.

— (2011b): *Chet Baker piensa en su arte. Relatos selectos*. Barcelona: Debolsillo.

LA AUTOFICCIÓN Y LA POÉTICA COGNITIVA[1]

Arnaud Schmitt

Université de Bordeaux Montaigne

Aunque no hay duda de que el epicentro de la teoría autoficcional se sitúa en 1977 coincidiendo con la publicación de *Fils* de Doubrovsky, yo situaría el punto culminante de esta misma teoría en el año 2008, con la aparición del libro de Philippe Gasparini *Autofiction. Une aventure du langage* y la celebración del primer encuentro científico organizado en Cerisy por Isabelle Grell y Claude Burgelin en torno a la autoficción. Desde esa fecha, pareciera que la fuente teórica se hubiera agotado, al menos en Francia, con alguna que otra excepción, como la reciente obra de Arnaud Genon, *Autofictions: Pratiques et Théories* (2013). La culpa ciertamente es de Gasparini y la calidad del panorama histórico que este propone en su libro (*Est-Il Je?*, su texto anterior, dedicado más por extenso al género autobiográfico, ya había comenzado a despejar el terreno de los escritos autorreferenciales ambiguos). Dicha tendencia a la baja también puede explicarse por un cierto cansancio del público, general y universitario, frente a un número importante de publicaciones que, en los años 90 y 2000, abordaron esta cuestión, aun si algunas de las más recientes resultan muy valiosas (pienso en concreto en los textos de Vincent Colonna, Philippe Vilain o Madeleine Ouellette-Michalska). Aunque ningún trabajo es definitivo, la estrategia abarcadora, desde el punto de vista histórico a la vez que teórico, escogida por Gasparini, ha hecho particularmente difícil la tarea de los investigadores que desde entonces han querido escribir sobre el género. Gasparini también se ha beneficiado de la no-renovación de la práctica autoficcional en Francia. La ausencia de nuevas formas notorias ha anclado históricamente la autoficción en el cambio del siglo XXI. Algunas voces ya habían ligado su destino al del

---

1. Título original: «L'autofiction et la poétique cognitive». Traducción del francés de Ana Casas con la autorización del autor.

posmodernismo, y podría hacerse evidente que tienen razón quienes así opinan, aunque sobre este punto volveremos un poco más adelante.

Antes de empezar el trabajo de *desplazamiento teórico* que me propongo llevar a cabo en este artículo, principalmente a través de la poética cognitiva y adoptando un enfoque más internacionalista, desearía volver sobre dos aspectos presentes en la larga historia de la definición del concepto «autoficción», sin por ello cuestionar el trabajo seminal de Gasparini, pero sí con el fin de preparar el terreno sobre el que voy a basar mi análisis.

En un primer momento, me parece importante recordar que el origen de este neologismo surge de la serendipidad; no hay que olvidar, en efecto, «que la palabra *autoficción* tardó veinte años en entrar en el vocabulario periodístico» (Gasparini 2008: 69)[2]. Además, sería deshonesto discutir a Doubrovsky la paternidad del término, como, por otro lado, también lo sería atribuirle la paternidad del género. Ello ya ha sido precisado en muchas ocasiones: las autobiografías licenciosas preexisten al acto fundador de 1977 y, desde esa fecha, han rebasado ampliamente su perímetro. Por otra parte, si teóricos y escritores no se hubieran metido en la brecha abierta por el autor de *Fils*, es probable que el neologismo no hubiera tenido el eco que finalmente ha tenido. La autoficción es, por lo tanto, una obra colectiva, incluso si la lógica darwinista que sostiene la vida de los conceptos subraya a la fuerza el genio de aquel que sabe resumir una práctica estética con un neologismo y concentrar una época, una comunidad, en torno a una simple palabra. Gasparini (2008: 296) acierta al señalar que «si Doubrovsky forjó el término autoficción, y no otro, si ese término ha acabado por designar una buena parte de la producción literaria, es porque era el que tenía mayor capacidad de subvertir la distinción entre ficción y autobiografía»[3]. Sin embargo, es importante precisar que, a excepción de algunos países como España, este sustantivo no ha traspasado realmente las fronteras de la francofonía cuando, no obstante, su construcción lo predisponía a entrar en «el mercado anglófono»; no es lo que ha sucedido. Su identidad esencialmente francesa puede explicar

---

2. Cito del original: «qu'*autofiction* mit vingt ans à entrer dans le vocabulaire journalistique». (*Nota de la traductora*)

3. Cito del original: «si Doubrovsky a forgé le mot autofiction, et non un autre, si ce mot a fini par désigner une bonne part de la production littéraire, c'est qu'il était le plus à même de subvertir la distinction entre fiction et autobiographie». (*Nota de la traductora*)

una de las razones por las que la palabra ha suscitado eternos debates y controversias: a menudo se ha confundido el sustantivo con los textos que este designa; ahora bien, dicho principio referencial no es de ningún modo automático y cada teórico lo aplica de manera diferente. Dicha lógica refuerza la impresión de coincidencia feliz cuando una comunidad se pone de acuerdo sobre un principio referencial entre un término y un fenómeno. Sabemos que para la autoficción las cosas no han sido tan sencillas; no obstante, el término pocas veces ha sido puesto en entredicho. Del mismo modo, el corpus que designa ha sido consensuado en su conjunto. El debate, finalmente, se ha centrado sobre todo en la ética del género. La filósofa Hilary Putnam (1988) ha demostrado que si el lenguaje es capaz de describir una experiencia, lo hace ante todo en tanto que red, y no frase por frase[4]. En el caso de la autoficción, la idea de red es esencial, aunque se trate de una red antes que nada local. La presencia de textos como *Lunar Park* de Brett Easton Ellis en un país donde la palabra autoficción no existe ilustra perfectamente el hecho histórico de que la autoficción en tanto que género tiene una existencia *más allá* del sustantivo que la designa, que es *otra cosa* que el nombre que la designa. Ahora bien, en los debates —franceses— se ha confundido a menudo la epifanía terminológica doubrovskiana con los textos que esta reagrupa. Para acabar con esta precisión —y aquí únicamente me voy a interesar en el género, no en la «marca registrada»—, a pesar de una tendencia inherente a orientar la práctica más hacia la ficción que hacia la reflexión autorreferencial, el sustantivo ha tenido el mérito de circular dentro de determinadas comunidades y de ser incluso vector de creatividad en una época concreta dentro de un país concreto. Insisto en precisar que cuando he propuesto el término «autonarración» como alternativa al de Doubrovsky (Schmitt 2007, 2010, 2011) no obedecía a una lógica sustitutiva, abogaba únicamente por el advenimiento de una nueva forma de escritura autobiográfica, menos huidiza que la autoficción, por el retorno de una referencialidad contractualmente asumida por el autor y que testimonia, de igual modo, una mayor riqueza narrativa que la que generalmente se asocia a la autobiografía digamos clásica. No se trataba, por lo tanto, de reemplazar el significante, sino únicamente la práctica a la que este alude.

En estas consideraciones previas, desearía volver sobre un segundo aspecto de la evolución del género y de la teoría que lo ha engendrado, a

---

4. «If language describes experience, it does so as a network, not sentence by sentence» (Putnam 1988: 9).

saber, su inscripción en la historia literaria, en parte vinculada a lo que se ha comentado más arriba. Ya se sabe, la voluntad primera de Doubrovsky era encontrar una forma de escritura del yo que saliera de los caminos habituales en los que, en general, la autobiografía se había estancado. Gasparini (2008: 83) ha demostrado como el proyecto doubrovskiano consistía principalmente en hacer entrar la autobiografía en la modernidad gracias a utilizar, entre otras técnicas, las que se asocian mayoritariamente a la posmodernidad: «[Doubrovsky] advierte que la autoficción debe, *"como todo relato moderno"*, ofrecer un amplio espacio al metadiscurso»[5]. Por otra parte, en una entrevista concedida a Philippe Vilain y publicada en *Défense de Narcisse*, Doubrovsky describe la autoficción «como una variante posmoderna de la autobiografía» (Vilain 2005: 212). Jacques Lecarme (1993: 230) señala como para Gérard Genette, de quien conocemos su escasa predilección por el género que aquí nos interesa, «la única autoficción tolerable» es la metalepsis del autor, cuando el autor aparece nominalmente en un texto sin dejar por ello de ser ficticio. Si bien, en efecto, la autoficción designa «un espacio de incertidumbre estética» (Gasparini 2008: 7), hay que precisar que este espacio está fuertemente determinado desde el punto de vista histórico y que, por su práctica y sus implicaciones, se sitúa en el centro del campo estético posmoderno. Es de lamentar que un cierto número de escritos sobre la autoficción no haya abordado el análisis histórico de este fenómeno, pues habría permitido poner en perspectiva la aparición de un sustantivo que, inscrito en el espíritu de una época, aludía en ese momento, tal vez sin saberlo, a una estrategia de escritura ya en curso. En otros términos, esta estrategia, a causa del contexto ideológico (relativista, deconstruccionista, plural...), tenía que aparecer de un momento a otro sobre la escena mundial. Y la epifanía doubrovskiana, por muy genial que fuera, ha acabado convirtiéndose en una anécdota fuera del territorio francés (y tal vez también quebequés).

En mi opinión, a pesar de la consecuente exégesis que ya ha engendrado, la autoficción puede ser (re)visitada bajo dos ángulos diferentes. Al primero, que no es el que he escogido pero que me parece potencialmente interesante, lo llamaré *indeterminación*. Consiste en librarse de una vez por todas de eso que Philippe Vilain (2005: 16) ha llamado «el demonio de la definición» y en proteger la autoficción de las miradas analíticas, a la fuerza escrutadoras, con el fin de preservar este espacio de libertad identitaria en

---

5. Cito del original: «il [Doubrovsky] note que l'autofiction doit, *"comme tout récit moderne"* accorder une large place au métadiscours». (*Nota de la traductora*)

el que puede manifestarse «la magia de la escritura» (Vilain 2005: 41), una magia que podría aplicarse también a la escritura autobiográfica. La elección de la indeterminación no puede conformarse de multitud de criterios de pertenencia: uno de los pocos válidos sería el de la correspondencia onomástica entre autor y narrador, y apenas. Colonna ha defendido brillantemente la tesis de la indeterminación en su obra *Autofiction & autres mythomanies littéraires* (2004), incluso si, a mi modo de ver, sus argumentos no tienen en cuenta la recepción que podemos hacer de esas «mitomanías literarias» y de la importancia del posicionamiento genérico durante el acto de lectura. Por su parte y de una cierta manera, aunque su propósito sea a la fuerza racional, ya que aborda la autoficción de manera histórica, Gasparini se ha convertido en el abogado de la hibridación, de la simultaneidad de una doble pertenencia architextual, de un «fenómeno positivo de doble recepción, a la vez autobiográfico y novelesco». Para él, se trata «de asociar dos contratos de lectura aparentemente antinómicos» (Gasparini 2008: 476)[6]. Toda la ambigüedad de esta postura reside, en mi opinión, en la expresión «aparentemente antinómicos». Este punto de vista de Gasparini implica que ambas recepciones no son en el fondo incompatibles, mientras que a mí me parece que, en cierta medida, sí lo son; además, la asociación de dos géneros en un texto no desemboca forzosamente en la creación de un nuevo género. En todos estos casos, el rechazo obstinado de Vilain o Colonna de racionalizar la teoría autoficcional ha encontrado su confirmación en *Reality Hunger: A Manifesto* (2010) de David Shields. En esta obra, el autor defiende con brío la tesis de un género no determinado y propone abandonar la vertiente de la racionalidad genérica. Al ser americano, no utiliza nunca el término autoficción, y no parece hacerse eco de su existencia transatlántica. Sin embargo, Shiels designa con otros nombres una práctica que nos es familiar. Sus argumentos pueden resumirse de la siguiente manera:

- La escritura ficcional y autobiográfica comparten la misma herramienta retórica: la prosa. Es, pues, normal que ello implique una permeabilidad de las fronteras genéricas (Shields 2010: 23).
- Shields establece una distinción entre la autobiografía («autobiography») y lo que los americanos llaman «memoir», un género que da

---

6. Cito del original: «phénomène positif de double réception, à la fois autobiographique et romanesque»; «d'associer deux contrats de lecture apparemment antinomiques». (*Nota de la traductora*)

al autor una mayor libertad estética (ciertas autoficciones francesas podrían corresponderse con este concepto). Precisa, además, que una persona es portadora de una sola autobiografía, mientras que es concebible escribir varias «memoirs» a partir, por ejemplo, de adoptar diversas perspectivas[7]. Entiende «memoir» a la manera que Doubrovsky, como la versión moderna de la autobiografía[8].

· Anuncia el advenimiento de lo que denomina «el ensayo lírico» («lyrical essay»), que se basaría en la técnica del *collage* literario (Shields 2010: 5) y podría entenderse como una forma de autoficción filosófica.

· Por último, y aquí reside, en mi opinión, la parte más interesante aunque también la más polémica del texto de Shields, rechaza la dicotomía real/ficción y, contrariamente a lo que he tratado de hacer en mi trabajo *Je Fictif / Je Réel. Au-delà d'une Confusion Postmoderne* (2010) —es decir, mantener una frontera fenomenológica, a pesar de que a veces sea difícil situarla de un modo preciso—, juzga hoy inútil querer distinguir estas dos identidades.

He aquí un florilegio de las razones que Shields aporta para defender esta problemática posición: una parte importante de la ficción es autobiográfica, y viceversa, y generalmente no somos conscientes de ello (Shields 2010: 63); la separación entre hecho y ficción es mucho más porosa de lo que la mayoría de la gente cree (65); de un cierto modo, todo escrito es autobiográfico e, independientemente de la naturaleza de lo que se escriba, también tendrá un impacto sobre la vida de uno —la relación que un autor mantiene con su texto es, por lo tanto, bidireccional (153)—; actualmente algunos de los mejores textos de ficción están escritos como textos no ficcionales (26 y 69); por fin, y este es un argumento que encontramos en otros teóricos, no podemos separar la ficción de los escritos referenciales, pues hay una única categoría que engloba todos los textos, a saber: el *relato* (110). Shields no se conforma con barajar estas dos *naturalezas* de textos; para él, incluso en la vida de todos los días, la distinción hecho/ficción no es operativa (135, 177), ya que a veces resulta difícil separar lo que realmente ha sucedido de lo que parece que ha sucedido.

---

7. «Presumably, you would write only one autobiography. You can write multiple memoirs, though coming at your life from different angles» (Shields 2010: 41).

8. «To this extent, memoirs really can claim to be modern novels, all the way down to the presence of an unreliable narrator» (Shields 2010: 25).

He querido presentar primero las conclusiones de David Shields, ya que, si él tiene razón, es poco probable que el resto de este trabajo tenga algún interés. Además, siempre siguiendo la hipótesis con la que Shields ha apuntado a la naturaleza profunda de la autoficción, esta podría ser el último género literario, el resultado de decenas de tentativas de hibridismo genérico. En resumen, incluso si retoma ideas que ya estaban en el espíritu de la época, este autor lleva hasta el paroxismo la lógica de la indeterminación y cierra, de hecho, un buen número de debates en torno a la narrativa autoficcional.

A lo largo de este extenso preámbulo he tratado de definir una opción teórica que no es la que yo comparto y que busca precisamente huir de la definición.

La otra opción consiste en sucumbir otra vez al demonio de la definición, retomando la expresión de Philippe Vilain, pero aportando elementos nuevos, o más exactamente herramientas teóricas todavía no ensayadas con relación al pensamiento autoficcional. Dichas herramientas provienen de la poética cognitiva, incluso si ciertos autores a los que voy a referirme ahora no se identifican forzosamente con esta línea de trabajo. No obstante, sería demasiado largo definirla aquí, en la medida en que la poética cognitiva no existe si no en el cruce de varias disciplinas muy diferentes las unas de las otras.

En primer lugar, querría abordar esta tentativa de «redefinición» desde el *problema identitario* que la autoficción plantea con respecto a la relación entre un autor y su texto, y más exactamente con respecto al contenido de su texto. Contrariamente a Shields, me parece que la indecisión o confusión no son sinónimos de indeterminación: que el lector no esté en condiciones de saber si un autor fabula no impide que exista esta posición de congruencia o de no congruencia frente a una *posibilidad de lo real.* La teoría de la indeterminación aplicada a la autoficción descansa en la consideración limitada de los problemas de recepción y deja de lado un hecho ineludible que tiene lugar durante el proceso de lectura: la existencia de numerosos desajustes entre la producción de un texto y su recepción. Ello hace difícil una aproximación definitoria como la mía, aunque también pone en evidencia que la indeterminación no puede ser total (y englobar al autor y *todos* los lectores): si el autor no quiere decir si es verdad o mentira lo que cuenta sobre él (simplificando la problemática principal de la autoficción), el lector puede, no obstante, desear saber; o todo lo contrario, el lector puede negarse a escuchar a un autor que desearía decir las cosas claramente (y no simplemente). Siguiendo siempre a David Shields, si el origen de la novela se sitúa en el simulacro de la realidad que esta propone[9], y si, como John Searle ha demostrado en su artículo «The Logical Status of Fiction» (1975), el rasgo constitutivo del discurso ficcional reside en el hecho de que el locutor pretende ser otro distinto, la autobiografía, por su parte, avanza tradicionalmente lo que puede parecer la proposición inversa, ya que de manera intrínseca emana del siguiente acto enunciativo: contar lo que nos ha sucedido (Herman 2002: 35). Ya se sabe, la autoficción se propone bien ocupar una zona intermedia, bien realizar los viajes de ida y vuelta entre las dos zonas. Como he podido notar más arriba, no hay nada nuevo con respecto a esta postura. En un artículo llamado «When "Je" Is "Un Autre": Fiction, Quotation, and the Performative Analysis», Marie-Laure Ryan advierte muy acertadamente que devenir otro y jugar con la identidad de uno es un aspecto discursivo fundamental, sea cual sea la naturaleza del discurso (Ryan 1981: 154). Cabe distinguir aquí dos elementos: la existencia de dos zonas fenomenológicas (real/ficticio) y la identidad del locutor. Según lo dicho más arriba, la movilidad constitutiva de la autoficción no reside finalmente en el primer elemento, sino sobre todo en el segundo. La confusión que alimenta a propósito no tiene por qué poner en cuestión la distinción entre el mundo real y el mundo ficcional, contrariamente a lo que Shields sostiene; emana más bien de la movilidad, de la flexibilidad inherente a la identidad del autor que para algunos parece ocupar dos zonas simultáneamente o, para otros, consecutivamente. Apoyándose en la lingüística, Ryan subraya la diferencia fundamental entre, por un lado, la primera y, por el otro, la segunda persona del singular, y la tercera persona del singular (128). Para la autora, esta «asimetría» se manifiesta en distintos niveles (129): es pragmática (la primera y segunda persona participan en la interlocución, cosa que no sucede con la tercera), sintáctica (la tercera persona se refiere forzosamente a un nombre propio), semántica (la primera y la segunda persona no señalan el género del lector, por ejemplo) y morfológica. La diferencia fundamental se sitúa, me parece, en el nivel pragmático, en la noción de participación que evoca de manera inexorable el concepto de presencia, y más concretamente de presencia *durante el acontecimiento narrado*. El «yo» autoficticio es, por lo tanto, un «yo» a la vez que un *Él/Ella*. De este modo, se propone ser dos personas a la vez, cosa que, desde un punto

---

9.   «The origin of the novel lies in its pretense of actuality» (Shields 2010: 13).

de vista lingüístico, no es posible por la simple razón de que, para poder existir, un pronombre personal necesita un punto de anclaje deíctico *in absentia* o *in praesentia*.

Ahora bien, la autoficción nos invita a lo que llamamos un desplazamiento deíctico («deictic shift»), concepto que surge de la teoría del mismo nombre («Deictic shift theory») y que, especialmente, Peter Stockwell explicita en su obra *Cognitive Poetics. An Introduction*. Stockwell (2002: 45-46) describe una novela como un campo compuesto por diversas zonas deícticas: una zona perceptual (la que sobre todo nos interesa aquí, ya que designa la atribución de un referente a un pronombre), espacial, temporal, relacional, textual, composicional; el desplazamiento de un campo a otro o en el interior de un campo consiste en un «push» o un «pop», términos que implican a la vez la idea de un desplazamiento repentino pero también la necesidad de una reorientación, de un reajuste deíctico (47). El paso de un «yo» real a un «yo» ficticio consiste, pues, en efectuar un «empuje perceptual» («perceptual push»), y atribuir otro referente a un pronombre personal que ya contaba con uno; el «yo» autoficcional es, en consecuencia, inestable desde un punto de vista deíctico.

Según la teoría de los mundos posibles, principalmente desarrollada por Marie-Laure Ryan, la autoficción propone dos posibilidades que dependen del contrato de lectura escogido por el lector, al tiempo que propone también la «infracción» de la regla: la primera posibilidad, que Ryan (1991: 30) llama «discurso factual» («factual discourse»), incluye forzosamente la autobiografía y se caracteriza por una correspondencia perfecta entre el mundo real («Actual World », o «AW»); la segunda es el mundo tal como se presenta en el texto («Textual Actual World», o «TAW»). Clasificando los tipos de mundos posibles, sus propiedades y las relaciones que estos mantienen los unos con los otros, Ryan abre la puerta a un cierto número de incompatibilidades. La que nos propone la autoficción a partir de un contrato de lectura autobiográfico (es decir cuando el lector de una autoficción cuenta con recibir un discurso referencial) consiste en insertar en un mundo real un mundo posible que no lo es, lo que perturba la lógica esférica de Ryan (30), aunque sigue siendo concebible a partir del momento en que aceptamos la cohabitación de dos contratos de lectura a causa del propio principio de desplazamiento entre mundos posibles y de las nociones de «recentrado» («recentering») y de «anclaje» («anchoring»).

Así, en el caso de una autoficción percibida como mayoritariamente autobiográfica, el centro, el punto de anclaje, estará compuesto por un

TAW idéntico o un AW (Ryan 1991: 24) y el mundo posible satélite de un mundo ficcional. En el de una autoficción que el lector percibe como una ficción, el centro lo ocupa un TAW ficcional, y, por lo tanto, diferente del mundo del autor. Sin embargo, el lector es llevado aquí a recentrarse de manera ocasional hacia el mundo real, que se convierte entonces en un mundo posible (PW), en el sentido de una naturaleza genérica otra dada por el texto. Quisiera, sin embargo, precisar que esta segunda configuración autoficcional, que empuja al lector hacia la ficción y se apoya en la siguiente fórmula contradictoria TAW≠AW *pero* 1 PW *en* TAW=AW, no apunta, a mi parecer, a la autoficción, sino simplemente a la novela autobiográfica o la novela en clave. La única «ecuación» posible para la autoficción es esta que sigue: TAW=AW *pero* 1 PW *en* TAW≠AW. En esa configuración —y este detalle me parece muy importante en la interpretación que el lector puede hacer con respecto a *la intención auto-ficcional* del autor— el «locutor real» («AS = Actual speaker») es idéntico al «locutor implicado» («IS = Implied speaker»), que es una de las condiciones del discurso factual (29). En general no me convence la utilidad de la noción de autor implicado (a pesar de que James Phelan, en *Narrative as Rhetoric*, le ha devuelto algo de su anterior prestigio). No obstante, me parece interesante en el caso de la autoficción, y por lo tanto de un texto referencial que acoge un mundo posible ficcional, no por mostrar que la identidad del autor es doble, sino por insistir precisamente en el hecho de que no hay un autor implicado en la autoficción, únicamente un autor real que se proyecta puntualmente en un mundo posible.

La diferencia inherente a la autoficción no consiste, pues, en lo que Ryan llama «las relaciones [entre dos mundos] que son indeterminables» («undecidable relations», 39), cosa que, en cambio, ha sido a menudo evocada en el caso de la autoficción, en especial a través del concepto de hibridismo que Gasparini ha puesto de relieve. Más bien habría que hablar de una «ontología escindida» («split ontology», 40), que Ryan no emplea para la novela autobiográfica sino para las novelas que presentan una faceta realista y otra que atañe, por ejemplo, a la ciencia ficción. Ciertamente la autoficción es un caso ejemplar de ontología escindida: figura en un texto enunciado por un «locutor real» que lleva a cabo algunas extravagancias en un mundo posible, el cual, a su vez y en la nomenclatura propuesta por Ryan, se emparentaría, con respecto a todos los mundos posibles susceptibles de aparecer en una novela, a lo que ella denomina «F-Universes», el universo de las fantasías de los personajes y de la ficción, en el que se integran los sueños, las alucinaciones, las imaginaciones y fantasías de los personajes, y las ficciones dentro de la ficción. El lector se reintegra en el mundo real por el sesgo de un recentrado, aunque la posibilidad de este mundo imaginado por el autor convive con el núcleo referencial. A partir de *Alicia en el país de las maravillas*, Ryan advierte que en determinadas novelas el universo-F se convierte en el universo principal, atrayendo el TAW hacia su órbita. En lo que concierne a la autoficción, esta posibilidad no puede ser considerada, ya que sin recentrado hacia el TAW, el texto bascula hacia el dominio de la ficción y pierde su ontología escindida.

La fuerza de las herramientas teóricas propuestas por Ryan cuando se aplican a la autoficción puede resumirse, en mi opinión, en las siguientes dos conclusiones:

1. El acento ya no se pone en el componente ficcional del contenido del texto, sino en una *virtualidad* reunida en el seno de un mundo posible que viene a modificar el contrato de lectura relativamente simple de la autobiografía. La autoficción, en su versión racional, no es de aquí a la vez que de allá (genéricamente), pero contiene en sí misma su allá. Propone, por lo tanto, una virtualidad que la distingue de los escritos autobiográficos clásicos. Está cerca de la autonarración tal como he podido definirla: no obstante, con una mayor virtualidad, con un mundo posible que cada vez toma más espacio.

2. Según esta lógica de los mundos posibles, la autoficción podría vanagloriarse de poseer una «integridad genérica» y, de este modo, desembarazarse de la etiqueta de «doble género», o mejor dicho «género doble», para integrar una lógica de mundo *mayor* y de mundo *menor*, siendo el universo-F este mundo menor necesario para su identidad y siendo el recentrado del uno hacia el otro el modo operativo de lectura que la define. El neologismo escogido por Doubrovsky tal vez haya podido extraviar a una generación de teóricos, aunque la respuesta al enigma genérico que plantea la autoficción no está del lado de la ficción, sino más bien de la virtualidad, de la *autovirtualidad*: imaginarse en circunstancias diferentes, en otra cadena causal, a partir de la vida real de uno. En resumen, crear un mundo posible en el seno de un universo claramente autobiográfico. Eventualmente esta definición puede convenir a las expectativas de aquellos que preconizan la indeterminación, ya que el único criterio que estos aceptan tomar en consideración es la correspondencia onomástica entre el locutor real (AS) y el locutor implicado (IS); evidentemente, para que la lógica

autoficcional funcione, esta correspondencia no puede limitarse al nombre, también debe ser semántica: el autor tiene que identificarse y poder ser identificado *en tanto que él mismo*; si este no es el caso, como hemos advertido más arriba, el mundo posible deja de ser satélite, se convierte en central y el contrato de lectura concierne a la ficción.

Para terminar con esta noción de virtualidad, quisiera llamar la atención sobre el paralelismo entre los mundos posibles y un aspecto específico de las ciencias cognitivas sobre el que se detiene Norman Hollan en su obra *Literature and the Brain* (2009). El autor, haciéndose eco de los descubrimientos recientes en el campo de las ciencias cognitivas y de la neurobiología, así como del impacto que estas pueden tener sobre nuestra comprensión de qué cosa es la lectura, menciona en varias ocasiones la importancia que tiene para un sujeto ser capaz de producir razonamientos contrafactuales. Sin embargo, estos razonamientos hipotéticos no son ni más ni menos que relatos, espacios narrativos virtuales elaborados a partir de aquellos que realmente tienen lugar en nuestra existencia. Hete aquí un ejemplo clásico: si yo hubiera actuado de manera diferente, habría podido obtener, entonces, otro resultado (más o menos satisfactorio). Holland (2009: 70) escribe que «si perdemos la capacidad de imaginar irrealidades, de crear relatos, dejamos de evaluar lo real»[10]. Estas funciones narrativas son deficientes en ciertos sujetos, y dicha deficiencia puede manifestarse de dos maneras: una minusvalía disnarrativa («dysnarrativia»), la imposibilidad de generar relatos y en especial relatos contrafactuales, y una minusvalía propia de los confabuladores («confabulators»), pacientes que, según los neurólogos, inventan historias para explicar las patologías de las que son víctimas, patologías que ellos no comprenden. Estos, de igual manera que haría un individuo «normal», producen relatos contrafactuales, pero lo hacen a partir de hechos que no entienden. Mientras que las víctimas de una minusvalía *disnarrativa* son incapaces de generar relatos, los confabuladores los producen en número suficiente, incluso en demasía, aunque sin poder utilizarlos para comprender su entorno ni la naturaleza de lo que les afecta (Holland 2009: 71). Me parece que la distancia entre una autoficción en su versión coherente —la que propone un pacto de lectura del tipo *autobiografía contrafactual* (*The Invention of Solitude*, de Paul Auster)— y una autoficción que finalmente no es más que una ficción

---

10. «If we lose the ability to imagine unrealities, to create narratives, we cease to judge reality» (Holland 2009: 70).

(*Operation Shylock*, de Philip Roth), se encuentra justamente entre relatos *contrafactuales* y *confabulación*. En ambos casos, cabe considerar la existencia de una virtualidad, aunque, en el segundo caso, dicha virtualidad no tiene como punto de anclaje el mundo real. En cuanto al tipo de autobiografía clásica con una fuerte tendencia factual —tan desprestigiada por la crítica responsable de que Doubrovsky deseara el advenimiento de una autobiografía moderna— se ve afectada probablemente de *disnarración*, al ser incapaz de transformar los hechos en un relato, o al menos en un relato digno de ser leído.

Con el objeto de concluir esta parte sobre la *confabulación* (y, simplemente, sobre la *fabulación*), querría evocar un libro clásico de la poética cognitiva: *Experiencing Narrative Worlds: On the Psychological Activities of Reading* (1998) de Richard J. Gerrig. En esta obra, Gerrig vuelve sobre una de las máximas más antiguas de la teoría literaria: «the willing suspension of disbelief» de Coleridge (la suspensión voluntaria o consentida de la incredulidad). Gerrig refuta esta máxima al demostrar que nuestra propensión natural nos empuja precisamente a creer antes que a poner en cuestión lo que la ficción describe. Para reforzar su posición, acude a Spinoza, quien opina que, para percibir, debemos primero creer que aquello que percibimos es totalmente real. Para Gerrig aprehendemos la ficción de dos maneras: percibimos de manera *no sistemática* («unsystematic») y lo que percibimos lo hacemos como si fuera «verdadero»; y, en menor medida, de manera sistemática («systematic»), cuando examinamos realmente la naturaleza de lo que percibimos (Gerrig 1998: 27). De este modo, Gerrig contesta esa máxima de Coleridge para afirmar lo contrario: de forma natural creemos en la realidad del mundo de ficción; y el esfuerzo que realizamos no consiste en suspender nuestra incredulidad, sino más bien en construirla («construction of disbelief», 240). En este sentido, aventura que las únicas distinciones experienciales entre ficción y no ficción son aquellas que el lector hace el *esfuerzo* de construir (240). Así, según Coleridge, la posición natural del lector de una autoficción consistiría en aceptar naturalmente la parte referencial y dudar de la parte ficcional. Gerrig afirma, al contrario, que es al revés.

En todos los casos, Gerrig enriquece la reflexión en torno al género que nos interesa, situando definitivamente la identidad genérica del lado del lector. Si este no hace el esfuerzo de distinguir las dos clases de discurso, nos encontramos evidentemente en la indeterminación, pero no la indeterminación que defienden Colonna o Vilain, pues estos no niegan la diferencia entre hecho y realidad ni la capacidad del discurso literario de expresar uno u otra, sino que subrayan más bien el lado vano de la laboriosa tentativa del lector de desembrollar el ovillo autoficcional. Sin embargo, si, como he sugerido más arriba, la autoficción se recibe como una pareja *autobiografía + virtualidad*, desaparece el problema ligado a la recepción de los segmentos ficcionales, y ello nos pongamos del lado de Coleridge o de Gerrig. Evidentemente, las relaciones de accesibilidad entre mundo central y mundo posible pueden ser no congruentes, y el lector puede manifestar dificultades para extirpar lo verdadero de lo virtual. No obstante, esta dificultad no es comparable con la planteada por una indeterminación genérica. En todos los casos, ha llegado el momento de plantearse la cuestión de la autoficción partiendo del posicionamiento cognitivo del lector, pues el género literario implica innegablemente una posición de expectativas para el lector; un horizonte de expectativas, en efecto, pero en el que el lector es activo desde el punto de vista cognitivo, por ejemplo, al construir o suspender su incredulidad.

La noción de incredulidad puede llevarnos hasta un aspecto de la teoría autoficcional que, a mi modo de ver, merece ser revisitada a través de un prisma diferente; se trata de la noción de *identidad* y, en definitiva, de la figura del autor. Antes he tenido la ocasión de demostrar cómo la identidad genérica de un texto es fruto de una negociación entre el lector y la figura del autor que este mismo ha construido. La autoficción implica que dicha identidad es inestable. Al mismo tiempo he tratado de demostrar que la *virtualidad* no implica en ningún caso una modificación de la figura del autor. Se trata simplemente de un desplazamiento cognitivo al interior de un texto en el que la figura auctorial se mantiene estable. La «regla de perseverancia» de Monika Fludernik («una vez que el lector ha establecido una perspectiva que prevalece sobre las demás, tiende a perseverar en ella el mayor tiempo posible», 1986: 20)[11] o «el camino de la menor resistencia» de Lethcoe (*in* Jahn 1997: 459)[12] vienen a reforzar la idea de que el lector no tiene prisa en modificar su punto de vista con respecto a un texto, y ello vale igualmente para la autoficción. Me permito recordar la máxima de Philippe Lejeune: «No creo que podamos leer realmente

---

11. «Once the reader has established a prevalent perspective, he tends to persevere with it as long as possible» (Fludernik 1986: 20).
12. «When reading a passage of continuous discourse the reader tends to adopt the path of least resistance, reading in a such a way to preserve the continuity of the report» (Lethcoe *in* Jahn 1997: 459).

entre dos tierras» (Lejeune 2007: 3)[13]. Esta resistencia del lector al *reposicionamiento* no disminuye, sin embargo, la dificultad de definir de manera satisfactoria la noción de identidad auctorial. Una cosa es escribir que el contrato autoficcional se firma con el autor *real*, pero definir dicha identidad es otro asunto bastante más complejo. En efecto, quien escribe no es quien vive; esto es algo que han repetido muchas veces plumas diversas, y el nombre que llevo en mi vida cotidiana no comprende los mismos semas que aquel que exhibo en la portada de un libro. Podemos lamentar los largos debates sobre la eventual realidad o ficcionalidad del yo autorial; habría sido, no obstante, más interesante inclinarse sobre la realidad de una identidad y la manera en la que esta se muestra públicamente sobre los *umbrales* definidos por Genette. También hay que ser capaz de medir la diferencia fundamental entre un autoficcionalista desconocido y uno profesional: en ambos casos el acto de lectura y la intersubjetividad que esta implica son radicalmente diferentes. Para Norman Holland (2009), un autor conlleva un «esquema» («schema») de recepción. Por ejemplo, de Hemingway esperamos un cierto tipo de libros (estilo lacónico y novelas sobre hombres que ponen su virilidad a prueba) y puede decirse lo mismo de la mayor parte de los autores profesionales (184). Holland menciona en concreto los trabajos de Colin Martindale, quien ha desmostrado cómo recientemente los autores tienden a complejizar estos esquemas así como los estereotipos que los definen de cara a sus lectores. Ahora bien, para un autoficcionalista, estos estereotipos conciernen, más que al estilo, a la identidad que es desvelada a la vez que negada en los escritos en los que la pieza clave es —repitámoslo— referencial. Esta identidad *verdadera*, sin embargo, nunca es simple; la ficción no tiene la exclusividad de la complejidad, todo lo contrario. Autobiógrafos y autoficcionalistas se sitúan continuamente en un proceso de *autopoiesis*, de producción de su propia identidad en interacción con su entorno y, para un autor contemporáneo, dicho entorno es principalmente mediático. El escritor sudafricano J. M. Coetzee manifestaba en una entrevista concedida en 2002 a David Atwell que «toda autobiografía es otra-biografía» («all autobiography is autre-biography»). No estoy seguro cuando hablamos de escritura, y más de escritura autorreferencial, que esta lógica de *autoalteridad* haga avanzar el debate. Habría más bien que ampliar el marco indentitario y centrar nuestros estudios en la identidad auctorial, la joya de la corona de la iden-

---

13. Cito del original: «Je ne crois pas qu'on puisse vraiment lire assis entre deux chaises». *(Nota de la traductora)*

tidad genérica del texto. Las investigaciones recientes pueden ayudarnos a explorar esta *autopoiesis del autor* (no todas se relacionan forzosamente con las ciencias cognitivas); pienso, por ejemplo, en los trabajos de Bernard Lahire en Francia, Seán Burke en Gran Bretaña y los investigadores daneses del *Centre for Fictionality Studies* en la Universidad de Aarhus. Concretamente estos últimos exploran la manera en que el autor construye su identidad a través de relatos que ofrece a los medios de comunicación, o que le son impuestos por los medios de comunicación. Ahora bien, dichos relatos forman parte, efectivamente, de la identidad del autor, de ese segmento ontológico consagrado a su vida artística. El concepto de *ficcionalidad* trata de prolongar el trabajo emprendido por Gérard Genette en *Seuils* (1987), pero también por Philippe Lejeune en *Moi Aussi* (1986), y de manera más concreta en la parte que este dedica a las intervenciones televisas de ciertos autores. Si utilizamos un léxico propio de las ciencias cognitivas, y particularmente de la llamada *frame theory*, el autor deviene un marco, un marco de recepción para el lector. En el origen de esta teoría, Marvin Minsky (1976: 104) presenta la noción de marco del siguiente modo: «He aquí la esencia de la teoría de los marcos: cuando nos confrontamos con una situación nueva o cuando efectuamos un cambio sustancial en nuestra percepción de un problema, buscamos en nuestra memoria una estructura que vamos a llamar marco. Se trata de un sistema que podemos adaptar para ajustarlo a la realidad tras cambiar los detalles si ello fuera necesario»[14]. La identidad del autor y del marco que nos permite leer la autoficción, identificar la virtualidad que la autoficción engloba, ese mundo posible fantaseado por el autor.

En un artículo titulado «Frames, Preferences, and the Reading of Third-Person Narratives: Towards a Cognitive Narratology» (1997), Manfred Jahn aplica la teoría de los marcos a la narratología. Señala que la flexibilidad de un marco (que puede ser modificado o ampliado en diversas ocasiones antes de ser reemplazado) se aplica perfectamente a la manera en la que el texto literario es recibido por el lector por mediación de un narrador. Advierte que el narratario dispone de un cierto número de reglas de preferencias («preference rules») a partir de las que aprehende el discurso que se le ofrece. Por ejemplo:

---

14. «Here is the essence of frame theory: When one encounters a new situation or makes a substantial change in one's view of a problem, one selects from memory a structure called a frame. This is a remembered framework to be adapted to fit reality by changing details as necessary» (Minski 1976: 104).

«a. Es preferible suponer que el narrador expresa algo pertinente.

b. Es preferible suponer que el narrador cree lo que va expresar.

c. Es preferible suponer que el narrador proporciona suficiente información.

d. Es preferible suponer que el mensaje enunciado por el narrador se presenta de manera ordenada» (Jahn 1997: 447)[15].

La complejidad de la autoficción reside en el hecho de que, a menudo, su lectura necesita la superposición de dos marcos, el marco genérico y el marco identitario. Sin embargo, también podemos suponer que el marco genérico comprende el marco identitario, a la vez que se tiene en cuenta que una modificación radical del marco identitario puede modificar profundamente la naturaleza del marco genérico. En cuanto a las reglas de preferencias inherentes a la autoficción, estas podrían presentarse de la siguiente manera:

a. Es preferible suponer que el narrador y el autor son la misma persona.

b. Es preferible suponer que el autor se dispone a presentar lo que él cree que es su propia realidad.

c. Es preferible suponer que dentro de este mundo textual real se presentará un mundo virtual.

d. Es preferible suponer que el mundo virtual no prevalecerá sobre la parte referencial.

La teoría de los marcos permite insistir en el rol esencial que la recepción desempeña en la existencia misma de la autoficción y ofrece una herramienta que contribuye a aprehender la naturaleza y la organización de los textos autoficcionales.

Quisiera concluir este trabajo sirviéndome por última vez de la poética cognitiva y la teoría de la recepción con el fin de volver sobre la diferencia fundamental entre novela y autoficción. También en *Literature and the Brain*, Norman Holland (2009: 30-32) identifica el eslabón perdido de la novela con relación a lo real: nuestra actividad cognitiva cotidiana se articula en torno a dos datos de base, el «qué» y el «dónde». Cuando entramos en una habitación, tratamos de identificar lo más rápidamente posible lo

---

15. «a. Prefer to assume that the narrator is conveying something relevant.

b. Prefer to assume that the narrator believes what he intends to convey.

c. Prefer to assume that the narrator is giving the right amount of information.

d. Prefer to assume that the narrator presents his material in an orderly manner» (Jahn 1997: 447).

que hay, así como el lugar preciso en el que se encuentran los objetos y las personas que hemos identificado. Ahora bien, omitir el «dónde» es propio de la literatura (y entiendo aquí literatura como ficción)[16]. La mayor parte del tiempo, la novela hace referencia a objetos familiares que, sin embargo, no se encuentran en ningún lugar. En cuanto a la autobiografía y los relatos históricos, estos se refieren a un «dónde» que nunca ha existido pero que, evidentemente, ha tenido lugar (París sigue existiendo pero ya no existe el París en el que yo he vivido una determinada experiencia en un momento dado, de modo que se trata de una representación espacio temporal única). Sería tentador arriesgar que en el caso muy específico de la autoficción, el «dónde» está allí, a la vez que no está allí. Pero, por muy seductora que sea, esta posición no tiene ningún sentido. El «dónde» de la autoficción existe, aunque, como he podido explicar más arriba, la especificidad de la autoficción consiste, a mi modo de ver, en incluir un «dónde» virtual en el seno de un «dónde» que ha existido realmente. Dicho análisis bastante simple adquiere todo su sentido cuando lo asociamos a otro concepto, el de la *experiencialidad* («experientiality») desarrollado por Monika Fludernik en sus trabajos sobre la narratología natural y cuyo objeto es extender el campo de los estudios narrativos al dominio de lo no literario. Relacionado estrechamente con la *narratividad* («narrativity») de un texto, la *experiencialidad* consiste en relatar la experiencia de un sujeto y reproducirla de modo que capte el interés del lector (Fludernik 2003: 244)[17]. La autoficción sería, pues, una manera personal de organizar la vivencia en experiencia narrativa; la autobiografía sería otra manera. Un alto en la narratología natural de Monika Fludernik nos permitiría estudiar la narratividad inherente a las autoficciones y repensar el producto de la autoficción ya no en vivencia (*deformada* la mayor parte del tiempo), sino en una *experiencialidad* que le es propia. Ello nos remite a la recepción del

---

16. «Non-fictional characters in books embody real information about real locations in space and time, and we can believe in a "where" for them even if our brains' "where" system has not sensed that "where" physically. When I read about Hamlet, though, my "what" information about him does not include a belief that he existed in real time and had a real location» (Holland 2009: 121).

17. «*Towards a 'Natural' Narratology* constitutes narrativity not –as is traditionally the case– in reference to *plot* or *story*, but in reference to what I have called *experientiality* […]. By introducing the concept of experientiality, I was concerned to characterize the purpose and function of the storytelling as a process that captures the narrator's past experience, reproduces it in vivid manner, and then evaluates and resolves it […]» (Fludernik 2003: 244).

texto, a la construcción de la figura del autor, a una relación intersubjetiva entre dos seres, elementos todos ellos que los debates teóricos en torno a la autoficción no han contemplado suficientemente. La poética cognitiva, en su acepción más amplia, puede ayudarnos a tener en cuenta estos aspectos, incluso si ello implica la apropiación de sus herramientas, pues incluso Monika Fludernik (2003: 261) reconoce que la narratología natural no está hecha para acoger los textos más experimentales.

En conclusión, me parece que la autoficción y los estudios que se le han dedicado, y que insisten casi sistemáticamente en la ambigüedad del fenómeno, han equivocado el camino o, al menos, han llevado retraso con respecto a su finalidad primera, que es la de estudiar una transformación del yo en relato más ambiciosa desde el punto de vista literario en la medida que integra la virtualidad de nuestra vida psíquica, explora la figura del autor y piensa la identidad directamente en relación con el texto que la exhibe, y no como una entidad que le preexiste. Si logran hacer esto, la autoficción y la teoría que la acompaña abrirán un nuevo capítulo de su historia.

BIBLIOGRAFÍA

COLONNA, Vincent (2004): *Autofiction et autres mythomanies littéraires*. Paris: Tristram.

FLUDERNIK, Monika (1986): «Narrative and its development in *Ulysses*», *Journal of Narrative Technique* 16, 15-40.

— (2003): «Natural narratology and cognitive parameters», en: David Herman (ed.), *Narrative Theory and the Cognitive Sciences*. Stanford: Center for the Study of Language and Information, 243-267.

GASPARINI, Philippe (2004): *Est-il Je? Roman autobiographique et Autofiction*. Paris: Seuil.

— (2008): *Autofiction: Une aventure du langage*. Paris: Seuil.

GERRIG, Richard (1988): *Experiencing Narrative Worlds: On the Psychological Activities of Reading*. New Haven: Yale University Press.

HERMAN, David (2002): *Story Logic, Problems and Possibilities of Narrative*. Lincoln: University of Nebraska Press.

— (ed.) (2003): *Narrative Theory and the Cognitive Sciences*. Stanford: Center for the Study of Language and Information.

HOLLAND, Norman (2009): *Literature and the Brain.* Gainesville: The PsyArt Foundation.

JAHN, Manfred (1997): «Frames, preferences, and the reading of third-person narratives: towards a cognitive narratology», *Poetics Today* 18.4, 441-468.

LACAN, Jacques (1975): *Le Séminaire, Livre I: Les Écrits Techniques de Freud.* Paris: Seuil.

LECARME, Jacques (1993): «L'autofiction, un mauvais genre?», en: Serge Doubrovsky, Jacques Lecarme & Philippe Lejeune (eds.), *Autofictions et Cie. RITM* 6, Univeristé Paris-X-Nanterre, 227-249.

LEJEUNE, Philippe (2007): «Le journal comme "antifiction"», *Poétique: Revue de théorie et d'analyse littéraires* 149, 3-14.

MINSKY, Marvin (1976): «Minsky's frame system theory», en: Roger Schank y Bonnie L. Nash-Weber (eds.), *Proceedings of the 1975 Workshop on Theoretical Issues in Natural Language Processing.* Stroudsburg: Association for Computational Linguistics, 104-116.

PHELAN, Jim (1996): *Narrative as Rhetoric: Technique, Audiences, Ethics, Ideology.* Columbus: Ohio State University Press.

PUTNAM, Hilary (1988): *Representation and Reality.* Cambridge: MIT Press.

RYAN, Marie-Laure (1981): «When "Je" Is "Un Autre": Fiction, Quotation, and the Performative Analysis», *Poetics Today* 2.2, 127-155.

— (1991): *Possible Worlds, Artificial Intelligence and Narrative Theory.* Bloomington/Indianapolis: Indiana University Press.

SCHMITT, Arnaud (2007): «La perspective de l'Autonarration», *Poétique: Revue de théorie et d'analyse littéraires* 149, 15-29.

— (2010): *Je Fictif / Je Réel: Au delà d'une Confusion Postmoderne.* Toulouse: Presses Universitaires du Mirail.

— (2011): «Making the Case for Self-Narration against Autofiction», *a/b: Auto/Biography Studies* 25.2, 122-137.

SEARLE, John (1975): «The Logical Status of Fiction», *New Literary History* 6, 319-332.

SHIELDS, David (2010): *Reality Hunger: A Manifesto.* London: Hamish Hamilton.

STOCKWELL, Peter (2002): *Cognitive Poetics, An Introduction.* London: Routledge.

VILAIN, Philippe (2005): *Défense de Narcisse.* Paris: Grasset.

EL DIÁLOGO PARATEXTUAL DE LA AUTOFICCIÓN

Susana Arroyo Redondo

UNIVERSIDAD DE ALCALÁ

Hoy en día, en medio del creciente auge del libro electrónico como formato editorial de éxito, se hace más patente que nunca la diferencia que media entre *libros* y *textos*. Una obra literaria es básicamente un *texto*, pero un *libro* es un texto socializado. Y es que, salvo que nos topemos con un manuscrito hallado en un cajón, en la actualidad rarísima vez accedemos a ningún *texto* fuera de un formato físico conocido como *libro*, el cual se caracteriza por poseer cubiertas, título, dedicatorias, introducciones, fotos, notas, bibliografías y otras características determinadas por la materialidad de los procesos técnicos de la imprenta. Además, este libro forma parte inextricable de la cadena de valor editorial, de modo que su aparición viene siempre acompaña de presentaciones, entrevistas, reseñas y otros eventos mediáticos.

Gérard Genette (1987), en un estudio fundamental para entender este diálogo sociocultural que entablan los libros y su influencia sobre los textos propiamente dichos, utilizó el nombre de «paratextos» para englobar esos elementos de naturaleza extratextual que se asocian para presentar un libro, hacerlo atractivo ante los ojos del público y guiar las interpretaciones de los lectores. No es que estos heterogéneos mecanismos paratextuales afecten la sustancia del *texto* (salvo en el caso, por ejemplo, de los caligramas u otras manifestaciones que se proponen jugar con la materialidad de su representación), pero sí son fundamentales para entender el proceso de lectura y diálogo social que se establece entre autores y lectores. Porque los paratextos constituyen un umbral de preparación para la lectura e imbuyen al lector de ideas previas sobre cómo debe interpretar esa obra (una portada con el subtítulo «Confesiones» predispone al lector a entender el texto de manera muy diferente a una «Novela»; un prólogo puede cambiar nuestra percepción de todo un texto y unas fotos incluidas en un libro convencernos de la historicidad de una obra). Como señala

Alvarado (1995: 23), el habla oral se sirve de los datos de la situación de enunciación y de sus sobrentendidos (deícticos, entonación, pausas…) para garantizar la correcta transmisión de un mensaje; en cambio, en el enunciado escrito, diferido y sin retroalimentación, «el valor semántico de los términos dependerá más del entorno verbal que del contexto». En otras palabras, los elementos del paratexto cumplen, en buena medida, una función de refuerzo que tiende a compensar la ausencia del contexto compartido por emisor y receptor, reconstruyendo uno nuevo para guiar las interpretaciones lectoras. Así, aunque algunos elementos del paratexto solo ofrecen una información neutra acerca del libro (como el lugar y el año de publicación), la mayoría transmite auténticas instrucciones de uso destinadas a que el lector pueda seguir la historia e interpretarla del modo previsto por el autor (la cubierta, los prólogos, títulos, subtítulos, epígrafes, etc.). En consecuencia, por más que a primera vista el paratexto parezca tener una función simplemente comercial, su estudio es imprescindible para comprender las implicaciones sociales de la lectura y los procesos de creación de una figura autorial dinámica que va más allá de los límites del texto.

En este sentido, por lo que respecta a la autoficción y otras formas a medio camino entre lo ficticio y no ficticio, los elementos paratextuales son dignos de consideración porque resultan claves para comprender la trama de ambigüedades elaboradas por el autor y la forma en que los lectores las descifran. Si normalmente el paratexto está destinado a guiar al lector hacia la interpretación prevista por el autor, de modo que la colaboración entre ambos se establezca de manera satisfactoria, la autoficción se propone más bien todo lo contrario. Los libros autoficticios aprovecharán los elementos paratextuales con fines ambiguos, para que las señales lleguen de manera confusa al lector. Por su parte, el lector también podrá hacer uso extensivo de esos paratextos y utilizar conocimientos extratextuales previos en su proceso de lectura. En resumen, los elementos paratextuales son fundamentales para la cooperación entre autor y lector, pues no solo permiten que este reconstruya las intenciones del creador, sino que incluso vaya más allá y adjudique sentidos no previstos a ese texto.

Merece la pena recordar en este sentido la importancia que los elementos paratextuales han ejercido en el paradigma de la autoficción, cuyo nombre oficial proviene precisamente de la cuarta de cubierta de *Fils*. En 1993, partiendo de las teorías de Genette aunque con un enfoque propio, el profesor Jacques Lecarme (1993: 227) avanzó también una definición ya clásica sobre la autoficción: «l'autofiction est d'abord un dispositif très simple: soit un récit dont auteur, narrateur et protagoniste partagent la même identité nominale et dont l'intitulé générique indique qu'il s'agit d'un roman». En efecto, la marca paratextual que asegura al lector que lo que tiene entre sus manos es una genuina novela también resulta un recurso valioso para guiar desde el comienzo de la lectura las expectativas del receptor, pero su fiabilidad puede ponerse en entredicho. El hecho de que la palabra «novela» figure rutilante en la portada de un libro, justo bajo el título de la obra en cuestión, puede responder a diferentes causas; y, en realidad, es posible que sean más bien las aspiraciones comerciales de la casa editorial las que decidan a qué género en boga pertenece el texto que publica.

Para estudiar de forma completa las relaciones entre autoficción y paratexto, merece la pena dar un repaso a los elementos paratextuales que han rodeado la publicación de un puñado de autoficciones españolas de principios del siglo XXI. Para ello, nos valdremos de una clasificación básica: a los elementos paratextuales visibles en el propio cuerpo del libro (fotos, tipografía, diseño, títulos, epígrafes, prólogos, etc.), Genette los agrupa bajo el término de «peritexto»; a los dispositivos paratextuales de naturaleza mediática y a veces intangible (presentaciones ante la prensa, reseñas en culturales, etc.) Genette los engloba con el nombre de «epitexto».

Para comenzar por los elementos más tangibles y controlados del «peritexto», cabe ahondar primero en los paratextos elaborados de manera consciente por escritores y editores. En líneas generales, es cierto que los dispositivos peritextuales editoriales tienden a ejercer una influencia efímera sobre los lectores (pues pueden variar con cada nueva reedición del libro en diferentes colecciones), sin embargo, el peritexto dependiente del autor suele ser respetado en sucesivas ediciones como parte consustancial del propio texto de la obra.

Por lo que concierne a la autoficción, destacan dos recursos peritextuales editoriales: la asignación del libro a una colección y el diseño de la cubierta o portada. En efecto, la colección en la que el editor incluye la obra influye de forma directa en el horizonte de expectativas del lector. Normalmente, las grandes editoriales dividen sus publicaciones por géneros o temas en diversas colecciones: ficción (a veces separada en hispánica y traducida, o en moderna y grandes clásicos), ensayo o temas de hoy, poesía, teatro, etc. Casi todas las editoriales que publican autoficciones lo hacen en sus respectivas colecciones de narrativas de ficción. Por ejemplo, *París no se acaba nunca* (2003) de Enrique Vila-Matas fue publicado en Anagrama en la sección «Narrativas Hispánicas» (es decir, ficción) en vez de en su sección de biografías, «Biblioteca de la Memoria»; sin embargo, *El viajero más lento* apareció en la misma editorial en la sección «Argumentos» (que agrupa ensayos) a pesar de que parte de lo que en este libro se cuenta sea puramente inventado. Las diferencias en la presentación de estos libros ya desde la misma portada son un elemento de inevitable influencia sobre el lector del texto.

Respecto a la cubierta del libro, su influencia es tan potente que cabe analizarla en tres partes: la primera de cubierta o portada, la cuarta de cubierta o contraportada y las solapas. En la primera de cubierta suele aparecer, por supuesto, el título de la obra, el nombre del autor (en el caso de la autoficción, la insistencia en el nombre propio es muy relevante, pues es posible que ese mismo nombre aluda también al narrador o al personaje que el lector encuentre más adelante en el texto) y una ilustración o foto principal. Rosa Montero utilizará una foto de su propia infancia para ilustrar el montaje de la portada de *La loca de la casa* (2003) y, puesto que esta particularidad podría pasar por alto a los lectores, la propia narradora se encargará, a lo largo de la novela, de mencionar en qué circunstancias fue tomada dicha foto y cuál es el profundo simbolismo que esta imagen guarda para la autora. Por otra parte, de un modo algo diferente, Paloma Díaz-Mas y Marcos Giralt Torrente colocan también fotografías familiares en la cubierta de sus respectivos libros *Como un libro cerrado* (2005) y *Tiempo de vida* (2010). En el caso de Díaz-Mas (cuyo libro, de hecho, se acompaña de numerosas fotografías familiares en el interior), se trata de una instantánea tomada por el padre de la escritora y en la que ella misma aparece de niña junto a su madre y su hermana; y en el de Giralt Torrente, se presenta una imagen en la que el escritor también aparece de niño en brazos de su padre. Aunque con motivos diferentes, estas dos cubiertas coinciden en recuperar la memoria familiar de un pasado lejano, donde el padre fallecido ocupa un puesto importante ya sea como fotógrafo o como retratado.

Por su parte, la cuarta de cubierta o contraportada suele ser un espacio privilegiado para la promoción del libro en manos de un posible comprador (el *blurb*). Dado el auge de la escritura autobiográfica que se vive en las letras españolas recientes y el éxito de una cultura global interesada en cualquier testimonio personal, muchos *blurbs* contemporáneos se esfuerzan en destacar el origen biográfico de las experiencias ficcionalizadas en el texto. Pero puesto que, como bien es sabido, ser informado abiertamente sobre un hecho privado no produce tanta satisfacción como creer descubrirlo entre líneas, a veces en esta parte de la cubierta se busca el morbo de la ambigüedad. Así se despliega la presentación de *Como un libro cerrado*: «Este no es un libro de ficción. ¿O tal vez sí? Es un libro de recuerdos, y ya se sabe que, cuando recordamos, en parte recuperamos el pasado y en parte lo recreamos, lo reescribimos, lo convertimos en la novela de nuestra vida» (Díaz-Mas 2005).

Por último, destaca de igual modo la información que sobre el autor se puede leer en muchas solapas, gracias a la cual, en el caso de la autoficción, el lector puede ir comprobando los paralelismos entre lo relatado y la vida real del escritor. Por ejemplo, cuando el protagonista y narrador de *Soldados de Salamina* llamado Javier Cercas reconoce ante el personaje Roberto Bolaño haber publicado anteriormente dos libros de escaso éxito titulados *El móvil* y *El inquilino*, el lector no tiene más que pasar unas páginas para encontrar en sus propias manos una prueba de que el escritor real Javier Cercas también publicó anteriormente dos libros de idénticos títulos: así lo aclara la solapa de la primera edición de Tusquets de *Soldados de Salamina* (2001). Esta potente coincidencia no puede por menos que reforzar la interpretación biográfica del libro.

Pasada la cubierta, dentro ya del propio texto que conforma el libro, existen otros paratextos de notable importancia: las dedicatorias, los epígrafes y los prefacios y posfacios. Estos elementos tienden a ser respetados en sucesivas ediciones, pues por lo general son escritos por el propio autor del texto, de modo que su influencia sobre la obra se prolonga en el tiempo. Así, un epígrafe destacable abre *No ficción*, donde Vicente Verdú propone una reflexión sobre la naturaleza de lo real y sus formas posibles de representación (algo ya discutido incluso desde el llamativo título del libro) a través de una cita sobre la naturaleza del arte: «Nunca he estado fuera de lo real. Siempre he estado en el núcleo de lo real. Desde el punto de vista del arte, no hay formas concretas ni abstractas; solo hay formas que son mentiras más o menos convincentes. Pablo Picasso» (Verdú 2008: 7). Aquí, el epígrafe viene a discutir con el título y con el objetivo de todo el libro, pues Verdú, al incluir esta cita en la cabecera de su texto, asume su significado como propio y representativo de su obra. En este sentido, si Picasso, pintor de la abstracción por antonomasia, insistió en que había buscado la esencia de lo real a través de esa mentira con apariencia de verdad que se llama arte, Verdú también asume que para captar lo real, ha debido recurrir al esencialmente insincero lenguaje artístico. De este modo, los diferentes elementos paratextuales de *No ficción* establecen un diálogo que revela la necesidad de recurrir a la invención si lo que se pretende es representar la realidad.

Por su parte, el prólogo alcanza, por su extensión y larga tradición, una posición de excepcional relevancia en la orientación lectora. Los textos prologales permiten al autor dirigirse de forma directa al público, en un espacio donde todavía oímos su voz y no la del narrador. Aunque es obvio que hoy en día se publican más libros de ficción sin prólogo que con él (este es más común en los géneros ensayísticos y didácticos), cuando aparece, conforma una mediación estructural importante en la recepción de la obra, pues el lector tiende a interpretar todo lo dicho en estos espacios como una declaración veraz del autor. Por ello, algunos prólogos aprovechan el horizonte de expectativas del receptor para proponer juegos ficcionales que acaparan el valor comunicativo verídico propio de los textos preliminares: a veces el prólogo sirve también al autor para plantear una autoría ajena («alógrafa») o incluso apócrifa de su novela (jugando a confesar que él no es más que el editor de un texto escrito por otra persona cuyo nombre tal vez ni siquiera conoce). Por otra parte, el prólogo también ocupa un puesto de excepcional relevancia por su alcance metaliterario, pues al haber sido escrito con posterioridad al texto principal, el autor se dirige desde él a sus receptores no ya solo como creador sino también como lector y comentarista de su propia obra. Entre las categorías de prólogos separadas por Genette (1987: 199), hay dos esferas fundamentales: prólogos que tratan los tópicos del *qué* (elogio del tema del texto) y prólogos que abordan los tópicos del *cómo* (cómo se creó el texto y cómo debe interpretarse). El primer conjunto tienen como objetivo poner de relieve las bondades del libro sin hacer una valoración demasiado directa de la excelencia del autor; el segundo, preponderante en la literatura contemporánea, no se ocupa tanto de persuadir como de comentar, de explicar el nacimiento del texto que el lector tiene entre manos y de guiar su lectura según las intenciones del autor. Los tópicos prologales más relevantes y problemáticos de este grupo del *cómo* abarcan temas fundamentales en la literatura autofelticia: la aportación de claves para la interpretación del texto, el establecimiento de un contrato de lectura y la inscripción de la obra en un género.

Un buen ejemplo es el prólogo que Cristina Fernández Cubas incluyó al principio de *Cosas que ya no existen* (2001). La escritora, queriendo explicar el hilo conductor de su personal libro de estampas biográficas, incluye un extraordinario prefacio en donde ofrece una larga reflexión sobre el proceso creativo que la llevó a componer un libro de recuerdos vitales a partir de un modesto encargo para escribir un texto corto:

Me propuse así contar únicamente «la verdad» sobre unos hechos que, curiosamente, tenían mucho que ver con la mentira. No me permití una sola licencia ni el menor aditamento. Escribí «Segundo de Bachillerato» prácticamente de un tirón, en muy pocos días. A ratos tenía el aspecto de un cuento, aunque no lo fuera. A ratos, también, se me presentaba como un primer capítulo. Pero, ¿un primer capítulo de qué? Seguramente la palabra «memorias» me daba miedo. O la encontraba arrogante. Lo dejé en «libro personal». Y a pesar de que me pareció —y me parece— una solemne tontería (todos los libros son o debieran ser personales), me quedé tranquila. No hay como nombrar o etiquetar para archivar, sin problemas, un proyecto. [...] Solo entonces, con «La Muerte cautiva» ante mis ojos, empecé a sospechar la verdadera naturaleza de lo que pretendía. Un pequeño buque. Una travesía con escalas. Un libro de recuerdos. Nada más. Pero inmediatamente una insidiosa vez se apresuró a avisarme: «Y nada menos». (Fernández Cubas 2001: 11)

Este prólogo, casi una disculpa de Fernández Cubas ante sí misma y ante el lector por lo extraño e indefinido de la naturaleza de este personalísimo libro, aborda buena parte de los tópicos teóricos de la autoficción. Por un lado, Fernández Cubas firma el prólogo con sus iniciales («C.F.C.») y lo enmarca en una precisa demarcación espacio temporal («Barcelona, mayo de 2000»), pero, por otro, confiesa que ni ella misma es capaz de señalar si su libro puede ser considerado realmente autobiográfico, pero que lo acepta tal como es. En este sentido, este prólogo está muy relacionado con el epígrafe incluido por la autora solo una página antes: «Es absurdo pedirle al autor una explicación de su obra, ya que esa explicación bien puede ser lo que esa obra buscaba (Bernard Shaw)». Epígrafe y prólogo vienen aquí a coincidir en lo mismo, en que el lector no debe pedir cuentas a la autora sobre el tipo de obra o la asignación genérica a que pertenece *Cosas que ya no existen,* pues la sola respuesta posible es el propio libro. Pero además, este prólogo también se puede entender como un pequeño relato autobiográfico que, a su manera, dibuja ya un retrato de la vida, de las aspiraciones literarias y del sistema de trabajo de Fernández Cubas. En este sentido, la figura y la firma de la autora se convierten en el punto de encuentro de los dispersos retazos que componen el libro. Ella misma se dibuja como eje que da sentido y ordena su obra. Dominique Jullien (1990: 50) señala a este respecto que la reivindicación prologal de la unidad interna de una obra es indisociable de la construcción de una unidad obra-autor, pues el escritor, al reinterpretar retrospectivamente su obra, acaba dibujando en el prólogo una recreación en cierto modo autobiográfica, pero sobre todo mítica de sí mismo (una versión del autor como lector original de sus propios textos, con una insólita capacidad para imponer significados posteriores a textos anteriores).

Algo parecido sucede en el prólogo de Pablo Martín Sánchez a *El anarquista que se llamaba como yo*:

> Todo empezó el día en que tecleé por primera vez mi nombre en Google. Por entonces yo era un joven autor inédito que echaba las culpas de su fracaso a lo anodino de su nombre. Y el buscador vino a darme la razón: escribí «Pablo Martín Sánchez» y la pantalla vomitó cientos de resultados. Incluso yo aparecía por allí, formando parte de un cóctel compuesto por surfistas, jugadores de ajedrez o provocadores de accidentes de tráfico perseguidos por la justicia. Pero hubo una entrada que llamó especialmente mi atención, tal vez por estar escrita en francés: «Diccionario internacional de militantes anarquistas (de Gh a Gil)», decía el titular; y a continuación podía leerse este fragmento: «Capturado, fue condenado a muerte y ejecutado con otros participantes en la acción, como Julián Santillán Rodríguez y Pablo Martín Sánchez...». (Martín Sánchez 2012: 9-10)

Así da comienzo un prólogo novelesco, muy cercano al tono de *Soldados de Salamina*, donde se explica la génesis de aquella novela y la implicación del autor en la trama. Este pequeño cuento prologal mezcla de nuevo recreación autobiográfica y justificación retrospectiva proyectando la sombra del escritor real sobre el texto ficticio propiamente dicho. Una recreación que llena con el nombre del autor todos los eventos que se narrarán después.

Otra forma de juego prologal muy querido por la autoficción se encuentra en los contratos paratextuales que se han utilizado a lo largo de la historia de la literatura para señalar un descargo legal de las responsabilidades del autor, al solicitar al público que haga una lectura absolutamente ficticia de las situaciones y personajes de la obra (esta historia está basada en hechos ficticios y personajes inventados, cualquier coincidencia con la realidad es pura casualidad... como también ha adoptado el lenguaje cinematográfico). La autoficción retoma a veces este tópico de forma subversiva, como en el famoso aviso «Tout ceci doit être considéré comme dit par un personnage de roman» que Roland Barthes incluyó al comienzo de su pionera obra *Roland Barthes par Roland Barthes*. En esta misma línea están los avisos de Julio Llamazares al comienzo de *Escenas de cine mudo* (1994) y, sobre todo, el posfacio de *La loca de la casa* de Rosa Montero:

> Todo lo que cuento en este libro sobre otros libros u otras personas es cierto, es decir, responde a una verdad oficial documentalmente verificable. Pero me temo que no puedo asegurar lo mismo sobre aquello que roza mi propia vida. Y es que toda autobiografía es ficcional y toda ficción autobiográfica, como decía Barthes. (Montero 2003: 249)

Este posfacio propone un juego especialmente complejo al lector, puesto que el libro de Montero alcanza a ser una suerte de ensayo literario teórico-práctico destinado a desvelar ante los lectores los procesos de ficcionalización de la realidad. Y así, tras haber articulado la narradora una suerte de ensayo literario y un juego de versiones divergentes de una supuesta aventura autobiográfica, la autora concluye con una pirueta sorprendente al confesar la ficcionalidad de todo lo que hasta entonces parecía verídico. En otras palabras, si la foto de Montero en la cubierta del libro parecía venir a firmar un contrato de sinceridad con el lector, este sorprendente posfacio viene por el contrario a confundir los límites entre la veracidad referencial asignable al autor y la autenticidad del discurso del narrador.

Saliendo ya del dominio de los paratextos materiales, cabe ahora revisar otras formas peritextuales más abstractas y de alcance más impreciso: el «epitexto». Este se define básicamente por su situación, pues no se encuentra vinculado al libro físico sino que se resuelve en una serie de convenciones culturales de diferente naturaleza que rodean la obra e incluyen todas las declaraciones que el propio autor u otras personas emiten sobre ella: artículos, entrevistas, conferencias, coloquios en cualquier formato de prensa, radio, televisión o Internet, y distribuidos tanto en ocasión de la publicación de un libro como antes o después. Además, el epitexto, a diferencia del peritexto, tiene un mayor alcance mediático (pues no está solo dirigido a los lectores del libro, sino a un público general mucho más numeroso) pero también es efímero (mientras que algunas partes del peritexto acompañarán al libro en sucesivas reediciones, la resonancia del epitexto decae rápidamente).

Teniendo en cuenta que, hoy en día, las campañas publicitarias, las presentaciones y entrevistas forman parte de la presentación estándar de cualquier libro, no es extraordinario que los autores adeptos a la autoficción hayan aprovechado su fama para construir un personaje público sólido que viene a suscribir la figuración del «yo» creada en sus escritos. Enrique Vila-Matas compone, a este respecto, un ejemplo acabado de autor mediático muy consciente del personaje que su ficción sostiene.

La coherencia de sus novelas y cuentos con su abultada producción de ensayos, artículos y ponencias delata la voluntad de estilo que se agita en el fondo de todo su pensamiento literario, donde la invención pura y la anécdota veraz pero inverosímil conviven en un mismo registro. Pozuelo Yvancos (2010: 144) habla a este respecto de un «trasvase continuo» entre todas las producciones de Vila-Matas, «hasta que en algún momento su juego personal ha hecho indistinguibles el yo ficticio y el yo real en los distintos géneros, los ficcionales y los que aparentemente no lo eran». Inspirado por la prosa desbordada de Montaigne y Kafka, el barcelonés ha convertido la coherencia autorreflexiva de toda su prosa en una marca estilística de su personal proyecto poético.

Ahora bien, llevando su acto epitextual un paso más allá, Vila-Matas también ha ejercido como teórico de su propia poética novelesca y comentarista de su misma obra. Concretamente «Mastroianni-sur-Mer» y «Un tapiz que se dispara en múltiples direcciones» (ambos ensayos recogidos en *Desde la ciudad nerviosa,* 2004) funcionan casi a guisa de introducciones a toda su obra. En el primer texto, Vila-Matas, además de analizar las relaciones entre cine y literatura, desarrolla un mito sobre el origen de su vocación que, partiendo de una pequeña anécdota biográfica, se despliega en direcciones insospechadas formando una red de coincidencias ya abiertamente fantásticas. Por su parte, *Un tapiz que se dispara en muchas direcciones* aborda en el mismo estilo ambiguo las vicisitudes anteriores y posteriores a la publicación de *Bartleby y compañía,* y acomete una reflexión teórica que anticipa *El mal de Montano.* Esta forma de peritexto tiene por tanto un tono metaliterario, pues recoge las reflexiones que un creador hace públicas tanto en el momento de aparición de un libro como luego posteriormente y que pueden venir a sustituir en cierto modo la función del prólogo.

En definitiva, el epitexto cumple una tarea imprescindible a la hora de configurar y proyectar, de una manera más enérgica aunque menos duradera que cualquier otra forma peritextual, la figura pública de un escritor ante sus lectores. De hecho, al potenciar el perfil literario (pero no necesariamente humano) de un escritor, estos mecanismos peritextuales de promoción fomentan la curiosidad por la figura pública del artista, dan a conocer algunos datos de su biografía y, además, permiten al lector reconocer ciertos guiños personales entre las ambigüedades de los textos autoficticios. Aunque resulte difícilmente mensurable y esté sujeta a muchos cambios, la influencia de estos mecanismos en los procesos de recepción lectora resulta por tanto innegable. La comunicación literaria depende en gran medida del ambiente sociocultural en que se lleva a cabo, sobre todo en textos tan abiertos a la interpretación y colaboración lectora como las autoficciones. En este sentido, tener en cuenta las estrategias paratextuales invocadas por escritores y editores permite comprender mejor no ya solo las formas de autorrepresentación ambigua planteadas por un autor, sino los procesos mediante los cuales los autores reconstruyen esa figura.

Por último, para cerrar este repaso al paratexto de la autoficción, cabe mencionar siquiera de pasada cierto tipo de paratexto de influencia más imprevisible que se puede llamar «factual» o «implícito» y que equivale a hechos (no necesariamente verbales ni textuales) cuya mera existencia influye sobre la recepción. Aquí hay que recordar con Genette que «tout contexte fait paratexte» (1987: 13), y que aun aquello que no figura explícitamente en un libro puede determinar la lectura que de él se haga. Por ejemplo, el contexto biográfico del autor, el contexto genérico en que se inscribe la obra, el contexto histórico o la sensibilidad generacional de la época de los lectores, etc. En otras palabras, más allá de los elementos paratextuales buscados activamente por el autor para incitar cierta lectura de su obra, existe un cúmulo de hechos o conocimientos al alcance del público que inclinarán definitivamente su lectura hacia interpretaciones diversas. Tal y como indica Genette (1987: 13-14) con respecto de *À la recherche du temps perdu*, por más que no sea necesario conocer nada sobre la vida de Marcel Proust para entender la obra, los lectores que sepan de las tendencias sexuales y de la ascendencia judía del escritor no podrán ya evitar abordar el texto a través de ciertas interpretaciones de corte autobiográfico. Es posible que esta no sea la visión buscada por Proust, pero bien es sabido que una vez que el autor cede su texto al público, este es libre de asumirlo como desee. Por tanto, más allá del alcance del escritor y del editor, la interpretación de un libro es susceptible de verse afectada por hechos de corte histórico (como la sensibilidad con que cada época reciba ciertos asuntos o trate los descubrimientos sobre la vida del autor) o de carácter individual (como los conocimientos previos o las experiencias personales que cada lector particular posea y aplique a su lectura). Por ende, aun sin caer en sobreinterpretaciones forzadas, resulta obvio que las valoraciones posibles de un texto dependen de una gama casi infinita de hechos contextuales variables en cada época.

Por todo ello, para concluir ya, cabe afirmar de nuevo que los conocimientos e informaciones previas que cada lector individual pueda proyectar sobre un texto introducen un componente de azar en su experiencia lectora. Pero este fenómeno alcanza una mayor fuerza si el texto en cuestión se trata de una autoficción, pues esta promueve por sí misma un retrato autorial repleto de datos ambiguos que suele salir al encuentro de los conocimientos biográficos que el lector pudiera poseer de antemano sobre el autor, y aporta otros de verosimilitud dudosa. La autoficción se nutre por tanto de la figura pública del autor así como de las expectativas paratextuales del lector para favorecer procesos de ambigüedad donde conocer la «identidad estática» del escritor (nombre y datos legales) ya no es suficiente. Al contrario, la autoficción propone más bien un acercamiento a la «personalidad dinámica» del autor; una personalidad formada por aspectos vitales cambiantes cuya comprobación podría poner en marcha un proceso de interpretación inagotable (Gasparini 2004: 51-52). Los elementos paratextuales de la autoficción (desde los más tangibles a los más abstractos) contribuyen en este sentido a romper los límites de la personalidad autorial e invitan a los lectores a seguir informándose sobre la vida del escritor para poder acercarse mejor a sus textos, estableciendo así un proceso de comunicación literaria (un diálogo cultural) potencialmente infinito.

BIBLIOGRAFÍA

ALVARADO, Maite (1994): *Paratexto*. Buenos Aires: Universidad de Buenos Aires.

CERCAS, Javier (2001): *Soldados de Salamina*. Barcelona: Tusquets.

DÍAZ-MAS, Paloma (2005): *Como un libro cerrado*. Barcelona: Anagrama.

FERNÁNDEZ CUBAS, Cristina (2001): *Cosas que ya no existen*. Barcelona: Lumen.

GASPARINI, Philippe (2004): *Est-il Je?. Roman autobiographie et autofiction*. Paris: Seuil.

GENETTE, Gérard (1987): *Seuils*. Paris: Seuil.

JULLIEN, Dominique (1990): «La préface comme auto-contemplation», *Poétique: Revue de théorie et d'analyse littéraires* 84, 499-508.

LECARME, Jacques (1993): «L'autofiction: un mauvais genre?», *Autofictions et Cie. RITM* 6, Univeristé Paris-X-Nanterre, 227-249.

MONTERO, Rosa (2003): *La loca de la casa*. Madrid: Punto de Lectura.

MARTÍN SÁNCHEZ, Pablo (2012): *El anarquista que se llamaba como yo*. Barcelona: Acantilado.

Pozuelo Yvancos, José María (2010): *Figuraciones del yo en la narrativa: Javier Marías y E. Vila-Matas*. Valladolid: Universidad de Valladolid-Cátedra Miguel Delibes.

Verdú, Vicente (2008): *No ficción*. Barcelona: Anagrama.

CONDICIÓN DE VERDAD Y FICCIÓN (LITERATURAS DEL RECUERDO Y AUTOFICCIÓN)

Gilberto D. Vásquez Rodríguez
Universidad de Murcia

Verdad y condición de verdad

Es una convención más o menos extendida el hecho de que la filosofía se lanza al descubrimiento de la verdad, de *una* verdad, de *toda* verdad: la verdad del ser, de la experiencia, de los fenómenos, del lenguaje, de la ciencia… No obstante, la verdad como concepto es tan escurridizo como su *historia*, e incluso tan inestable como los referentes en los que se suele trazar el mapa de sus definiciones o los contextos de emisión de donde parecen emerger sus nociones. Eso no quiere decir, en cualquier caso, tal como propone Bernard Willams (2006: 71), citando a Donald Davidson (1996), que la definición de verdad pertenezca al «orden de la ambigüedad, de lo misterioso o de lo poco fiable». Existe el peligro de una exigencia de definición de verdad que no se corresponda, en todos los casos, con los distintos estilos, métodos o retóricas filosóficas, pues estos suponen obviamente la interpretación de nociones de verdad desde parámetros y ámbitos que, en muchos casos, resultan contrapuestos. Para Williams (2006: 71), la verdad «pertenece a un conjunto ramificado de nociones relacionadas, tales como significado, referencia, creencia», de modo que cualquier aproximación entre verdad, realidad y hechos; o entre verdad, objetividad y lenguaje; o incluso entre verdad, experiencia y evidencia, por poner tan solo algunos ejemplos, registran una urdimbre tan compleja como, a veces, reduccionista.

Y aunque, efectivamente, la filosofía se lance a tal fin —la búsqueda de *una*, de *toda*, o de *la* verdad— no pervive entre los «adquisidores de verdad» una *magna* filosofía que la designa, bajo la égida de un *logos extraterritorial*. Según Simon Blackburn (2006: 107), es necesario evaluar la no existencia de una filosofía primigenia que nos dice «desde fuera» cómo es el mundo, cómo, cuándo y dónde se da su verdad o qué conocimientos *acertados* se desprenden de ella. El manejo de una concepción de verdad impregna por ello no solo los estamentos puramente teóricos: filosóficos, científicos, lingüísticos e históricos… sino que, además, invade la propia concepción teórica de estos discursos, y las formas y modos en que se elaboran e interpretan para ofrecernos algunas certezas tranquilizadoras del mundo. Con estas orientaciones sobre verdad y mundo, Simon Blackburn, ve necesaria la distinción entre *aceptación* y *creencia*, es decir entre los discursos que son admitidos como ciertos (la *confianza* en los discursos científicos, por ejemplo) y aquellos cuyo propósito implica la formulación de una creencia que presuponga aserciones de verdad:

> ¿Estamos seguros de saber lo que es creer y distinguirlo de la simple aceptación de algo en tanto que empíricamente adecuado? ¿Conocemos la diferencia entre oír «tengo un redentor» en la boca de un ontólogo y oír lo mismo en un amante de la poesía? ¿Qué diferencia hay entre entender bien la naturaleza y levantar un andamio de ficciones que nos den sencillez y previsión y en consecuencia nos capacite para hacer frente a las cosas? (Blackburn 2006: 247-248)

En este sentido, el mismo Blackburn configura en una cartografía harto difícil los diversos y enmarañados matices de verdad entre *absolutistas* y *relativistas*, lo que Bernard Williams (2006: 16) denomina, por canales distintos, *legitimadores* y *negadores* en la concepción de la verdad. En ese «enfrentamiento», la verdad se propondría, desde la bandera absolutista, como imperativo, como irrefutable o como infalible que hunde sus raíces en la verificación objetiva y vinculante con la realidad y/o la experiencia demostrable (la verdad *real*), mientras que los relativistas la conciben directamente proporcional a la variabilidad subjetiva o al perspectivismo. Por tanto, la verdad relativa puede *instaurarse* como *construcción* discursiva de la *realidad*, en la que queda cancelado el juicio único, mientras que la autoridad de la verdad, en el caso de los absolutistas, subyace efectivamente en la racionalidad o en la objetividad del conocimiento o en los principios irrefutables de la ciencia. Es obvio que estos últimos configuran una verdad sustentada en creencias absolutas, frente a los relativistas que defienden la naturaleza parcial de tales creencias, por lo que no habría hechos que justifiquen una verdad, sino solo interpretaciones, esto es: una visión *minimalista* de la verdad en la que únicamente caben verdades particulares, plurales, diversas, mínimas.

En este sentido, la tensión entre verdad y veracidad se encuentra manifiesta en la colisión entre una concepción «panóptica», es decir, en que la verdad se configura como objetivación teórica de los individuos y la sociedad, mientras que el otro posicionamiento se halla más cerca del liberalismo, y fundamenta su visión de verdad desde la crítica, y la refutación de presupuestos dados como absolutos. Así, unos imponen la verdad mientras que otros defienden aquello que podría ser la verdad. De esa tensión se sucede, entonces, la disparidad entre verdad y veracidad en las que se proponen dos formas contrapuestas de hacer filosofía. Por un lado, la tendencia «negadora» de quienes cuestionan algo sobre la verdad o incluso su existencia, y por otro, proveniente de los filósofos analíticos del lenguaje, la tendencia funcional de la verdad desde el «sentido común» o de las «razones aceptadas»[1].

En el cuestionamiento de verdades fundadas en el intelecto, la razón o la intuición, e incluso en los engaños de las designaciones del lenguaje a los «objetos» de la realidad, subsiste, tal como profiere Friedrich Nietzsche (1998: 156) en su texto *Sobre la verdad y la mentira en sentido extramoral,* una sospecha desgarradora sobre el concepto de verdad como «ilusión», metáfora dinámica y acomodadiza. Frente a esa «desconfianza

---

1. El enfrentamiento de estas «retóricas» de la verdad configura un posible mapa de teorías filosóficas en las que convergen y divergen diversos escenarios definitorios en su concepción. A pesar de los claros representantes entre esas distintas retóricas, la asociación de tendencias con sus pensadores resulta difícil a causa de la multiplicidad de matices que presentan. En su estudio, Blackburn (2006: 158 y ss.) propone, sin embargo, rasgos definitorios de esas tendencias. Por un lado, el *eliminatismo* no piensa en verdades ocultas, elimina las convicciones de primer nivel y los desconciertos intelectuales y, aunque no son escépticos, no se plantean por tanto que un área pueda ser pensada con las creencias, sencillamente apartan tal concepción, idea o área de su repertorio de pensamiento. Por otro lado, los *realistas*, hijos sagrados de los absolutistas, de manera general ofrecen unos relatos explicativos o *descriptivos* de la verdad, siempre apoyados en los «hechos reales», es decir en la separación del sentido común de la creencia frente a la naturaleza de los hechos. Mientras que para el *quietista* el objeto de su concepción de la verdad es la *desconstrucción,* pues plantean un minimalismo generalizado de la verdad en la que no se necesita una concepción de verdad, sino un tejido de verdades particulares, en plural (Blackburn 2006: 107). En cuanto al *constructivismo,* se emparenta con el realista en el sentido de que hace patente una teoría de la verdad, pero negando las formas realistas en la explicación de esa verdad, es decir, niegan la existencia de un *meta-relato.* Sus explicaciones no se calibran con la veracidad o la falsedad de lo relatado, sino más bien con las subjetividades desde donde son observados esos relatos, por este motivo son también llamados *ficcionalistas.*

de la verdad», Bernard Williams (2006: 15) se aproxima a dos tendencias de linaje nietzscheano; por un lado, «la exigencia de la veracidad» y, por otro, «la prevención contra el engaño»; y en ambas se impone una tendencia a la inestabilidad en la articulación unívoca de la verdad. Así, pues, la exigencia de verdad y su rechazo pueden coexistir en tensión, como es el caso de la construcción de los discursos históricos (y en nuestra materia, de los discursos testimoniales y ficcionales) que, en tesis manifiestamente opuestas, señalan el problema de la verdad histórica como construcción ideológica, política, de tendencia parcial.

Dicho esto, resultará necesario valorar en este trabajo, siempre de forma sucinta y provisional, qué concepción de verdad suele privar en los acercamientos discursivos, que hemos de tratar bajo el concepto de *condición de verdad*, tanto en las literaturas del recuerdo de la vida dañada como en un tipo de literatura autoficcional que «juega» con los recuerdos y experiencias del yo traducidos en modelos de ficción, de desmontajes verídicos de lo autobiográfico. Tal condición de verdad no discurre de forma lineal en la construcción de estos discursos de recuerdo ficcionales o no, pues unos se configuran a partir de una noción de verdad[2] me-

---

2. ¿Cómo muestra la literatura algunas concepciones sobre la condición de verdad? Pensemos, por ejemplo, en la idea de que lo literario propone una visión que parte de su radicalidad, es decir solo puede ser verdad aquello que es real, tiene existencia o es verificable, etcétera (se entiende «lo real» aquí como construcción ficcional, como mundo posible), lo cual tendría que ver con una concepción absoluta de esa verdad. No obstante, la idea de verdad puede develarse como inaprehensible, como ambigüedad que muestra diversas caras y matices. La verdad se propone, entonces, como interpretación del relato, de las acciones o de los personajes. Pensemos en la novela negra, en donde la verdad de un crimen resuelve, expone, verifica, haciendo lógicamente comprobable, los indicios que descubren al asesino, pero también sus móviles y formas de ocultamiento. De modo que, en este caso, la verdad es una formulación objetiva, ya que se instala en el hecho de cerciorar unas presuposiciones lógicas. Contrariamente, esas presuposiciones lógicas del mundo son asumidas por el relato fantástico para instalar, con su refutación, la perplejidad y la inestabilidad de sus leyes absolutas. En otros casos, no obstante, la verdad de la ficción (del secreto, del crimen, de las motivaciones, hechos y actuaciones de los personajes en el relato, por poner ejemplos corrientes), acontece como un entramado, mosaico de versiones que se conectan y contradicen, sin que ello soslaye la verdad *en* la ficción. La formulación de la verdad, en esta dirección, es un entramado de perspectivas de particulares estados subjetivos, promovida desde un hecho objetivamente repetido pero con miríadas de interpretaciones. Todas esas verdades podrían confluir cada una en sus justificaciones y motivaciones: no hay una verdad única en torno a los hechos narrados. Pensemos, por ejemplo, en la novela *La mujer justa* (1999) de Sándor Márai, en la que una serie de versiones interconectadas narrativamente, por medio de tres personajes-narrado-

diante, por ejemplo, una experiencia autobiográfica extrema: el daño *radical*, frente a aquellos discursos que, por otro lado, establecen un *quiebre* con una idea de verdad o que, en todo caso, no pueden ser examinados exclusivamente bajo los parámetros de verdad o falsedad, de creencia o no creencia, de veracidad, que se exigen para los discursos testimoniales.

Verdad y memoria

Siendo así, si la condición de verdad se impone como instrumento de evaluación de los discursos ficcionales relacionados con la memoria ¿se puede hacer corresponder nuestra necesidad de veracidad con una verdad dentro del pensamiento filosófico, que se extienda, desde luego, a ciertas prácticas discursivas en textos ficcionales y no ficcionales: autobiográficos, memorísticos o de testimonio? Si nos sumergimos en la idea de que las literaturas del yo se verían conformadas bajo la égida de una verdad que no omite las tensiones entre verdad y veracidad, podríamos asumir una aspiración de verdad que funcionaría como correlato parcial de las *verdades* de la historia. No obstante, en todos los casos de la literatura autobiográfica de la vida dañada (y en su formulación relatada de los recuerdos) debe primar una voluntad incondicional de decir verdad, y sus cimientos éticos y estéticos basculan sobre una veracidad que ha de ser en principio *sincera*, pues el emisor tiene el propósito de aseverar creencias verdaderas en torno a su recuerdo. El contenido de esas creencias apuntaría, por tanto, al cuidado, rigor, fiabilidad o rasgos concretos que lo sitúan en los márgenes de la *precisión* y la *confiabilidad*. En esa *intencionalidad primera de verdad* por parte de la literatura del recuerdo existiría una preocupación de facto. Y es aquella que se centra en hacer *soportable* una verdad devastadora: la de experiencia del daño, hasta el punto de hacerla creíble y veraz, y determinada probablemente por las condiciones de verdad extradiscursiva. Las aserciones de la literatura del daño referidas al recuerdo deben, por tanto, como bien esboza Williams (2006: 85), responder a la necesidad sincera de informar adecuadamente sobre la creencia del recuerdo. Desde este matiz, quizás podamos elaborar la

---

res, en torno a un mismo hecho no solo recorren caminos distintos en cuanto a una verdad aceptada, sino que además se constituyen como modos y perspectivas también distintas de verdad. De este modo la verdad se acomoda en la ficción en una especie de «diana móvil», como bien ironiza Simon Blackburn (2006: 65).

conexión directa entre la verdad *representada* y el conocimiento que este tipo de literatura desprende[3]. Por el contrario, la *representación de verdad* en procesos ficcionales complejos, como los de la autoficción, no se ajustarían a tal necesidad de sinceridad sino a unas determinadas condiciones de verdad, de apariencias de verdad, que se presentan como recreadas, forjadas, reconstruidas en el estatuto de lo ficcional.

Sin embargo, los discursos del recuerdo, aunque referidos al trauma de la vida dañada, pueden presentar algunos *escollos* en cuanto a la consideración del carácter *legítimo, fidedigno, inequívoco* y *verdadero* de la memoria. En su libro *Como si lo estuviera viendo. La imagen en recuerdos*, Salvador Rubio (2010: 32), a propósito de la naturaleza genuina del recuerdo, asienta una noción básica —basada en su lectura de Ludwig Wittgenstein (2008)— en que la imagen mnemónica resulta *irrepresentable*. En otras palabras, no es posible concebir el recuerdo como representación icónica, como una fotografía o como una sucesión de imágenes, al estilo del filme, pues el recuerdo como imagen mental es proporcional al proceso que *solo ve* el sujeto que recuerda, y esto es fundamental para asumir el componente cognitivo y emocional de tal recuerdo y sus asideros en la relación de recuerdo y verdad. Con todo, resultaría paradójico asumir una naturaleza preponderantemente fidedigna, legítima e inequívoca del recuerdo, pues en sus reconstrucciones relatadas, un recuerdo se ve condicionado por otros aspectos (narrativos, emocionales, modales, formales) que se introducen con el relato mismo para difuminar sus condiciones de verdad.

De esas imágenes mentales del recuerdo se nutren, en principio, las literaturas de la memoria que narran, evalúan o interpretan el daño y además muestran un aspecto interesante sobre la reflexión del recuerdo y del recordar[4] y, en definitiva, de la memoria *genuina*, de su *fiabili-*

---

3.   En la veracidad de la literatura del testimonio habría una relación de confianza con el autor por medio de la construcción genuina de sus recuerdos y de la forma de aseverarlos que, en realidad, se presupone siempre, pero que en estos casos se hace más evidente. Así lo discrimina Williams (2010: 85): «las aserciones desempeñan su papel en la transmisión de conocimientos precisamente porque se consideran expresiones directas de una creencia y los emisores se suponen que son fiables. Es precisamente en virtud de esto por lo que en *las situaciones de confianza*, aquellas en las que el receptor confía en el emisor, considera que la aserción del emisor le suministra la información en cuestión».

4.   Para Rubio (2010: 42 y ss.), Wittgenstein ha remarcado una cantidad de usos para la palabra «recuerdo» y «recordar» y para la palabra «memoria». Hay una cantidad de

dad. De modo, pues, que tanto en la ficción como en obras de carácter testimonial o autobiográfico el *arte del recuerdo* se encuentra sujeto al problema de la verdad y la veracidad y, como diría Williams (2006: 95), a los grados de confiabilidad que esos recuerdos generan en la lectura e interpretación del relato.

Las complejas relaciones entre memoria y recuerdo se instauran en algunos rasgos que resultan complicados, como decíamos, en una valoración en torno a la verdad de la memoria; pues, en primer lugar, el «recuerdo tendría un soporte empírico» en «el que se presupone la existencia de acontecimientos previos», por lo que los recuerdos no son sensaciones o impresiones y, en segundo lugar, porque «la acción de recordar» no tendría un contenido vivencial, pues recordar no es ya una vivencia. Como consecuencia de esto, la memoria para Wittgenstein no se puede reducir a un carácter meramente internista, como concepción de un «depósito». Por ello, explica Rubio (2010: 45) que «recordar no es imaginar ni soñar. El recuerdo tiene un particular carácter reflexivo y cognoscitivo en su vinculación con lo empírico (y esto es lo que suele olvidarse a menudo) porque los recuerdos están vinculados significativamente con la voluntad y la afectividad (querer recordar el recuerdo afectivo, etc.)». La relación entre recuerdo, voluntad y afectividad, supuestamente descuidada en Wittgenstein, es cardinal para entender una idea del recuerdo y de la memoria y «sus formas genuinas». Desde la perspectiva de la condición de verdad, siguiendo el camino aplanado por Salvador Rubio, el recuerdo

---

usos en el lenguaje de estas palabras que no podemos conferirle un contenido general, «universal» al recordar y al recuerdo. Wittgenstein viene a mostrar que no hay «un común denominador» entre recuerdo y recordar. Recordar no se concibe como una sensación o un sentimiento aunque estos pueden –infiere Rubio- estar asociados al recuerdo. Tampoco podemos decir que el recordar sea una «vivencia del ahora», pues el recordar «no tiene contenido vivencial». Sobre esto señala Rubio que «los procesos mentales que ocurren mientras recuerda el sujeto no son el recordar». Hacemos cosas diferentes con «recordar» que no son propiamente recordar, en el lenguaje pueden estar dotados del significado de «acordarse», de «pensar en algo». También explica Rubio que el recordar puede estar asociado a una experiencia, «un olor/un sabor», por ejemplo, que lleva a la rememoración, pero que ese recuerdo no lleva a la vivencia o revivencia de la experiencia. El recuerdo no tiene porqué estar vinculado a la memoria, sino que muchas veces «el recordar» tiene otros objetivos que tener una imagen mnemónica de una experiencia pasada. El recuerdo también puede estar vinculado a algo que nunca se ha experimentado, o que no ocurrió exactamente de esa manera o que ha sido experimentado por otros. Estaríamos hablando en este caso de «falsos recuerdos» o un recuerdo que no procede de la experiencia.

no es algo ya dado, sino algo por construir, por edificar, y no un regreso a un pasado propiamente hablando.

La correspondencia entre evento vivido y acontecimiento relatado de ese evento se asienta en la concepción del recuerdo como imagen del pasado. Los discursos autobiográficos se pueden constituir *involuntariamente* con *recuerdos falsos,* es decir recuerdos que se recuerdan, probablemente, con absoluta veracidad y, sin embargo, no tienen asideros en un *acontecimiento personal* del pasado, sino que son fruto del intercambio, interpolación y asunción de recuerdos ajenos[5]. Por ello, conviene recordar que los llamados recuerdos experienciales son, por un lado, según Richard Wollheim (2006: 119), «un recuerdo de algo» pero, por otro, se recuerdan plenamente sensaciones en ese recuerdo, y el sujeto que recuerda se ve a sí mismo en el recuerdo. Se recuerda «desde adentro» o «centralmente» cuando el sujeto del recuerdo se percibe como testigo presente del acontecimiento recordado. Según Pérez Carreño, que adopta la teoría de Wollheim:

> … existen dos tipos de memoria, la memoria experiencial, y la no experiencial. La primera incluiría fenómenos como la rememoración y el recuerdo involuntario, estados mentales en los que visualizamos imágenes o tenemos sensaciones que identificamos con nuestro pasado. En esta clase de memoria el recuerdo es dependiente de los hechos (hay una relación causal entre determinados sucesos y su recuerdo) y se produce «desde dentro» (en principio, somos nosotros, quienes recordamos, un personaje de la escena, la historia o el suceso recordados). Pero nuestros recuerdos no tienen siempre ese carácter. La memoria no experiencial se refiere a recuerdos que no revivimos en un estado mental como los anteriores. Recordamos a qué colegio fuimos, cómo se llamaba nuestro abuelo, dónde nos conocimos, pero puede que no seamos capaces de visualizar, de revivir, de volver a sentir, o rememorar esos objetos o acontecimientos desde dentro. (Pérez Carreño 2004: 95)

En otras palabras, la memoria experiencial es una memoria centrada (desde el yo que ha vivido esos acontecimientos), por tanto tienen siempre un contenido representacional, mientras que la memoria no experiencial no son recuerdos centrados (y pueden no ser recuerdos propios y

---

5. El rasgo definitorio en torno a los recuerdos de acontecimientos es lo que Richard Wollheim (2006: 123) denomina «event-memory»: se recuerda algo que ocurrió y el propio suceso en sí, por eso son llamados por este autor como «recuerdos experienciales». Pero estos recuerdos pueden constituir en los llamados *cuasi recuerdos* una mezcla de memoria experiencial y no experiencial.

protagonizados por el yo)[6]. De modo que los discursos que conforman el armazón en la literatura testimonial provienen básicamente de los recuerdos experienciales, y deben mostrarse como *recuerdos genuinos*, aunque pudieran estar intervenidos por recuerdos no experienciales, pues toda disposición de la memoria tiene incidencia sobre la constitución, exploración emocional, subjetiva, del sujeto que relata y se apropia «sin asumirlo» del todo, de los recuerdos de otros. Además, el discurso artístico —la literatura— produce la hazaña, mediante el cruce entre memoria e imaginación, de incorporar recuerdos ajenos y hacérnoslo ver *como si* fueran nuestros: nos ubica en un adentro, en una especie de centralidad del recuerdo. Hay por tanto una retórica del recuerdo que se emparenta con los modos discursivos de la ficción. Por ejemplo, Richard Wollheim (2009) en su *Germen, memorias de la infancia*, nos relata el *acontecimiento* del recuerdo desde un presente, en la centralidad de yo, cuyo protagonista Wollheim niño se expresa *como* Wollheim adulto, por lo que el autor hace una interpretación, una reconstrucción de lo que sintió o experimentó, en gran medida, influido por los discursos y recuerdos de los otros[7].

Con todo, ¿cuánta verdad reside en los recuerdos relatados por la literatura testimonial? ¿Es posible confiar en esas imágenes narradas como recuerdos genuinos, experienciales, como dice Pérez Carreño (2004: 100), «dependientes del hecho/relato» que nos ofrezcan ciertas garantías de ver-

---

6. «Buena parte de la memoria histórica no es experiencial, aunque, cuando el arte se hace cargo de ella, lo haga mediante imágenes. El recuerdo no experiencial tiene paradigmáticamente un contenido proposicional: "Recuerdo/a que, al final de la guerra, entró la guardia mora de Franco", es decir, su estructura sería la de una oración del tipo "recuerdo que + proposición". Pero puede tener también un contenido icónico o representacional: "Recuerdo el polvo que levantaban los caballos, cómo iban vestidos, cómo se acercaban desde allí…". Esta información, de la que incluso podemos visualizar datos, puede haber fomentado creencias, actitudes, etc., más o menos necesarias, más o menos arraigadas en nuestra vida, desde nuestra identidad consciente hasta nuestro comportamiento, y en general, en nuestro modo de llevar una vida. De hecho buena parte de nuestra identidad personal o política procede de este tipo de información histórica o familiar que hemos aprendido e interiorizamos, es decir, que pasa a formar parte de nuestras razones para actuar. Poseemos este tipo de recuerdos, no experienciales, por otros, o porque hemos formado creencias del pasado por indicios, o evidencias, pero no tenemos el recuerdo de esos acontecimientos y de nosotros viviéndolos» (Pérez Carreño 2004: 96).
7. «Estoy de pie, a pleno sol, mi cuerpo se inclina hacia adelante y empiezo a caminar. Sé que si doy un paso más, tropezaré, y si tropiezo no hay una mano que me sujete, me caeré. Miro hacia arriba, busco la mano que siempre me ayuda, pero esta vez no la encuentro …» (Wollheim 2009: 15).

dad? La duda es al parecer razonable, no solo con respecto a los recuerdos, presentados como fidedignos por otros (en este caso los autores del testimonio), sino también con los recuerdos presentados por nosotros mismos. Pero insistimos, ¿resultan los recuerdos experienciales indiscernibles de los cuasi recuerdos y de los falsos recuerdos?[8] En primer lugar, Pérez Carreño (2004: 102) propone la revisión, frente a ese supuesto indiscernible, de la propuesta de Wollheim (2006), quien acuña diferencias fenomenológicas entre recuerdos genuinos y cuasi recuerdos: «En primer lugar, los cuasi recuerdos no son parte de una persona de la manera en la que los recuerdos lo son. No tienen la misma historia, ni pueden tener por lo tanto la misma influencia, ni pueden transmitir el pasado de la misma manera, ni, por tanto, ligar el pasado al presente del mismo modo». En los cuasi recuerdos, podemos recordar algo como nuestro, desde la centralidad de yo, algo que en realidad no hemos vivido, «recordar un evento que vivió otro», advierte Wollheim (2006: 123), que no es un recuerdo genuino, aunque pueda ser experimentado como tal. Los falsos, en cambio, cabe la posibilidad de que sean recuerdos y relatos de recuerdos vividos por otros, pero el acontecimiento que hacemos nuestro es una invención falsa que, aunque no deliberada, no pudo suceder así, o no es del todo fidedigno.

Según esto, las imágenes mnemónicas (Rubio 2010: 19) «no contienen ellas mismas prueba o garantía alguna de su verdad (entendida aquí la verdad como correspondencia con el hecho originario)», por lo que no podríamos calibrar, entonces, las concepciones de verdad en torno al recuerdo. Una posición «radical» implica concebir el recuerdo como una imagen signo, eso supondría de algún modo borrar las fronteras entre el recuerdo genuino y el cuasi recuerdo, de donde cabría inferir *que todo recuerdo es en realidad un cuasi recuerdo*, puesto que lo compartimos con una colectividad y esa colectividad inmediata incide en los recuerdos

---

8. Nos dice Pérez Carreño (2004: 101): «una concepción empirista o contenidista del recuerdo esperaría que los recuerdos reales fueran más vivos, en el sentido de que sus imágenes fueran más evidentes que las fabricadas. Sin embargo, con la sola ayuda de sus imágenes el sujeto no puede decidir sobre su verdad o no. De este hecho, el escepticismo respecto a la memoria, se concluye a veces que no hay diferencia entre recuerdos icónicos genuinos y los llamados cuasi recuerdos Un cuas -recuerdo es una imagen que, como las del recuerdo genuino tiene más o menos viveza y está vivida desde dentro, pero no está ligada causalmente con el pasado de la persona. Los cuasi recuerdos lo son de experiencias que parecen nuestras y de nuestro pasado y que, sin embargo, no lo son».

genuinos[9]. No obstante, tal postura no es concluyente para poder aproximarnos con cierta objetividad a la gran complejidad de aristas en torno a la memoria y a la verdad del recuerdo. El relato del recuerdo se instaura en la promesa de verdad, y por tanto *aceptamos* que las creencias relatadas pertenecen a un recuerdo genuino, o en todo caso a una versión del yo que las vivió.

Verdad y ficción

Partimos de una idea ya repetida: la literatura testimonial, y sobre todo aquellas referidas a la experiencia *directa* del daño, sean cuales fueren sus formas, sus usos retóricos, es decir, el origen de su *inventio* o los atributos de su *dispositio*, debe establecer como imperativo ético una «intención

---

9. En el libro *La lectura del tiempo pasado: memoria y olvido*, Paul Ricoeur enuncia tres aporías fundamentales planteadas en torno al problema de la memoria: la primacía de la memoria individual frente a la memoria colectiva; la memoria y la imaginación, y finalmente, la memoria y el olvido. Solo nos interesa aproximarnos a las dos primeras. La primera aporía se refiere a la difícil reconciliación del tratamiento de «la memoria como experiencia eminentemente individual, privada e interna, con su caracterización como fenómeno social colectivo y público». Primero, la memoria constituye un criterio para la constitución de la identidad personal: «son mis recuerdos, no los vuestros». La memoria es entonces un modelo de *carácter propio* de las experiencias vividas por el sujeto. Segundo, el vínculo con el pasado en la conciencia del sujeto reside en la memoria. Para confirmar esto, Ricoeur propone mirar la tesis de «retención» de la «protención» propuesta por Husserl. Ricoeur cita la *Fenomenología de la conciencia íntima del tiempo* para explicar la idea del pasado retenido en el presente, que garantiza en cierto modo la continuidad temporal de la persona. En cuanto a la memoria colectiva, Ricoeur estudia el problema de recordar lo nuestro con los recuerdos de otros: relatos colectivos que convergen en una ritualización de los recuerdos. Y en tercer lugar, una resolución del dilema memoria individual-colectiva mediante intercambios intersubjetivos: una trasferencia analógica en la persona de un sujeto colectivo de la memoria: es decir, una configuración de la memoria colectiva del yo por el nosotros. La segunda aporía se refiere a la relación entre la memoria y la imaginación. La imaginación como un lugar sin asideros en la no memoria se igualaría a la memoria solo como una «representación», pues la pretensión de la memoria es ser «fiel» a la constitución del recuerdo. Ambas operaciones (recordar/imaginar) cumplen una función común: *la de hacer presente algo ausente*. No obstante, su separación radica no solo en la especificidad temporal del recuerdo de algo, un acontecimiento o experiencia del pasado, con respecto a la conquista del recuerdo por parte de la imaginación. Esto se somete a la dialéctica de la presencia/ausencia propia de la rememoración entendida como un *reconocimiento del pasado*. Memoria e imaginación se asemejan solo en su representación mimética (Ricoeur 1999: 32-33).

de verdad». Ser veraz no sería, *estrictu sensu*, tanto profesar una verdad repetida al gusto como el *compromiso de no mentir* en un discurso aseverativo, cuyas afirmaciones desecharán proposiciones que se sostienen, por ejemplo, en la duda o en el deseo, en la ensoñación o en las fantasías de la imaginación. Otra cosa es que este tipo de literatura asuma desde el principio sus limitaciones modales, aspectuales e incluso formales en la «elaboración» de los relatos del recuerdo

El relato autobiográfico del daño insiste, de una u otra forma, en las «ideas» o —diríamos de la mano de la *retórica*— «tópicos», relacionados con la ruptura entre la «experiencia recordada» y «las restricciones» del lenguaje para abarcar, representar, meditar y comprender «lo inimaginable», como diría Robert Antelme (2001); la «imposibilidad del horror», como señalaría Imre Kertész (1999); o la «rebelión y resentimiento contra lo incomprensible» que plantea Jean Améry (2001)[10]. La lista de «víctimas», «sobrevivientes», «escritores del daño» que expresan, de un modo u otro, tal ruptura resultaría extensa. Lo cierto es que en los amagos y signos de tales apreciaciones se evidencia, en primera instancia, no solo un *conflicto* con los modos y formas en los que esa «particular» experiencia del daño no podría transponerse al discurso sin los filtros de la meditación e incluso sin los usos retóricos propios de la literatura de ficción —como bien defiende Jorge Semprún (1995: 21), sino que además en tal representación —intervenida o sostenida desde una supuesta *objetividad* o representada con los estertores de la subjetividad— se pone de manifiesto otro conflicto que dependerá en gran medida del primero. Y es precisamente el de su *legitimidad* en el discurso de la verdad individual, de la experiencia vivida con respecto a una probable *verdad de la historia*, pero también vinculados a una verdad social que tendrá, en

---

10. Por un lado, Robert Antelme en el prólogo de sus memorias, *La especie humana*, introduce la incómoda superación de la realidad por la imaginación, y de allí que acuñe el sentido de lo inimaginable de la experiencia nazi a la hora de contar o de escribir (Antelme 2001: 9 y ss.). Por su parte, Imre Kertész (1999: 66) en *Un instante de silencio en el paredón* se plantea: «¿cómo puede el horror ser objeto de la estética si no contiene nada original? [...] solo la facultad imaginativa estética nos permite imaginar el Holocausto». Es decir, el horror del Holocausto es una imposibilidad representativa que, no obstante, debe ser superada. Mientras que Jean Améry (2001: 139-166 y 149), en *Más allá de la culpa y la expiación*, plantea una rebelión interior, una introspección y hasta cultivo personal del resentimiento contra todo pacifismo memorístico, que secunda el destierro de la experiencia nazi en pro de un futuro mejor y justo.

definitiva, sus repercusiones en una verdad ética y estética. Esto es lo que recorre las fibras y el andamiaje mismo de la literatura testimonial y por la que se supone que debería evitar a toda costa, aunque no en todos los casos —veremos— indicios de ficción, de *inventiva retórica* o *narrativa*, para *no confundirse* con la novela autobiográfica, cuya verdad se alimenta, al parecer, de *una graduada traición a lo real y a la experiencia*, a lo verificable, al hecho vivido «en realidad» o al recuerdo, y por tanto su interpretación (que no sus fines probables) verifican una «construcción» de un universo meramente literario, «inventado». En este sentido, Carlos Thiebaut sostiene:

> La verdad del testimonio, y su capacidad de interpelación, opera siempre en un doble plano: primero, en la veracidad del testigo (una veracidad que comprendemos de maneras diversas, pero que remiten a elementos extra-textuales), que añade a los mecanismos de la ficción una marca y una fuerza especiales, no sustituibles, la fuerza de lo que llamamos, precisamente, la realidad. Es esa realidad presente [...] la que hace que lo que, en segundo lugar, articula la verdad del testimonio, a saber su propia representación simbólica en el lenguaje, transmita su fuerza de interpelación. A diferencia de los enunciados de verdad realizados en la actitud objetiva de los saberes históricos y de los documentos (que tienen un tipo diferente de fuerza testimonial), los testimonios de las víctimas, o los que les prestan su voz, hacen de ellos interpelaciones comunicativas, o aspiran a hacerlo, incluso más allá de las demoras que se dan entre lo vivido, lo representado y lo leído. (Thiebaut 2008: 13)

Así, pues, entre la recreación de un pasado «real», «traumático», «verídico», de «índole personal» —vertido en memorias, autobiografías y confesiones cuyo fin es testificar, jurar, relatar— permea sus fronteras discursivas si su propósito es la *representación*, la *recreación fabulada* que, aun partiendo de un posible «hecho real/histórico», de un pasado *tangible* e incluso también individual, vuelve verosímil la «fabulada» representación de la experiencia del daño. En este sentido, las víctimas de la experiencia del daño, tendentes a salvaguardar *la idea de verdad* en la recepción de la literatura —testimonial ficcional o no— ven necesaria la separación, como es el caso de Primo Levi (2010), entre un discurso de la confesión de una retórica de índole «más literaria» que, sin que comprometa la *veracidad* de los hechos contados (esto es: la intención de ser sinceros) o los argumentos ofrecidos a la reflexión, ofrezca el deslinde necesario en la que supuestamente subyace la relación entre el hecho vivido y el relato de la experiencia. Digamos, en este sentido, que esta tendencia procura

—otra cosa es que lo logre o no— desterrar los artificios «propios de la literatura de ficción», y proscribir las formas «estetizantes», en aras de conformar una segura y confiable imagen de la precisión «pericial» al modo de Levi. Otros, como Imre Kertész (1999) o Jorge Semprún (1997), ven no solo pertinente, sino también esencial la «fabulación» de la experiencia vivida, la metamorfosis de esa experiencia procurada en el daño con los mecanismos y rasgos de la retórica novelesca. Tal representación desde la *inventio* memorial, haría más digerible, soportable y creíble la verdad del ultraje. Desde la perspectiva de la recepción, ello comportaría también sus riesgos, dirán algunos críticos de la primera tendencia, pues impondría no solo formas seguramente indiscernibles, sino que además la inclinación primera sería la de asumir el texto como «meramente» ficcional y, en consecuencia, poco trascendente en la experiencia de la verdad real. Por esto, Carlos Thiebaut (2008) y Marta Tafalla (2004) anteponen la verdad «estética», superando el imperativo de Adorno, de un amplio corpus de «literaturas del daño» a cualquier sesuda clasificación en cuanto a las fronteras discursivas se refiere, pues la asunción de esa verdad estética supone en gran medida la comprensión ética de las experiencias del daño y el necesario diálogo «extradiscursivo».

Parece cierto que en los «modos narrativos» de la literatura testimonial, en torno a la experiencia directa de la vida dañada y el padecimiento incomprensible sufrido por sus víctimas, «vertido» en discursos autobiográficos, deben responder en primera instancia a la *invención* entendida como hallazgo de la memoria, memoria experiencial y no experiencial, como diríamos contundentemente con Richard Wollheim (2004); y, en segundo término, el relato de ese *recuerdo genuino* debe estar legitimado por la autoridad biográfica del propio *relator-autor* y por los contextos y repertorios que lo intercalan y cruzan. Por ese camino, tanto Montserrat Iglesias (2004: 195) como Marta Tafalla (2004: 152) vienen a confirmar ese enfrentamiento con el problema de la representación de la verdad en los discursos testimoniales, que invitan por un lado a valorar el esfuerzo de superación antiestetizante que plantea Adorno en torno a las memorias propiamente dichas y, por otro, a reconocer la voluntad de búsqueda en una construcción de la verdad, de la credibilidad desde «el *intertexto*» en discursos ficcionales. En el caso de Iglesias (2004: 194), la constitución de la veracidad en los textos testimoniales y ficcionales se opera desde vías distintas: una navega por hecho de la experiencia, «la autoridad de víctima»; y la otra por su legitimación en la *intertexualidad*. Y es esa confianza en la autoridad de la víctima la que no haría sospechar, en principio, que algunos discursos se construyan con dosis o modelos ficcionales sino que, antes al contrario, no respondan a ninguna condición de verdad, pues su intención es la de mentir deliberadamente.

Verdad, mendacidad y ficción

Un caso ilustrativo en el que se confunde mendacidad con ficción es el de Enric Marco Batlle. Merece la pena recordarlo. Marco, nacido en Barcelona en 1921, emergió públicamente como representante sindicalista y hasta los años ochenta estuvo inserto en labores de la CNT (Confederación Nacional de Trabajadores), pero a partir de finales de los noventa, después de un largo silencio, «resuena» y se intensifica su labor educativa, y casi *apostólica*, presentándose como «víctima de los campos de concentración nazi». En 1978 aparece su testimonio en un libro de Eduardo Pons Prades y Mariano Constante, *Los cerdos del comandante*[11], y el perfil de su autobiografía se completa en un libro de testimonios colectivos publicado en 2002: *Memòries de l'infern. Els supervivens catalans dels camps nazis*, coordinado por David Bassa y Jordi Ribó en la editorial catalana Editions 62. El asociacionismo ejercido como representante de padres en la escuela pública en Cataluña y el *forjamiento* de su experiencia «infernal» relatada en sus diversas autobiografías, le permiten la difusión y divulgación educativa en los colegios e institutos de Educación Secundaria; y le legitiman según su experiencia como autoridad en asuntos relacionados con el daño nazi. En España es entrevistado en radio y televisión, en los que presenta «su testimonio» de los campos de concentración y expone además los detalles de su intervención en la Guerra Civil española: el padecimiento del exilio por su afinidad con los republicanos y sus labores en la resistencia en Francia. Comienza a conocerse su labor como historiador (estudios que apenas cursó en la Universidad Autónoma de Barcelona, y que nunca culminó). A nivel internacional, y sobre todo a partir de su nombramiento como presidente de la *Amical Mauthausen*, fue *un claro representante* de las víctimas españolas que padecieron el horror en los campos nazis. Y tanto es así, que a principios de 2005 fue homenajeado en el Parlamento español, ofreciendo un *emocionante discurso* sobre su

---

11. Véase Pons Prades & Constante (1978). Existe un fragmento (solo desde la página 31 a la 37) publicado en Internet: <gredos.usal.es/jspui/bitstream/10366/23937/.../THV-N52-P32-37.pdf>.

dramática experiencia en los campos de concentración. También recibió la más alta distinción del Gobierno Catalán, la Cruz de San Jorge.

Pero se produjo el desenmascaramiento. El historiador Benito Bermejo (2005)[12] elabora un informe en el que especifica con contundencia que Marco nunca había estado en un campo de concentración, pues el presidente de *Amical Mauthausen* convirtió en deportación un viaje voluntario como trabajador a la Alemania nazi. Se demostraba además que nunca había pertenecido a la resistencia antinazi y menos aún que fuese deportado por ese motivo. Marco *trasformó*, por medio de una personal divulgación de su *verdad autobiográfica*, una celda de castigo de una prisión convencional alemana por un campo de exterminio; un viaje voluntario —debido a motivos laborales— por las violencias de una cruenta deportación, y un castigo de seis meses —a causa de su proselitismo en la Alemania nazi— por un calamitoso y extenso padecimiento como víctima en un campo de exterminio. Al desenmascararse la narrativa de esas *transformaciones*, Marco no tiene más remedio que volver a España y declinar su intención de participar en el homenaje en Austria a las víctimas españolas de nazismo, realizado en el propio campo, en el verano de 2005. Dos días después de romperse abruptamente el simulacro, gracias a las verificaciones de Bermejo, ofrece una rueda de prensa, en la que *reconoce el error* y dimite de sus funciones como presidente de *Amical Mauthausen*.

Las *justificaciones* aportadas por Marco ante tal mentira, tan intensa como dilatada, forjada además con los mismos instrumentos de confiabilidad, prestigio y atención que se les conceden a los discursos que se presentan como factualmente sinceros, merecen nuestra atención. Después del escándalo, Enric Marco ha ido sosteniendo que mintió por promover un bien común y de interés pedagógico, sin intenciones de maldad, sin mala fe y *por hacer más creíble y transparente la verdad*. Otro de sus alegatos, dependiente del anterior, es que quiso *adoptar, hacer suyo* por

---

12. En 2004, un año antes de que estallara el escándalo de Enric Marco y de una forma silenciosa y discreta, los historiadores Benito Bermejo y Sandra Checa, ambos especialistas en el estudio de los republicanos españoles deportados a los campos de exterminio nazis, alertaron a las instituciones involucradas de las profundas incongruencias en el relato de otro impostor, Pastor, en su supuesto testimonio de Mauthausen. En su artículo «La construcción de una impostura. Un falso testigo de la deportación de republicanos españoles a los campos nazis» (2005) revelaron toda la verdad sobre este falso testigo. El rigor de sus pesquisas trajo como consecuencia el descubrimiento de las mentiras de Marco.

medio de una conducta *vicaria* —queremos suponer—, *el padecimiento de otros,* las «víctimas verdaderas», esto es desde *su inventiva* imaginativa, impuso su creencia, enunciando no solo un recuerdo falso, sino también acentuando de una simulación dispuesta en un cóctel narrativo en los que aúna datos referenciales comprobables mezclados con relatos auto-compasivos, descripciones sentimentales de una supuesta experiencia del daño, reiteraciones en continua *mudanza* narrativa, acompañada de una puesta en escena que resultó creíble. Enric Marco argumenta el porqué de su mendacidad en una entrevista, en la que, sin duda, resulta interesante incluso hasta el *lapsus* de dos términos que bailan: «adaptar/adoptar», y con el que podemos afinar, si ello es posible, «las verdaderas intenciones» o el meollo falaz de tal argumento y, claro está, su disposición discursiva a la mentira. Dice textualmente: «quise reivindicar aquel campo de concentración abandonado… Esa es la historia singular del cómo *adapto*…, como *adopto* Flossenbürg como campo de concentración y los hombres que están allí; como los *adoptaré* como si fueran compañeros míos». Y más aún: «Lo mío *no* es una falsificación, es una *distorsión* de la historia para explicar mejor lo que era el nazismo» [sic]. «Yo no tenía necesidad de hacerme pasar por una persona que había pasado por un campo de concentración, me pareció que decir una versión de una estancia por los campos de concentración *hacía la verdad más seductora*»[13] [sic].

Marco escenifica una brutal imposición de creencias falsas, mediante una *figuración* y reacomodo de recuerdos mendaces. Se imagina a sí mismo, pues, como garante y custodio de una verdad inventada, que expone ante los otros sin pudor o escrúpulos. ¿Podríamos decir entonces que Marco se mentía a sí mismo? Según esto, ¿es la mendacidad fruto de un proceso que se produce en el interior de los sujetos? Siguiendo la pos-

---

13. En la mencionada entrevista, inserta en el documental televisivo *Verdadero o falso* (Documental 2010-España-50'. Dirección: Pepa G. Ramos. Producción: Pandorga S.L. y TVE), la periodista Carmen Vinyoles, quien entrevista a Marco hacia el 2001, dice que se extraña y que le llama poderosamente la atención, en contraste con la *actitud* de otras víctimas de los campos de concentración, el hecho de que Marco manifieste unas dotes para la construcción narrativa oral muy vinculadas a cierto placer y festividad narrativa. Para la periodista, hay en Marco una expresión directa de sus vivencias, sin reparos, muy vigorosa, en la que impera, por encima de lo demás, el rasgo comunicativo. No pudo *parecer* falso, pues la persuasión de su relato estaba muy bien estructurada, mientras que, seguramente, el grado de confiabilidad de su actitud mostraba fisuras, era sospechosa con respecto a la actitud «natural» o «esperada» de víctimas auténticas. Véase *La noche temática: «La mentira», Documental: «Verdadero o falso»: Caso Enric Marco,* de TV Española, canal 2; disponible en la web de TVE.

tura de Carmen González Marín, en *De la mentira* (2001), no podríamos asumir que Marco haya creído sus propias mentiras, obedeciendo a ese viejo tópico del *autoengaño*. Para González, la mendacidad ha tenido una larga tradición en los estudios de filosofía como un proceso interior, es decir que lo mendaz se sucede, al parecer, solo en la interioridad de los sujetos, cuando en realidad es un proceso comunicativo puramente externo. Salvo en casos de delirio o de acusados desequilibrios mentales únicamente se trata de un «tópico ambiguo» (González 2001: 54), pues todo acto de verdad o de mentira requiere distintas identidades para emisor y receptor, ya que la expresión de una creencia falsa solo es factible de un sujeto A que engaña a un sujeto B. ¿Es posible, entonces, que el *interior* de los sujetos se autoimpongan creencias falsas? Tal posibilidad es paradójica, pues «el autoengaño es la perseverancia y la certeza —deliberada— en el error» (55) ante una identidad que no es la suya. Es más: «¿hay un paralelismo entre engañar a otros y engañarnos a sí mismos? Nadie mejor que uno mismo sabe lo que siente o desea, por lo tanto carece de sentido afirmar que podemos creer que deseamos algo y al tiempo creer que no deseamos eso mismo, o que afirmamos que deseamos algo sinceramente creyendo, también sinceramente, lo contrario» (56).

Algunos alegatos audaces y muy legitimados, al parecer, equiparan de forma directa verdad, condición de verdad y veracidad con la idea bastante tópica de que lo veraz es aquello que cobra apariencia de verdad, o mentira con ficción, o falsear con novelar, o cuando incurrir a la mentira y al engaño supone un ingenio de superior intelecto o de envergadura estética equiparable con el hecho propiamente literario o artístico. En este sentido, pensemos, por ejemplo, en las afirmaciones que, con respecto a Enric Marco, profiere Mario Vargas Llosa (2005) en su artículo «Espantoso y genial», en las que, con una especial valoración no solo equipara las justificaciones de la mentira en Marco a las poéticas y personajes de Borges, sino que además le da «la bienvenida a la mentirosa patria de la novela»[14]. Es decir, para Vargas Llosa, a Marco se le expulsa

---

14. Vargas Llosa (2005: s/p) se atreve con afirmaciones de este tipo: «Las explicaciones que ofrece sobre su proceder tienen un inconfundible saborcillo borgiano y él mismo parece un tránsfuga de la *Historia universal de la infamia*». O esta otra: «Todo esto lleva a reflexionar sobre lo delgada que es la frontera entre la ficción y la vida y los préstamos e intercambios que llevan a cabo desde tiempos inmemoriales la literatura y la historia. Enric Marco tiene los pies firmemente asentados en ambas disciplinas y será muy difícil que alguien consiga separar lo que en su biografía corresponde a cada uno de esos ámbitos. Como en las mejores novelas, él se las arregló para fundirlos en

del *territorio ético* de la llamada verdad de facto, la verdad del testimonio, pues ha violado el imperativo ético de ser honesto, veraz, sincero en su relato autobiográfico, para, en cambio, recibírsele con algarabía en el club selecto de los grandes novelistas, que han sabido *hacer de la mentira un procedimiento estético* que, paradójicamente, encumbra una verdad también estética por medio de una concepción de la novela, de la verdad, de la ficción casada con la mentira, tan particular como restringida.

Desde esta perspectiva un tanto inocente, ¿dónde instalamos el discurso de Enric Marco? Si se le ha despojado de las literaturas que juran sinceridad factual, ¿deja entonces de inscribirse en la literatura testimonial para saltar al campo de la novela autobiográfica, como argumenta Vargas Llosa? ¿O se trata sencillamente que al falsificar datos de su verdad real o al combinar, transformar, adulterar e inventar otros se promueve como autor de autoficción o de novelas de ficción? ¿Dónde quedan entonces sostenidos los marcos y propósitos discursos que no solo orientan, sino que además definen la tipología discursiva y sus modos de recepción? Digamos que una categorización que parte de esta naturaleza mudable y blanda suena a burla, sin embargo no es el primer ni el único caso en los que pervive una confusión de praxis, perspectiva y de orden conceptual[15] entre los textos ficcionales, los factuales o los que reordenan, en sentidos diversos aunque plenamente ficcionales, las verdades de facto y las verdades autobiográficas.

---

su propia vida de manera inextricable. Él mismo es una ficción, pero no de papel, de carne y hueso [...]. Señor Enric Marco, contrabandista de irrealidades, bienvenido a la mentirosa patria de los novelistas».

15. En este sentido, indaga Manuel Alberca (2007: 46-47): «¿qué ocurre cuando la verdad ahoga la respiración, cuando la experiencia vivida resulta desde cualquier punto de vista insoportable e inhumana y la supervivencia una prueba de resistencia? La expresión pública y escrita de la vida se vuelve una necesidad como lo testimonian los que han pasado trances extremos. El relato autobiográfico de los deportados es la más contundente y clarividente prueba de fe en la palabra y en compromiso ético con la verdad. [...]. Por otra parte, la creencia en que la verdad absoluta es inasible puede ser una creencia respetable, pero no parece que sea suficiente para igualar los relatos factuales y los ficticios. Si de una autobiografía se trata, hablar de ficción o invención no tiene cabida más que en el sentido figurado. El autobiógrafo está obligado a ser veraz, al menos lo anuncia y hasta lo promete, pero si no lo es porque se equivoca involuntariamente o de forma voluntaria miente, no podemos concluir que hace ficción. Si la memoria de forma fortuita, olvida, confunde, no consigue recordar o tiene lagunas, esto no presupone que se haga ficción, sino más bien que se equivoca, mezcla o selecciona sin ánimo ni conciencia de inventar. El autobiógrafo cree conocerse y normalmente está convencido de que recuerda su pasado con fidelidad...».

Ahora bien, ¿por qué Enric Marco y su falso testimonio, y por qué esa percepción distorsionada entre la verdad factual y la verdad del arte? ¿Dónde descansa, reina, domina o se constituye la verdad de los discursos? ¿Descansa en sus propiedades, domina en sus intenciones, reina en su recepción, se constituye solo como interpretación? ¿Qué significa decir verdad como resultado de una experiencia del daño? ¿Existe una condición de verdad y esta es posible como proceso, como dinámica de los propios discursos, de la historia, de la cultura?

Verdad y autoficción

Desde una interpretación fenomenológica y hermenéutica, Paul Ricoeur (1999 y 2004) determina, por medio de la teorización de las narraciones de *la vida propia*, una *identidad* constituida *al modo narrativo*, con ciertas convenciones de la ficción, esto es, con la máscara y la distancia narrativa vinculada a un narrador ficcional. La elección de la primera persona puede también vincularse a otras perspectivas, ya que para Ricoeur el *sujeto de la memoria* pasa a constituirse en autor y lector de su propia vida, y la distancia entre el objeto y su narrador se encuentra prevista en esos *vaivenes*, en esa *refiguración*: «La historia de una vida es *refigurada* por las historias verídicas de la ficción que el sujeto cuenta sobre sí mismo. Esta refiguración hace de la propia vida un tejido de historias narradas» (Ricoeur 2004: 198). Por estos cauces, Ricoeur propone una *unidad funcional* para dirimir las tensiones entre la narrativa considerada ficcional y el estatuto de verdad y aquellas narrativas que utilizan los mismos procedimientos retóricos en los que se establece una relación de verdad y temporalidad. En otros trabajos de Ricoeur, *la vida propia como narración* queda establecida con la reinterpretación de los conceptos fundamentales de la poética aristotélica, en lo que él llama la «síntesis de lo heterogéneo» (Ricoeur 1999: 147). De allí que para Ricoeur, la representación e internamiento en la escritura de la vida propia se realice con los mismos procedimientos ficcionales que, constreñidos a la configuración de una verdad del yo y su relato del recuerdo, se disparan de forma diversa en los relatos «verídicos del yo»[16].

---

16. Ricoeur insiste en el carácter ficticio de las operaciones del relato sobre sí, y enuncia que de este *régimen de ficción* se deducen los tres términos de la tríada aristotélica: la *mimesis* que no imita de manera creativa solo representa en la medida que se establece una distancia gracias a la ficción; el *mythos* únicamente se cuenta o actúa con la

Según estas consideraciones de Ricoeur, en las que pone de manifiesto el hecho de «refigurar» *la vida propia* como si de una narrativa ficcional se tratase, no se invalida la conformación de *una* verdad del yo, de su recuerdo o del relato de la vida propia. Sin embargo, esta *refiguración* narrativa del yo, esto es: la construcción discursiva de los recuerdos, de la vida propia más allá de sus probables formulaciones plásticas, estéticas, retóricas, no desmantelarían la condición de verdad que rige en la constitución de discursos autobiográficos bajo el principio de sinceridad. Por esto, resultan problemáticas las relaciones entre la condición de verdad y la conformación de una literatura autoficcional. Relaciones que en definitiva vendrían a desembocar en una reflexión sobre la naturaleza de la ficción, y si en esta sobrevuelan las *ideas* que, sobre verdad o falsedad, punzan o no, condicionan o no su territorio[17]. El planteamiento de Ricoeur es funcionalmente operativo cuando se establece una igualdad entre narratividad del yo y los «aspectos» o «modos» de ficción. Aspectos y modos que no afectarían, en principio, a un contexto de facto de los cuales se esperan relatos sinceros de la vida propia y que se afincan contundentemente en ese propósito[18]. Por recordar tan solo un ejem-

---

condición de que se cumpla la función fabuladora, función que hace de la literatura un inmenso laboratorio de experiencias de pensamiento donde se ponen a prueba múltiples maneras de componer uno al lado del otro dicha/desdicha, bien/mal, vida/muerte. Y, finalmente, la *catarsis* no es menos ficticia que la *mimesis* o el *mythos*, en la medida que lo que purga las pasiones es la comprensión de la fábula. «Lo que yo he llamado más arriba una metaforización de las pasiones no es otra cosa que una ficcionalización de las pasiones» (Ricoeur 1999: 147-148).

17. «Es verdad que rehacemos en la memoria incesantemente nuestro pasado con las pautas narrativas de los relatos, lo recomponemos y adecuamos para integrarlo en nuestro proyecto de futuro. Recolocamos los hechos con criterios de suspense, intriga o eficacia narrativas, pero nos guía el fin de la veracidad o al menos estamos persuadidos de ello. Seleccionamos recuerdos, ordenamos y jerarquizamos los hechos o le damos una cronología a veces forzada, según procedimientos similares a los de la novela. Sin embargo, todas estas operaciones memorialísticas y narrativas, consustanciales al relato autobiográfico no presuponen invención o ficción. Si una autobiografía está bien escrita, si cuida el lenguaje, si levanta incluso el vuelo lírico, tampoco supone que haga ficción, a no ser que por ese procedimiento aspire a camuflar la verdad o escamotearla. La ficción o la invención literaria es una operación consciente y deliberada, que necesita de una voluntad de su autor; aunque este no controle al cien por cien lo que su ficción dice» (Alberca 2007: 47-48).

18. Para Manuel Alberca (2007: 49), «las autoficciones se encuentran en las antípodas de la novela, en las que el referente extratextual se diluye o borra en la literaridad del texto narrativo. De la misma manera, tampoco se someten a las obligaciones de veracidad y a los desafíos sociales que comportan las autobiografías».

plo: hemos visto que es modélico el posicionamiento antiestetizante de Primo Levi tanto en la reflexión como en los sus relatos del ultraje, pues lo estético, lo retórico o lo narrativo ficcional transgreden, según él, el propósito de decir, confesar u objetivar «la verdad» del acontecimiento del daño. Sin embargo, Levi no prescinde formalmente de lo estético, ni puede soslayar la conformación del relato con los mismos modos con los que se constituye la narrativa de ficción. Con todo, ese ejercicio de refiguración narrativa, al modo de Ricoeur, no debería anular el principio de creencia que rige la interpretación del testimonio. Otra cosa es que el contenido resulte increíble por atroz, por inimaginable, y que incluso resulte estrictamente inverificable, pero ello tampoco revoca la intención de decir verdad y menos aún coloca su discursividad en el territorio de la ficción. De hecho, las «novelas autobiográficas» sobre los relatos del daño (llamadas de segundo orden en el marco de la literatura testimonial) hacen patente sus propósitos consolidando una *verdad representada* en el estricto marco de la ficción.

Por ello, Kendall Walton (1978) reconoce, tal como hemos adelantado, que la ficción es un *acto comunicativo* distinto de la *aseveración*, que *se propone para ser imaginado no para ser creído* pues las intenciones comunicativas son distintas. La diferencia estriba entre *creer el enunciado* e *imaginar el contenido* de lo que enuncia. De este modo, el lector reconocería la intención ficcional y adoptaría por ello la actitud ficcional[19]. La idea de que el enunciado de ficción implica un pensamiento que no se cree sino que se imagina es asumida también por Lamarque y Olsen (1994). En este caso, la autoficción, como en toda ficción, podría concebirse, explica Alcaraz (2013: 225), como un tipo de acto comunicativo en el que se vincula el contenido representado con la imaginación, por un lado, y con la suspensión de las consideraciones sobre la verdad o falsedad, por otro. De ese modo, «es compatible con esta caracterización de la ficción que el autor escriba una obra completamente autobiográfica pero que la presente como ficción; es decir, que todos los hechos narrados sean verdaderos, pero que la actitud que se espera del lector no sea la

---

19. Kendall Walton (1978), propone la llamada teoría de la representación como *make-believe*, es decir «el hacer como que se cree» o «hacer como si». Todo ello se constituye mediante un *prop*, es decir, un desencadenante del juego imaginativo. Se establece con esta teoría que no es necesario que el *prop* haya sido producido intencionalmente para serlo y que basta con que socialmente empiece a ser usado de este modo. También puede leerse en Alcaraz (2013: 211-212).

de la creencia sino la de imaginar lo representado» (Alcaraz 2013: 211). Los posibles desajustes en el discernimiento entre una disposición intencionada a la ficción y una recepción de una narrativa ficcional como no ficcional quedarían, al parecer, solventadas por los indicios textuales y paratextuales que la propia obra ofrece.

Así, el problema con las relaciones entre autoficción, ficción y condición de verdad radica precisamente en que el material a ficcionalizar es la propia vida del autor real, lo que Vincent Colonna (2012: 94-95) denomina *autoficción biográfica*. En tal problemática habría un más allá no solo de la inclusión de la experiencia empírica, o de la inserción del nombre propio o de la mezcla deliberada, plenamente organizada, de datos reales, verídicos, comprobables con relatos que bordean el estatuto de lo ficticio, de la representación, de la elaboración fabulada, del forjamiento de identidades en el relato de la vida propia. En este sentido, Ana Casas (2012:13) explica la expresión «lo irreal del pasado», incorporada por Phillipe Lejeune como revisión de los fundamentos teóricos de la autobiografía, con el que agrega presupuestos de autoficción: «lo irreal del pasado [*l'irréel du passé*], expresión que alude al proceso a través del cual el escritor se imagina otro pasado, reelabora sus recuerdos y bosqueja distintas posibilidades vitales, permitiendo plasmar una identidad elástica, susceptible a adoptar formas diversas». Aunque se procuren mezclas, combinatorias y coincidencias entre conocimientos y verdades «extratextuales»: el nombre propio del autor, datos verificables de la historia real, datos ciertos sobre hechos y personas, etc., con las formas de representación, de ficción, etc., no se espera que de tal combinatoria, un lector avisado, al menos en principio, «acepte» y posteriormente «crea» que en el contenido final de tales fórmulas narrativas perviva un propósito sincero, al modo de los discursos intencionadamente autobiográficos. No se espera tampoco que un lector crea que tales aserciones no respondan «a un juego irónico» y que en tal juego, en tal exploración estética del yo, están lejos de ser un pronunciamiento aseverativo. Por tanto, se asume que la condición de verdad en los relatos del yo prometen de forma aparentemente «absoluta» la aseveración de una verdad, de una creencia o «idea de veracidad» bajo los dominios de precisión y sinceridad; de modo que violentar esta condición podría en todo caso llevar a error, conformar un engaño, incluso hacer discurrir el relato de una mentira, pero nunca fundaría una ficción, aun cuando la discursividad o narratividad se articulen con estrategias ficcionales. En cambio, puede preverse que la autoficción biográfica, en sus orígenes pretextuales, encarna un *difuminado* entre la verdad o verdades empíricas con las verdades de la memoria experiencial, fronterizas con unas estrategias de simulación insertas en procesos de mendacidad.

Las consideraciones para evaluar la autoficción desde las perspectivas de verdad o falsedad no residen exclusivamente en vigilancias apreciativas sobre la verdad o la mentira de un contenido o del tratamiento de un tema, sino más bien en el *modo verosímil* en que esas autoficciones nos permiten generar contenidos imaginativos en torno a una suerte de contenidos que tendrían vinculaciones complejas con lo real. En consecuencia, al evaluarse la verdad de la autoficción debe atenderse a «la naturaleza aspectual» del contenido que conforma ese tipo de ficción: «no juzgamos si existen realmente los personajes en la vida real, sino si el modo en que son construidos es verosímil. La verdad de la ficción —de la autoficción, en este caso— no es una cuestión de referencia exclusivamente sino de *coherencia*» (Alcaraz 2013: 228), aunque el contenido no se ajuste a las leyes y certidumbres que imponen un tipo de realidad, ni tengan asideros tan lineales y directos con, por ejemplo, la vida propia del autor o la comprobación de la sustracción, modificación, alteración o *refiguración* de ese relato vital.

Epílogo

Privaría en la literatura autoficcional una idea de que la verdad, desde la filosofía, se halla muy cercana a lo que Blackburn (2006: 158) denomina tendencias constructivistas o ficcionalistas, pues los rasgos de verdad y sus condiciones se asumen como una edificación discursiva voluble, cambiante y con múltiples niveles de contradicción. De allí que se asuma de forma general que las verdades del yo cuando se transfieren al relato —en toda narrativa del yo, ficcional o no— abandonarían de plano las visiones absolutas de verdad y conformarían un yo construido, forjado, repleto de invenciones y transformaciones, propias de las múltiples perspectivas de la subjetividad[20]. Considerando ese rasgo de la literatura autoficcional, ¿es posible concebir «alguna verdad» aun cuando

---

20. «… la autonarración ya no necesita construirse –como le ocurría a la autobiografía convencional– sobre la noción de veracidad, sino de compromiso, ya que sobre esta base el autor narra episodios que no tienen que ver tanto con la verdad –los hechos verificables, objetivos–, sino con su verdad íntima y subjetiva» (Casas 2012: 31).

la intención comunicativa sea «convenientemente» la de incentivar un juego irónico que confunda procesos de creencia con los de la imaginación? Finalmente, ¿dónde descansaría la verdad de la autoficción? Apuntaríamos, sin duda, a las *relaciones quebradas* entre recuerdo, memoria experiencial no centralizada, y a los procesos mendaces muy próximos al juego literario, la mitomanía, la parodia, el humor y algunos elementos que se hacen equiparables con el tópico del *autoengaño*. Si el testimonio supone, para hablar en términos del psicoanálisis de Julia Kristeva (2001: 12), una «revuelta», una figuración del ser, desde la confesión íntima, la autoficción se plantea como una *revolución*, un desmantelamiento irónico del sujeto, precisamente mediante un desmontaje de la verdad y de su radicalidad, del todo posible en las versiones ficcionales del yo, cuyo fin no es precisamente mentir, sino hacer constituir una (re) interpretación, mediante los procesos estético-narrativos de la imaginación, la construcción de identidades. Identidades que, desde las orillas de la verdad testimonial —ficcional o no— que hace imposible un olvido pleno de lo real, de los diálogos con la intertextualidad cultural y de las motivaciones originarias de la verdad autobiográfica y sus confianzas con las verdades aceptadas del daño.

BIBLIOGRAFÍA

ALBERCA, Manuel (2007): *El pacto ambiguo. De la novela autobiográfica a la autoficción*. Madrid: Biblioteca Nueva.

ALCARAZ, María José (2013): «Ficción», en: Francisca Pérez Carreño (ed.), *Estética*. Madrid: Tecnos, 205-236.

AMÉRY, Jean (2001): *Más allá de la culpa y la expiación. Tentativas de superación de una víctima de la violencia* (trad. Enrique Ocaña). Valencia: Pre-textos.

ANTELME, Robert (2001): *La especie humana* (trad. Trinidad Richelet). Madrid: Arena Libros.

BERMEJO, Benito y CHECA, Sandra (2005): «La construcción de una impostura. Un falso testigo de la deportación de republicanos españoles a los campos nazis», *Migraciones y Exilios* 5, 63-80.

BLACKBURN, Simon (2006): *La verdad: guía de perplejos* (trad. Antonio Prometeo Moya). Barcelona: Crítica.

CASAS, Ana (2012): «El simulacro del yo: la autoficción en la narrativa actual», en: Ana Casas (ed.), *La autoficción. Reflexiones teóricas*. Madrid: Arco Libros, 9-42.

COLONNA, Vincent (2012): «Cuatro propuestas y tres deserciones (Tipologías de la autoficción», en: Ana Casas (ed.), *La autoficción. Reflexiones teóricas*. Madrid: Arco Libros, 85-122.

GONZÁLEZ MARÍN, Carmen (2001): *De la mentira*. Madrid: Antonio Machado Libros.

IGLESIAS, Montserrat (2004): «La responsabilidad de la lectura: literatura y Holocausto», *Espíritus sin reino. Éticas de la memoria en la literatura contemporánea. Revista de Filosofía* 33, 169-197.

WALTON, Kendall (1978): «Fearing Fictions», *The Journal of Philosophy* LXXV.1, 5-27.

KERTÉSZ, Imre (1999): *Un instante de silencio en el paredón. El Holocausto como cultura* (trad. Adan Kovacsics). Barcelona: Herder.

KRISTEVA, Julia (2001): *La revuelta íntima* (trad. Irene Agoff). Buenos Aires: Eudeba.

LAMARQUE, Peter & OLSEN, Stein Haugom (1994): *Truth, Fiction and Literature. A Philosophical Perspective*. Oxford: Clarendon Press.

LEVI, Primo (2010): *Trilogía de Auschwitz: Si esto es un hombre* [orig. 1945] — *La tregua* [orig. 1962] — *Los hundidos y los salvados* [orig. 1986] (trad. Pilar Gómez Bedate). Barcelona: Aleph.

NIETZSCHE, Friedrich (1998): *Sobre verdad y mentira en sentido extramoral* (trad. Luis M. Valdés). Madrid: Tecnos.

PÉREZ CARREÑO, Francisca (2004): «Memoria, arte contemporáneo e identidad», *Espíritus sin reino. Éticas de la memoria en la literatura contemporánea. Revista de Filosofía* 33, 95-118.

— (2007): «El valor moral del arte y la emoción», *Crítica. Revista Hispanoamericana de Filosofía* 38.114, 69–92.

— «El sentimentalismo como falta de sinceridad», *Enrahonar* 38/39, 17-32.

PONS PRADES, Eduardo & CONSTANRE, Mariano (1978): *Los cerdos del comandante*. Madrid: Argos-Vergara.

RICOEUR, Paul (1999): *La lectura del tiempo pasado: memoria y olvido* (trad. Gabriel Aranzueque). Madrid: Arrecife.

— (2004): *Tiempo y narración*. Vol. 1: *Configuración del tiempo en el relato histórico* (trad. Agustín Neira). México, DF: Siglo XXI.

RUBIO, Salvador (2010): *Como si lo estuviera viendo. El recuerdo en imágenes*. Madrid: Antonio Machado Libros.

Semprún, Jorge (1997): *La escritura o la vida*. Barcelona: Tusquets.

Tafalla, Marta (2004): «¿Es posible narrar el totalitarismo?», *Espíritus sin reino. Éticas de la memoria en la literatura contemporánea. Revista de Filosofía* 33, 152-157.

Thiebaut, Carlos (2008): «Relatos del daño: del duelo a la justicia», en: Javier Muguerza y Yolanda Ruano de la Fuente (eds.), *Occidente. Razón y mal*. Madrid: Fundación BBVA, 205-232.

Vargas Llosa, Mario (2005): «Espantoso y genial», *El País* (edición digital), disponible en http://elpais.com/diario/2005/05/15/opinion/1116108006_850215.html [última visita: 01.11.2012].

Williams, Bernard (2006): *Verdad y veracidad* (trad. Alberto Enrique Álvarez y Rocío Orsi). Barcelona: Tusquets.

Wittgenstein, Ludwig (2008): *Investigaciones filosóficas* (trad. Alfonso García Suárez y Ulises Moulines). Barcelona: Crítica.

Wollheim, Richard (2006): *Sobre las emociones* (trad. Gema Facal Lozano). Madrid: Antonio Machado Libros.

— (2009): *Germen. Memorias de infancia* (trad. Jaime Blasco). Madrid: Antonio Machado Libros.

UNA AUTOFICCIÓN SIN IDENTIDAD: REFLEXIONES EN TORNO A LA AUTOFICCIÓN ESPECULAR

Javier Ignacio Alarcón
UNIVERSITAT AUTÒNOMA DE BARCELONA

Si nos preguntáramos por la posibilidad de una autobiografía sin identidad, en la cual la persona narrada fuera una completa invención, la respuesta surgiría de una manera tan rápida como contundente: la sola sugerencia parecería absurda. Si el yo que narra, al igual que el narrado, son entes ficticios, entonces nos enfrentamos necesariamente a una ficción que niega el pacto de veracidad propio de la autobiografía. Sin embargo, si realizamos la misma pregunta sobre la autoficción, la respuesta es un poco más compleja. Este género puede ser interpretado, en un primer momento, como una autobiografía deformada, en la cual es imposible saber dónde terminan los hechos reales y dónde comienzan los ficcionales. Por lo tanto, el yo narrado en una obra autoficcional no es ni ficticio ni real, lo cual hace que la pregunta por la identidad que habita este tipo de textos sea difícil de contestar. Aún así, la cuestión sigue representando un reto: ¿es posible una autoficción en la cual el protagonista/narrador sea completamente ficticio? ¿Cómo la podríamos distinguir de cualquier otro tipo de ficción? ¿Qué sentido tiene hablar de autoficción, si esta ha perdido todo lo que heredó de la autobiografía?

La autoficción puede ser leída como una máscara que utiliza el autor. Su ambigüedad inherente, que desdibuja las líneas entre lo que es verdad y lo que es mentira, sirve sobre todo para ocultar al escritor, que desaparece detrás del texto. Incluso cuando el autor confiesa el carácter híbrido de su obra, su identidad queda tan contaminada por la ficción que simplemente se eclipsa para dejar que el narrador/protagonista tome su lugar ante los ojos del lector.

Es frente a esta situación o, mejor dicho, frente a este problema que la tercera propuesta que Vincent Colonna presenta en su obra *Autofiction & autres mythomanies littéraires* (2004) cobra relevancia. Las definiciones tradicionales del neologismo suelen estar vinculadas a la biografía del autor, que aparece en la historia narrada o, exclusivamente, en la identidad de un narrador/protagonista que se sumerge en una anécdota ficticia; en cambio, siguiendo la tesis de Colonna, la autoficción especular («autofiction spéculaire») no obedece a la biografía del escritor tanto como a los mecanismos que sirven para transgredir los límites ontológicos de la ficción. Este modo autoficcional funciona como una reflexión sobre la autoficción misma. Si dijimos que el género produce una máscara para el autor, en esta propuesta, la especular, la máscara se separa de la identidad que estaba cubriendo y adquiere autonomía, acto seguido nos muestra sus secretos y sus estrategias. Finalmente, se hace posible una autoficción sin identidad o, mejor dicho, con una identidad completamente ficcional, pero, al mismo tiempo, relacionada con el yo del autor. Esta es la tesis que sostendremos a continuación.

Nuestro análisis, sin embargo, no estaría completo sin un caso que sirva para ilustrarlo. Para esto, la última parte estará dedicada a ver cómo la autoficción especular aparece en una película de Woody Allen, *Stardust memories*, del año 1980. Este director de cine se caracteriza por haber construido una máscara que lo reemplaza, no solo en la pantalla, sino también frente a la mayoría de los espectadores de sus películas en entrevistas y otros medios. Este mecanismo ha sido aplicado de una manera tan efectiva, que el público confunde al personaje con su creador, incluso cuando la historia narrada en sus películas es completamente ficcional, cuando los elementos biográficos han sido reducidos a su mínima expresión. En el caso de *Stardust Memories* la vida de Allen está presente, pero cede espacio a una forma autoficcional más cercana a la especular que a la autobiográfica. En otras palabras, el director neoyorquino nos presenta en su película una máscara que parece confundirse con su identidad, pero que termina por adquirir autonomía, negando a su creador y llevando la autoficción al límite.

De la autoficción biográfica a la especular

Hasta ahora nos hemos referido al carácter autobiográfico de la autoficción. Sin embargo, hay otro punto importante que debemos considerar, pues, desde cierta perspectiva, es el origen del neologismo: la homonimia entre el autor, el narrador y el protagonista de una obra. La autoficción nace como la respuesta de Doubrovsky a un problema planteado en el artículo de Lejeunne titulado «El pacto autobiográfico» (1975). En este trabajo, el autor francés afirma que, si bien nada impide que el héroe de una novela tenga el mismo nombre que su autor, esto implica una contradicción en tanto que «excluye la posibilidad de la ficción» (Lejeunne 1994: 68). En sus propias palabras, Doubrovsky escribe *Fils* (1977), la primera novela que se presenta a sí misma como autoficcional, en respuesta a este problema: para escribir una ficción en la que coincida el nombre y la identidad del autor y el protagonista (*cfr*. Doubrovsky 2012: 52). Si bien podemos discutir la existencia de una autoficción sin coincidencia nominal entre creador y criatura, no deja de resultar importante este punto germinal del nuevo género en tanto que pone el acento en la identidad del escritor y de su relación con el personaje.

Profundicemos en este problema. La coincidencia nominal hace pensar en una coincidencia identitaria entre el autor y el protagonista de la ficción. En otras palabras, esta estrategia genera unas expectativas en el lector, que producen la impresión de que lo narrado es verdad, aun cuando sea explícitamente mentira. En «Las novelas del yo», comenta Manuel Alberca lo siguiente:

> … la identidad nominal coincidente de personaje y autor en la autoficción constituye uno de sus pilares fundamentales […] y ocasiona una alteración de la expectativa del lector, que contrariamente al «aura de verdad» que, a juicio de Lejeune, produce la presencia del nombre propio del autor en el relato autobiográfico, en la novela autoficticia no se cumple. (Alberca 2012: 145)

Alberca ve en esta estrategia uno de los ejes de lo que llama el pacto ambiguo: el lector se enfrenta a un texto que afirma ser simultáneamente verdad y mentira. ¿Por qué? El nombre propio sirve para señalar una identidad, es un signo de una persona específica. En consecuencia, cuando se lee el mismo nombre en el encabezado de una novela y en la historia narrada, nos inclinamos a pensar, así sea por un momento, que apunta al mismo individuo[1]. Más allá, es importante tomar en cuenta que una

---

1. Sobre este punto, comenta Alberca (2012: 129): «el nombre propio resulta ser la única manera de resolver la fantasmagoría del yo, en tanto que conector discursivo sin significado propio. Nos permite salir de la nebulosa abstracta de su exclusiva significación gramatical y darle un referente preciso, que supere el carácter de conmutador verbal que Émile Benveniste atribuyó a los pronombres personales. En segundo lugar, el nombre no es una simple etiqueta, sino que está íntimamente ligado a la construcción de nuestra propia personalidad, individual, familiar y social».

identidad está ligada a una historia, de manera que suponer que la identidad del protagonista es igual a la del autor implica un encuentro entre lo real y lo ficcional, aun si lo narrado es a todas luces una invención.

La homonimia sirve como un ancla que mantiene la ficción enganchada a la identidad real del autor que la produce. Esta línea puede ser difusa y difícil de precisar o clara y bien delimitada, la presencia de lo real puede ser ínfima e inverosímil o el protagonista puede estar inmerso en un universo ficcional capaz de mimetizarse de manera completa con la vida del autor. Más allá, el vínculo que une los dos extremos de la línea, la ficción y la realidad del autor, no tiene que ser exclusivamente un nombre, asociado a un individuo concreto: los pseudónimos, los guiños biográficos y los elementos paratextuales[2], entre otras estrategias, sirven también para mantener la ambigüedad del texto autoficcional y hacerle creer al lector que la obra en cuestión es, de una u otra manera, autobiográfica.

Centrémonos en *Autofiction & autres mythomanies littéraires*. Para empezar, podemos apreciar que las dos primeras propuestas analizadas por Colonna quedan enmarcadas dentro de los parámetros comentados arriba. La primera, la autoficción fantástica, es un caso extremo en el cual el autor introduce un personaje que parece ser él mismo en una historia completamente inverosímil[3]: en este caso no hay confusión entre lo que es real y lo que es ficticio, pero el protagonista sigue siendo, a pesar de su carácter fantástico, una referencia al autor. Por otro lado, la autoficción biográfica calza de manera exacta con las definiciones tradicionales del

---

2. Nos guiamos por la definición de paratexto que encontramos en *Palimpsestos* (1982) de Gérard Genette: «el segundo tipo está constituido por la relación, generalmente menos explícita y más distante, que, en el todo formado por una obra literaria, el texto propiamente dicho mantiene con lo que solo podemos nombrar como su paratexto: título, subtítulo, intertítulos, prefacios, epílogos, advertencias, prólogos, etc.; notas al margen, a pie de página, finales; epígrafes; ilustraciones; fajas, sobrecubierta, y muchos otros tipos de señales accesorias, autógrafas o alógrafas, que procuran un entorno (variable) al texto y a veces a un comentario oficial y oficioso del que el lector más purista y menos tendente a la erudición externa no puede siempre disponer tan fácilmente como lo desearía y lo pretende» (Genette 1989b: 11-12).

3. La definición que da Colonna (2004: 75) de la autoficción fantástica es la siguiente: «l'écrivain est au centre du texte comme dans une autobiographie (c'est le héros), mais il transfigure son existence et son identité, dans une histoire irréelle, indifférente à la vraisemblance. Le double projeté devient un personnage hors norme, un pur héros de fiction, dont il ne viendrait à personne l'idée d'en tirer une image de l'auteur. À la différence de la posture biographique, celle-ci ne se limite pas à accommoder l'existence, elle l'invente; l'écart entre la vie et l'écrit est irréductible, la confusion impossible, la fiction de soi totale».

relato autoficcional: partiendo de datos reales y produciendo una historia verosímil, el autor se inserta en una ficción que se columpia entre lo real y lo ficticio[4]. Sin embargo, cuando abordamos la tercera propuesta, la autoficción especular, nos vemos obligados a repensar la definición de autoficción que hemos manejado hasta este punto de nuestro análisis[5].

Comencemos por revisar la definición que da Colonna de esta propuesta:

> Reposant sur un reflet de l'auteur ou du livre dans le libre, cette orientation de la fabulation de soi n'est pas sans rappeler la métaphore du miroir. Le réalisme du texte, sa vraisemblance, y deviennent un élément secondaire, et l'auteur ne se trouve plus forcément au centre du livre; ce peut n'être qu'une silhouette; l'important est qu'il vienne se placer dans un coin de son œuvre, qui réfléchit alors sa présence comme le ferait un miroir. Jusqu'à l'âge des ordinateurs, le miroir fut une image de l'écriture au travail, de sa machinerie et de ses émotions, de son vertige aussi: le terme spéculaire paraît donc indiqué pour désigner cette posture réfléchissante. (Colonna 2004: 119)

Salta a la vista un elemento importante: el autor deja de ser, o puede dejar de ser, el centro de la obra. Lo fundamental, concluye Colonna, es el carácter reflectante (especular) que posee el texto, lo que lo transforma en un espejo del escritor. Lo que vemos es un reflejo del autor, o de lo que nosotros pensamos que es el autor, en la ficción.

Esta forma autoficcional se centra en el texto como artefacto autónomo, capaz de producir un efecto en el lector. Quizá este, el receptor, no sea capaz de olvidar al autor en ningún momento, sin embargo, la obra sí es capaz de omitir por completo a su creador. Son los mecanismos metaficcionales los que generan la ambigüedad y no los guiños autobiográfi-

---

4. Volviendo a citar a Colonna (2004: 93): «l'écrivain est toujours le héros de son histoire, le pivot autour duquel la matière narrative s'ordonne mais il affabule son existence à partir de données réelles, reste au plus prés de la vraisemblance et crédite son texte d'une vérité au moins subjective —quand ce n'est pas davantage».

5. Antes de avanzar, consideramos necesario aclarar que la cuarta propuesta de Colonna, la autoficción intrusiva, no será tratada en este artículo. Sin embargo, resulta importante señalar que esta, al igual que la que analizaremos en las páginas siguientes, propone una forma peculiar para la autoficción, en la cual el autor no se filtra en la historia. En cambio, se propone un «narrador-protagonista» que se vincula con el autor: «dans cette posture, si c'en est bien une, la transformation de l'écrivain n'a pas lieu par le truchement d'un personnage, son interprète n'appartient pas à l'intrigue proprement dite. L'avatar de l'écrivain est un récitant, un raconteur ou un commentateur, bref un "narrateur auteur" en marge de l'intrigue» (Colonna 2004: 135).

cos. El autor, en este sentido, es capaz de dejar que la máscara se presente a sí misma como autónoma. Sin embargo, el problema no permanece resuelto. ¿Podemos sostener, todavía, que el autor se ha filtrado dentro de la ficción a través de su reflejo? ¿Cuál puede ser la relación de este reflejo con el autor real? ¿Sigue anclada la ficción a la identidad del autor?

La autoficción especular: el texto como espejo (mecanismos y estrategias especulares)

En este punto se hace necesario un ligero desvío que, sin embargo, eventualmente mostrará su relevancia en nuestro análisis. Debemos referirnos en este punto a un hecho de una importancia innegable para la teoría literaria y que contrasta con la autoficción, especialmente con las definiciones tradicionales que trabajamos previamente: la muerte del autor. Si nos fijamos en el texto de Barthes que lleva por título esta sentencia, escrito en 1967 (diez años antes del texto de Doubrovsky), encontraremos una primera aproximación al problema: «l'écriture est destruction de toute voix, de toute origine. L'écriture, c'est ce neutre, ce composite, cet oblique où fuit notre sujet, le noir-et-blanc, où vient se perdre toute identité, à commence par celle-là même du corps qui écrit» (Barthes 1984: 61). En este sentido, continúa el crítico, en un texto que es producido con la única función de ser un símbolo, lo que habla no es el autor, sino el texto o, mejor dicho, el lenguaje. Finalmente, concluye con la siguiente sentencia: «la naissance du lecteur doit se payer, de la mort de l'auteur» (67).

La razón por la cual esta sentencia contrasta con el neologismo propuesto por Doubrovsky es evidente: si el autor desaparece del texto, ¿cómo es posible su presencia en la autoficción? Pareciera como si, después de haber sido condenado a muerte, el autor cobrara venganza al insertarse en su obra. Sin embargo, la relación que guarda el neologismo y la afirmación de Barthes es mucho más íntima, al punto que podemos afirmar que, sin la muerte del autor, la autoficción no sería posible.

Para entender esto podemos revisar otro análisis sobre la figura del autor y su relación con el discurso: *¿Qué es un autor?* (1969), de Michael Foucault. Este texto, escrito dos años después de que Barthes publicara el suyo y en respuesta a este[6], presenta una aproximación más matizada a la

---

6.   En «Apostillas a *¿Qué es un autor?*», Daniel Link (2010: 70) señala que «si bien el objetivo de Foucault es, aquí, aniquilar la metafísica de la escritura que él lee en Derrida,

figura del autor. El autor no desaparece para dejar que el lenguaje hable, pero tampoco es la persona concreta que produce el texto: el autor es una figura dentro del discurso, una función. Afirma Foucault:

> Un nombre de autor no es simplemente un elemento en un discurso (que puede ser sujeto o complemento, que puede ser reemplazado por un pronombre, etc.); ejerce un determinado papel en relación al discurso: garantiza una función clasificatoria; un nombre semejante permite reagrupar un determinado número de textos, delimitarlos, excluir algunos, oponerlos a otros. Además efectúa una puesta en relación de los textos entre sí. (Foucault 2010: 20)

Sin embargo, al ser una función más dentro del discurso, el autor es producto de este y no al revés. Resulta entonces necesario señalar dos puntos. Primero, si es el texto el que produce al autor, la autoficción es una variante consciente de este proceso. El autor desaparece y deja que el texto hable por sí mismo, pero la función autor permanece dentro del discurso o, mejor dicho, en los márgenes del discurso y, en el caso de la autoficción, parece que abandona estos márgenes para infiltrarse en la ficción.

Segundo, partiendo del fragmento citado, el problema de la homonimia se hace más complejo. Hemos dicho que la coincidencia nominal parecía señalar a una coincidencia identitaria. Pero, partiendo del análisis foucaultiano, la coincidencia no se da entre el autor real y su creación, sino entre un personaje y la función autor. En pocas palabras, es la coincidencia entre dos elementos textuales. ¿Podemos seguir hablando de la identidad del autor real? Sobre esta cuestión volveremos más adelante.

Retomando el problema que estamos analizando, y considerando lo dicho arriba, estamos obligados a afirmar que la autoficción, incluso en sus formas más cercanas a la autobiografía, se funda en mecanismos y estrategias metaficcionales que generan la ambigüedad que la caracterizan. Es en este punto donde la autoficción especular resulta de especial interés, pues hace uso de estos mecanismos de una manera sistemática, consciente y, en algunas de sus formas, evidente para el lector. Dicho de otro modo, más que en la ambigüedad, esta propuesta se centra en los mecanismos que generan esta ambigüedad.

---

lo cierto es que también puede leerse en "¿Qué es un autor?" una recriminación a su amigo [Barthes]».

Colonna propone tres estrategias. La primera es la ficción del yo miniaturizada. En este modo autoficcional el autor aparece mentado dentro de la ficción, su aparición es o puede ser mínima, pero al ser nombrado se le incluye dentro del universo ficcional produciendo así el efecto reflectante. A pesar de ser un modo sutil, pone en escena las siguientes dos estrategias que propone el crítico francés. Primero, parece que lo extradiegético (el autor) ha penetrado el marco de la diégesis y, segundo, se produce un reflejo del escritor en el texto. Estas dos estrategias son la metalepsis y la *mise en abyme*, respectivamente.

Tomemos un momento para apreciar estas estrategias. En *Figuras III* (1972), Genette afirma lo siguiente sobre la metalepsis: «toda intrusión del narrador o del narratario extradiegético en el universo diegético (o de personajes diegéticos en un universo metadiégetico, etc.) o, inversamente [...], produce un efecto de extravagancia ora graciosa [...] ora fantástica» (Genette 1989a: 290)[7]. Sin embargo, en un análisis dedicado exclusivamente a esta figura, *Metalepsis, de la figura a la ficción* (2004), el término se hace flexible y capaz de abarcar casi cualquier transgresión de los límites diegéticos, desde la inserción del protagonista de una novela en un metarrelato hasta el momento en que un actor abandona el papel que interpreta en la obra para retomar su yo real (*cfr*. Genette 2006: 57-58). Atendiendo a las observaciones hechas por Genette en este trabajo, a la amplitud y la flexibilidad del concepto, podemos formular la siguiente definición: la metalepsis se hace presente cuando algún personaje y/o narrador abandona su marco diegético y se inserta en otro que «no le corresponde»; estos marcos diegéticos no solo se definen dentro del texto, sino que también pueden hacer referencia a la realidad del autor y/o lector (especialmente en el teatro y el cine, aunque no exclusivamente), al igual que a cualquier elemento paratextual (entrevistas a los actores de cine o teatro, otras obras y/o películas en las que han participado, etc.).

Es importante aclarar que una metalepsis no implica, necesariamente, una autoficción especular, es una forma específica de esta figura la que señala a la propuesta de Colonna: cuando el autor parece insertarse en la diégesis de su obra. También podemos agregar otro caso, cuando un personaje es capaz de romper el límite que lo separa de la realidad. Esto

---

7. Esta definición coincide, nos parece importante señalar, con la que da Colonna (2004: 127) en su texto: «la poétique moderne désignée par le terme de métalepse (Gérard Genette) cette transgression de la frontière ontologique entre le monde réel et le monde raconté, l'activité historique de narrer et le produit fictif de cette activité».

produce un efecto reflectante, la ficción adquiere conciencia de su condición y obliga al lector a hacer lo mismo. Más allá, el autor aparece, por lo menos, como una mano invisible, pero palpable, necesaria para la creación de la ficción: si el relato adquiere conciencia de su condición de criatura, el creador se hace presente de manera más o menos evidente.

Centrémonos ahora en la *mise en abyme*. Para definir esta figura podemos revisar lo que afirma el autor Lucien Dällenbach en *El relato especular* (1977): «es *mise en abyme* todo espejo interno que refleja el conjunto del relato por reduplicación simple, repetida o especiosa» (Dällenbach 1991: 49)[8]. Profundicemos: esta figura procede de la pintura y, en este ámbito, se refiere a una obra dentro de la cual hay un espejo que permite ver lo que está «fuera» de lo retratado. Verbigracia, *Las Meninas* de Velázquez (1656). Evidentemente, este efecto visual tan efectivo en la pintura no puede ser extrapolado a la literatura, ¿cómo podríamos hacer que un espejo, dentro de un relato, refleje al autor? En este sentido, Dällenbach señala que las herramientas para la *mise en abyme* dentro de la literatura son otras: una obra de arte que posea alguna analogía con la narración, un metarrelato que reproduzca la diégesis e, incluso, un personaje que se asemeje al autor.

Una vez más, encontramos que el concepto es demasiado amplio como para aplicarlo a la autoficción especular. Pero siguiendo el análisis de Dällenbach, encontramos una división que resulta de utilidad para entender cómo funciona este modo autoficcional. La *mise en abyme*, según el teórico, puede tener dos formas: cuando refleja el enunciado y cuando refleja la enunciación. En otras palabras, el espejo puede duplicar la obra o reflejar el proceso de creación. Si bien Colonna afirma que cualquier metarrelato que duplique el texto dentro de sí mismo puede hacernos pensar en una autoficción especular, nosotros consideramos que es la segunda categoría de Dällenbach, el reflejo de la enunciación, la que se aproxima de manera más efectiva a este modo autoficcional: cuando aparece un creador y un proceso creativo que duplica la producción del texto. Sin embargo, esto implica la presencia de un texto metadiegético que refleja directa o indirectamente la obra autoficcional, lo que significa que, como señala Colonna, siempre existirá la duplicación del texto.

---

8. Nuevamente, consideramos importante contrastar esta definición con la que proporciona Colonna (2004: 131): «celle-ci consiste non plus à réfléchir l'existence de l'auteur dans le texte, mais à enchâsser un texte dans le texte: la même œuvre se dupliquant elle-même».

Aun cuando aprovechamos la mención de las ficciones del yo miniaturizadas para aproximarnos a la metalepsis y la *mise en abyme*, ahora debemos señalar que la autoficción especular no se reduce a esta forma en concreto. Para Colonna, la metalepsis y la *mise en abyme* son un apartado distinto. Más allá, nosotros consideramos que la relación se hace evidente. Yendo un poco más lejos, pareciera que la autoficción siempre está relacionada con estas dos figuras. ¿No es la homonimia o cualquier reproducción del autor dentro de su obra una forma de *mise en abyme*, un reflejo del escritor y, por lo tanto, de la enunciación? ¿El principio que manejamos al comenzar nuestro análisis, que la identidad del autor se inserte en una ficción, no implica el quiebre de los límites diegéticos y, por lo tanto, una metalepsis?

La autoficción parece ser una configuración específica de estas dos estrategias, que producen una ambigüedad frente al lector, le hacen pensar que los límites entre lo ficcional y lo real son difusos. Sin embargo, es una relación entre los distintos elementos del texto. Una ejecución de ciertos mecanismos intratextuales. Recordemos el análisis citado de Foucault: el autor no es una persona real, sino una función más dentro del discurso. ¿Cómo podemos diferenciar entonces la autoficción biográfica de la especular? Aprovechándose de los mecanismos de cualquier texto narrado en primera persona, especialmente de la autobiografía, la autoficción biográfica disfraza los mecanismos, los utiliza de manera sutil para generar ambigüedad; en cambio, la especular hace que las estrategias sean evidentes. En pocas palabras, la tercera propuesta de Colonna es una autoficción que se delata a sí misma.

Una identidad metaléptica

Hasta este punto hemos alcanzado, entre otras, dos conclusiones: primero, que el autor es producto del texto y, por esto mismo, una figura dentro del discurso; segundo, que la autoficción, en tanto que texto, posee autonomía, no tiene que existir con el autor real. En consecuencia, debemos retomar una cuestión que formulamos previamente: ¿tiene sentido preguntarnos por la identidad del autor dentro de una obra autoficcional, especialmente si nos fijamos en una autoficción especular?

Creemos pertinente responder con otra pregunta, que eventualmente nos llevará a la respuesta que buscamos. Esta nueva cuestión señala al problema de la identidad. Por mucho tiempo se ha considerado la identidad como «el verdadero sí mismo», lo que «yo soy». La identidad es, en este sentido, una esencia que permanece a lo largo del tiempo. Siguiendo el análisis que realiza Stuart Hall en «Etnicidad: identidad y diferencia», podemos decir que esta concepción ha caducado y que hemos entrado en lo que el autor llama el modernismo: «podríamos decir que si la modernidad desata la lógica de la identidad de la que hablaba antes, el modernismo se puede definir como la modernidad experimentada como algo problemático» (Hall 2010: 341). En consecuencia, afirma Hall, la identidad se debe entender como algo maleable, que cambia a medida que avanza el tiempo. No hay un yo original absoluto, sino una identidad que se reconstruye constantemente a medida que pasa el tiempo.

A este dinamismo perenne podemos agregar una polifonía de voces que coexisten simultáneamente en un yo. Esta es la tesis que defiende, por ejemplo, Gergen, en su análisis *El yo saturado* (1991). Veamos qué nos dice este autor:

> La saturación social nos proporciona una multiplicidad de lenguajes del yo incoherentes y desvinculados entre sí. Para cada cosa que «sabemos con certeza» sobre nosotros mismos, se levantan resonancias que dudan y hasta se burlan. Esa fragmentación de las concepciones del yo es consecuencia de la multiplicidad de relaciones también incoherentes y desconectadas, que nos impulsan en mil direcciones distintas, incitándonos a desempeñar una variedad tal de roles que el concepto mismo de «yo auténtico», dotado de características reconocibles, se esfuma. El yo plenamente saturado deja de ser un yo. (Gergen 1992: 26)

En consecuencia, la identidad no solo pierde su permanencia o inmutabilidad, como señalaba Hall, sino que también pierde su unidad. En tanto que somos seres relacionales, nuestro yo se multiplica por cada relación que poseemos. Si a esto sumamos la infinidad de relaciones que nos permite (y obliga a) tener la tecnología en lo que Gergen llama la sociedad posmoderna, esta multiplicación del yo se vuelve inaprehensible.

Sin embargo, y a pesar de haberse disuelto la lógica tradicional del yo, seguimos concibiendo nuestra identidad de una manera relativamente unitaria. Ya sea por practicidad o por cualquier otra razón, seguimos funcionando bajo la suposición de que hay algo o, mejor dicho, alguien que «soy yo». Sobre esta compleja relación entre lo múltiple y lo individual de la identidad, existe un análisis que nos puede brindar algunas luces: *Lejos de mí* (1999), de Rosset. Para este autor, la identidad personal no pasa de ser una mera ilusión, en contraste con la identidad social que es, para él, la única real (*cfr.* Rosset 2007: 11). En este sentido, afirma: «la identidad personal es pues como una persona fantasmal que persigue a mi persona real (y social), me ronda —a menudo de cerca pero nunca de forma tangible ni alcanzable— y constituye lo que Mallarmé llama bellamente al principio de sus *Cuentos indios* su "obsesión"» (28). Entonces, la pregunta que debemos formularnos es cómo aparece esta «persona fantasmal» de la que habla Rosset.

Existen, sin duda, infinidad de respuestas a esta cuestión. Sin embargo, retomando el problema de la autoficción o, mejor dicho, de la relación del yo del autor con la ficción que produce de sí mismo, hay una que nos interesa resaltar. Ricoeur, en *Sí mismo como otro* (1990), se aproxima a este problema, especialmente en dos capítulos: «La identidad personal y la identidad narrativa» y «El sí y la identidad narrativa». Para el filósofo francés la resolución a este problema, la aprehensión de un yo fragmentado y polifónico, se encuentra en lo que él denomina la identidad narrativa, haciendo una analogía con la manera en la cual leemos una narración de cualquier tipo. En este caso, cuando leemos una novela, por ejemplo, la recepción de la obra es fragmentada, nadie lee un libro de manera instantánea, está obligado a seguir un orden que suele estar impuesto por el autor. En pocas palabras, tenemos que leer un capítulo después de otro, una palabra después de la otra. Sin embargo, concebimos la historia como una unidad, a medida que recolectamos la información, la relacionamos y, más allá, la leemos como parte de un todo que se modifica mientras avanzamos. Según Ricoeur, ocurre lo mismo con la identidad: tenemos una serie de recuerdos, una materia prima proporcionada por la memoria, que interpretamos desde nuestro presente como parte de un todo. Nuestra identidad es, en ese sentido, la narración que construimos a partir de nuestra propia vida. Comenta el autor:

> El relato resuelve a su modo la antinomia: por una parte, confiriendo al personaje una iniciativa, es decir, el poder de comenzar una serie de acontecimientos, sin que este comienzo constituya un comienzo absoluto, un comienzo del tiempo, y, por otra parte, dando al narrador en cuanto tal el poder de determinar el comienzo, el medio y el fin de la acción. (Ricoeur 2006: 146)

Una de las diferencias más importantes que debemos señalar entre la construcción de la identidad y la lectura y/o producción de una narración consiste en el final. A pesar de que la novela sufre remodelaciones a medida que avanzamos a través de los capítulos, eventualmente llegamos a un punto final. En contraste, la identidad cambia constantemente, cada nuevo presente implica una remodelación y reinterpretación del pasado y, en este caso, el único punto final definitivo sería la muerte.

Si aceptamos la propuesta de Ricoeur y afirmamos que la unidad de la identidad es una narración que construimos de manera análoga a como leemos una ficción, podemos empezar a ver la relación entre la identidad y la autoficción e, incluso, con cualquier tipo de ficción. En este sentido, parece conveniente revisar lo que afirma Forest, en «Ego-literatura, autoficción, heterografía». Para este autor no existe una relación real entre la identidad del autor y el relato autoficcional. No solo esto: va más lejos y afirma que tampoco encontramos esta relación en la autobiografía (*cfr.* Forest 2012: 216). Sin embargo, esto no cambia que haya una afirmación de la identidad en la ficcionalización del yo: «quien narra su vida la transforma inevitablemente en novela y solo puede encarnarse a sí mismo en la falsa apariencia de un personaje. O quizá habría que decir: "mi vida" no existe más que a condición de ser "una novela" y "yo mismo" no existo más que a condición de figurar en ella como un "personaje"» (217). La cercanía con el análisis de Ricoeur es evidente: mi identidad existe únicamente como una ficción narrada en la cual yo soy el protagonista. La autobiografía sería el caso ejemplar de esta identidad que necesita ser narrada (y objetivizada, en este caso) para existir y que, en una hipocresía necesaria, afirma ser verdad. La autoficcón, en contraste, parte de esta hipocresía, adquiere conciencia de ella y la lleva a sus últimas consecuencias: reconoce que es una mentira, pero que no deja de tener relación con la verdad del autor; una verdad que solo puede existir como ficción, como una mentira.

Previamente dijimos que toda autoficción puede ser leída como una configuración específica de dos estrategias, la metalepsis y la *mise en abyme*: en tanto que el autor construye una falsa autobiografía, entra en el marco diegético y produce un reflejo (deformado) de su identidad. Sin embargo, lo que presenciamos es el texto haciendo funcionar sus mecanismos internos y creando ambigüedad en torno a la función autor de la que habló Foucault. Ahora podemos afirmar que esta objetivación de la identidad, aunque puramente textual, es un espejo de la identidad del autor: ambas son ficciones que se proyectan hacia el mundo, intentando aparentar una verdad que, sin embargo, se reconoce como algo falso. Se perfila una identidad metaléptica que se columpia entre la ficción y la realidad del autor, un «yo» que salta fronteras ficcionales y que es una ficción en sí mismo.

La autoficción especular, en cambio, hace evidente el juego. No es la ambigüedad el centro de la ficción, sino los mecanismos que la producen. Junto con la ficción, la identidad que parece estar inserta en este modo autoficcional deja al desnudo las estrategias que ha utilizado para hacerse presente. En cierto sentido, es como si la autoficción llegara, con esta propuesta, a un punto de autodestrucción y que la identidad del autor, eje central de lo narrado, desapareciera: no es solo que la máscara ficcional del escritor adquiera autonomía, sino que nos muestra su vacuidad y nos revela su carácter ilusorio.

Un caso concreto: *Stardust Memories*

Concluyamos con un ejemplo. La trama de *Stardust Memories*, estrenada en 1980, gira en torno a un fin de semana en la vida del director de cine Sandy Bates (interpretado por Woody Allen). En la primera escena vemos al protagonista atrapado dentro de un tren que lo lleva a un basurero, metáfora del sinsentido de la vida. Inmediatamente después escuchamos voces discutir sobre la calidad de lo que acabamos de ver. Dos cosas podemos inferir de esta primera escena: veíamos una película de Sandy Bates, su primera tragedia después de una carrera como director de comedias, y los productores están insatisfechos con el resultado.

Más adelante, Bates es invitado a un festival cinematográfico en su honor, al cual asiste intentando escapar de la presión de sus productores y de la nostalgia que todavía le provoca el recuerdo de su ex amante, Dorrie. Esta intención, sin embargo, se ve frustrada. Por un lado, quienes asisten al festival le hacen la misma exigencia que sus productores: que vuelva a hacer comedias. Por otro, conoce a Daisy, una mujer que le recuerda a su exnovia. La ecuación se complica cuando su nueva novia, Isobel, lo visita. El tema de la película es la frustración de Bates, que quiere hacer tragedias y no puede y que quiere volver a su relación pasada con Dorrie. Mientras, los fans, los productores y la presencia de Isobel son un recordatorio de la imposibilidad de estos deseos. Al final, el protagonista se resigna, con un optimismo agridulce, frente a una realidad que nunca será como él quiere que sea. Sin embargo, así como en la primera escena pasamos de un filme de Bates a la vida del protagonista, en la última escena realizamos otro salto diegético: vemos a los actores de *Stardust Memories* en una sala de cine en la cual se proyectó el film que nosotros (los espectadores de la obra de Allen) acabamos de ver (*cfr.* Allen 2007).

En esta película habitan simultáneamente dos modos autoficcionales. Primero, creemos presenciar un filme autobiográfico, una forma tradicional de autoficción. Sin embargo, la constante presencia de *mises en abyme* (proyecciones que realizan en el festival de las películas de Bates) y saltos metalépticos (especialmente el de la última escena) nos llevan a pensar en una autoficción especular. Profundicemos en estos puntos.

Defender la tesis de que *Stardust Memories* es una película autoficcional no parece difícil. Primero, por la presencia innegable de elementos autobiográficos. La historia relata cómo un director de cine, cansado de ser comediante, desea empezar a hacer tragedias, pero es presionado por sus productores y fans para que regrese al humor. Al contrastar esto con lo que vivía el cineasta en 1980, podemos ver puntos en común: dos años antes de *Stardust Memories*, Allen había estrenado *Interiors* (1978), su primera incursión en la tragedia. El director recibió fuertes críticas, pues en *Interiors* abandona por completo el humor que lo había caracterizado hasta la fecha[9].

Segundo, no podemos dejar de señalar que el personaje interpretado por Allen, protagonista del filme, posee una relación innegable con el director/actor. Esto no es exclusivo de esta película, pero al combinarse con los elementos autobiográficos, la ambigüedad aumenta. En este sentido, comenta Carla González Vargas en su texto *Woody Allen: su vida y sus películas*:

> Tanto él [Woody Allen] como Sandy [el protagonista del film] son prestigiados directores de cine que anteriormente se dedicaban a la *stand up comedy*, ambos practicaban magia cuando eran niños, se involucraron con una mujer maniaco depresiva [...]; el actor Tony Roberts actuó en las películas de los dos, y ambos han tratado de desviarse del género cómico para escribir tragedias que resultaron ser muy criticadas. (González Vargas 2003: 82)

A esto podemos sumar que el personaje interpretado por Allen, una constante en toda su filmografía, produce un efecto similar al que logra la homonimia entre autor y protagonista: es un ancla que parece enganchar la ficción con la realidad del autor[10].

---

9. Para las referencias biográficas sobre la vida de Allen se pueden confrontar innumerables elementos paratextuales. Por practicidad, recomendamos revisar la biografía escrita por Eric Lax, *Woody Allen: la biografía* (1991), así como el texto del mismo autor *Conversaciones con Woody Allen* (2009). Por último, otra referencia que puede ayudar a aproximarse a la vida de este autor la encontramos en *Woody Allen: el documental* (2013), producido por Robert B. Weide.

10. Este es un elemento importante que no debe pasar desapercibido, pues, para el pú-

Sin embargo, la biografía queda desmontada por los mecanismos metaficcionales que contiene el film. Para empezar, las películas de Sandy Bates son proyectadas durante el festival al que asiste y el espectador del filme de Allen las ve en forma de metarrelatos que duplican de manera directa o indirecta la diégesis. Por otro lado, el protagonista es un director de cine, que además se parece considerablemente a su creador. El resultado es una *mise en abyme* de la enunciación, el autor y su proceso creativo aparecen reproducidos dentro de la obra. Esto complementa el pacto ambiguo que hace pensar en una autoficción biográfica. Sin embargo, hay otro efecto que debemos considerar. Durante la película, se señala que los filmes de Bates, al igual que los de Allen, parecen autobiográficos y el protagonista alleniano, al igual que su creador, actúa en ellos (*cfr.* Allen 2007). El efecto especular aumenta y se produce una reflexión en torno al proceso creativo: al cuestionar el trabajo de Bates, se cuestiona el de Allen y el carácter autobiográfico queda en entredicho.

Así como vemos *mises en abyme*, también podemos apreciar procesos metalépticos en los cuales los personajes parecen quebrar la frontera ficcional y hablar con el espectador del filme. Por ejemplo, en una de las escenas finales, el protagonista cree haber muerto e imagina que está dando un discurso de despedida a un público invisible para el espectador. Quienes escuchan el discurso se encuentra detrás de la cámara y el público de la película de Allen se confunde con la audiencia de Bates; en resumen, parece que el protagonista le habla al receptor del texto (*cfr.* Allen 2007). Al quebrarse esta frontera, se genera una conciencia del carácter ficcional de lo narrado, tanto para el público como, aparentemente, para la ficción misma, que habla hacia fuera de la diégesis a través de su protagonista.

Será en la conclusión de la película, sin embargo, donde podremos apreciar la deconstrucción definitiva de la ficción a través de un proceso metaléptico. Como señalamos previamente, en la última escena descubrimos que la historia que ha sido narrada es un metarrelato inserto en otra diégesis, a la cual tenemos acceso exclusivamente en los últimos minutos de *Stardust Memories*. Vemos entonces que la narración central del filme está inserta en

---

blico general, personaje y autor son la misma persona. Esto no es casualidad, viene de un proceso que antecede a la carrera cinematográfica de Allen y que se origina, entre otras cosas, en sus *stand up comedies*. Sobre este proceso, comenta González Vargas (2003: 23-24): «fue dándole forma a un personaje que interpretaría por el resto de su vida: el de un aparente perdedor, una víctima que contaba los chistes como si fueran problemas en su vida, alguien que hacía reír narrando sus infortunios y ridiculizándose a sí mismo».

otro marco diegético. Para el espectador, es imposible saber con certeza si en este nuevo nivel los actores están interpretando el mismo rol que tuvieron en la diégesis central o si interpretan un nuevo papel. Más allá, no podemos saber si los últimos minutos buscan ser una ficción o una reproducción fiel de la realidad. En consecuencia, la historia de *Stardust Memories*, que parecía ser autobiográfica, se revela como un relato metadiegético. La ficción se delata, el filme nos recuerda en esta escena final que, a pesar de la ambigüedad que se produce a partir de los elementos biográficos, no es más que eso: un filme y, podríamos agregar, un producto ficcional.

Sandy Bates, a pesar de la cercanía que posee con Allen, es un personaje dentro de una película (a la vez inserta dentro de otra película) y el texto nos lo revela a través de un uso sistemático de la *mise en abyme* y la metalepsis: el espejo que se ha producido a lo largo del filme queda desnudo en el momento en que los actores quiebran la frontera ficcional y se vuelven espectadores de su propia historia. Los elementos autobiográficos pasan a un segundo plano y las estrategias metaficcionales se vuelven el centro del texto. En un primer momento, a través de las *mises en abyme*, el filme puede ser leído como una reflexión en torno a la vida del artista y la relación que esta guarda con sus creaciones. Pero la metalepsis final nos obliga a hacer una segunda reflexión sobre cómo se produce el efecto aparentemente autobiográfico. En este sentido, *Stardust Memories* es, más que una autoficción, una reflexión y un cuestionamiento de los mecanismos autoficcionales. Allen desaparece detrás de un personaje que se confunde con él, pero que se confiesa como una creación.

Retomando la pregunta inicial, nuestras reflexiones sobre la autoficción especular y el caso concreto de *Stardust Memories* parecen apuntar a la posibilidad de una autoficción sin persona. Más allá, y retomando las reflexiones de Forest, parece que todo relato sobre el yo, incluso el que pretende ser verdad, es una ficcionalización, una construcción de una identidad ilusoria: una mentira.

Conclusión

El ejemplo que revisamos tiene una ventaja innegable o, mejor dicho, un problema difícil de resolver (y que quizá no tiene que ser resuelto): plantea dos modos autoficcionales simultáneamente, el autobiográfico y el especular. A pesar de que el segundo, en cierto sentido, anula al primero, como revisamos previamente, no por esto la ambigüedad en torno a la relación entre el protagonista y el autor deja de existir. En otras palabras, aunque la autoficción especular se revela a sí misma como una ilusión, los elementos autobiográficos no dejan de hacernos pensar que Sandy Bates y Allen son la misma persona: la verdad y la mentira conviven y se niegan mutuamente. La pregunta que queda abierta y que consideramos necesaria volver a plantear es la siguiente: ¿podemos pensar en una autoficción especular que no posea elementos autobiográficos? En principio, y tomando en cuenta lo que hemos analizado, nos aventuramos a sugerir una respuesta afirmativa a esta cuestión. En el caso revisado, a pesar de la ambigüedad, el texto nos revela su autonomía, incluso si seguimos, neciamente, buscando al autor. Pero volvemos inevitablemente a la cuestión de la identidad: ahí donde hay una identidad existe una ficción, sea una novela autoficcional, una autobiografía o un yo que se construye como una narración (desde la perspectiva de Ricoeur). La cuestión vuelve sobre sí misma, el yo del autor, al igual que el del protagonista, se reconoce como una mentira que está en la necesidad de creerse verdad. El pacto ambiguo de la autoficción es un reconocimiento de este proceso, la afirmación de una identidad narrativa que se libera de su necesidad de ser real. El modo especular va más lejos, al desnudar los mecanismos que le permiten a la autoficción generar la ambigüedad que la caracteriza, es capaz de existir sin elementos autobiográficos. En conclusión, el tercer modo propuesto por Colonna señala a la posibilidad de una autoficción sin identidad. Quedará para futuras investigaciones buscar obras en las cuales podamos apreciar cómo los mecanismos especulares separan, de manera definitiva, la mascara ficcional de la persona que la creó.

BIBLIOGRAFÍA

ALBERCA, Manuel (2012): «Las novelas del yo», en: Ana Casas (ed.), *La autoficción. Reflexiones teóricas*. Madrid: Arco Libros, 123-149.

ALLEN, Woody (director y guionista) (2002): *Interiores [Interiors]*. Madrid: MGM Home Entertainment.

— (director y guionista) (2007): *Recuerdos de una estrella [Stardust Memories]*. Madrid: MGM Home Entertaiment (DVD).

BARTHES, Roland (1984): «La mort de l'auteur», en: Roland Barthes (1984), *Le bruissement de la langue*. Paris, Seuil, 61-67.

Colonna, Vincent (2004): *Autofiction & autres mythomanies littéraires*. Auch: Tristram.

Dällenbach, Lucien (1991): *El relato especular* (trad. R. Buenaventura). Madrid: Visor.

Doubrovsky, Serge (2012): «Autoficción/verdad/psicoanálisis» (trad. David Roas), en: Ana Casas (ed.), *La autoficción. Reflexiones teóricas*. Madrid: Arco Libros, 65-82.

Forest, Philippe (2012): «Ego-literatura, autoficción, heterografía» (trad. David Roas), en: Ana Casas (ed.), *La autoficción. Reflexiones teóricas*. Madrid: Arco Libros, 211-235.

Foucault, Michael (2010): *¿Qué es un autor?* (trad. M. Silvio). Buenos Aires: Ediciones Literarias.

Genette, Gérard (1989a): *Figuras III* (trad. Carlos Manzano). Barcelona: Lumen.

— (2006): *Metalepsis. De la figura a la ficción* (trad. Carlos Manzano). Barcelona: Reverso.

— (1989b): *Palimpsestos: la literatura en segundo grado* (trad. C. Fernández Prieto). Madrid: Taurus.

Gergen, Kenneth J. (1992): *El yo saturado: dilemas de identidad en el mundo contemporáneo*. Barcelona: Paidós.

González Vargas, Carla (2003): *Woody Allen: su vida y sus películas: una guía para comprender mejor la obra de este controvertido cineasta*. México: Diana.

Hall, Stuart (2010): «Etnicidad: identidad y diferencia», en: E. Restrepo, C. Walsh y V. Vich (eds.), *Sin garantías. Trayectorias y problemáticas en estudios culturales*. Popayán: Envión editores, 339-348.

Lax, Eric (2009): *Conversaciones con Woody Allen* (trad. A. Leiva). Colombia: Debolsillo.

— (1991): *Woody Allen: la biografía*. Barcelona: Ediciones B.

Lejeune, Philippe (1994): «El pacto autobiográfico», en: *El pacto autobiográfico y otros estudios*. Madrid: Megazul-Endymion.

Link, Daniel (2010): «Apostillas a ¿Qué es un autor?», en: Michael Foucault, *¿Qué es un autor?* (trad. M. Silvio). Buenos Aires: Ediciones Literarias.

Ricoeur, Paul (2006): *Sí mismo como otro*. Madrid: Siglo xxi.

Rosset, Clément (2007): *Lejos de mí. Estudio sobre la identidad*. Barcelona: Marbot.

Weide, Robert B. (productor) (2013): *Woody Allen: el documental*. Barcelona: Cameo Media, Versus Entertainment.

PARADOJAS DE LA AUTOFICCIÓN DRAMÁTICA

José-Luis García Barrientos
CSIC, Madrid

1

Hay que empezar por reconocer el carácter excéntrico de esta reflexión. Pero estoy convencido de que, si resultara de alguna utilidad, sería mucho más por su excentricidad que a pesar de ella. Porque si algo está claro en un terreno tan pantanoso y resbaladizo como el de la autoficción es que se trata de un género, o mejor, de un subgénero —característica y casi estoy por decir, tirando piedras contra mi propio tejado, exclusivamente— narrativo. ¿Entonces a qué viene hablar de autoficción dramática? De otro lado, tengo la impresión de que el debate en torno a la autoficción, sobre todo en su dimensión teórica, huele un poco a cerrado, tiende a dar vueltas sobre sí mismo y respira un aire algo viciado. En esa impresión fundo la esperanza de que abrir una ventana a un horizonte insólito y quizás imposible tenga la utilidad de refrescar el ambiente y descansar —al cambiar de enfoque— la mirada.

Al menos la sorpresa, el efecto chocante, están garantizados. Porque el ejercicio que propongo implica nada menos que abandonar el espacio de la muy limitada parcela de la *autonarración* (Gasparini 2012) que se disputan la autobiografía, la novela autobiográfica y, entre ellas y contra ellas, un poco a codazos, la autoficción, para trasladarnos, en una ampliación de campo estratosférica, al que abarca toda la «poesía» en el sentido aristotélico. Y ya en la bien acotada parcela autonarrativa arrecia la discusión, a veces virulenta. Basta transitar por el espléndido volumen sobre el tema compilado recientemente por Ana Casas (2012) para la colección «Lecturas» de Arco Libros, con una introducción suya —verdádero estado de la cuestión— tan inteligente como informada. Se comprobará que las discrepancias no son solo teóricas: sucesivamente verá el lector incluidos en la más genuina autoficción (digamos contemporánea o actual; si quieren, posmoderna) autores y obras (148-149) que luego resultan descartados con contundencia en otro capítulo (156), y que regresan para ser analizados al final (283-326). Hasta en el corpus, que es la base de todo, hay controversia.

Imaginemos ahora que vamos abriendo sucesivamente el campo de este pequeño género problemático por híbrido y ambiguo hasta los vecinos (de límites claros, a mi juicio), la autobiografía y la novela autobiográfica (*cfr* Alberca 2012: 127 y 136); y más allá, a un lado, la biografía, el ensayo al modo de Montaigne, etc., y al otro, el vasto espacio de las diversas formas novelescas (*cfr*. Gasparini 2012: 198); hasta alcanzar el campo entero de la narración. Pues bien, lo que propongo es confrontar ese microgénero, no con otro género dentro de ese campo narrativo al que sin duda pertenece, sino precisamente con todo lo que queda fuera de él, que es, en estricta observancia aristotélica, el drama, la actuación o el teatro, el otro (único) modo de creación o de representación.

El intento es, visto así, de la máxima gravedad y parece a priori rozar el desatino. Recordemos que en la *Poética* Aristóteles distingue dos y solo dos *modos* de imitación: narrar lo imitado o bien presentar a los imitados como operantes y actuantes (1448a19-24). Todo el campo de la poesía, que es el de la creación, el de la representación de mundos imaginarios, o sea, el de la ficción, se reparte así entre estas dos parcelas contrapuestas, la narración y la actuación. Yo vengo sosteniendo con tanta osadía como razón que la teoría, o sea, la «visión» aristotélica de los modos es tan perspicaz que sigue vigente (y sin variación) hasta hoy, casi dos milenios y medio después; que sigue habiendo dos y solo dos modos de construir ficciones y que son los mismos que distinguió Aristóteles y que yo reformulo así: el narrativo es el modo *mediato* y el dramático o teatral es el modo *in-mediato*. En la narración el mundo ficticio *pasa* hasta el receptor a través de una instancia mediadora (la voz del narrador, el ojo de la cámara), mientras que en la actuación *se presenta* (en presencia y en presente) ante los ojos del espectador, sin mediación alguna. La distinción es nítida, incontrovertible. Lo inmediato es lo contrario de lo mediado y viceversa. Como acabo de adelantar, el cine no es un tercer modo, sino otra manifestación, con nuevos medios, del modo narrativo. Su novedad no afecta a la bifurcación *radical* de los dos (y solo dos) modos.

Dejemos esta idea, por sumaria y axiomáticamente que haya tenido que expresarla, como fundamento de la aporía o la imposibilidad de un teatro autobiográfico o, si se quiere, de un teatro auto-lo-que-sea. En cambio el cine, por ser narración, no conoce tal contradicción o imposibilidad. Puede haber y hay cine autobiográfico y más aún autoficticio:

pensemos en Fellini, Truffaut, Woody Allen, Nanni Moretti, etc. (*cfr.* Trastoy 2002: 149-151). Pues la mediación es la condición de lo «auto» y su ausencia lo hace imposible sin más.

Apuntada la dificultad, en rigor insalvable, detengámonos a la misma velocidad de vértigo en lo que, al contrario, acerca —y más de lo previsible— el drama a la autoficción, hasta el punto de convertir a esta en una salida (aunque sea por la tangente) a la aporía del drama autobiográfico y, todavía más sorprendentemente, de convertir el drama en un espejo óptimo para que la autoficción estudie su propia ambigüedad entre lo factual y lo ficcional.

En el marco de la *Poética* aristotélica, mucho más vigente y por tanto útil de lo que muchos creen, toda la poesía, tanto la narración como el drama, se identifica con la ficción. Basta recordar cómo distingue el estagirita la poesía de la historia (1451a36-1451b11). Pero el caso mismo muestra la muy diferente relación de cada uno de los dos modos de imitar con la ficción. La narración puede ser ficticia (y entonces es poética o literaria), pero también puede no serlo, o sea, ser factual, como la histórica o la biográfica. Esta segunda posibilidad, por contra, no la conoce el drama: el teatro es ficción y solo ficción. Que tal disimetría tiene relación con el modo lo prueba quizás que el documental cinematográfico no tenga equivalente en el teatro (verdadero, no sucedáneo, como el llamado «teatro documento»), igual que no lo tienen la historia o la biografía genuinas. Se diría que el teatro contagia cuanto toca o cuanto por él pasa de ficción[1]. De ahí la doble imposibilidad de un teatro autobiográfico: por auto- y por factual.

Claro que a la vez, paradójicamente, no hay arte representativo (ni la literatura ni el cine) con una mayor carga de realidad que el teatro. Realidad no es lo mismo que factualidad, pero tiene demasiado que ver con ella. Lo que distingue al teatro de cualquier otro espectáculo de actuación no es la situación comunicativa, común a todos ellos —el aquí y ahora, o sea, el encuentro de actores y espectadores en un espacio y un tiempo compartidos—, sino la convención representativa que definió Borges de

---

1. «De hecho, el testimonio de vida, narrado frente a las cámaras de televisión en un espacio considerado periodístico, resulta más creíble que si esa misma historia es relatada por la misma persona desde un escenario a los espectadores presentes. Asimismo, es más fácil considerar auténtica la autobiografía contada por un individuo ajeno a la práctica escénica que la narrada por un actor o actriz, siempre asociado a la impostura que supone representar personajes teatrales. Sobre la escena, todo es (o parece) ficción» (Trastoy 2002: 160).

forma lapidaria al escribir: «La profesión de actor consiste en fingir que se es otro ante una audiencia que finge creerle» (*in* Stornini 1986: 14). Este doble pacto teatral, la *simulación* del actor y la *denegación* del público, implica el desdoblamiento de todos los elementos constitutivos del teatro: como el actor se desdobla en personaje[2], el espacio, el tiempo y el público reales de la representación se desdoblan en *otros* espacio, tiempo y público representados o ficticios. Esta duplicidad es irreductible en el teatro y capaz de enseñar a la autoficción que se puede ser verdadero e imaginario al mismo tiempo. El teatro lo es siempre, sin excepción y por más que les pese a los posdramáticos.

Bastará con dejar sentadas, antes de entrar de lleno en la cuestión, estas dos ideas claras y ciertamente fundamentales sobre el teatro: su carácter in-mediato como modo representativo opuesto a la narración y su desdoblamiento en el eje realidad/ficción, consecuencia de la convención que lo constituye (*cfr.* García Barrientos 2004 y 1991: 64-75).

En cuanto a la autoficción, importa hacer apenas dos puntualizaciones previas. La primera es que asumo para el género la definición de Jacques Lecarne (1994: 227), que sintetizo así: *relato en que autor, narrador y protagonista comparten la misma identidad nominal y que se declara una novela*[3]. La prefiero por práctica, por realista, por sencilla. Pero no se me escapa que es contradictoria, como todas y como (porque) lo es el propio género.

Si la terminología literaria no hubiera ocupado ya ese marbete con un contenido inequívoco, se podría sintetizar aún más la definición del género en el oxímoron *novela autobiográfica*, después de devolver a estas dos palabras su pleno sentido literal; es decir, novela y autobiografía a la vez, o si se quiere, novela (verdaderamente) autobiográfica (y no falsamente, como es sin duda la que se ha convenido en llamar precisamente así, que es del todo novela pero solo formalmente autobiográfica). La autoficción es la paradoja que intenta salvar esa contradicción y que nace de ella como género necesariamente ambiguo, híbrido, mestizo: ni plena

---

2. Esto no es muy exacto ni desde luego coherente con la terminología de mi sistema teórico, la «dramatología», que define el personaje dramático como la suma de las dos caras, de la persona real del actor y la persona ficticia del «papel» que interpreta o encarna (2012: 182-186). Cedo a la imprecisión en aras de un entendimiento general más inmediato, que no requiera explicación previa.

3. Literalmente: «L'autofiction est d'abord un dispositif très simple: soit un récit dont l'auteur, narrateur et protagoniste partagent la même identité nominale et dont l'intitulé générique indique qu'il s'agit d'un roman».

autobiografía ni plena novela, sino autobiografía contaminada de ficción o novela contaminada de factualidad autobiográfica. Esto abre, como ya dije, una puerta a la operación de trasladar la discusión al teatro, o sea, de convertir la contradicción del teatro autobiográfico (la misma de la novela autobiográfica en este sentido literal) en la *paradoja* de la autoficción dramática.

Pero lo que abre de par en par la puerta a nuestro propósito es la segunda puntualización: que para trasladar al teatro el concepto de autoficción es preciso tomarlo en su acepción más amplia, incluso si nos conduce a «una suerte de cajón de sastre», en palabras de Ana Casas (2012: 10), de la que tomo la expresión de los límites de esta ampliación del concepto: 1º) la «presencia del autor proyectado ficcionalmente en la obra» y 2º) la «conjunción de elementos factuales y ficcionales» (11). Se trata, pues, de una reformulación bastante laxa y por ende ambigua de los pactos de identidad y de referencialidad de Lejeune (1975).

En cuanto al primero, la identidad se afloja en *proyección* del autor en la diégesis, y no necesariamente siendo el protagonista, como exige la definición estricta de Lecarne, sino también como otro personaje e incluso como una figura autorial que irrumpe mediante digresiones, comentarios o procedimientos como la metalepsis o el engaste (*mise en abyme*), y hasta si la identidad entre autor y personaje no es explícita sino solo sugerida, como en Proust. En cuanto al segundo pacto, la manga ancha llega hasta a acoger relatos con estatuto inequívocamente novelesco o ficticio, con ruptura incluso de la verosimilitud realista, como «El Aleph» de Borges o *La Divina Comedia* de Dante.

Así que podría decirse que en la definición estoy con Lecarne y en su estiramiento para que quepa el teatro con Vincent Colonna (2004). Lo decisivo es la admisión de la posibilidad, en rigor contradictoria, de una autoficción «en tercera persona». Pues resuelve de un plumazo el problema insoluble de conjugar autorrepresentación e inmediatez en el teatro. Y en cuanto al pacto de referencialidad, tanto más útil será la categoría de autoficción para el teatro cuanto la acerquemos más a la novela y menos a la auténtica autobiografía.

Por otro lado, creo que en el ámbito propio de la narración es también el concepto lato de autoficción el que resulta productivo, el que permite acotar, aunque sea de forma polémica, un corpus estrecho pero suficiente para hablar de género o subgénero. Y es que en su acepción más estricta (y contradictoria) tal vez la autoficción se reduce, si acaso, a una sola realización: el texto bautismal o natal de Doubrovsky (1977) *Fils*.

Por último, coincido una vez más con Genette (1991) en que no cabe en la verdadera ficción, en la novela (fantástica o realista, da igual), la identidad entre Autor y Narrador [A=N], sino solo entre Autor y Personaje [A=P]. De tal manera que los dos pactos se reducen en realidad a uno, y la triple igualdad de Autor, Narrador y Personaje —en rigor, Protagonista— [A=N=P] basta para definir la autobiografía. Creo que la misma fórmula podría servir, pero sustituyendo el signo de rigurosa igualdad matemática, que satisface la autobiografía, por otro que indique una identidad aproximada, fluctuante, ambigua [A≈N≈P] para cifrar la autoficción, que es en efecto «un mal género» (Lecarne 1994) o «un género poco serio» (Darrieussecq 2012).

2

Una primera peculiaridad al trasladar la mirada al teatro es que todo el campo de la autonarración lo ocupa en él lo que hemos denominado a priori autoficción dramática y quizás sería más preciso llamar por eso *autodrama* o *autoteatro*, es decir, drama o teatro autorreferencial. Pues no compite ni con una presunta autobiografía teatral, inexistente e imposible en sentido estricto, ni con una ficción autobiográfica equivalente a la llamada «novela autobiográfica», es decir, *totalmente* ficticia. La ambigüedad, o mejor la duplicidad, del pacto de referencialidad es en el teatro constitutiva: todo en él es real y ficticio, verdadero e imaginario, a la vez, de forma indistinguible.

En cuanto al pacto de identidad, y puesto que no hay narrador que valga en el modo dramático o inmediato, la fórmula para el teatro tendría que derivar más bien hacia esta otra: [Autor=Actor=Personaje]; que considero posible, sobre todo con el signo de igualdad atenuado [Au≈Ac≈P], aunque no exenta de problemas. Al revés que en la narración, no es la primera igualdad [Autor (real)=Actor (también real)] la problemática, sino la segunda [Autor (real)=Personaje (ficticio)].

En cuanto a la relación entre Actor y Personaje, la identidad es obligada en el teatro, como vimos, pero no es propiamente identidad, sino fusión en una entidad de dos caras, desdoblamiento, más [Ac/P] que [Ac=P]. De otro lado, el «Autor», inequívoco en las escrituras (literatura y cine), se torna también problemático en el teatro. ¿Cubre solo al autor del texto (cuando lo haya) o también al del espectáculo? ¿Equivale al «Dramaturgo», término más específico pero también impreciso, o a la suma de este más el Director? ¿Y más el escenógrafo y otros artífices del espectáculo? Para no librarnos a fin de cuentas de tal grado de ambigüedad, más vale quedarse con el término «Autor», que tiene la ventaja de la coincidencia, al menos nominal, con la fórmula narrativa, o sea, original.

El prototipo de teatro autobiográfico o autoficticio, en aplicación de la fórmula de identidad, estricta o amplia, es el de un espectáculo unipersonal, un monólogo, cuyo único ejecutante es también el autor tanto del texto (si lo hubiere) como de la puesta en escena y un actor que se representa a sí mismo, es decir, que en rigor no representa, sino que habla y actúa en su propio nombre. Esto último, si se cumple al pie de la letra, lo excluye del teatro o por lo menos del teatro dramático (lo que para mí es una redundancia). Pero deja abierta la posibilidad de otro tipo de espectáculo de actuación (por ejemplo, de *performance*) genuinamente autobiográfico (*cfr.* Pavis 1998; Trastoy 2002: 161-162); aunque no sin problemas, y tan graves que ponen en entredicho incluso tal posibilidad[4]. Habría que asegurarse ante todo de que no se trata simplemente de un espectáculo narrativo, o sea, de narración oral (que admite, por supuesto, un componente espectacular de mayor o menor peso); lo que lo excluiría de nuestra atención y lo eximiría de carácter problemático, al regresar al seno del modo representativo en que lo «auto» y lo factual encajan como un par de guantes a medida.

Cabe preguntarse también qué interés puede tener para el espectador asistir al teatro para que un actor (sobre todo si no se trata de una celebri-

---

4. Así expresa Pavis (1998: 438) la paradoja que yo he abordado en términos más secamente lógicos o teóricos, precisamente aplicada a este caso: «Así, el actor en el escenario es, por naturaleza, autobiográfico, puesto que se "ofrece en espectáculo", habla en presente y vive ante nosotros. Compromete siempre su persona, dado que escribe, en sentido estricto, con su cuerpo sobre sí mismo. Pero, desde luego, así que abre la boca, corre el riesgo de hablar y no de él mismo y de su situación actual de actor frente a nosotros, corre el riesgo de asumir un papel. Así —y esta es la paradoja del actor—, a partir del momento en que parece estar ahí, presente y real, también asume un papel de personaje, lo cual le impide en contrapartida ofrecer un testimonio autobiográfico. O, en cualquier caso, esta comunicación autobiográfica siempre será sospechosa porque es objeto de una puesta en espacio, objeto de una elección de los materiales, de una exhibición; en resumen, de una puesta en escena del yo con fines artísticos y ficcionales. [...] El actor autobiográfico no es únicamente un "corazón desnudo"; también es un narrador, un "arreglista", un embellecedor, un mostrador y un exhibicionista que trabaja su materia como el escultor trabaja el barro o el escritor las palabras. [...] Paradójicamente, el hecho de tener en el escenario la verdadera persona del actor hace que el proceso de autobiografía, de desnudamiento, sea sospechoso y artificial o, al menos, inverosímil».

dad, sino, como en la mayoría de los casos, de un desconocido) le muestre parte de su propia vida. En principio, ninguno (a pesar del testimonio en contra de los datos de audiencia de los más zafios *reality shows* televisivos); excepto quizás los que encajan en las tres «formas de la autobiografía escénica» que distingue Pavis (1998: 438-439): un interés propiamente teatral, como en *La novela de un actor*, de Philippe Caubère, en que muestra su itinerario de actor en el Théatre du Soleil; un interés testimonial, sobre la enfermedad, el sexo, la violencia política, etc., caso de un actor seropositivo, como en *S/N* de Teiji Furuhashi («Dumb Type»), de 1992, por ejemplo, o de víctimas de los regímenes militares latinoamericanos en el teatro de la posdictadura; o, por fin, un interés identitario, de tipo sexual, social, étnico, cultural, etc., como en Spalding Gray, Laurie Anderson o Gómez-Peña. Todos los casos coinciden en *utilizar* lo autobiográfico para hablar de otra cosa, más general, que nos atañe a todos, y de la que el actor es solo un ejemplo[5].

Si esto implica ya un conato de desdoblamiento en personaje, la irrupción de lo ficticio es indisimulable en ese género que podemos denominar «monólogo humorístico», tan boyante hoy en España y que merece una consideración particular que no cabe aquí. Por lo que no diré más que esto: que, en efecto, se puede sumar a los tipos de interés señalados este de la risa, que es el objetivo de la comedia; y que lo problemático será en este caso el grado de teatralidad y de contenido verdaderamente autobiográfico, no así el de factualidad, a mi juicio. Por todo ello parece un buen candidato a servir como ejemplo de autoficción escénica; aunque no, claro está, sin discusión.

Hay un aspecto referido por Doubrovsky (2012: 53) como justificación de la autoficción que da pie a observaciones de interés sobre los límites de la autobiografía escénica. Me refiero a que frente a la autobiografía, que «es un privilegio reservado a los importantes de este mundo, en el otoño de su vida y en un estilo bello», la autoficción supone una especie de democratización de la práctica autográfica, pues «no siendo por sus méritos uno de los derecho-habientes de la autobiografía, "el hombre

---

5. «El autor/actor que narra su propia vida sobre el escenario está allí para hablarnos de sí mismo; pero, en la impúdica y ambigua teatralidad de ese gesto exhibicionista, está allí para hablarnos *también* de otra cosa. Porque contar la propia historia sobre el escenario es una forma de iconizar el drama de la existencia humana, es poner en escena el flujo narrativo de la vida que un único silencio detiene, el de la inefable experiencia de la muerte» (Trastoy 2002: 161).

cualquiera" que soy debe, para captar al lector reacio, endosarle su vida real bajo la imagen más prestigiosa de una existencia imaginaria. Los humildes, que no tienen derecho a la historia, tienen derecho a la novela».

Pues bien, desde este punto de vista, una dificultad práctica para trasladar el género autobiográfico propiamente dicho al teatro o la escena deriva de la extrañeza que suscita —en nuestra cultura— imaginar que un prócer, alguien sancionado social, cultural o políticamente como muy importante y respetable esté dispuesto a ofrecerse en espectáculo *in-mediato*, a convertirse en actor, a exhibirse sobre un escenario. Ningún demérito, nada de bochornoso o denigrante acecha, en cambio, si de lo que se trata es de *escribir* la autobiografía, es decir, de mostrar (más o menos) la propia vida, pero mediante su narración *mediada*. He aquí un motivo de reflexión cultural no menor y que viene a sumarse a la que esbocé en mi primera publicación académica, de 1981, sobre la dicotomía entre escritura y actuación (2010). Pero no cabe sino apuntarla, con el matiz que desarrollo a continuación.

Los ejemplos de personas de gran relieve y popularidad que se atrevieron o se vieron abocados a protagonizar unos espectáculos más o menos autobiográficos remiten precisamente a personajes *caídos* (en el olvido, la indigencia, etc.) y que han perdido, por tanto, su condición de importantes en el momento de exhibirse (o quizás que la pierden al hacerlo). Pienso, por ejemplo, en el caso de Lola Montes (1821-1861) tal como la presenta la excelente película de Max Ophüls (1955). En la realidad, estuvo a punto de estrenar nada menos que en el Covent Garden *Lola Montes, reina de Baviera*, la pieza de teatro en la que se relata su periplo bávaro, y que prohibió el gobierno por su contenido político. Más tarde volvió sobre la idea y consiguió en 1852 representar en un teatro de Nueva York *Lola Montes en Baviera*, bien es cierto que sin pena ni gloria. Puede considerarse, pues, pionera del teatro autobiográfico (o autoficticio), género tan problemático como en boga.

También sería interesante examinar desde este punto de vista el caso, bien distinto, de Buffalo Bill y su celebérrimo espectáculo del *Salvaje Oeste (Buffalo Bill's Wild West)*, no o no del todo autobiográfico, pero sí en gran medida factual, con la identidad nominal (y real) del propio Cody, como autor-actor-personaje, y de otras auténticas personalidades históricas como Toro Sentado y algunos de sus guerreros, Annie Oakley y Frank Butler, Calamity Jane, etc. Es seguramente un lugar privilegiado para observar el entrecruzamiento entre realidad y ficción en un espectáculo de actuación; que, por ejemplo, solía terminar con una representación melodramática de la batalla de Little Big Horn en la que Cody *representaba* el papel del general Custer.

El caso de Lola Montes presenta el atenuante de tratarse de una bailarina y actriz —aunque no debiera su celebridad precisamente al ejercicio de tales profesiones. Y esa es tal vez la excepción a la regla que me arriesgué a adelantar antes. Quiero decir que no tiene nada de inconveniente la autobiografía teatral o espectacular de una celebridad, si se trata precisamente de una celebridad de la escena. Es el caso, por ejemplo, del espectáculo *The Life and Death of Marina Abramovic (Vida y muerte de Marina Abramovic)* que se estrenó en el Teatro Real de Madrid en 2012: una creación de Marina Abramovic y Robert Wilson con música de Anthony y William Basinski; de la que dice la gran *performer* que es su «sexta biografía» y que explica por el hecho de que el camino que encontró para librarse del dolor *original* fue llevarlo al escenario. La aguda ambigüedad genérica —¿teatro, ópera, *performance*…?— no impide, sino que al contrario refuerza, que pueda considerarse un caso bastante completo de autoficción escénica.

Abramovic, en todo su esplendor, es autora, actriz y personaje protagonista; aunque la dirección de escena y la escenografía de Wilson maticen un poco el componente «auto». Quizás también, en este caso particular, la música de Anthony, presente también como intérprete sobre el escenario. ¿Habría entonces que ampliar la fórmula de identidad hasta los cuatro (o cinco) términos [Autor=Director(=Músico)=Actor=Personaje (protagonista)] para considerar estricta autobiografía escénica un espectáculo como este? ¿No es el caso precisamente o casi (siempre casi) de algunas obras de Angélica Liddell? En cuanto al ingrediente ficticio, basta pensar en la «muerte» del título («Vida y muerte…»).

Ignoro si hay ejemplos de autobiografía o autoficción escénica de celebridades ajenas al mundo del espectáculo. Valdrá la pena investigarlo. Pero reconozcamos que cuesta imaginar a la reina de Inglaterra, a Barack Obama o al Papa, por ejemplo, representando sus propias vidas en circos o teatros.

3

A partir de aquí intentaré centrarme, de forma necesariamente propedéutica, en la paradoja (que, insisto, es más la solución que el problema) de la autoficción dramática, en el sentido más ancho de autoficción, como ya dije, pero en el más estricto de dramática, es decir, abandonando las formas fronterizas o marginales de teatro por las genuinas y medulares, incluso prestando atención sobre todo a las obras dramáticas, a la creación literaria más que a la escénica. Conste que no se trata de una declaración de principios, sino de una mera estrategia discursiva, y puramente coyuntural. La primera consecuencia es que la fórmula se nos encoge hasta quedar en la identidad (aproximada) entre autor y personaje [Au≈P], o sea, decae la exigencia de que el autor dé la cara como actor[6].

Me ha parecido útil seguir en este punto el hilo de anteriores aproximaciones al problema del autoteatro o el autodrama, pero visto ahora a la nueva luz del concepto de autoficción, a la que creo que, en efecto, resulta todo más claro. Empecé a ocuparme de esta cuestión, rara en los estudios teatrales, por casualidad o, si se quiere, por incitación de otros, en este caso del profesor Antonio Lara Pozuelo, de la Universidad de Lausana, que me invitó a dictar una conferencia en el Coloquio Internacional organizado por él sobre «Autor, lector y público ficcionalizados en las literaturas hispánicas contemporáneas». Yo me dejé caer, como siempre, por la pendiente teórica y hablé sobre «El autor y el público en la ficción teatral: paradojas de la ausencia y la presencia» (2009a).

Partiendo del único modelo de la comunicación teatral congruente con el carácter inmediato del modo dramático, que no es lineal sino triangular y, por grave que esto pueda sonar, acéfalo, es decir, nada menos que con el lugar del autor vacío[7], a diferencia del público, que está, como todo lo que comparece en el teatro, demasiado presente, llegaba a la doble conclusión de que el autor por ausente y el público por excesivamente presente no se dejan representar o «ficcionalizar» de forma radical en el teatro. Pues si se dramatizan, como en *Comedia sin título* de García Lorca, no cabe duda de que se tratará de verdaderos personajes pero de autor y de público falsos.

---

6. Aunque se cumpla en ocasiones, como en los casos de Dario Fo, la citada Angélica Liddell o el uruguayo Iván Solarich, etc.

7. Esta obligada impersonalidad del modo dramático consuena con la siguiente observación de tipo histórico: «La sospecha ética que tradicionalmente pesa sobre el egotismo se ha transformado en cuestionamiento estético cuando la modernidad textual, surgida del romanticismo más radical, ha considerado la obra como un espacio cuyo sujeto está ausente, como la experiencia desnuda de una palabra anónima esplendorosamente autónoma respecto al mundo. Vinculada a una doctrina de la impersonalidad en el arte, banalmente heredada del realismo flaubertiano ("ser como Dios en la creación, invisible y todopoderoso") o más hábilmente derivada de la poética mallarmeana de la ausencia del yo ("la desaparición elocutiva del poeta"), la mayoría de los críticos se muestra contrariada ante la hegemonía del yo» (Forest 2012: 212).

La aporía se disuelve en la laxitud del concepto de autoficción, cuando no se exige ya la identidad sino que nos conformamos con la proyección. Quiero rescatar uno de los ejemplos que analicé al respecto, *El público* de García Lorca (1936). Paradójicamente, en vez de ser «el espejo del público», como declaró su autor a *La Nación* de Buenos Aires en 1933 y como cabría esperar del título, resulta ser el espejo del autor: un autorretrato, plasmado sobre todo en los protagonistas, el Director y el Hombre 1, pero también en casi todos los demás personajes, que viven el mismo drama que el autor, el del amor homosexual como manifestación extremada —nítida, radical— del amor sin más.

La obra, que de ninguna manera podríamos considerar autobiográfica, quizás quepa en los amplios límites de la autoficción. Es más que evidente el componente ficticio de la que tal vez sea la realización más acabada del drama surrealista. El ingrediente factual es el que plantea el problema de si puede satisfacerlo tal grado de profundidad en la proyección del yo o si es exigible un cierto grado de observancia anecdótica, ausente del todo en el drama lorquiano. En cuanto a la expresión del subconsciente o la dimensión psicoanalítica privilegiada por Doubrovsky (1980)[8], en pocas autoficciones genuinas serán tan poderosas.

Si es importante para el autodrama (por inevitable) la contaminación ficticia de la autobiografía, no lo es menos la quiebra estilística, que en palabras del padre fundador «tiene que ver con la escritura: si abandonamos el discurso cronológico-lógico en beneficio de una divagación poética, de un verbo sin rumbo fijo, donde las palabras tienen prelación sobre las cosas —se toman por las cosas—, basculamos automáticamente fuera de la narración realista en el universo de la ficción» (Doubrovsky 2012: 54). De nuevo, pocos textos cumplirán tan al pie de la letra como el de Lorca tal ideal estilístico o semejante ruptura con el realismo.

En el teatro, que por su inmediatez carece de los recursos autorrepresentativos propios de la voz narrativa, como la primera persona, es aún mayor el valor indicial de los aspectos formales y estructurales que, aunque carezcan de valor distintivo, parecen caracterizar a las autoficciones

---

8. Estas palabras definen la construcción de la obra tanto como la construcción analítica: «Es evidente que la "verdad", aquí, no podría tener la categoría de la copia certificada. El sentido de la vida no está en ninguna parte, no existe. No se trata de descubrir, sino de inventar, no todas las piezas, sino todas las huellas. Está por *construir*. Tal es la "construcción" analítica: *fingere*, dar forma, ficción, a la que el sujeto se incorpora» (Doubrovsky 2012: 62).

frente a la autobiografía. En tres bloques los sintetiza Ana Casas (2012: 33-38): 1º) (Des)orden cronológico, caracterizado por la heterogeneidad y el fragmentarismo; 2º) Multiplicación de voces y perspectivas, con frecuentes transgresiones de esta; y 3º) Reflexividad y metadiscurso. Resulta que *El público* da cumplimiento a los tres en grado sumo. Va incluso más allá en el primero, pues la ordenación cronológica, más que quebrarse, queda abolida, y la heterogeneidad y el fragmentarismo —lo mismo que el metateatro, por otra parte— no se pueden llevar más lejos (sin romper el sentido).

Pero asombra aún más notar que los tres grandes procedimientos no solo son posibles en el teatro sino en buena medida característicos de él. No lo puede ser más la multiplicación de voces y perspectivas, que resulta obligada en el drama, como «el empleo de estructuras dialógicas» o su «aptitud polifónica» y «su capacidad para multiplicar los puntos de vista» (36). En cuanto al orden cronológico, es la opción no marcada o normal en el teatro, sometido al tiempo *real* como no lo está la narración, que es más bien una mirada sobre el tiempo. Pero por eso mismo sus rupturas tienen más consecuencias y más graves en el teatro. Y se han practicado en el teatro más actual de forma tan insistente que resultan características de él.

Lejos de la identidad nominal, la extrema heteronimia entre autor y personajes de *El público* me hace pensar en otros casos cuyo carácter autodramático podría discutirse. Por ejemplo, *Luces de bohemia*, si se entiende, como yo entiendo, que el personaje ficticio de Max Estrella es, sí, una proyección más o menos «en clave» del escritor Alejandro Sawa, en lo más anecdótico, pero quizás también, en lo más hondo, sin descartar anécdotas como el interrogatorio en la comisaría, del propio Valle-Inclán. De ser así, se trataría de un drama al tiempo biográfico y autobiográfico, trufado sin duda de ficción, o sea, biodrama y autodrama a la vez (*cfr.* Champeau 2012: 268-271). Algo parecido podría decirse de las obras históricas en que Buero Vallejo parece proyectarse sobre el *personaje* de artistas como Velázquez (*Las meninas*), Goya (*El sueño de la razón*) o Larra (*La detonación*). Menos complicado resulta que se pueda identificar en la medida que sea al autor con un personaje plenamente ficticio, como parece el caso de Virgilio Piñera y Óscar en *Aire frío*; que presenta menos resistencia a ser considerado un drama —aunque sea parcialmente— autoficticio.

Afronté luego más de cara el asunto en Buenos Aires, en una plenaria del Congreso del GETEA, invitado por Osvaldo Pellettieri. Me planteaba en ella la posibilidad o no del drama autobiográfico (2009b) y mi conclusión era negativa. En rigor, por lo ya dicho antes, ni el verdadero teatro puede ser autobiográfico ni la autobiografía auténtica puede ser teatral. Contraponía dos obras que, como es lógico, resultan pertinentes para lo que tratamos.

La primera, *El álbum familiar* de José Luis Alonso de Santos (1982), es un drama *escrito* en primera persona, cuyo protagonista tiene por nombre «Yo» y alterna con personajes como «Mi Padre», «Mi abuela», «Mi vecina», etc. Subrayo «escrito» porque esos usos de primera persona gramatical, interesantes sin duda y con posibles legítimos efectos en la lectura, resultan, me parece, intrascendentes desde el punto de vista teatral; es decir, no trascienden a la escena. Este juego estilístico no subvierte la inmediatez del modo dramático ni hace posible el drama autobiográfico en sentido estricto, pero, sin entrar en detalles, la obra constituye un ejemplo casi incuestionable de drama autofícticio; también porque, al parecer, «solo hay ecos» del elemento autobiográfico y este no constituye el «sustento de la estructura» (Piñero 2005: 248).

La segunda, *Nunca estuviste tan adorable* de Javier Daulte (2004), presenta más dificultades para considerarse autodrama. El propio autor apenas aparece representado fugazmente en su niñez y solo como personaje latente, no visible. La obra es un retrato de familia, pasado por la ficción desde luego, por el que desfilan sus abuelos, padres y tíos, y que se centra en la figura de su abuela materna como protagonista absoluta. Lo que me interesaba era sobre todo contrastar el procedimiento de dramatización, que aquí es pleno y genuino, con el gesto transgresor de la pieza del dramaturgo español. La obra se atiene estrictamente en su construcción a las reglas del modo dramático (aunque con sutiles quiebras, como el final subjetivo o los interludios musicales): presenta lo subjetivo —su propia novela familiar— como objetivo; mientras que la pieza de Alonso de Santos, a la inversa, intentaba presentar lo objetivo como subjetivo.

Ilustrativa de esta forma de proceder me parece la anécdota contada por Daulte sobre la fuerte resistencia que sentía en el proceso de creación a hacer aparecer en escena a su padre, que acababa de morir entonces. La solución, genuinamente teatral, fue trasladar esa resistencia a los personajes presentes (sobre todo a su madre), que dilatan desesperantemente su espera al otro lado de la puerta en su primera visita a la casa familiar. La obra formó parte —y es un encargo— del interesante proyecto «Biodrama», capitaneado por Vivi Tellas, que proponía llevar al teatro la vida de personas reales, con la condición, que Daulte incumplió respecto a su abuela, de que estuvieran vivas. Es, en definitiva, un excelente campo de pruebas para estudiar la autoficción dramática.

Otra indagación tan excéntrica como esta, entonces sobre la posibilidad de un correlato del relato de viajes en el modo dramático, o sea, de un «teatro de viajes» (García Barrientos 2011), puede venir a cuento. Pues tal presunto «género» comparte las dos dificultades mayores de la autobiografía teatral, plenamente la del carácter factual y en buena medida también la autorrepresentativa. Un ejemplo de los que allí barajaba me parece que se presta especialmente para intervenir en la discusión que nos ocupa. Me refiero a las comedias que dramatizan partes del *Viaje del mundo* de Pedro Ordóñez de Ceballos (1614), nada menos que cinco, dos de las cuales con peripecias en tierras americanas, las *Partes* primera y cuarta (Remón 1629a y Anónimo 1634), que ha estudiado Zugasti (2001) y en las que me centro, aunque todas merecen atención al respecto (Remón 1629b; Anónimo 1628; Guadarrama 1628).

El *Viaje del mundo* que les sirve de hipotexto es un relato de viajes en el sentido más estricto: homodiegético y factual, o sea, autobiográfico (*cfr*. Zugasti 2001: 227, n. 10); y quizás algo de este carácter, imposible en el modo dramático, logre de alguna forma trascender a las obras. En las dos elegidas «el marcado apego a las fuentes históricas se conjuga con nuevas dosis de materia inventada» y «hay un buscado equilibrio, una medida alternancia entre los sucesos de carácter histórico y otros inventados de tono galante» (Zugasti 2001: 243 y 236). Con la licencia del desplazamiento hasta el hipotexto de la figura autorial, parecen concurrir las condiciones de la autoficción dramática.

Y para terminar, quisiera llamar la atención sobre una obra que no puede ser más actual, casi de ayer, pues se ha estrenado y publicado este mismo año, apenas unos meses antes de escribir estas líneas. Me refiero a *Tebas Land* de Sergio Blanco (2013), un joven dramaturgo uruguayo afincado en París, mucho menos conocido entre nosotros de lo que merece. Se trata a mi juicio de uno de los cuatro o cinco dramaturgos mayores de la lengua española en la actualidad.

La obra es un pozo sin fondo para ahondar en el concepto de autoficción dramática. Presidida por el mito (y el complejo) de Edipo, tanto en el plano argumental como en el reflexivo, que se entrecruzan, tiene tal implicación psicoanalítica, que Blanco fue invitado, para que hablara sobre su obra, a pronunciar la conferencia de clausura del Congreso Internacional de Psicoanálisis celebrado en Montevideo en agosto del 2012. Su ponencia se tituló «Tebas Land: El parricidio como reconocimiento de un fragmento amoroso». Porque de eso nada menos trata la obra.

«Toda la pieza transcurre durante nuestros días en un escenario de ensayo que representa a su vez la cancha de básquetbol de una prisión» (Blanco 2013: 51) entre tres personajes: «S, *dramaturgo, treinta y nueve años»*, «MARTÍN SANTOS, *parricida, veintiún años»* y «FEDERICO, *actor de teatro, veintiún años»* (50). Asistimos en el doble espacio al doble diálogo entre el muchacho preso que mató a su padre (Martín) y S, el dramaturgo que escribe y dirige una obra sobre el parricidio basada en su caso, en la cárcel, por una parte; y por otra, en la sala de ensayo, que es el mismo espacio desdoblado, entre S y el actor que interpreta en el teatro al parricida (Fede). Otra regla del juego, tal como la enuncia la acotación, es que Martín y Fede, personajes dobles o duplicados, *«si bien son dos personajes distintos, deberán sin embargo ser representados durante toda la pieza por un solo y mismo actor»* (50).

A la vez que el desarrollo argumental, magistralmente dosificado y lleno de interés, la obra «va proponiendo una relectura de los grandes textos que han abordado el tema del parricidio, desde *Edipo Rey* hasta *Los hermanos Karamazov* pasando por Kafka y los escritos de Freud», en palabras de su autor[9]. Duplicidad también entre acción y reflexión. Lo mismo que entre narración escénica (pues fundamentalmente S pero también a veces Fede cuentan dirigiéndose directamente al público) y estricta representación dramática. Multiplicación de planos en todos los órdenes, incluido el de la proyección de imágenes de distinta procedencia: de las cámaras de seguridad de la cancha carcelaria, del ordenador de S (como el famoso cabezazo de Zidane o las fotos, impresionantes, del expediente judicial) o, como última vuelta de tuerca, de las cámaras que deben grabar cada una de las representaciones —también aquella a la que asistimos— y a través de las cuales podrá ser Martín espectador de las funciones desde la cárcel.

Pero es la promiscuidad entre realidad y ficción el recurso central, permanente, aunque sabiamente armonizado a lo largo de la pieza. Y no recurriendo directamente a la vía performática, más tosca en mi opinión, sino a la multiplicación de niveles dramáticos *hacia dentro*, que toca la médula misma del teatro (de su convención representativa), o sea, al metateatro. Es cierto que en la posmodernidad se ha abusado de él. Pero cuando se utiliza con el rigor y la inteligencia de Blanco y sus intérpretes parece recién inventado, rebosante de fuerza y de verdad, como si Pirandello (y otros)

---

9. Dosier de prensa: texto de presentación del proyecto.

no hubiera(n) existido. En cuanto a la metalepsis, que no es más que la violación artística de la implacable lógica de los niveles de ficción o de realidad, basta pensar en las diferentes ocasiones en que las conversaciones «meta» entre S y Fede vienen a *corregir* los encuentros «reales» entre S y Martín. Por ejemplo, sobre el deseo de visitar la tumba del padre, primero especulado en los ensayos y más tarde *asumido* por Martín. La ficción influyendo en la realidad. El teatro corrigiendo a la vida.

En cuanto a la cuestión de la identidad, el juego no puede ser más endiablado:

> El monólogo inicial [de S] coloca al espectador ante un juego autobiográfico que se expande por todo el texto con diferentes modalidades: Saffores [nombre verdadero del actor que interpreta a S], se establece, será llamado S siguiendo a los personajes de Kafka y es una S que funciona con referencias múltiples: es un poco el mismo «S»ergio (Blanco), un poco «S»igmund (Freud) y un poco «S»ófocles y, seguramente, un poco el mismo «S»affores. Altas dosis de autorreferencialidad, entonces, y otras tantas de metateatralidad.

Son palabras de Georgina Torello en su crítica de la obra para *La Diaria*[10]. Desde luego S tiene la misma edad que Blanco y comparte con él, no solo la condición autorial de dramaturgo y director, que es lo decisivo, sino también demasiados rasgos particulares, y muy detallados, de su personalidad biográfica: profesores universitarios, residentes en París, entre dos lenguas, el español como lengua materna y el francés como *paterna*, hijos ambos de jugador de básketbol, etc.

Ciertamente es apenas el comienzo de lo que se puede decir sobre la autoficción en *Tebas Land*. Pero no quiero concluir sin ofrecer, al menos, esta breve muestra textual en la que se tematiza el desdoblamiento teatral, cuando S tiene que explicar a Martín en qué consiste que Fede lo interprete, haga de él, una vez que las autoridades han denegado el permiso

---

10. «Theater's Land: *Tebas Land*, escrita y dirigida por Sergio Blanco». Cito por copia del original proporcionada por el autor. En cuanto al «juego onomástico», presenta similitudes notables con el que estudia Champeau (2012: 272 y ss.) a propósito de *Negra espalda del tiempo* de Javier Marías: «Este término [convivencia] es, en efecto, portador de todas las formas de dispersión y de concentración que caracterizan conjuntamente al autor en el texto y las prácticas de escritura: confusión entre el texto y lo que está fuera del texto, multiplicidad de "yoes" enunciativos y de nombres del "yo", convergencia del "yo" autobiográfico y de los "ellos" biográficos, desdoblamiento del nombre del autor, "convivencia" en y por la conversación, "convivencia" de diferentes tiempos, del ser y del no-ser, de la escritura y de la reescritura» (281).

para que fuera el propio Martín quien representara en el teatro su peripecia autobiográfica:

> S. A ver… Voy a tratar de explicártelo. Él no te va a imitar. Él es un actor. Y el trabajo del actor no es imitar. Él va a crear lo que se llama un personaje. Va a inspirarse, es decir, va a partir de vos, de tu historia, de todo lo que me vas a contar, para crear él mismo un personaje.
> MARTÍN. Pero entonces no voy a ser yo.
> S. Bueno… No. Va a ser un personaje. Un personaje creado a partir de vos. En realidad nadie más que vos puede ser vos.
> MARTÍN. ¿Por eso querías que fuera yo el que actuara en el teatro?
> S. Claro. Si vos hubieras podido actuar, en ese caso ibas a ser al mismo tiempo vos y tu personaje. (Blanco 2013: 73)

En conclusión, la categoría de autoficción resuelve la aporía del teatro autobiográfico, abre un punto de vista fecundo y novedoso a los estudios teatrales para abordar un amplio corpus de obras y espectáculos autorrepresentativos en mayor o menor grado, o sea, de lo que he propuesto llamar autodrama o autoteatro, en particular de obras como la que acabamos de atisbar, sin duda emparentadas con las autoficciones (narrativas) de última hora. Y hasta puede que la reflexión teatral, precisamente por excéntrica, llegue a arrojar alguna luz también sobre la autoficción propiamente dicha.

BIBLIOGRAFÍA

ALBERCA, Manuel (2012): «Las novelas del yo» [orig. 2007], en: Ana Casas (ed.), *La autoficción. Reflexiones teóricas.* Madrid: Arco Libros, 123-149.

ALONSO DE SANTOS, José Luis (1992): *El álbum familiar* [y *Bajarse al moro*] [orig. 1982] (ed. Andrés Amorós). Madrid: Espasa Calpe.

ANÓNIMO (1628): *Tercera parte de la famosa comedia del español entre todas las naciones y clérigo agradecido.* Jaén: Pedro de la Cuesta.

ANÓNIMO (1634): *Cuarta parte de la famosa comedia del español entre todas las naciones y clérigo agradecido.* Baeza: Pedro de la Cuesta.

ARISTÓTELES (1974): *Poética* (ed. trilingüe por Valentín García Yebra). Madrid: Gredos.

Blanco, Sergio (2013): *Tebas Land*. Paris: Skené.

Casas, Ana (2012): «El simulacro del yo: la autoficción en la narrativa actual», en: Ana Casas (ed.), *La autoficción. Reflexiones teóricas*. Madrid: Arco Libros, 9-42.

— (ed.) (2012): *La autoficción. Reflexiones teóricas*. Madrid: Arco Libros.

Champeau, Geneviève (2012): «El autor en el texto. A propósito de *Negra espalda del tiempo* de Javier Marías» [orig. 2000] (trad. Ana Casas), en: Ana Casas (ed.), *La autoficción. Reflexiones teóricas*. Madrid: Arco Libros, 261-281.

Colonna, Vincent (2004): *Autofiction & autres mythomanies littéraires*. Auch: Tristram.

Darrieussecq, Marie (2012): «La autoficción, un género poco serio» [orig. 1996] (trad. Enric Sullà), en: Ana Casas (ed.), *La autoficción. Reflexiones teóricas*. Madrid: Arco Libros, 65-82.

Daulte, Javier (2007): *Nunca estuviste tan adorable* [orig. 2004], en: *Teatro*, tomo 2. Buenos Aires: Corregidor, 249-351.

Doubrovsky, Serge (1977): *Fils*. Paris, Galilée.

— (2012): «Autobiografía/Verdad/Psicoanálisis» [orig. 1980] (trad. David Roas), en: Ana Casas (ed.), *La autoficción. Reflexiones teóricas*. Madrid: Arco Libros, 45-64.

Forest, Philippe (2012): «Ego-literatura, autoficción, heterografía» [orig. 2007] (trad. David Roas), en: Ana Casas (ed.), *La autoficción. Reflexiones teóricas*. Madrid: Arco Libros, 211-235.

García Barrientos, José-Luis (1991): *Drama y tiempo: Dramatología I*. Madrid: CSIC.

— (2004): «Teatro y narratividad», *Arbor* 699-700, 509-524.

— (2009a): «El autor y el público en la ficción teatral: Paradojas de la ausencia y la presencia», en Mariela de la Torre, Victoria Béguelin-Argimón y Rolf Eberenz (eds.), *Sobre tablas y entre bastidores: Acercamientos al teatro español. Homenaje al profesor Antonio Lara Pozuelo*. Madrid: Biblioteca Nueva, 15-34.

— (2009b): «(Im)posibilidades del drama autobiográfico (*El álbum familiar* y *Nunca estuviste tan adorable*)», en: Osvaldo Pellettieri (ed.), *En torno a la convención y a la novedad*. Buenos Aires: Galerna, 93-104.

— (2010): *Actuación y escritura (Teatro y cine)*. México: Paso de Gato.

— (2011): «¿Teatro de viajes? Paradojas modales de un género literario», *Revista de Literatura* 145, 35-64.

—(2012): *Cómo se comenta una obra de teatro: Ensayo de método* (edición corregida y aumentada). México: Toma-Paso de Gato.

GARCÍA LORCA, Federico (2006): *El público* [orig. 1936] (ed. Javier Huerta Calvo). Madrid: Espasa Calpe.

GASPARINI, Philippe (2012): «La autonarración» [2008] (trad. Ana Casas), en: Ana Casas (ed.), *La autoficción. Reflexiones teóricas*. Madrid: Arco Libros, 177-209.

GENETTE, Gérard (1993): *Ficción y dicción* [orig. 1991] (trad. Carlos Manzano). Barcelona: Lumen.

GUADARRAMA, Francisco de (1628): *Famosa comedia de la nueva legisladora y triunfo de la Cruz*. Jaén: Pedro de la Cuesta.

LECARME, Jacques (1994): «L'autofiction; un mauvais genre?», en: Serge Doubrovsky, Jacques Lecarme y Philippe Lejeune (eds.), *Autofictions et Cie. RITM* 6, 227-249.

LEJEUNE, Philippe (1975): *Le Pacte autobiographique*. Paris: Seuil.

ORDÓÑEZ DE CEBALLOS, Pedro (1993): *Viaje del mundo* [orig. 1614] (introducción de F. Muradás). Madrid: Miraguano-Polifemo («Biblioteca de Viajeros Hispánicos» 8).

PAVIS, Patrice (1998): «Teatro autobiográfico», en: *Diccionario del teatro. Dramaturgia, estética, semiología* [orig. 1996] (nueva edición revisada y ampliada, trad. Jaume Melendres). Barcelona: Paidós, s. v., 437-439.

PIÑERO, Margarita (2005): *La creación teatral en José Luis Alonso de Santos*. Madrid: Fundamentos-Resad.

REMÓN, Alonso (1629a): *Primera parte de la famosa comedia del español entre todas las naciones y clérigo agradecido*. Jaén: Pedro de la Cuesta.

— (1629b): *Segunda parte de la famosa comedia del español entre todas las naciones y clérigo agradecido*. Jaén: Pedro de la Cuesta.

STORNINI, Carlos R. (1986): *El diccionario de Borges*. Buenos Aires: Sudamericana.

TRASTOY, Beatriz (2002): *Teatro autobiográfico. Los unipersonales de los 80 y 90 en la escena argentina*. Buenos Aires: Nueva Generación.

ZUGASTI, Miguel (2001): «Andanzas americanas de Pedro Ordóñez de Ceballos en dos comedias del siglo de oro», *Teatro. Revista de Estudios Teatrales* 15, 223-256.

2. PANORAMAS

DE LA AUTOFICCIÓN A LA ANTIFICCIÓN. UNA REFLEXIÓN SOBRE LA AUTOBIOGRAFÍA ESPAÑOLA ACTUAL

Manuel Alberca

Universidad de Málaga

Desde 2007, año en el que publiqué *El pacto ambiguo. De la novela autobiográfica a la autoficción*, y en las diferentes secuelas que siguieron al libro en forma de artículos, ponencias y conferencias, he ido matizando mi aprecio sobre la autoficción, y en este trabajo quiero exponer mi postura actual sobre el asunto. Soy consciente de que estos cambios desconciertan, y además de defraudar tal vez alguna expectativa, uno corre el riesgo de no ser entendido. Nunca se sabe cómo se acierta. Pero ¿cómo acertar sin intentarlo?

El título que propongo guarda un evidente paralelismo con el subtítulo del libro citado. También quiere indicar el itinerario de vuelta a la autobiografía después de un largo desvío por la autoficción. Ni el título ni su contenido tienen ninguna pretensión teórica: no soy teórico. He buscado cierto efecto sonoro y correspondencia con aquel subtítulo, y sobre todo exponer mis preferencias actuales como lector.

A propósito de esto me he acordado que Valle-Inclán dio una conferencia en el Ateneo de Madrid en 1907 con el título de «¡Viva la bagatela!». A pesar del título, el contenido respondía más a la idea de «¡la bagatela ha muerto!», que a «¡viva la bagatela!» Fue sobre todo una autocrítica de lo que había sido su literatura hasta entonces. En un momento de su discurso pronunció unas palabras que a la mayoría de los asistentes pasaron desapercibidas, pero que el desarrollo posterior de su obra cargaron de sentido: «Me cansa ya la bagatela, y los años comienzan a darme una visión más seria de la vida». Si me permiten, sin pretender salvar la insalvable distancia que me separa de don Ramón, pido permiso para, *mutatis mutandi*, hacer mías sus palabras, y convertirlas en el lema de mi artículo: Me cansa ya la autoficción, y los años comienzan a darme una visión más seria de la literatura.

Autobiografía y novela: una relación desigual

Al referirnos a la autoficción resulta inevitable plantearnos la relación y la influencia entre géneros literarios, en este caso entre la novela y la autobiografía. Estas relaciones no son de ahora, tienen siglos de existencia, pero no han sido simétricas. Al contrario, han estado jerarquizadas por la ficción que ha gozado siempre de mayor prestigio.

A la autobiografía le ocurre algo similar a lo que le sucedía a la novela en el pasado, cuando era considerada un género espurio, al margen de las poéticas clásicas. La novela moderna española, la que apareció en el siglo XVI, tardó tres siglos en ser un género respetado, y en llegar a convertirse en una lectura mayoritaria. Y esto no sin fuertes censuras literarias, pues se consideraba un producto pensado para niños y féminas. Tampoco faltaban las reservas de tipo moral. «¿Novelas? No verlas», decían los clérigos decimonónicos, y desaconsejaban su lectura por disolvente. Quiero decir que, si la autobiografía moderna no tiene ni doscientos cincuenta años, no debe sorprendernos que sea rechazada todavía por sectores de la crítica, de la Academia, incluso por los propios autobiógrafos.

En los «ligues» entre la autobiografía y la novela, esta ha resultado beneficiada, pues ha colonizado a su antojo a la primera. Cuando a la novela le ha flaqueado la inspiración, o cuando los modelos vigentes han dado señales de adocenamiento, los novelistas han recurrido a otros géneros y, por supuesto, a la autobiografía. Por el contrario, la autobiografía, aunque utiliza técnicas que creíamos propias de la ficción, no ha tomado la novela como tierra de promisión. Actualmente la supremacía del género novelístico sobre el resto de géneros narrativos sigue siendo aplastante, y esa jerarquía se manifiesta, entre otros detalles, en la denominación de «novela» que se aplica a cualquier obra, incluso si es una autobiografía, un diario o un tratado histórico. En fin, en esta desigual relación, la novela se lleva la fama y la autobiografía carda la lana. Los novelistas «chulean» a la autobiografía, y además se arrogan, en su beneficio, la categoría de lo literario y mandan a la autobiografía a segunda división.

Con la prudencia que conviene guardar cuando miramos atrás para que la distancia no nos engañe, podemos decir que, en la guadianesca historia de la autobiografía española, algunos momentos cruciales de nuestra historia han propiciado un desarrollo particularmente intenso del género memorialístico y confesional. Este desarrollo ha coincidido a veces con un cierto colapso creativo de la novela, que tal vez por esta circunstancia, ha buscado en la autobiografía inspiración y estímulo creativo.

Daré tres ejemplos de forma resumida que corresponden a tres momentos críticos y de cambio en la historia de España: primera mitad del siglo XVI, final de siglo XIX-comienzos del XX y 1975. En los tres, y sin poder entrar en detalles por falta de espacio, se produjo una importante floración de la autobiografía. Al mismo tiempo, en estos tres momentos se produjo el colapso, por agotamiento, de la novela predominante en la época: los libros de caballería, en el siglo XVI; la novela realista naturalista, a finales del XIX, y el realismo social y el experimentalismo, en 1975. En los tres casos, la novela encontró inspiración y materiales para renovarse en la autobiografía: Lazarillo de Tormes y la picaresca, las novelas de 1902, que en palabras de Mainer son «autobiografías generacionales», y por último, al socaire de la recuperación de la memoria del pasado colectivo y personal, los novelistas volvieron la vista a la novela autobiográfica y a la autoficción, entre otros géneros. Sin tener en cuenta el importante desarrollo memorialístico de estos años, el auge de la autoficción en las dos décadas finales del siglo y en los inicios del XXI no se podría explicar.

¿Por qué interesa tanto la autoficción?

La autoficción venía a insertarse, por tanto, en una tradición, en la que ficción y autobiografía mantenían desde hacía siglos una larga, fructífera, pero desigual relación. Al mirar la historia literaria, encontramos normal que los novelistas, en momentos de agotamiento inventivo, hayan recurrido a los contenidos autobiográficos, y que lo defiendan o lo justifiquen, echando mano de los fundamentos proteicos del género. Es decir, los novelistas, en momentos de declive, han podido colonizar la autobiografía con total naturalidad. En cambio no se entiende o se entiende mal que los autobiógrafos utilicen formas del lenguaje novelístico o inventen otras. Pero se comprende aún menos que la autobiografía, por su carácter factual, sea excluida normalmente del selecto club literario que forman los géneros de ficción.

El origen de la autoficción se encuentra en esta situación que posterga a la autobiografía dentro del sistema literario. En el invento subyace esta misma idea, pues su «inventor» dejaba la autobiografía fuera de la literatura con mayúscula, y la definía como un discurso adocenado de estilo grandilocuente que los hombres ilustres utilizaban para escribir su vida (Doubrovsky 1977). En este sentido la autoficción le permitió sortear dos escollos: el terminológico (el neologismo le eximía de utilizar

la larga, pesada y antipática palabra: *autobiografía*) y la falta de prestigio, pues el nuevo registro al presentarse como *novela* le permitía pasar,
aunque fuera de matute, la aduana del *sancta sanctorum* literario, que
preside la ficción.

Es cierto que, dentro de la tradición de trasvases entre la autobiografía
y la novela, la autoficción presenta unos rasgos específicos que la distingue
de formas afines, como la novela autobiográfica, la pseudoautobiografía o
la autobiografía ficticia (Alberca 2007: 93-132), pero nadie puede pensar
que su novedad sea absoluta. Sin embargo, a pesar de su relativa novedad,
la autoficción ha concitado un interés sorprendente, incluso inusitado, si
lo comparamos con la escasa atención que normalmente despiertan las
cuestiones de teoría literaria.

¿Se han preguntado por qué la autoficción ejerce esa atracción, por
qué despierta tanta curiosidad e interés, y por qué se ha convertido en
una forma de culto? A mí se me ocurren algunas razones:

1. La autoficción simboliza, para bien y para mal, con bastante exacti-
   tud el espíritu de una época, el de las cuatro posmodernas décadas
   (del post-68 a 2007), que acaban con la crisis económica de 2008,
   cuyo hito inaugural lo puso la quiebra de Lehman&Brothers. Fueron
   tiempos marcados por un capitalismo globalizado y neoliberal que
   uniformizaba a los sujetos hasta convertirlos en una legión sin señas
   de identidad propias, al mismo tiempo que vendía la idea de que, con
   un suplemento de ficción, cualquiera podía diseñarse a la carta una
   nueva y neonarcisista identidad (Lipovetsky 1986).

   El auge de la autoficción coincidió con una época de expansión
   del llamado «capitalismo de ficción y del dinero de plástico» (Verdú
   2003). Una panacea en la que pocos detectaron el disparate, y menos
   aún la cercanía del fin de ese delirio económico y social. Tampoco
   Vicente Verdú. En consecuencia, el pinchazo de la burbuja y la con-
   siguiente caída de ese imperio ficticio han revelado la trivialidad o el
   carácter superfluo de muchas de las autoficciones producidas al socaire de esta época de compulsivo ludismo e impostura posmoderna.
   Además algunos de los principios creativos de las artes en la posmodernidad coincidieron con los ejes centrales de la autoficción que en
   algunos casos pretendían ilusamente abolir las fronteras entre realidad
   y ficción, desprestigiar las nociones de verdad y mentira, anular los
   conceptos de identidad personal y compromiso autobiográfico. La
   apoteósica confusión de estos conceptos por el posmodernismo fue

criticado con ironía: «El posmodernismo es demasiado joven para recordar la época en que existían la verdad, la identidad y la realidad» (Eagleton 2005).

Por otra parte, la autoficción apareció en el campo literario en un momento de características en apariencia contradictorias: de una parte, la crítica posestructuralista había decretado la muerte del autor y de paso esa antigualla de la referencia y del sentido de la obra literaria. Y por otra, desde la década de los setenta, la autobiografía y el estudio de la autobiografía no habían dejado de crecer y habían experimentado un auge y creatividad hasta entonces impensables. De algún modo la autoficción y la intuición de Doubrosvsky, que vivía a caballo de Estados Unidos y Francia, era un intento de superar esta contradicción. En resumen, la autoficción venía a testificar la crisis y la afirmación de un sujeto fragmentado y de identidad inestable (Alberca 2007: 23-28).

2. Un segundo motivo o razón del éxito de la autoficción es el acierto del neologismo. El propio Doubrovsky reconoce estar sorprendido de la fortuna de su ocurrencia. Confiesa que cuando utilizó el término por primera vez para definir *Fils* ni pretendía crear un nuevo género literario ni pensaba que se convertiría en un movimiento importante en la literatura francesa y mundial (Chemin 2013). Hubo intentos anteriores para nombrar este espacio literario de fronteras difusas entre la novela y la autobiografía, que no prosperaron en absoluto. A comienzos del siglo XX, un escritor inglés, Stephen Reynolds, creó un término similar a autoficción, pero mucho más farragoso, y por eso inútil: «autobiografiction», que no tuvo fortuna (Saunders 2008).

La cuestión del nombre se debate entre la precisión y la expresividad. Autoficción no es un término preciso, pero resulta expresivo, y en este sentido útil. Vino a suplir con ventaja al largo, pesado y un poco pedante *auto-bio-grafía*, que no permite la apócope. Buena parte de la popularidad de la autoficción se debe a su nombre. Aunque algunos críticos lo encuentran confuso, una contradicción en los términos (auto/ficción), y lo declaran hasta cierto punto culpable de la ambigüedad inherente al concepto (Gasparini 2008: 296), es preciso reconocer que el neologismo fue un acierto, pues tiene el atractivo y el poder sugerente de una buena marca o de un logo comercial. En parte el éxito de la autoficción se debe al neologismo, que ha sido decisivo para su difusión y en definitiva para que el producto se haya vendido tan bien. A pesar de su imprecisión, y tal vez por esto, pues la indeterminación era un valor posmoderno. Resumiendo estos dos primeros motivos, el acierto del nombre y la necesidad de cartografiar ese espacio intermedio entre la ficción y la autobiografía terminaron por hacerle un sitio en los estudios literarios.

3. Si bien es cierto que son escasos los autores españoles que utilizan con conocimiento el término, y que todavía muchos menosprecian la autobiografía con reservas morales (la tachan de impúdica o de exhibicionista) y razones literarias (la consideran una literatura menor sin el prestigio de la ficción), la divulgación de la autoficción ha servido de coartada para utilizar materiales autobiográficos verdaderos bajo la forma de una imprecisa autoficcionalización. La popularidad del concepto les ha permitido a algunos autores hablar de sí mismos con ambigüedad y sin riesgo («Soy y no soy yo»), sin tener que arrostrar la vergüenza de escribir testimonios, y sobre todo sin tener que hacer frente a la desafiante búsqueda de la verdad de sí mismo sin el protector velo de la ficción.

Por una parte, lo biográfico es un buen cebo promocional para un libro, pero, por otra, resulta un material sospechoso de infraliteratura: no vaya a ser que la gente —se dicen algunos autores— piense que hacen autobiografía o simple confesión, y no una construcción literaria de la vida. Un caso ilustrativo de esta contradicción lo constituye *Lo que me queda por vivir* (Elvira Lindo 2010). En la contraportada del libro, se puede leer que es «la crónica de un aprendizaje», pero después añade que «tiene la fuerza de las novelas que retratan un tiempo al contar unas vidas singulares [...] esas verdades sobre la experiencia que solo puede contar la ficción». En coherencia con lo que vengo exponiendo, este libro deja suficientes señales para que el lector intuya que se trata de la vida de Lindo, pero sin dejar de insinuar que bien podría tratarse de una novela. Es decir, nada nuevo. Antes de su publicación, los informes editoriales y la prensa destacaban el contenido autobiográfico. En las primeras comparecencias promocionales, la escritora incitó también a una lectura autobiográfica de su libro. Sin embargo, después de un mes de promoción, comenzó a desmarcarse de lo que con anterioridad ella misma había afirmado. En una conversación *online* con los lectores de un periódico defendía que era una novela y no una autobiografía, pero reconocía que la protagonista tenía mucho de ella misma. La explicación a tanta vacilación nos la da ella misma en otra entrevista. Para Lindo, una confesión autobiográfica no es literatura y, aunque admite que su novela podría parecerlo, es en realidad una «construcción literaria» (Moyano 2010). Ergo, si su texto es arte, la autobiografía no puede serlo. La vacilación de la autora está presente en el relato, pues este funciona mejor cuando trasparenta la impronta vital que cuando pretende velarla. En ningún caso el lector consigue separar a Antonia, la protagonista de la novela, de su autora. Se podía pensar que, en esta época de transparencia y ultraexposición de lo privado y de lo íntimo, este tipo de reservas estaría superado, pero una cosa es la construcción de un personaje en los medios o mediante la creación calculada de un personaje literario y otra el despojamiento sin disfraces en un discurso ponderado y crítico. La autoficción permite este trampantojo.

4. Otra razón del éxito es el atractivo que tienen para los lectores las distintas y a veces contradictorias interpretaciones posibles que la autoficción favorece. Las autoficciones, y sobre todo aquellas que intentan prolongar la ambigüedad del paratexto en el texto, constituyen un desafío para los lectores. Es decir, un reto a su inteligencia y a su sagacidad lectora, pues invita a la participación detectivesca en su trama. Al contar su vida, sin renunciar a la ficción, y mezclar de manera inconsútil novela y realidad obliga a los lectores a convertirse en detectives. Sin ser una *novela en clave*, la autoficción, y dentro de esta las que logran un mayor grado de indeterminación y ambigüedad o consiguen mantenerla durante más tiempo o incluso más allá del final del relato, estimula la lectura activa. La destreza de los lectores y su competencia interpretativa se las tenían que ver a veces con relatos de estatuto ambiguo difíciles de desentrañar. Obras como *La tía Julia y el escribidor*, de Vargas Llosa (1977), o *Todas las almas*, y su secuela *Negra espalda del tiempo*, de Javier Marías (1989 y 1998), son, entre otros ejemplos, autoficciones que por su indeterminación representan un reto interpretativo para los lectores.

5. Y por último, el fenómeno de la autoficción ha resultado, y lo es todavía, un terreno fecundo para los estudiosos, pues su singularidad desde el punto de vista de la reflexión y de la crítica literaria es evidente. Por primera vez una forma literaria nació, como aquel que dice, con la teoría ya puesta de manera simultánea a la práctica. Los estudiosos de la autoficción han podido asistir al nacimiento y al bautizo de una nueva forma literaria, cuestionar incluso el nombre propio de la criatura, contemplar sus primeros y dubitativos pasos, seguir su desarrollo y hasta cierto punto intervenir en este proceso, e incluso a tener la ilusión de dirigir su marcha (Alberca 2007: 140-144 y Gasparini 2008).

En fin, la tutela y el estudio de este fenómeno ha dado a los profesores una cierta sensación de poder «creativo» para prever o atisbar su desarrollo. Ahora bien, y esto conviene reseñarlo, dicha predilección por el estudio sobre la autoficción se ha traducido en que esta acapare toda la atención en detrimento del estudio de la autobiografía. No solo entre los profesores, también entre estudiantes y doctorandos que, en sincronía con el signo de los tiempos, prefieren el estudio de la juvenil y juguetona autoficción al estudio de la antigua y seria autobiografía.

La autoficción, ¿enfermedad infantil de la autobiografía?

Y sin embargo, considero que la autoficción tiene mucho de éxito coyuntural o de moda, y arrastra los problemas propios de esta clase de fenómenos. El principal problema de la autoficción ha resultado ser el de su contradicción inherente y la indeterminación que se desprende de ella. En la lengua castellana tenemos un refrán que dice: «Lo poco gusta y lo mucho cansa». La ambigüedad constitutiva de la autoficción, tan atractiva y tan lúdica para los lectores, ha devenido en un cierto hartazgo, y en diferentes y contradictorias interpretaciones que amenazan con dejar inservible el concepto. Como es sabido, las dos principales definiciones de la autoficción han sido la biográfica (Doubrovsky 1977 y 1988), y la autofabuladora (Colonna 1989 y 2004).

Doubrovsky la define como novela o «ficción de acontecimientos y de hechos estrictamente reales». Esta definición y el neologismo introducían, tal vez a su pesar, una evidente contradicción en los términos. ¿Por qué «ficción» si se trataba de un «relato de hechos estrictamente reales»? Doubrosvsky trataba de resolverlo así: cualquier relato que quiera superar la mera enumeración de hechos vividos reconstruye un simulacro de lo real mediante la imaginación. Por tanto está claro que somos hombres-relatos, que reconstruimos y modificamos incesantemente nuestra vida cada vez que la contamos (Ricoeur 1996), pero esto no significa que tengamos que ser hombres-mentira o mitomaníacos. Pero la puerta quedaba abierta para los que iban a entender la autoficción como un campo de experimentación novelesca.

Esta fue precisamente la pista que siguió Vicent Colonna, que amplió el campo extendiéndolo al terreno de la autofabulación: «Una autoficción es una obra literaria por la cual un escritor se inventa una personalidad y una existencia, conservando su identidad real» (Colonna 2004: 75). Es decir, el autor, como héroe de la historia, transfigura su existencia real en una vida imaginaria, indiferente a la verosimilitud autobiográfica, pero conservando la cifra identitaria del nombre propio. Es la misma idea, que sostiene su maestro Gérard Genette, pues las autoficciones al estilo de Doubrovsky son en realidad autobiografías camufladas de autoficciones para pasar los controles literarios (Genette 1993: 69-72). La idea de auto-ficción como autofabulación ha recibido fuertes críticas pero no se puede negar que hay múltiples ejemplos de esta clase de novelas[1].

Llegados a este punto, dejando aparte la opción fabuladora, es decir reteniendo solo la interpretación biográfica, reconozco en la autoficción una fase intermedia o una variante autobiográfica, es decir, un sarampión o adolescencia que, después del *boom* de los 70-80, debía pasar tal vez la autobiografía española. Así lo veo hoy: la autoficción ha sido una vuelta o un rodeo necesario para que la autobiografía pueda alcanzar el recono-cimiento literario, al mismo nivel de la ficción, pero sin ser confundida con ella. En fin, un rito de paso hacia la madurez, y una prueba más de la juventud y vitalidad de la autobiografía moderna española que, al fin y al cabo, tiene una breve y discontinua historia. Tampoco debe olvidarse que la autobiografía moderna es todavía un arte literario por definir y desarro-llar, más aún en España donde es considerada un género ancilar de la His-toria de la Literatura. En definitiva quiero pensar que la autoficción fue un simple desvío pasajero de la autobiografía o una fase intermedia del camino de esta hacia su reconocimiento literario y su plenitud creativa.

Esta percepción se me ha agudizado en los últimos años, pero no es totalmente nueva para mí. De hecho, y disculparán la inmodestia de citarme a mí mismo, en las páginas finales de *El pacto ambiguo*, a manera

---

1. Para algunos autores franceses que escriben relatos autobiográficos, el concepto de au-toficción es solo aceptable si se equipara con el de «nueva autobiografía», que excluye la ambigüedad del autobiografismo difuso y de la autoficción. De esta rechazan su ca-rácter equívoco y su falta de compromiso. Defienden las posibilidades de la autobio-grafía sin abdicar de la innovación y experimentación en el arte de contar la vida. Es decir, «nueva autobiografía». Autores como Alain Rémond, Annie Ernaux o Grégoire Bouillier, rechazan que sus relatos confesadamente autobiográficos (sin un átomo de ficción) sean considerados novelas. Alain Rémond, que ha conocido un notable éxito con algunos libros, ha reflexionado sobre el inequívoco compromiso autobiográfico de su obra. Mantiene que sus relatos no son ni novelas ni autoficciones, puesto que no podría mentir a sus lectores ni traicionar su pacto con ellos. En sus libros —dice—busca y profundiza en la verdad de su vida, en su verdad. No se le oculta que es una aspiración compleja, pero es la relación con la verdad y no con la invención la que dirige su escritura (véase Rémond 2006: 53-61).

de conclusión, terminaba preguntándome: «¿Hacia dónde se dirige la autoficción? ¿Qué se puede esperar de ella en el futuro?» Y me contestaba a mí mismo:

> ... la suerte que vaya a correr la autoficción en la literatura española dependerá más del desarrollo de la autobiografía que de la evolución de la novela, siempre más abierta a la experimentación y por tanto más proclive a quemar rápidamente las innovaciones para ponerse a la búsqueda de otras. Dependerá, creo, del modo en que la autobiografía afronte sus desafíos y sea capaz de cumplir el compromiso de contar la verdad [...]. Por esta razón, aunque no se puede negar que el dispositivo autoficticio ha producido resultados interesantes en sus distintas variantes, creo que el futuro de esta fórmula se encontrará más en la aceptación y enfrentamiento de la verdad, que en la difusión de relatos gratuitos o prescindibles sobre la vida personal [...].
>
> La autoficción podría establecerse como una forma renovada de la autobiografía y ya no en hostilidad o competencia con ella. De este modo, después de pasar por un periodo provisional como vanguardia autobiográfica, la autoficción podría constituirse en una provincia de la autobiografía, porque la autobiografía declarada no parece que vaya a desaparecer o a subsumirse en esta forma emergente antiautobiográfica que es en algunos casos la autoficción. (Alberca 2007: 297-298)

Este era de manera resumida mi dictamen de 2007, escrito un par de años antes y basado sobre todo en mi apasionada y femenina intuición autobiográfica, y también en cierta osadía profética. Es indudable que el concepto de «autonarración» (Schmitt 2007), a su vez reutilizado por Gasparini (2008: 311-318) para redistribuir el mapa de los géneros autobiográficos, viene a dar soporte teórico a esta tendencia de la literatura autobiográfica actual. Es también notable que Schmitt (2010) y Gasparini (2008) no coinciden plenamente en sus planteamientos, incluso discuten límites y fronteras, aunque la postura de ambos es inequívoca al devolverle a los relatos autobiográficos el principio de veracidad, que preside el pacto de Lejeune, pero sin renunciar a la flexibilidad o a la invención formal con que se suele identificar a los relatos ficticios.

Resumiendo. Creo que un registro expresivo, un hallazgo artístico o un género literario se siguen utilizando mientras son novedosos o mientras interesan al creador y su público. O mientras alguien sabe infundirle savia nueva. A partir de determinado momento lo que era sorprendente o válido deja de ser funcional. Esto también rige para la autoficción. Inevitablemente el esquema de la autoficción desde el punto de vista creativo ha devenido en algunos casos en una receta adocenada, de la que el escritor se sirve para introducirse a sí mismo con su nombre propio en el relato, diseñar artificiosas incertidumbres, ofrecer versiones distintas de los hechos históricos o dar un tratamiento frívolo y fantasioso a la experiencia personal. Mis críticas a los relatos abajo relacionados (mejor a algún aspecto) no son críticas de crítico. (Efectivamente, tampoco soy crítico). Mis críticas responden a las humildes expectativas y preferencias de lector autobiográfico. Para ejemplificarlo me detendré en tres relatos que de distinto modo se acogen al dispositivo de la autoficción:

1. *El anarquista que se llamaba como yo*, de Pablo Martín Sánchez (2012). Esta novela sigue la senda que abrió Javier Cercas en *Soldados de Salamina*, pero no logra la perfección del artefacto narrativo de Cercas. La propuesta de Pablo Martín Sánchez, no obstante, tiene personalidad propia y, basada en una rigurosa investigación, logra una novela sobresaliente. Sin embargo, en las declaraciones a la prensa, el autor ha insistido en determinados tópicos y contradicciones, que no se entienden o que, al menos, el que suscribe no entiende. Pues, ¿para qué sirve una exhaustiva documentación en la historia del anarquista Pablo Martín Sánchez para después fomentar en el lector dudas acerca de lo que se cuenta? El suyo parece un trabajo histórico riguroso, entonces, ¿por qué descalificar, con una cita de Nabokov, un relato de historia verídica como «un insulto al arte y a la verdad»? ¿A qué arte y a qué verdad? (Mora 2013). Implícitamente se desprende erróneamente que el arte y la verdad artística son solo los de la ficción. Pero ni la ficción es el único arte ni su verdad es superior. Simplemente son distintos a los de la literatura factual. La *adenda* final de la novela abre la explicación de la muerte del anarquista a dos versiones distintas: la histórica (y oficial), que defiende que se suicidó, y la falsa, que propaló que fue asesinado por la policía. Este recurso del añadido me parece gratuito o, peor aún, posmoderno, pues no produce una legítima ambigüedad literaria, sino fastidio y desinterés. Uno creía que la historia (posmoderna) había terminado. ¿O no?

2. *Un momento de descanso*, de Antonio Orejudo (2011). Así como admiro otros libros del autor, con la misma sinceridad debo confesar que esta novela no me logró interesar. También me defraudó el pobre cañamazo tejido entre las historias que la forman. Creo que Orejudo desaprovechó la ocasión para hacer un buen libro, novela o relato autobiográfico, sobre la vida de los profesores españoles en los *campus*

americanos, donde ocurren desternillantes historias como las aquí contadas, pero también dramáticos y luctuosos sucesos, sin tener que recurrir al tratamiento grotesco, disparate fantasioso hiperbólico, ni al tópico del exilio y otros.

3. En «Porque ella no lo pidió», Vila-Matas (2007) tiró por la borda un episodio de su vida, que tenía interés por sí mismo sin tener que recurrir una vez más a la ficcionalización ni a la socorrida vuelta del revés de lo real. A mi juicio la genialidad le jugó al autor una mala pasada. No solo a él, también a la literatura. Este relato es un ejemplo de cómo se puede malograr una buena historia de hechos estrictamente reales por el afán de resultar ingenioso. Aún reconociendo, ¡cómo no!, que cada escritor gobierna a su antojo su propia obra, me parece que en este caso Vila-Matas desaprovechó la posibilidad de someterse a principios de veracidad, contrarios a los que solía utilizar para crear una obra de máximo rédito literario. Pero eligió ficcionalizar los hechos reales que están en la base de la historia: la grave enfermedad que le aquejó en 2006, y la petición que Sophie Calle le hizo de escribir un texto para una *performance*. Creo que se equivocó. A pesar de todo, el relato tiene la virtud de escenificar las diferentes maneras de tratar el binomio vida-literatura. Mientras Sophie Calle aspira a convertir la literatura en un libreto de su vida, en definitiva, a buscar una manera «performativa» de hacer real lo ficticio, Vila-Matas, por su parte, que suele diseminar numerosos elementos autobiográficos en su obra, incluso, como en esta ocasión, contar fragmentos de vida, somete lo vivido a un *tour de force*, que persigue des-realizar la vida hasta convertirla en una variante de la ficción (Alberca 2007: 33-38 y 2010: 159-162).

Antificción y verdad

Frente a estas propuestas de escritura ambigua y de contenido fabulador, cabe contraponer la elección que otros autores han hecho de contar su vida o un episodio de esta, sin inventar nada, sin colmar los vacíos ni lagunas de su trama real con elementos ficticios. Estos autores se comprometen a someterse al principio de realidad por austero, exigente e incluso yermo que pueda parecer, aunque para ello tengan que inventar una forma narrativa nueva para sondear la verdad con alguna probabilidad de éxito, pues la vida de cada uno es única, pero no está escrita en ningún sitio, y cada autobiógrafo debe encontrar el modo de escribirla de la forma más veraz y eficaz[2].

A algunos el deseo de contar la verdad sobre la propia vida con la máxima sinceridad posible puede parecerles ingenuo. Sin embargo, conviene recordar que todos las personas resultamos ingenuas cuando contamos nuestra vida. En realidad, todos, como autobiógrafos accidentales, nos comportamos de una forma similar ante este reto. Todos mentimos o nos justificamos como niños cogidos en falta o prometemos decir la verdad como animales indefensos o atemorizados. Pero tal vez esto no es lo más importante cuando somos lectores, pues frente a un relato autobiográfico tomamos la distancia que creemos conveniente: fría, entregada, escéptica, analítica o empática. En cualquier caso nunca debemos perder de vista que cuando alguien nos cuenta su vida con el máximo de veracidad posible nos hace un regalo, y corresponde al receptor buscar que esa comunicación sea lo más fructífera posible. En una de las obras que propongo más abajo como ejemplo de escritura autobiográfica actual, el autor, Rafael Argullol, repite que su libro no es una autobiografía, porque tal vez no quiera parecer ingenuo, pero, al menos en esto, lo es. Sin embargo, esta discrepancia es lo menos importante, pues la obra y su genio intelectual nos recompensan sobradamente. Su verdad es más interesante que las posibles discrepancias.

He seleccionado tres obras, aparecidas entre 2008 y 2010, que me parecen propuestas autobiográficas rigurosas, pues cumplen con el principio de veracidad del género, y al mismo tiempo intentan nuevas formas creativas de contar la vida. Estas obras son: *No ficción* (Verdú 2008), *Tiempo de vida* (Giralt Torrente 2010), y *Visión desde el fondo del mar* (Argullol 2010).

Los tres autores se proponen autobiografiarse sin pizca de ficción, y por tanto ninguno utiliza la denominación de «autoficción», que parecería en principio un contrasentido. Lo mismo cabría decir de la denominación «novela», aunque hay que aceptar que en el español ac-

---

2. Hace ya más de doscientos cincuenta años que Jean-Jacques Rousseau inventó la autobiografía moderna, cuando descubrió que ningún hombre era superior a otro, que el relato de la vida de cualquier persona o de un «donnadie» podía tener tanto o más interés que la de un noble, un santo o un rey. E inventó al mismo tiempo el lenguaje artístico para dar cuenta del hallazgo, que conllevaba descubrir que las razones de la vida del adulto se encuentran en su pasado infantil y en la forma cómo lo ha gestionado. Realizó así una triple revolución: psicológica, política y artística (*Cfr.* Rousseau 2003 y Lejeune 2003).

tual es una palabra polisémica, que significa tanto historia inventada como relato bien escrito. Dos de los autores citados no ven en su utilización ninguna contradicción, pues «novela» es por razones prácticas una palabra que sirve para todo. Como ya he dicho a propósito del libro de Argullol, tampoco les cuadra a estas obras la denominación de «autobiografía», pues bien por el gusto de los autores, por el carácter fragmentario de los relatos o por el deseo de descubrir nuevas y eficaces formas de contar la vida, la palabra «autobiografía» identifica, a veces injustamente, a los relatos que así se presentan como un ejercicio fin de carrera al que recurren escritores y personas ilustres para rentabilizar la fama o afianzar su posición social, también de justificarse o de legar una imagen de sí mismo definitiva y satisfactoria para la posteridad. Aunque estos relatos ni aceptan ni utilizan el término de autobiografía, cumplen y hacen gala de cumplir el «pacto autobiográfico», pues anuncian, en el texto o en el paratexto, que van a contar la verdad de su vida, y al anunciarlo se comprometen (Lejeune 1998: 234-235).

A falta de mejor término, y sin ánimo ni pretensión de sentar cátedra, he preferido denominarlas «antificciones», término que tomo prestado a Philippe Lejeune, que creó el neologismo y lo utilizó para describir la forma en que el diarista lleva su diario. Tal como Lejeune lo entiende, el diarista escribe de lo que le acontece en el presente y en cada entrada de su diario se propone levantar acta de lo que acaba de suceder. Por tanto la escritura del diario es de práctica simultaneidad con los pensamientos o hechos anotados, y la cercanía y gravitación del presente no permiten la falsificación. Tampoco permiten conjeturar lógicamente lo que le deparará el futuro (si acaso solo como la expresión de un deseo), pues su perspectiva temporal abarca unos minutos o unas horas. El diario no necesita la imaginación para nada, es el reino de lo factual. Según la tesis de Lejeune el diarista no puede inventar, pues está pegado al momento y lo registra sin posibilidad de reconstruirlo. Inventar lo ocurrido en un solo día es tal vez posible, pero esa mentira condicionaría el resto del diario metiéndolo en una dinámica de invención sin fin, que acabaría en un delirio absoluto (Lejeune 2013: 393 y ss).

También la autobiografía está regida por la «antificción», pero lo que en el diario es una regla de obligado cumplimiento, aquí se trata de la aceptación de un compromiso responsable. Por su carácter retrospectivo y por la distancia temporal que le separa de los hechos narrados, el relato autobiográfico tiene que enfrentarse a un tiempo lleno de incógnitas y lagunas por rellenar. No obstante, desde la atalaya temporal desde la que cuenta, puede imaginar o completar un hecho puntual sin tener que trastocar el resto. Por tanto, la autobiografía parte de una constatación contraria que el diario. El autobiógrafo escribe desde el presente lo que ocurrió en el pasado y cuanto más se retrotrae hacia atrás menos seguro se siente. La infancia, los orígenes familiares, los hechos olvidados, los fallos de la memoria, justifican que el autobiógrafo vacile, sufra espejismos o se equivoque a la hora de rellenar los agujeros y lagunas sin documentar. En principio, el autobiógrafo no quiere inventar ni mentir, ni la autobiografía debe ser falsa a la fuerza y los diarios, por el contrario, sinceros, sino que sus respectivas dinámicas de escritura son distintas: el autobiógrafo no domina el pasado y cuanto más retrocede aún menos lo domina; por su parte, el diarista no puede dominar el porvenir, aunque le preocupe, y quisiera adelantarlo o conducirlo a su gusto.

No pretendo colar de matute bajo el neologismo «antificción» un género nuevo (tampoco Lejeune lo hace), sino destacar lo importante que es en estos textos la predisposición literaria a contar la verdad y solo la verdad, que excluye radicalmente la libertad o tentación de inventar que pueden tener algunos autores de autoficción. Esta actitud entraña conocer la dificultad de la apuesta y la necesidad de hallar una forma nueva para dar cuenta de una realidad nunca antes contada. Desde este punto de vista, el enfoque antificticio se desentiende de algunas de las preocupaciones que polarizan a las autoficciones como la habilidad para mezclar autobiografía y ficción en un juego que pretende confundir las expectativas del lector, y prefiere el compromiso y el riesgo de buscar la verdad de la vida a través de la escritura. Por tanto, los relatos que se acogen a estos principios se imponen como meta la búsqueda de la verdad. O como dice Dominique Noguez en el comienzo de su libro *Une année qui commence bien* (2013): «Voy a intentar contarlo todo...».

Para algunos críticos estas cuestiones son irrelevantes desde el momento que consideran que la «fidelidad y la verdad en autobiografía es imposible, pues piensan que siempre se ficcionaliza el pasado y porque la memoria es errática y frágil» (Lejeune *in* Vilain 2010: 108-109). Frente a estos axiomas, los autoficcionarios se resignan, se entregan a la ficción y se dejan llevar por la fuerza del viento. También parecen desconocer que la verdad ni es una ni siempre resulta asequible. Por el contrario, los que aceptan los desafíos autobiográficos se tienen que enfrentar al riesgo de ser veraz, y ello lleva aparejado el rechazo de recurrir a la ficción. Aunque hoy se acepta acríticamente que contar algo supone hacer ficción, en una suerte de fatalidad inevitable, la opción antificticia representa a los que tienen fe y lucidez para discernir cuanto de imaginario hay en nuestras vidas. Aceptan que la verdad absoluta es imposible, pero no se resignan y luchan por restituir la verdad, su verdad. A los ojos de los primeros pueden parecer ingenuos.

Tres ejemplos de «antificción»

Los tres libros arriba citados son ejemplos innovadores de la literatura autobiográfica española actual, por lo general, tan reticente a las novedades formales y discursivas. Cada uno representa una aportación original en su estilo y temática, sin dejar por ello de inscribirse dentro de la tradición autobiográfica. Por ejemplo, en *No ficción*, Vicente Verdú toma como punto de partida la enfermedad y su terapia, es decir, uno de los motivos más frecuentado por la escritura autobiográfica de todos los tiempos. Lo original del relato es que el autobiógrafo observa su cuerpo enfermo como el soporte de su identidad enfermiza. A un cuerpo morboso y doliente corresponde un yo hipertrofiado, y la cura dietética del primero facilita el adelgazamiento del segundo, es decir, su salud. Verdú hace la crónica de una patología que abarcó un periodo de años impreciso entre el final y el comienzo de siglo. El cuerpo y la psique, en íntima y frágil correspondencia, son el campo de batalla de obsesiones, adicciones, miedos y achaques. Utiliza una técnica narrativa fragmentaria, que yuxtapone escenas y viñetas con un tenue cañamazo. También se sirve de los procedimientos de otros discursos como el estudio sociológico y la crónica periodística. Para decirlo en pocas palabras, Verdú ha hecho «un ejercicio implacable de introspección», un descenso a los infiernos de su yo enfermo (Caballé 2012: 148-149). Pero a esta «higiene» personal el autor prefiere denominarla novela.

Tiempo de vida, de Marcos Giralt Torrente, echa mano de la plantilla de la crónica familiar, con la genealogía familiar del padre, verdadero protagonista del relato, su grave enfermedad y el *planctus* por su muerte. A diferencia de la enfermedad, el duelo se caracteriza por esterilizar de manera inmediata la escritura. Mientras dura el duelo el escritor se queda «seco». Después, pasado un tiempo, en este caso año y medio nos dice al autor, lo vivido puede ser recuperado mediante la escritura. Además de ocuparse de la evolución de la enfermedad y del duelo, da cuenta también del taller del libro y de la dificultad de abordar literariamente un asunto tan difícil como este sin la red de la ficción. El meollo argumental lo forma la relación conflictiva entre padre e hijo y el desenlace mortal del primero, pero no es este un libro sobre la muerte, sino un libro sobre la vida, como el propio título se encarga de subrayar. Y sobre todo, es un libro sobre el misterio y el equívoco que constituye la vida humana y el no menos misterioso hilo que une a padres e hijos, por encima de cualquier desencuentro y desavenencia. Este libro muestra la reversibilidad de los roles paternofiliales y cómo los hijos toman conciencia de la dificultad de ser padres cuando llegan a serlo.

Visión desde el fondo del mar es una obra plena de sabiduría, verdad y originalidad, pero se encuentra emparentada también con la tradición autobiográfica, sobre todo, con el libro que, según Argullol, ha sido el de mayor influencia y estímulo intelectual a lo largo de su vida: los *Essais*, de Montaigne. Y el motivo para escribirlo no es menos autobiográfico: «Cuando mi padre murió y vi que la cosa iba en serio, me di cuenta de que tenía que escribir este libro para sentirme más libre» (Rojo 2010). Esta obra tiene múltiples registros, en ella cabe casi todo: recuerdos autobiográficos, ensayo, sucesivos autorretratos dibujados con el mundo de fondo, relato de infancia y adolescencia, reflexión filosófica, libro de viajes y diarios. Pero a pesar de la mezcla regatea la ficción y evita la interpretación ambigua. A este propósito, Argullol ha dicho: «Todo lo que cuento es verdad, y es cierto que hay muchas paradojas [...] no cuento ninguna mentira» (Rojo 2010). A la verdad empírica ha incorporado la del imaginario —la verdad mítica que dice el autor— que también forma parte de la vida, pero sin mixtificaciones. Incluso para reforzar el carácter referencial y documentado de su escritura, en la web que la editorial Acantilado mantiene sobre esta obra, una parte de su contenido está refrendado por las fotografías del propio autor.

La amenidad y el ritmo conseguidos en un libro tan extenso son admirables, como admirable es la unidad de su estilo, a pesar de los diversos registros de escritura que ensambla. También la alternancia de hechos y pensamientos es magistral, y aunque encierra profundidad y sabiduría, no es mera abstracción, sino verdad revelada en el viaje y anclada en el cuerpo. El autor busca su verdad en diálogo con el mundo, en un continuo nomadeo, y enfrentándose a situaciones extrañas y arriesgadas. Así nace el verdadero conocimiento de sí mismo. El libro reúne, sin anecdotismo fácil, relevantes anécdotas, impagables lecciones de vida, como la teoría del remolino que le explicó un pescador. Cuando uno cae en un remolino de agua, hay que dejarse atrapar por la fuerza del mar, de nada serviría resistirse, pues, cuando llegas al fondo, este te expulsa a la superficie. En el remolino de la vida como en el mar. Pero las mil doscientas doce páginas del volumen no pueden ser mínimamente comentadas en el espacio que disponemos. Solo les anoto una prueba más de mi admiración por si les sirve de estímulo para leerlo: *Visión desde el fondo del mar* es el mejor libro autobiográfico del siglo en curso.

Como se puede comprender de esta breve síntesis, cada uno de estos relatos cultiva diferentes desafíos, contenidos y facturas formales, pero comparten su carácter de antificciones, es decir, han hecho una bandera de la no invención, han renunciado a ella para hacer un relato verídico de la vida. A diferencia de las autoficciones, no buscan mezclar lo vivido con lo inventado ni parecen relatos reales, lo son. Tal vez porque su temática es lo suficientemente seria, incluso trágica, y porque afrontan asuntos, que difícilmente admitirían un tratamiento lúdico o ambiguo. Son temas con los que no se puede jugar ni frivolizar: la muerte de un ser querido, la enfermedad, el dolor físico y espiritual, el malestar...

En esta época actual tan difícil, en la que la contundencia de los hechos no se deja manipular ni se presta a juegos frívolos, la escritura autobiográfica no es ni puede ser solo un refugio narcisista, sino la brújula que nos oriente por lo real, nos ayude a buscar nuestro identidad en relación con los otros, a descubrirla o afirmarla en relación con el mundo (Argullol), con el duelo (Giralt) o con la enfermedad (Verdú). Aunque los tres libros chocan de frente con algunos de los imponderables más dolorosos de la existencia, cada uno a su manera encierra una personal invitación a la vida.

Ninguno de los autores que he elegido como ejemplos de literatura autobiográfica actual aceptaría de buen grado que se les considerase autobiógrafos. Pensarían, y con toda razón, que lo que han escrito no es ningún ejercicio rutinario, sino el reto de buscar la verdad, su verdad, a través de la escritura. En las últimas décadas la autobiografía ha cambiado de orientación, pues no aspira ni pretende ya contar la vida de una vez por todas, sino de ir produciendo en sucesivos relatos el derrotero de la vida sin ponerle punto final. A esta práctica autobiográfica Lejeune la ha denominado «autobiografía permanente». En pocas palabras, la autobiografía ha dejado de ser un relato previsible para convertirse, guiado por la veracidad, en un verdadero espacio de creatividad literaria.

BIBLIOGRAFÍA

ALBERCA, Manuel (2004): «Entrevista con Philippe Lejeune», *Cuadernos hispanoamericanos* 649/650, 271-280.

— (2007): *El pacto ambiguo. De la novela autobiográfica a la autoficción.* Madrid: Biblioteca Nueva.

— (2010): «Le pacte ambigu ou l'autofiction espagnole», en: Claude Burgelin, Isabelle Grell y Roger-Yves Roche (eds.), *Autofiction(s). Colloque de Cerisy.* Lyon: P.U.L.

ARGULLOL, Rafael (2010): *Visión desde el fondo del mar.* Barcelona: Acantilado.

CABALLÉ, Anna (2012): «Malestar y autobiografía», *Cuadernos hispanoamericanos* 745/746, 143-153.

CHEMIN, Anne (2013): «Fils, père de l'autofiction», *Culture&idées Le monde*, 20 de julio, disponible en <http://www.lemonde.fr/culture/article/2013/07/18/fils-pere-de-l-autofiction_3449667_3246.html> [última consulta: 01.09.2013].

COLONNA, Vicent (1989): *L'autofiction. Essai sur la fictionalisation de soi en littérature.* Lille: ANRT (microfiches nº 5650).

— (2004): *Autofiction & autres mythomanies littéraires.* Auch: Tristam.

DOUBROVSKY, Serge (1977): *Fils.* Paris: Galilée.

— (1988): *Autobiographiques.* Paris: PUF.

GASPARINI, Philippe (2008): *Autofiction. Une aventure du langage.* Paris: Seuil.

GENETTE, Gérard (1993): *Ficción y dicción.* Barcelona: Lumen.

GIRALT TORRENTE, Marcos (2010): *Tiempo de vida.* Barcelona: Anagrama.

LEJEUNE, Philippe (1998): *Pour l'autobiographie.* Paris: Seuil.

— (2003): «Sobre el preámbulo de Neuchâtel» (trad. Amparo Hurtado), *Memoria. Revista de estudios biográficos* 1, 51-53.

— (2013): *Autogenèses.* Paris: Seuil.

LIPOVETSKY, Gilles (1986): *La era del vacío.* Barcelona: Anagrama.

MARTÍN SÁNCHEZ, Pablo (2012): *El anarquista que se llamaba como yo.* Barcelona: Acantilado.

MORA, Rosa (2013): «Buscando a mi "yo" anarquista», *El País*, 27 de febrero, disponible en <http://cultura.elpais.com/cultura/2013/02/26/tentaciones/1361898022_520091.html> [última consulta: 01.09.2013].

MOYANO, Eduardo (2010): «Elvira Lindo: entrevista», *Mercurio* 123, 24-26.

Orejudo, Antonio (2011): *Un momento de descanso*. Barcelona: Tusquets.

Rémond, Alain (2006): *Je marche en bras du temps*. Paris: Seuil.

Ricoeur, Paul (1996): *Tiempo y narración. El tiempo narrado*, III. México: Siglo XXI.

Rojo, José Andrés (2010): «Me importa el yo que se pierde» [entrevista], *Babelia. El País*, 18 de septiembre, disponible en <http://elpais.com/diario/2010/09/18/babelia/1284768742_850215.html> [última visita: 01.09.2013].

Rousseau, Jean-Jacques (2003): «Preámbulo de Neuchâtel a las *Confesiones*», *Memoria. Revista de estudios biográficos* 1, 54-58.

Saunders, Max (2008): «Autobiografiction», *Times Literary Supplement*, 3 de octubre, 13-15.

Schmitt, Arnaud (2007): «La perspective de l'Autonarration», *Poétique: Revue de théorie et d'analyse littéraires* 149, 15-29.

— (2010), *Je Fictif / Je Réel: Au delà d'une Confusion Postmoderne*. Toulouse: Presses Universitaires du Mirail.

Verdú, Vicente (2003): *El estilo del mundo*. Barcelona: Anagrama.

— (2008): *No ficción*. Barcelona: Anagrama.

Vila-Matas, Enrique (2007): «Porque ella no lo pidió», en: *Exploradores del abismo*. Barcelona: Anagrama.

Vilain, Philippe (2010): «Moi contre moi. Philippe Lejeune & Philippe Vilain», en: *L'autofiction*. Chatou: Éditions de la Transparence.

REFLEXIONES Y VERDADES DEL YO EN LA NOVELA ESPAÑOLA ACTUAL

Domingo Ródenas de Moya
UNIVERSITAT POMPEU FABRA, BARCELONA

La autorrepresentación se ha convertido en un fenómeno característico —y casi pandémico— de la novela de las últimas décadas. Y no solo en la narrativa literaria (en Paul Auster, Sebald, Philip Roth, Michel Houellebecq, Javier Marías o Enrique Vila-Matas) sino también en la narrativa audiovisual más popular. Por lo menos tres series televisivas de éxito basan su mecánica en el juego ambiguo con la referencialidad de sus protagonistas y acciones. El cómico norteamericano Louis C. K. estrenó en 2010 la serie *Louie*, de la que es creador, guionista, director e intérprete. La comedia no tiene más argumento que las rutinas cotidianas del humorista, su trabajo en un club nocturno de Nueva York, su vida de divorciado, los episodios chuscos en que se ve metido. El público norteamericano sabe que precisamente en 2010 volvió Louis C. K. a la comedia en vivo y que un año antes se había divorciado. Un segundo ejemplo lo ofrece *Girls*, una serie que se estrenó en 2012, escrita y protagonizaba por Lena Dunham, que extrae los guiones de su propia vida de veinteañera aspirante a escritora en la ciudad de Nueva York. La tercera serie que ha aprovechado los reflejos ambiguos de la realidad se estrenó en junio de 2013: *Orange is the New Black*, y en ella se cuentan las vicisitudes de una mujer culta a la que encarcelan por un delito de narcotráfico cometido diez años antes. La serie está basada en el relato autobiográfico de Piper Kerman, quien pasó efectivamente por esa experiencia. La protagonista de la serie se llama Piper, su novio se llama Larry y es un escritor *wannabe* que logra colocar en el *New York Times* un artículo sobre en el que describe los intríngulis de su relación amorosa con una presidiaria. Como es previsible, el novio real de Piper Kerman se llama Larry Smith y publicó un artículo en el *New York Times* el 25 de marzo de 2010 titulado «A Life to Live, This Side of the Bars». Es tentador afirmar que la autoficción es la nueva elegancia literaria, *is the new black*.

La narrativa española no ha sido ajena a esta proliferación de reflejos autoriales, como no lo ha sido al fenómeno conexo de la hibridación de géneros y la contaminación de la Historia y el periodismo. No es un secreto la relevancia que en el auge autoficcional han tenido libros como *Negra espalda del tiempo* (1997) de Javier Marías, y *Soldados de Salamina* (2001) de Javier Cercas, significativamente situados en extremos opuestos en cuanto a sus funcionamientos referenciales: más próximo a la autobiografía Marías y resueltamente amparado en la invención novelesca Cercas. Basta comparar a los respectivos narradores para establecer esa diferencia, porque mientras el narrador Javier Marías afirma la historicidad de su relato y procura no dotar a esa proyección enunciativa suya de atributos que lo separen de él, el narrador Javier Cercas, por el contrario, presenta marcas discriminatorias inequívocas que lo diferencian del autor y que determinan su naturaleza imaginaria. Entre esos dos narradores que parecen reclamar al lector pactos de lectura distintos se situaría otro importante título, *París no se acaba nunca*, en el que Vila-Matas recrea su estancia juvenil en París y el origen unamuniano de *La asesina ilustrada*. Desde las primeras líneas se desanuda preventivamente cualquier ingenua atadura referencial entre el narrador y el autor, dejando claro que el Vila-Matas que narra ahora recurrirá a las artimañas que crea pertinentes para contar las andanzas del joven Vila-Matas del pasado. Él mismo se lo aclaraba a un periodista chileno (del diario *Las Últimas Noticias*) en estos términos: «El narrador se parece a mí, aunque no es exactamente yo, la prueba la tiene en las primeras frases del libro [...]: "Fui a Key West, Florida, y gané la edición de este año del tradicional concurso de dobles del escritor Hemingway"». Tanto Vila-Matas como Cercas (seguramente también Marías) hubieran podido decir que para preservar la verdad era necesario faltarle el respeto a la veracidad.

La autoficción oscila entre los polos de la referencialidad plena propia de la autobiografía (al margen de las traiciones y maquillajes de la memoria y la retórica) y el de la autorreferencialidad del relato fabulado, o, dicho en otros términos, oscila entre la veracidad exigida por el pacto autobiográfico y la verosimilitud del pacto narrativo. En la vida corriente solemos exigir una distinción clara entre la verdad y la mentira, siendo esta más rechazable cuanto más emboscada esté en un simulacro de verdad, es decir, cuanto más verosímil resulte. En el universo verbal de la creación literaria desactivamos esta exigencia (si somos lectores medianamente aptos), del mismo modo que se desactiva la fuerza ilocutiva de los enunciados producidos por el autor pero enunciados por una voz imaginaria, aunque esta pertenezca a un narrador cuyo nombre o cuyos atributos coincidan del todo o en parte con los que figuran en la cubierta del libro.

Es sabido que la publicación de *Soldados de Salamina* atrajo sobre su autor las reconvenciones de quienes estimaron que manipulaba ilícitamente los datos de la realidad y mezclaba impunemente, para confusión del lector, informaciones históricas con devaneos de la fantasía. La réplica del escritor siguió una línea de defensa aristotélica distinguiendo la historia de la poesía, el discurso sujeto a un referente externo y el discurso autónomo construido un narrador literario, que cuenta entre sus prerrogativas la de utilizar los datos empíricos con absoluta libertad por cuanto su mera inclusión en el discurso novelístico los convierte en material poético desactivando su condición necesaria de verificabilidad. La polémica se alimentaba no solo de *Soldados de Salamina*, sino del concepto de «relato real» que Cercas había utilizado en sus crónicas de la edición catalana de *El País* entre 1997 y 1999 y que había reunido bajo ese título un año después, anteponiéndoles un prólogo que contenía una apología del mestizaje de géneros. La definición que ahí daba de sus *Relatos reales* reconocía que estos se ciñen a la realidad pero sin excluir un «grado variable de invención» en la medida en que «es imposible transcribir verbalmente la realidad sin traicionarla» (2000: 16). Cinco años después, y con la polémica enconada tras la intervención del periodista Arcadi Espada en sus *Diarios*, donde arremetía contra la novela de Cercas como tramposa, Cercas matizó esa definición: «En un sentido laxo, un relato real sería una especie de crónica o reportaje escrito por alguien que, pese a perseguir encarnizadamente la verdad de los hechos, posee la suficiente conciencia de su oficio como para conocer las limitaciones de su instrumental» (2006: 112). De ese modo, confinaba el «relato real» al ámbito periodístico («crónica o reportaje») y, a la vez, recordaba con espíritu didáctico la diferencia que va del autor al narrador, de acuerdo con la cual el Cercas narrador y personaje de *Soldados de Salamina* estaba empeñado en escribir un «relato real» en tanto que el Cercas de carne y hueso lo que había escrito era una novela.

El hecho de que el 6 de abril de 2013, en la Plaça del Mercadal de Girona, se encontraran Javier Cercas y el hijo de Miralles no cambia las cosas sino que brinda un nuevo argumento probatorio a favor de cómo en la novela (o en la escritura asimilable a ese ámbito expansivo) se suspende el régimen referencial de los enunciados que la forman o, más exactamente, de cómo la ficción iguala ontológicamente todas sus referencias, tengan estas correlato empírico o no. La anécdota vuelve a demostrar lo difícil que resulta para muchos lectores (en este caso para algunos periodistas) disociar los materiales que el escritor toma prestados de la realidad del uso creativo que puede darles. El titular del *Diari de Girona* rezaba: «Surt a la llum la identitat del mític Miralles de *Soldados de Salamina*», con el subtítulo: «Javier Cercas coneix dotze anys després de la publicació del seu llibre la història real de l'home a qui va convertir en heroi». Como saben los lectores de la novela, el periodista Cercas supo de la existencia del soldado Antonio Miralles por Roberto Bolaño, que había coincidido con él varios años en el camping Estrella de Mar de Castelldefels. También el escritor Cercas. Pero fue este el que conectó las peripecias de Miralles con el miliciano anónimo que no disparó a Sánchez Mazas, urdiendo una trama que le permitiera al personaje llegar a buen puerto en su investigación y a él culminar su novela. El Miralles real murió en 1991 en su casa de Blois, a orillas del Loira, rodeado de su familia, y no solo y olvidado en un asilo de Dijon. Su hijo, Miguel Miralles, confundiendo narración factual con relato ficticio, deseaba sacar a la luz la verdadera historia de su padre para desmentir ante la familia y los conocidos que había sido abandonado en un geriátrico como la novela de Cercas daba a entender. Cercas admitió ante Miguel Miralles que su padre había inspirado a su personaje, pero que este era en un 90% producto de su imaginación. Y algo parecido podría haber afirmado sobre el Javier Cercas narrador. El pacto de lectura que exigía *Soldados de Salamina* no era autobiográfico y los suplementos factuales que contiene la novela no conmutan ni trastocan su estatuto novelístico.

Cometeríamos un error semejante si nos obstinamos en considerar autoficciones libros que han sido concebidos y escritos con voluntad autobiográfica, libros que proponen al lector, por lo tanto, un pacto interpretativo nada ambiguo, por decirlo con la acuñación de Manuel Alberca (2007). Ese es el caso del implacable balance *Tiempo de vida* de Marcos Giralt Torrente, o del autorretrato *La lección de anatomía* (2008) de Marta Sanz o de la evocación lírica de Carmen Laforet en *Música blanca* (2011) de Cristina Cerezales, del atestado sobre la muerte de *Azul serenidad o la muerte de los seres queridos* (2010) de Luis Mateo Díez o de los *Paseos con mi madre* (2012) de Javier Pérez Andújar. Se trata de textos que se fundan en un tipo de veracidad equivalente a la que exigimos en nuestras comunicaciones ordinarias, la veracidad que presumimos en nuestro interlocutor de acuerdo con el principio de cooperación elocutiva de H. P. Grice, una de cuyas máximas establece: «No digas nada que creas falso» o de acuerdo la condición de sinceridad que exigía John Searle a un acto de habla para que este poseyera toda su fuerza ilocutiva o compromisiva.

Esos textos deberían considerarse dentro de las variaciones de la escritura autobiográfica, incluso, en según qué casos, como variantes heterodoxas o transgresiones de las condiciones constitutivas del género, como podría ser el caso de la *Autobiografía sin vida* de Félix de Azúa en la que se cumple el pacto de veracidad pero no la condición narrativa, el de «las memorias ficticias o narrativas» de Juan Antonio Masoliver Ródenas (desde *Retiro lo escrito*, 1988, a *La puerta del inglés*, 2001) o el problemático *Summertime* (2009) de John M. Coetzee, al que no puede imputársele falta de franqueza si bien esta se adquiere a cambio de abrir la puerta a un dato ficticio y paradójico: Coetzee está muerto, y de ceder la voz narrativa a una instancia distante y distinta del autor.

Frente a la autobiografía, la autoficción comporta una suspensión del compromiso de cooperación elocutiva y, por tanto, del imperativo de veracidad. Como dijo José Enrique Rodó de Darío a otros propósitos, el escritor se ampara en el «atributo regio de la irresponsabilidad», de suerte que el lector hará bien en no tomar como verídico nada de cuanto le cuente, aun sabiendo que todo puede ser estrictamente cierto. La falta de seriedad de la autoficción no estriba tanto en el ludismo —que también— como en la indiscernible concurrencia de factualidad y ficcionalidad, para desconcierto y alarma de algunos lectores que querrían saber a qué atenerse. Su supuesta falta de seriedad, por tanto, responde más a la estrategia de hacer improcedente el principio de verificabilidad y sustituirlo por el de credulidad del lector, trasladando así un protocolo comunicativo que corresponde al productor (la sinceridad y el rigor en la correspondencia de lo dicho con los hechos) hasta el lector, que debe procesar la narración como si se tratara de una ficción aun cuando tenga toda la apariencia de no serlo. La autoficción no es un género «poco serio» (Darrieusecq 1996: 369-380), y menos una forma de escritura frívola sino todo lo contrario: es un modo de intensificar en el lector la sensación de que se enfrenta con los aspectos oscuros, perturbadores, conflictivos de la realidad, que es lo que ocurre en las obras de Sebald, Marías, Roth, Carrère, Cercas y tantos otros. Imagino la respuesta destemplada de Juan José Millás si alguien calificara de poco seria *El mundo* (2007), la novela autoficcional donde ha encerrado la porción más vulnerable de sí mismo como ser humano, o *La mujer loca* (2014), otra autoficción donde cifra las claves de su ejecutoria más reciente como escritor.

Entre las distintas formas que ha adoptado la autoficción española del siglo XXI, voy a interesarme por las que Vincent Colonna llamó «biográfica» y «especular» (2004: 95-115). Como es imposible realizar aquí un examen exhaustivo, obviaré los ciclos de Javier Marías, Enrique Vila-Matas y Javier Cercas para detenerme en aquellas novelas que, con un grado diverso de camuflaje del autor, presentan a este como narrador testimonial, como cronista de una vida o unos hechos que a menudo investiga, dando cuenta reflexiva tanto de los hechos como del proceso de inquisición.

Una buena muestra de esta autoficción testimonial es la reciente *La misma ciudad* (2013) de Luisgé Martín. En ella se narra la peripecia de Brandon Moy, neoyorquino empleado de una compañía financiera que, el 11 de septiembre de 2001, al enterarse de los atentados a las Torres Gemelas mientras se dirigía a ellas a trabajar, decide fingirse una de las víctimas y huir para iniciar una segunda vida. El tema de la novela no es la impostura ni el fingimiento sino la súbita angustia con que a los «cuarenta o cuarenta y cinco años» (12) puede abrumarnos la certeza de que empieza a ser tarde para rectificar el rumbo vital, para enmendar los errores electivos, mientras nos acompaña la sospecha de que la vida de los otros es más deseable que la nuestra. Así lo observa el narrador de *La misma ciudad* antes de presentar sumariamente la vida de Brandon Moy (profesional de éxito, casado, con un hijo...) y situarla en la tarde del lunes 10 de septiembre, ante el lujoso restaurante Continental de Nueva York, a través de cuyos ventanales avista a su antiguo amigo Abert Fergus. Poco antes de mencionar a Fergus, el narrador hace acto de presencia: «Cuando viajé a Nueva York en junio de 2011, paseé por esas calles, siguiendo el recorrido de Brandon Moy» (17). Después de esta intrusión, el narrador no vuelve a aludir a sí mismo hasta después de referir el encuentro de Brandon con su amigo Fergus, en el que cree ver realizada la vida de ensueño que él hubiera deseado y que remueve su frustración banal de hombre común. En su segunda autorreferencia, más extensa, el narrador recuerda qué estaba haciendo en el momento del brutal ataque terrorista, pero ninguno de los datos que ofrece permite establecer la ecuación entre él y Luisgé Martín. Más adelante transcribe unas palabras de Moy de las que él fue destinatario («me dijo en una ocasión Brandon Moy», 37), y mucho después descubriremos que esta interlocución se había producido en el contexto de la amistad que el narrador entabló con Brandon durante la estancia de este en Madrid. Una amistad que se ha prolongado hasta el presente de la enunciación, como se indica al final: todavía «nos escribimos regularmente correos electrónicos» (129).

Hasta ahora el narrador únicamente se ha mostrado como homodiegético pero no va a tardar en establecer el vínculo autoficcional. Lo hace un par de párrafos más abajo: «Algunos años después, cuando estaba investigando sobre el golpe de Estado de Augusto Pinochet en Chile para escribir mi novela *Las manos cortadas*, conocí el caso de un hombre que, como Moy, había aprovechado las circunstancias de la historia para huir» (38). El autor empírico de *Las manos cortadas* es Luisgé Martín (2009), dato que establece de inmediato la conexión referencial con el narrador de la segunda vida de Brandon Moy. La impresión que obtiene el lector es que es el propio Martín quien habla con su voz, reducido a mero transcriptor de las confidencias recibidas del protagonista. A lo largo del relato vamos conociendo algunos detalles de las circunstancias en que estas se produjeron («Cuando yo lo traté...», 61) y cómo el discurso de Brandon sobre su huida y sobre la adopción de una personalidad ficticia (la de Albert Fergus/Tracy) «no tenía método ni cohesión». Sabremos que Luisgé Martín y Moy se conocieron en un congreso de escritores en Cuernavaca, cuando el norteamericano, tras pasar por Boston y Bogotá, había publicado allí, bajo el nombre de Albert Tracy, el libro de poemas *La ciudad*, con el que había cosechado un notable éxito que le había abierto las puertas de la UNAM pero también la caja de Pandora del éxito. Y sabremos que, enamorado de la madrileña Alicia, decidió establecerse en Madrid, donde Luisgé Martín le sirvió de cicerone y le presentó a sus «amigos escritores [...], entre otros, a Marta Sanz, a Javier Montes y a Marcos Giralt, a los que llegó a frecuentar bastante en los siguientes meses» (112), aunque con quien llegó a intimar fue con Fernando Royuela. Llegados a este punto, el texto de *La misma ciudad* ha alcanzado un grado de ambigüedad suficiente como para que el lector dude de la naturaleza histórica o ficcional de Brandon Moy, a pesar de alguna argucia del autor tendente a estrechar el nexo entre él y Moy: por ejemplo, afirma que el «protagonista de mi novela *La mujer de sombra*, que únicamente tiene algunos rasgos imprecisos del alma de Brandon Moy, repite en un determinado episodio algo que él me dijo un día: "Solo merece la pena vivir si se hace con exageración"».

La vinculación explícita de *La misma ciudad* con las dos novelas anteriores refuerza la verosimilitud, pero no es una estratagema aislada sino que forma parte de un proyecto literario en torno a las vertientes narrativas del yo que Luisgé Martín inició en 2005 con *Los amores confiados*, prosiguió con *Las manos cortadas* (2009) y ha continuado en esta *quest* fingida de 2013. La estrategia consiste en utilizarse a sí mismo, con explícita identidad nominal y biográfica, como narrador de sus novelas, pero explorando las diversas facetas o flexiones de esa autorrepresentación. Hemos visto cómo en *La misma ciudad* aparece como biógrafo intrusivo del desaparecido poeta Albert Tracy (o del abogado Brandon Moy), cediendo el protagonismo a este. En *Las manos cortadas* había convertido a su trasunto en protagonista central de una trama de intriga política y criminal. En ella, Luisgé Martín había acudido a Chile para presentar su última novela, pero el hallazgo de un cadáver y la recepción de unas cartas manuscritas de Salvador Allende que revelan una ominosa doblez y que, por tanto, cambiarían la reciente historia chilena, ponen en marcha una investigación sembrada de sobresaltos y giros inesperados que lo absorben durante más de una semana, que es lo que dura la acción. Martín procura que el lector conozca los términos del pacto que le propone desde las primeras líneas: «Muchos de los periodistas que me entrevistaron cuando publiqué mi última novela, en la primavera del año 2005, me preguntaron por mis nuevos proyectos literarios» (2009: 13). A partir de ese momento no cesa de acumular informaciones verificables que se alternan y confunden con otras que lo son menos, como ciertos rasgos de su personalidad o su intimidad o determinados personajes y acontecimientos de la trama chilena. Como anclaje cronológico y, por así decir, de campo literario, se refiere a una novela española recién publicada en los «primeros meses de 2005» que «defendía apasionadamente la Revolución castrista de 1959, y su autora, que cuenta desde hace mucho tiempo con mucho predicamento en los medios de comunicación y en los cenáculos intelectuales, había pregonado en los periódicos algunas ideas sobre el espíritu del comunismo cubano que me espeluznaban y me hacían dudar, una vez más, de que la instrucción, la cultura y la sabiduría sirvieran realmente para comprender la vida y hacer prosperar el mundo y no, por el contrario, para empachar las mentes» (2009: 16). No es un misterio que la novela aludida es *El lado frío de la almohada* de Belén Gopegui, a cuyo expreso mensaje de apoyo al régimen revolucionario de Cuba se diría que responde Martín con una novela de apoyo a la vía chilena y democrática al socialismo (si no fuera porque el calendario desautorizaría la sospecha).

Luis, el narrador, tiene un «carácter enfermizo y aprensivo» (75), es «cobarde» (126), estudió Filología (302), es gay, está casado y se siente un «escritor insignificante» (131). Es fácil corroborar que algunos de esos datos remiten al autor, otros son confidencias indemostrables. Nos dice que su novela, cuyo título omite, se la ha presentado el escritor chileno Pablo Simonetti (285), pero es probable que el lector de 2009 ignorara que Simonetti era en efecto un escritor de éxito en Chile (por lo menos desde su primera novela *Madre que estás en los cielos*, de 2004). Una rápida consulta por Internet permite comprobar que, en efecto, en el marco de la vigésimosexta Feria del Libro de Santiago, Simonetti presentó a Luisgé Martín, el sábado 28 de octubre de 2006, a las siete y cuarto de la tarde, su novela *Los amores confiados*. La posibilidad de confirmar la verdad de estos y otros datos es utilizada por el autor para envolver en un efecto de realidad (o de veracidad) otros que escapan a la verificación.

Las huellas de autoconsciencia enunciativa son profusas y en algunas de ellas Martín se precave —más bien juega a precaverse— contra la desconfianza del lector, advirtiéndole por medios diversos de que lo que cuenta es esencialmente real. Sabe que expresar un escrúpulo sobre la alteración de los hechos que impone siempre la escritura redundará en un refuerzo del simulacro de realidad. De este modo, en mitad de la novela, encontramos un párrafo que arranca con un excurso metaliterario: «En el recuento de esta historia estoy haciendo trampas literarias, como es mi obligación, pues hoy, cuando la escribo, tengo ya información de circunstancias, acontecimientos y detalles que encubro o desfiguro a conveniencia para que quien la lea conozca los hechos con el mismo orden y artificio con que ocurrieron o con que a mí me fueron mostrados» (222). El pasaje admite una falta menor, la de dosificar la información narrativa de forma artificiosa, para ocultar una mayor: la índole ficcional de la mayor parte de la narración. Se trata de un astucia que ya ha utilizado antes y cuya finalidad no es otra que refrendar la verdad factual de lo narrado. Si afirma que «Al escribir, enmiendo a veces las palabras que dijeron los personajes con el propósito de embellecerlas, de hacerlas más solemnes o expresivas» (169), no cuestiona la realidad histórica de lo ocurrido sino que señala el mandato retórico por el que el escritor debe aderezar convenientemente su elocución. El escritor compone y engalana la *verba* del discurso, pero deja indemne la *res*, eso es lo que pretende hacer creer Luisgé Martín.

Hay un largo pasaje metatextual que pone de manifiesto el «propósito de relatar todo lo que me había ocurrido en Chile cuando fui en 2006 a presentar allí mi última novela y los hechos que luego [...] había podido reconstruir leyendo libros» (254), pero en él se divaga sobre la tarea del novelista («levantar con el lenguaje castillos verdaderos») frente a la del ensayista (presentar las emociones destiladas por su poder notarial) o sobre la caracterización maniquea, y por tanto instructiva, de los personajes, pero en ningún caso se arroja la menor sombra de duda sobre la veracidad de la historia. Hasta tal punto es así que el narrador llega a referirse a las pesquisas bibliográficas destinadas a «preparar esta crónica con la mayor fidelidad posible a la verdad» (267), y ello en el momento en que confiesa haber aprendido, durante su investigación, que resultan más abominables los doctrinarios dispuestos a sacrificar vidas inocentes en aras de una causa ideal que los codiciosos o los que persiguen vengar una afrenta. Aunque el texto es considerado una «crónica» obediente a una «verdad» pretendidamente objetiva, pocas páginas después el narrador refiere una conversación con su editor en la que le anuncia que está «comenzando a considerar la idea de escribir una novela ambientada en Chile» (288), que no es sino la que estamos leyendo. Esta novela, en todo caso, no deja de responder a un enfoque cronístico, como reafirma el narrador casi cien páginas más adelante: «En esta narración de los hechos que me acontecieron en Chile en febrero de 2006». Tanta reclamación de factualidad es sospechosa, desde luego, y el lector hará bien en considerarla una de las argucias metadiscursivas del autor, orientada, como su propia identificación con el narrador, a trasladar lo narrado a un nivel ontológico superior.

El recurso a la autorrepresentación lo había empezado a explorar Luisgé Martín, como he dicho, en *Los amores confiados*, una novela sobre los celos patológicos en la que él se había reservado la función de narrador pero no la de protagonista; un narrador, por otro lado, muy proclive al autoanálisis y la confidencia personal e incluso íntima. De hecho, el libro surge, según cuenta, de su propia experiencia sentimental: su relación amorosa con Diego y la destrucción de la misma a causa de los celos. Desde el principio la identidad entre autor y narrador se establece de modo inequívoco a través de la trayectoria literaria de Martín, que también permite pautar el transcurso del tiempo: así, cuando conoció a Diego «ya había publicado los cuentos de *Los oscuros* y acababa de comenzar a escribir mi primera novela, *La dulce ira*» (2005:16), y cuando Diego lo abandonó en «marzo de 1994 yo estaba corrigiendo el manuscrito de *La dulce ira*, que se publicaría dos años después, y había comenzado ya a redactar algunos pasajes de mi siguiente novela, *La muerte de Tadzio*, a la que dediqué el trabajo de más de seis años» (95). Después de sufrir los estragos de los celos irracionales, el narrador consultó con su amigo psiquiatra Toni Mondragón la existencia de casos similares al suyo, hasta dar con el de Balbino Carpintero, al que dedica la mitad de su narración.

Como en toda metaficción discursiva, Luisgé Martín nos hace partícipes de la génesis del libro que estamos leyendo, que no duda en considerar en varias ocasiones una «novela autobiográfica» (96), la última en las páginas finales, al aludir a la persona que «durante muchos años escuchó mis dilemas literarios y trató de ayudarme a encontrar [...] un espejo real que pudiera servirme como material narrativo para la novela de inspiración autobiográfica que yo estaba deseando escribir desde que me había separado de Diego» (293). Pero no solo recibimos información sobre el surgimiento de la idea en una crisis sentimental grave o sobre la necesidad vital de ese proyecto, sino sobre los procedimientos por los que empezó a cobrar forma, sea el hábito del narrador de documentarse en la prensa y coleccionar recortes en cartapacios o sea el de llenar de notas sus cuadernos. Aunque la información más reveladora tiene que ver con sus preferencias literarias y se encuentra al comienzo del libro: «Siempre me ha gustado leer libros de memorias y biografías, aunque sean de personajes desconocidos» (17). El aliciente de estas narraciones factuales es de carácter instructivo, puesto que permiten (le permiten al narrador) «comprender comportamientos humanos que hasta entonces me parecían sobrenaturales». Ni los ensayos ni las monografías sobre la Cuba de Castro le habían mostrado la perversidad del régimen hasta leer a Reinaldo Arenas o el *Informe contra mí mismo* de Eliseo Alberto, y lo mismo le había ocurrido con el estalinismo y la clandestinidad antifranquista, que había entendido de golpe gracias a la *Autobiografía de Federico Sánchez* de Jorge Semprún. A estos títulos, Luisgé Martín añade enseguida otro: *El adversario* de Emmanuelle Carrère. Martín resume la historia real que cuenta Carrère: la del impostor Jean-Claude Romand, que fingió ante su familia que era investigador médico en la OMS y, cuando la mentira fue insostenible, asesinó a sus padres, a su esposa y a sus hijos. La historia es tan descabellada que —dice el narrador— parece imaginaria y artificiosa, sin embargo todo está minuciosamente documentado y el lector que sospeche que «Carrère, como Borges, inventa fechas, datos, detalles y expedientes para conferir a su relato mayor veracidad» se equivoca porque todos los hechos son comprobables. Lo que interesa al escritor francés, según Luisgé Martín, no es «crear una narración que divierta o que sirva de alegoría de algo, sino intentar comprender cómo la vida monstruosa de Jean-Claude Romand puede formar parte de la misma realidad que nosotros vemos» (19). Su móvil ha sido el asombro, la perplejidad y el «hechizo que producen siempre lo enigmático y lo insensato», los mismos motivos que el narrador de *Los amores confiados* ha tenido para emprender una novela como esa, basada en la investigación «de casos reales de los que me habían hablado [...] o de los que había tenido conocimiento a través de la prensa» (20).

La imitación de la fórmula de enunciación no es lo único que Martín parece tomar de Emmanuelle Carrère, sino también el cambio de rumbo en la trayectoria narrativa. Desde 2000, Carrère adoptó la primera persona autobiográfica como voz narrativa en su obra, una decisión vinculada al manejo de materiales tomados de la realidad, fuera un crimen (*El adversario*), su propia familia (*Una novela rusa*), una catástrofe (*De vidas ajenas*) o un extravagante escritor ruso (*Limónov*). Como él, Luisgé Martín introdujo en su obra, desde 2005, una figuración de sí mismo con la que ha experimentado en tres novelas, como ya he expuesto. Ambos —como otros escritores que frecuentan formas de autorrepresentación— exploran cómo la sinceridad y la confidencia (o sus simulacros) permiten una mayor penetración en la verdad, una verdad que se pretende referencial, esto es preexistente al texto. La diferencia sustancial entre Carrère y Martín estriba en la ambigua referencialidad de las novelas del español, en las que gran parte de las acciones y sujetos representados poseen una existencia empírica indecidible. Y no solo es que el lector no pueda decidir si son reales o no, sino que, dada la imposibilidad de verificar su empiricidad, sospecha que se trata de entidades imaginarias, meras ilusiones.

Martín utiliza su figuración enunciativa como contrabandista de la ficción, permitiendo pasar por histórico lo que es imaginario y dotando sus historias de la ejemplaridad de lo acontecido a la vez que las envuelve en la significación ampliada propia de lo parabólico. Dicho en otros términos, el objetivo de Martín consiste en dotar a sus libros con el aliciente que para el lector pueden tener los relatos verídicos sin renunciar a los encantos de la invención y el control narrativo de la misma. El Luisgé Martín que narra se exhibe en su texto, unas veces de manera ostentosa y desinhibida, como en *Los amores confiados* o *Las manos cortadas*, otra, con graduada mesura, como en *La misma ciudad*, sujeto a los límites que le impone su papel de testigo de una vida ajena, pero siempre como agente que avala la verdad de la historia que cuenta, siendo este aval —y el lector habrá de estar precavido— una legítima táctica del escritor.

Una novela que ilustra esa flexión testimonial del yo pero no se preocupa de levantar el trampantojo de la verdad de los hechos es *El espíritu áspero* (2009) de Gonzalo Hidalgo Bayal. La obra es excepcional, una de esas novelas mundo que responden a un afán totalizador, semejante a *Escuela de mandarines* de Miguel Espinosa o la *Antagonía* de Luis

Goytisolo, y en cuyo centro brilla la figura de un viejo profesor de latín aficionado a los juegos de ingenio, don Gumersindo, y en segundo término la de un bandolero, Pedro Cabañuelas, héroes ambos a su manera. El narrador es, desde el principio, explícito, compañero de claustro en el instituto de don Gumersindo y amigo de este, pero además aparece identificado nominalmente con el autor de la novela: «siempre me ha llamado Bayal» (2009: 20), dice de su protagonista. A lo largo de la novela el narrador se pliega a su condición subsidiaria de biógrafo de don Gumersindo, una tarea para la que dice contar con las noventa y nueve remembranzas que este ha dejado escritas a manera de memorias (que llama *Beatus ivre*), las conversaciones con el biografiado, sus propias averiguaciones, una amplia bibliografía y su propio testimonio. El resultado es «la biografía de un hombre literalmente alterado, es decir, hecho por las circunstancias otro» (22), cuyo nombre oscila entre don Gumersindo, Sín, Sindón, Mus, don Gerundio o simplemente G., que empleó «su vida en la configuración de un fraude: la falsificación de la historia a través de una reinvención disparatada de los hechos, demostrando [...] que toda historia es falsificación y es fraude y es mentira, embustes que solo hablan del presente de su invención y no del pasado que desmenuzan o analizan» (492). El biógrafo Bayal apenas se manifiesta pronominalmente, lo que contribuye a que el lector olvide su asomo del principio; sin embargo, poco a poco va creciendo su presencia cerca de don Gumersindo hasta que, hacia el final de la novela, dedica un capítulo (el 243) a sí mismo para aludir al «momento en que llegué al instituto de Murania» (525) y conoció a su protagonista. No es necesario que el lector sepa de antemano que Gonzalo Hidalgo es (o ha sido) profesor de instituto porque uno de los paratextos le informa de ello: «En la actualidad enseña literatura en un instituto de Plasencia», reza la solapa. Más difícil lo tendrá cuando quiera comprobar si el autor empezó una tesis doctoral sobre las leyendas de Murania (el «bestión mascariento») a instancias de don Gumersindo, aunque el lector puede recelar que esas investigaciones sobre gentes y hechos que se remontan a los albores del siglo xx en el territorio imaginario de Murania no pueden ser otras que las que han cobrado forma en la novela que está leyendo. La identificación nominal que se había iniciado en la página 20 con el segundo apellido (Bayal), va a completarse a casi veinte páginas del final por cuenta de un viejo amigo de don Gumersindo: el hispanista Walter Alway. Este, que recorrió la tierra de murgaños en los años de la República y contó su excursión en *Travel of Murania*, envía al narrador un ejemplar de su libro

The genetic outlaw, una semblanza de Pedro Cabañuelas, con la siguiente dedicatoria: «For Gonzalo Hidalgo with all devotion, now and always» (542). De este modo, entre Walter Alway y don Gumersindo se pronuncia una sola vez, aunque diseminado, el nombre del autor, narrador y testigo: Gonzalo Hidalgo Bayal.

Pero no es solo esta, el enlace entre narrador y autor, la misión de Walter Alway, puesto que suyo es también el importante consejo que le da a Hidalgo Bayal respecto a sus investigaciones sobre el bestión mascariento. Se trata de la teoría de la ardilla, a la que se consagra el breve capítulo 250 (apenas media página). Su formulación no puede ser más sintética y consiste en afirmar «Que los datos son tan independientes de la experiencia como de la existencia» (539), lo que ilustra con el siguiente ejemplo: si Quevedo dice que Cayo Flaminio sucumbió a los encantos de una cartaginesa adiestrada por Aníbal y cita como fuente a Aulio Musio, aunque este no haya contado nunca nada semejante y sobre todo si no ha contado nada porque de haberlo hecho se podría recurrir a la letra del historiador, «la invención, pese a su falsedad o precisamente por su falsedad, quedará pesando para siempre sobre la triste biografía y la derrota de Cayo Flaminio» (540). De esta superioridad del dato dado o dicho sobre los hechos no verificados ni verificables se colige que «Los datos nunca son apócrifos. Y las atribuciones se convierten siempre en atributos». He ahí la teoría de la ardilla, un brillante subterfugio que abre las puertas de Gonzalo Hidalgo a la invención del pasado o de la verdad y que le brinda la clave de la procelosa semblanza de don Gumersindo en la que está enfrascado. Del tiempo que le ha ocupado escribir la semblanza, o a nuestros efectos la novela *El espíritu áspero*, da cuenta en la última página: «Han pasado casi treinta años desde que lo conocí y más de veinte desde que se jubiló, los mismos que llevo ocupado, entretenido y fatigando estos papeles que aquí concluyen» (556).

Como ocurre en la novela de Hidalgo Bayal, el espacio en que la autoficción y la metaficción se intersecan es necesariamente amplio. Ocupa lo que Vincent Colonna ha llamado «autoficción autorial», pero se extiende a la que denomina «especular» y, de hecho, a todas las variantes del autorreflejo narrativo, desde las intromisiones metateóricas del autor implícito (o del narrador) hasta las metalepsis o abismamientos. La representación de un acto de escritura comporta la representación de quien lo realiza, el escritor, del mismo modo que la escritura marcada por lo autobiográfico compromete, en un escritor, la representación de su principal actividad: la escritura. En su última novela, Fernando Aramburu ha logrado compaginar en un perfecto mecanismo narrativo una novela histórico política con una *self-begetting novel*, una metaficción autogenerativa, de suerte que ofrece la historia de cómo surgió una concreta militancia en ETA durante el franquismo y el proceso por el que la novela que leemos, *Años lentos* (2012), llega a ser lo que es. Desde la primera línea topamos con la presencia nominal del autor en el texto: «Yo, señor Aramburu, por las razones que usted conoce...» (2012: 11). Quien escribe es un hombre maduro que envía a Fernando Aramburu, a petición de este y con el expreso objeto de aprovecharlos en una novela, sus recuerdos de infancia sobre cómo su primo Julen fue captado por ETA y las consecuencias que eso conllevó. No conocemos la novela que el Aramburu ficcional escribe, pero sí la que ha escrito el Aramburu real, *Años lentos*, que en sentido estricto es más una «prenovela», por utilizar el subtítulo que puso Azorín a uno de sus experimentos novelescos, *Superrealismo*. Digo que es una prenovela porque el texto que la informa se compone de dos tipos de discurso alternos: de un lado, la evocación memorialística de Txiki Mendioroz y, de otro, los treinta y nueve apuntes numerados que Aramburu ha ido tomando con vistas a la redacción de la novela. El conjunto forma los materiales preliminares, el monto de escritura que se descarta o se entierra bajo el texto definitivo, porque Aramburu ha querido dejar al lector en la víspera de esa escritura inamovible, razón por la cual concluye *Años lentos* tomando una decisión: «Así pues, decidido. Mañana, al dentista. El jueves, tras el desayuno, los primeros teclazos. Si noto que la historia fluye, que se deja contar, que desea que la cuente, le dedicaré todo el mes. // Y, como de costumbre, si alcanzo la página cincuenta no habrá vuelta atrás» (219). No ha habido vuelta atrás, toda vez que estamos leyendo el final de la novela, pero sí ha habido una vuelta de tuerca, en la medida en que Aramburu ha resuelto simular que su figuración novelesca no elabora los materiales y los ofrece en bruto al lector. El motivo no es misterioso y enlaza con la persistente búsqueda de una expresión intensa y verosímil de la verdad de tantos escritores que se utilizan a sí mismos como narradores protagonistas o testigos. Al ofrecer las cartas de Txiki Mendioroz, Aramburu brinda un acceso no mediado a un testimonio sobre la cuna social e ideológica del terrorismo vasco, un testimonio exento de manipulación literaria, *previo* a que esta se produzca. Irónicamente, la espontaneidad del recuerdo de Txiki y el hecho de que se transcriban sus cartas al novelista ficcional Aramburu constituye la mejor prueba del artificio sutil que el novelista real Aramburu ha maquinado en esta excelente novela que se presenta como una falsa *prenovela*.

Otro autor vasco, Kirmen Uribe, recurrió en su novela *Bilbao-Nueva York-Bilbao* (2009) a la autorrepresentación y un entramado multigenérico para examinar su genealogía familiar y, de paso, algo de la conflictiva sociedad del País Vasco. Uribe utiliza la figura de un pintor, Aurelio Arteta, como centro de su novela, llegando a reproducir en un encarte desplegable su pintura mural *En la romería*. Pero este no pasa de ser un pretexto para construir una mínima intriga que mantenga unida la aparente dispersión de sus materiales, que van desde páginas de Wikipedia y correos electrónicos a intercambios epistolares (con tipografías diversas), cuentos, anécdotas de la memoria familiar, anotaciones de su cuaderno de bitácora, una conferencia («Las lápidas de Käsmu») o el diario de un muchacho de catorce años, hijo del arquitecto Ricardo Bastida, y que resulta ser un documento real, transcrito en la novela sin alterar una palabra. El marco narrativo es un viaje en avión desde Bilbao a Nueva York, a lo largo del cual se van ensartando todos esos materiales en la memoria y en la conversación que el narrador mantiene con su vecina de asiento, a la que se presenta así: «Soy escritor y me documento para escribir una novela», «Kirmen Uribe. Encantado». La identificación entre autor, narrador y personaje no es aquí reticente en modo alguno y el escritor llega a asociar la técnica de autorrepresentarse en la obra con un cuadro visto en el museo Henry Clay Frick de Nueva York, *San Francisco en el desierto*, en una de cuyas esquinas se aprecia un papel que parece haber arrastrado el viento desde la casa de San Francisco y en el que se lee «Giovanni Bellini», el nombre del pintor. La reflexión metaficcional a que da origen merece recordarse: «Ese detalle del cuadro me hizo pensar sobre el proceso de construcción de la novela. Cómo hablar de quienes te rodean sin que aparezca uno mismo. Quería hablar de mi abuelo, de mi padre, de mi madre. Novelar mi mundo, llevarlo al papel. Pero ¿cómo hacerlo? ¿Debía inventar nombres ficticios o aparecería yo como narrador de la novela?». Y una página después añade: «No quería construir personajes de ficción. Quería hablar de gente real». Ese deseo de realidad, extremadamente sintomático, lo ilustra con dos ejemplos: la respuesta que la actriz Meryl Streep dio en el Festival de San Sebastián a un periodista que le preguntó: «¿Hoy en día sirve para algo la ficción?». A lo que ella, sin pensárselo, contestó: «Si cuenta cosas verdaderas, sí». El otro testimonio procede del escritor posmoderno (y suicida) David Foster Wallace, que en una de sus últimas entrevistas afirmó que «lo esencial es la emoción.

La escritura tiene que estar viva, y aunque no sé cómo explicarlo, se trata de algo muy sencillo: desde los griegos, la buena literatura te hace sentir un nudo en la boca del estómago. Lo demás no sirve para nada». Hablar de lo verdadero y hacerlo de modo que combata la indiferencia, apatía o el conformismo del lector son, pues, los objetivos que, para el Uribe narrador (pero también para el escritor), legitiman la escritura de ficciones o, quizá sería mejor decir, de autoficciones. La incorporación de sí mismo al discurso con escasos disimulos y una moderada impostura, respondería así a la necesidad de recuperar una literatura religada a la vida más que a la realidad, a la verdad humana como una experiencia moral, emotiva e intelectual compleja y primordial.

En un escritor como Ricardo Menéndez Salmón encontramos una ética de la ficción semejante. No son raros en su obra los ademanes autorreferenciales, pero es en sus últimas novelas donde se manifiestan de forma más clara a pesar de evitar en ellas el fácil expediente de la identidad nominal. Así, en *La luz es más antigua que el amor* (2010), el escritor representado, Bocanegra, es «un escritor exhausto y triste» que durante «el último lustro ha publicado tres novelas que comparten un tema común, el mal, representado mediante algunas de sus más conspicuas manifestaciones: la guerra, el miedo, la mentira» (como Menéndez Salmón: *La ofensa, Derrumbe* y *El corrector*) y se siente impulsado a reflexionar sobre el sentido de la creación artística en unos términos que, sin mucha duda, son los del escritor asturiano: los de la consolación. Todas las reflexiones (y son muchas) sobre el sentido y valor de la literatura y el arte mientras el personaje escribe su novela son inmediatamente atribuibles a Menéndez Salmón, que escribe la suya para reafirmar el poder consolador de la belleza, la «forma más incruenta de idolatría conocida» que sirve «para librarnos de la aflicción de un mundo en el que la dignidad humana es crucificada todos y cada uno de los días». A manera de pruebas de esa tesis, Menéndez Salmón escoge a tres pintores, el citado De Robertis, Mark Rothko y Vsévolod Semiasin y, entre la narración y el ensayo, expone sus sacrificios vitales. La novela incluye su autocrítica o autoanálisis en un discurso final situado en 2040, cuando Bocanegra recibe el premio Nobel de Literatura y decide evocar la importancia de su octava novela, *La luz es más antigua que el amor*: «En aquel libro —dice—, el más ambicioso que hasta entonces había concebido, Bocanegra había querido contar a los demás pero también a sí mismo el misterio de la creación, en qué consiste el don y la condena de estar tocado por la pesada mano del arte».

Si los atributos de Bocanegra permiten establecer un engarce pseudo-rreferencial entre él y Menéndez Salmón, en *Medusa* (2012) esta identificación es, sin llegar a ser nominal, menos equívoca y más plausible, exenta de las fantasías de futuro de la novela anterior. El narrador de *Medusa* cuenta que descubrió en 1994, mientras trabajaba en su tesis doctoral sobre la iconografía de la maldad en el siglo xx, una aterradora filmación que mostraba doce asesinatos ejecutados por nazis entre 1941 y 1945 en la Unión Soviética, una película firmada por un tal Prohaska cuyo rastro ha perseguido desde entonces. La novela se presenta como el resultado de esas pesquisas, auxiliadas por las supuestas memorias póstumas del cineasta (*Al dictado de un dios cruel*, 1975). El discurso de *Medusa* adopta las maneras y usos de la biografía académica: el empleo de autoridades, la cita literal de fuentes, el contraste de datos, lo que resulta complicado en el caso de un sujeto, Prohaska, que pretendió borrar las huellas de su paso por la tierra, con la complicidad de su biógrafo y fidelísimo amigo judío Jakob Stelenski. Avanzado el texto, el narrador revela que el enigma de Prohaska lo ha desvelado muchas noches y, veinte páginas después, admite que, después de tantos años agotadores de persecución de un fantasma, quizá «haya estado haciéndome preguntas acerca de mí mismo, de mis convicciones y anhelos, de mis sueños y de mi precio como hombre bondadoso o malvado» (2012: 98-99). Hasta este momento el yo narrativo no ha desmentido su identidad con el autor, pero tampoco la ha afirmado con ninguna marca. Eso va a suceder en un excurso que se inicia describiendo el espacio físico de la enunciación: «En mi escritorio, junto a las fotos de mis hijos y de mi esposa...» (107). Enseguida el narrador afirma que es español y que su ciudad natal es Gijón y, por vía indirecta, señala 1971 como el año de su nacimiento, todo ello alrededor de una foto tomada por Prohaska en Gijón en 1949: la de una boda de dos presos republicanos en la cárcel que le hacen pensar en que él mismo podría ser nieto de aquella desdichada pareja. El narrador, ahora ya caracterizado con suficientes atributos del autor como para favorecer la identificación, da pruebas de su autoconsciencia literaria: por ejemplo sabe qué género de libro está componiendo: «Muchas veces, durante esta *quest*...» (115). Una *quest* en la que puede referir el curso de sus pesquisas junto al resultado de las mismas, pero en la que no es legítimo inventar. Y aun así, cuando al final tiene que narrar los últimos instantes de la vida de Prohaska, lo hace con todo lujo de detalles y corona su relato con un aviso que es también el primer final de la novela: «Nadie, jamás, ha visto esta escena. Yo la he contado como la imaginé. Honestamente» (147). El segundo final, «Anagnórisis en Florencia», no se apoya en la imaginación sino en la reflexión, no se trata de un relato sino de un escueto ensayo interpretativo sobre la última obra de Prohaska, que no fue sino una autorrepresentación: una copia a tiza negra de la *Medusa* de Caravaggio en cuyas pupilas el artista pintó su propia imagen anónima. Una imagen que recuerda la del propio Menéndez Salmón reflejado en el perseguidor y escrutador de su novela.

El autor de *Medusa* evita sugerir que Prohaska es una criatura de su imaginación y mantiene al lector en una calculada ambigüedad que puede acabar empujándolo a buscar inútilmente datos sobre ese inquietante registrador del mal. Se trata del mismo empleo del yo autorial que ha practicado Luisgé Martín con Brandon Moy, el de un escritor reflexivo metido a investigar la vida enigmática de un personaje que, sencillamente, no existe pero podría haber existido.

Voy a concluir refiriéndome a dos autoficciones construidas también en torno a una matriz biográfica, en las que el narrador adopta un papel testimonial y se identifica expresamente con el autor empírico pero en las que utiliza mecanismos que entorpecen el efecto de veracidad para poner de manifiesto su condición de ficciones.

La primera de ellas es la novela de campus *Un momento de descanso* (2011) de Antonio Orejudo. Desde las primeras líneas encontramos indicios de identidad entre autor y narrador que enseguida se confirman: «Me encontré con Arturo Cifuentes en junio de 2009. Yo estaba firmando ejemplares en la Feria del Libro de Madrid [...] Dice han pasado muchas cosas Antonio» (13-14). Este Antonio es, obviamente, Antonio Orejudo, quien en la primera parte de la novela va a contar las andanzas de su amigo Cifuentes en el mundo académico norteamericano para hacer lo propio, en la segunda parte, en la Universidad española. En el capítulo «Cómo me hice escritor», la narración se vuelve autobiográfica y Orejudo juega a certificar esa referencialidad con una fotografía en la que se le ve, muy joven, bebiendo una cerveza en una tasca. A estas alturas de la novela el lector habrá percibido el tono burlesco del relato, lo que desactiva la seriedad de sus referencias. Y si le quedara alguna duda, el hilarante episodio de cómo se borraron los versos 1801 y 1802 del códice *Poema de Mío Cid* por obra de un derrame seminal mal controlado la despeja del todo. Los elementos caricaturescos, algunos rayanos en la astracanada, constituyen marcadores de ficcionalidad y, por tanto, impiden que el lector lea desde el pacto autobiográfico. La figuración que construye Orejudo de sí mismo, pese a estos trances deliberadamente grotescos, comparte con él su ejecutoria literaria, y así se afirma en la página 145: su primera novela fue *Fabulosas narraciones por historias*, a la que siguieron *Ventajas de viajar en tren* y *Reconstrucción*. E incluso su última novela, en la que trabaja el narrador, conduce a la nuestra. El Orejudo narrador declara haberse propuesto novelar la universidad española pero descubrió que todo intento de hacerlo estaba condenado al sainete, que es lo que le salió bajo el título *Aprobados y suspensos*. Viendo que esa astracanada era impublicable, la «tiré a la basura» pero el fracaso le llevó a escribir sobre la amistad con Cifuentes durante la carrera y sobre lo que vino después. «El resultado final no me disgustó» (241) y ese resultado es lo que leemos como *Un momento de descanso*. El recurso final de presentar la novela como el efecto secundario de un proyecto fracasado —que es el mismo que había utilizado Javier Cercas en *Anatomía de un instante* o Marcos Giralt en *Tiempo de vida*—, le permite hacer pasar la novela como crónica, y por tanto como narración verídica, pero el carácter descaradamente ficticio de algunos de los episodios delata la convencionalidad de esa estrategia. Orejudo parodia, pues, lo que podríamos llamar el tópico de la resignación de género: confesar que se ha fracasado en el intento de novelar una experiencia para acogerse a los géneros de realidad (la crónica, el reportaje, la biografía, la investigación histórica, el periodismo...) y afianzar así la credibilidad de lo narrado.

El segundo y último ejemplo procede de un escritor joven, Carlos Pardo, y se trata de *Vida de Pablo* (2011), título que presenta el libro expresamente como biografía. El tal Pablo es un joven pintor andaluz que sobrelleva como puede la precariedad laboral y económica de su generación, pero no puede decirse que sea el eje central de esta novela pretendidamente biográfica. Desde la segunda secuencia textual nos encontramos con un narrador explícito, el biógrafo, que forma parte de la diégesis y cuyo nombre coincide con el del autor: Carlos. En pocas páginas reunimos las suficientes pistas como para aproximar la identidad de narrador y autor: ambos son poetas, tienen una misma edad y comparten rasgos físicos (como las patillas de hacha que luce Carlos Pardo en la foto de solapa y de las que se burla el jurado de un premio literario en la página 20). Pero no tardan en acumularse las marcas de identidad hasta que se hace explícito el nombre: «Carlos Pardo impulsa un proyecto cultural en la ciudad» (2011: 123). A partir de ese momento encontramos nuevas confirmaciones de tal identidad, como que el Carlos Pardo narrador, como el autor, ha sido el organizador de los festivales Cosmopoética en la ciudad de Córdoba. El desarrollo de *Vida de Pablo* va revelando que nos las habemos más bien ante una «vida de Carlos» y, de manera previsible, entre lugares comunes propios de la novela generacional, avanzamos hasta que el narrador confiesa que tiene problemas con el libro que tiene entre manos, en el que «No soy exactamente el narrador [...], sino un gilipollas con mi nombre, y no sé si queda clara la diferencia» (2011: 255). El Carlos Pardo narrador ha creado a un Carlos Pardo personaje en el que no quiere que los lectores lo reconozcan. Sin embargo admite que «utilizo impunemente los nombres de mis amigos (y de los que pasan por ahí) sin ajustarme a la veracidad, porque prefiero imaginar lo que está sucediendo» (256). Siendo así, el Carlos Pardo real habría creado un narrador homónimo suyo con el que compartiría pocos rasgos. Pero la atracción de la paradoja que se abre no deja escapar al autor y así, unas páginas después, confiesa: «Quisiera que Alberto me dijera: No tratas con amor a tus personajes. ¡Pero Alberto, no son mis personajes, sino tú, Anayara, Richard y María Jesús!, le diría [...] escribo sobre vosotros para que no envejezcáis. Ni yo, de paso» (270). De modo que sí, el Carlos Pardo narrador escribe sobre sus amigos, no sobre personajes imaginarios que se llaman como ellos, y escribe sobre sí mismo aunque finja hacerlo sobre otro. Pero semejante declaración no deja de ser un enunciado ficcional y, por lo tanto, resulta poco fiable como instrucción interpretativa emitida por el Carlos Pardo autor, aunque el lector barrunte que en el fondo es eso lo que ha perseguido: la capacidad de la palabra literaria de hacer perdurable la experiencia real.

Parece, pues, que detrás del auge de la autoficción no deberíamos ver tanto un fenómeno más de la panficcionalidad de la posmodernidad, para la que toda manifestación cultural es simulacro, sustitución, desplazamiento hacia el orden del artificio y lo revocable, sino, por el contrario, un impulso fecundante por el que lo real invade el dominio de la ficción a instancias de la ficción misma, fatigada de su enclaustramiento autorreferencial y de la profusión de mundos virtuales y simulacros nebulosos. Una realidad que más que comparecer ataviada con todos los arreos de su apariencia aprehensible, como en el realismo convencional, lo hace sublimada en su expresión más irreductible y menos objetiva, la de lo verdadero, que es lo que de veras interesa al lector y con la que se le aprisiona y conmueve. Como observa Vila-Matas en su reciente autoficción *Kassel no invita a la lógica*, «se escribe para *atar* al lector, para adueñarse de él, para seducirlo, para subyugarlo, para entrar en el espíritu de otro y quedarse allí, para conmocionarlo, para conquistarlo» (2014: 44). La autoficción persigue lo verdadero, contra la mimesis de la novela realista y contra las galerías de espejos de la metaficción más baladí, pero apropiándose de los recursos de una y otra para ponerlos al servicio de esa búsqueda.

BIBLIOGRAFÍA

ALBERCA, Manuel (2007): *El pacto ambiguo. De la novela autobiográfica a la autoficción*. Madrid: Biblitoeca Nueva.

CERCAS, Javier (2000): *Relatos reales*. Barcelona: Acantilado.

COLONNA, Vincent (2004): *Autofiction & autres mythomanies littéraires*. Auch: Tristam. [Trad. parcialmente en Ana Casas (ed.), *La autoficción. Reflexiones teóricas*. Madrid: Arco Libros, 2012, 85-122].

DARRIEUSSECQ, Marie (1996): «L'autofiction, un genre pas sérieux», *Poétique: Revue de théorie et d'analyse littéraires* 107, 369-380. [Trad. en Ana Casas (ed.), *La autoficción. Reflexiones teóricas*. Madrid: Arco Libros, 2012, 65-82].

HIDALGO BAYAL, Gonzalo (2009): *El espíritu áspero*. Barcelona: Tusquets.

MARTÍN, Luisgé (2005): *Los amores confiados*. Madrid: Alfaguara.

— (2009): *Las manos cortadas*. Madrid: Alfaguara.

— (2013): *La otra ciudad*. Barcelona: Anagrama.

MENÉNDEZ SALMÓN, Ricardo (2010): *La luz es más antigua que el amor*. Barcelona: Seix Barral.

— (2012): *Medusa*. Barcelona: Seix Barral.

OREJUDO, Antonio (2011): *Un momento de descanso*. Barcelona: Tusquets.

PARDO, Carlos (2011): *Vida de Pablo*. Cáceres: Periférica.

URIBE, Kirmen (2009): *Bilbao-Nueva York-Bilbao*. Barcelona: Seix Barral.

VILA-MATAS, Enrique (2005): *París no se acaba nunca*. Barcelona: Anagrama.

— (2014): *Kassel no invita a la lógica*. Barcelona: Seix Barral.

DIARIO Y AUTOFICCIÓN EN LA NARRATIVA HISPANOAMERICANA CONTEMPORÁNEA

Daniel Mesa Gancedo
UNIVERSIDAD DE ZARAGOZA

Las relaciones entre la escritura diarística, por un lado, y, por otro, la narrativa y la autoficción constituyen un problema de múltiples derivaciones tanto teóricas como históricas. En primer lugar, hay que enfrentarse a la eventual «antificcionalidad» (Lejeune) del diario (personal o íntimo), por su compromiso con lo real inmediato[1]. También se ha negado su condición «narrativa», con argumentos semejantes —el inacabamiento—[2], o,

---

1. Lejeune (2007: 8) lo formula como un axioma de doble dirección: «Les journaux réels se tiennent donc à l'écart de toute invention. En sens inverse, la fiction littéraire a beaucoup de mal à les imiter». También Braud (2002: 80): «C'est donc sur le refus de la fiction que s'écrit encore, dans sa quasi-totalité, le journal contemporain, et sur la croyance en la capacité du discours intime à référer au réel».

2. Braud (2009: 287) se hace eco de esa tesis («la suite de fragments narratifs ne compose pas une histoire, ne s'inscrit pas dans un projet global de récit»), para luego rescatar la narratividad del género por otras vías («On peut voir dans le journal une forme de récit, un récit fragmenté, inachevé et inachevable, sans projet unitaire mais non sans transformation ni sans tension –que je propose d'appeler *récit des jours*», 393). El rasgo de «inacabamiento», no obstante, permitiría evocar paradójicamente la relación del género «novela diario» con la literatura del «agotamiento» (como la llamó John Barth), pues ya se ha señalado que su práctica aumenta en momentos de «crisis de la novela» (Martens 1985: 115) o de abandono de la escritura referencial (Prince 1975: 481). Alberca (2007: 187) relaciona por su parte la práctica de la autoficción con el agotamiento del género novelesco (también Ródenas de Moya 2012: 310 evoca a Barth en su análisis de la autoficción de Vila-Matas). Cabría preguntarse, entonces, si el «diario autoficcional» sería el *summum* de esa literatura del agotamiento, tanto más cuanto que –como reiteradamente ha señalado Lejeune– la escritura y la lectura de diarios es, en sí misma, una práctica probablemente agotadora. Louis (2010) rescata la conexión de la práctica autoficcional con la decadencia de la concepción narrativa del ser y con el auge de una condición episódica, que podría interesar también al estudio del «diario autoficcional».

finalmente, se ha considerado un género al margen de lo literario —por su renuncia apriorística a toda posibilidad de comunicación—[3].

Y, sin embargo, como no escapa a ninguno de los teóricos del género, desde hace mucho tiempo la forma diarística (total o parcial) es un recurso frecuentísimo en textos que se presentan como narraciones ficticias (de mayor o menor extensión). Frente a esa persistencia, la crítica ha adoptado una perspectiva que tiende a separar esencialmente el diario «real» (entendido, según Lejeune, como «práctica», más que como texto[4]) del diario que podemos llamar «ficcional»[5], que apenas pasaría de ser un recurso retórico, más o menos inocente, un conjunto de estrategias (datación, fragmentarismo, inconclusión, incertidumbre, subjetividad extrema) para otorgar supuesta «credibilidad» al relato que adopta esa forma, pero cuya función poco se parece a la que tienen en un diario «real» (donde, probablemente, no se consideran «estrategias»).

Las implicaciones y limitaciones teóricas de esta discriminación entre «diario real» y «diario ficcional» superan largamente el tiempo (y la capacidad) de que dispongo en este momento. Pero puede señalarse ya que —a los efectos que aquí interesan— esa dialéctica ha sido poco estudiada y ha comportado la escasa atención que los relatos en forma de diario han merecido a los estudiosos del fenómeno de la autoficción[6].

---

3. Picard (1981: 116) afirma que, esencial y originariamente, es «a-literatura» («Como palabra escrita, el auténtico diario es lo contrario de la Literatura en cuanto tal. [...] Las peculiaridades constitutivas del diario, es decir, su fragmentarismo, la incoherencia a nivel textual, su referencia a una situación vital concreta, lo abreviado de la información, no se avienen con el concepto de totalidad de la obra literaria, del *opus*). También se hace eco de esa idea Lejeune (2007: 10): «Le journal est sans doute la mauvaise conscience de la littérature, à laquelle il oppose sans cesse l'incomplétude qu'elle cherche à exorciser».

4. «… le journal n'est que secondairement une forme littéraire: il est d'abord une pratique de vie, qui passe par l'écriture mais ne s'y résume pas» (Lejeune 2007: 11).

5. Prefiero ese adjetivo porque –en mi planteamiento– hablar de «diario ficticio» puede inducir a confusión (con «diario falso» o «diario apócrifo»). En consecuencia, hablaré siempre de «diario autoficcional», aunque tal vez podrían proponerse otras soluciones: «diario autofictivo» (en la medida en que, como reconoce, el DRAE, lo «fictivo» es lo propio de la ficción literaria) o incluso «diario impostado» (pues el autor adopta una voz que es y no es la suya).

6. Puede resultar interesante notar que la teoría más sofisticada sobre el el diario «real» y sobre la «autoficción» es de origen francés (baste citar a Blanchot 2005; Braud 2006, Del Litto 1978, Didier 1991, Girard 1963, Rousset 1985, además de los múltiples trabajos de Lejeune), mientras que la reflexión sobre la «novela diario» es fundamentalmente de origen anglosajón, un ámbito teórico en el que la autoficción no resulta

Por otro lado, al concentrar mi interés en el ámbito hispanoamericano, todos esos problemas teóricos se cruzan con otros de tipo sociohistórico: la amplitud y diversidad del campo, desde luego —algo común a cualquier aproximación transnacional— desbordan la capacidad de cualquier esfuerzo individual; en el caso específico de la escritura diarística hispanoamericana (real o ficcional), el problema se acrecienta por la muy limitada atención previa que el fenómeno ha merecido en este ámbito. Cualquier afirmación se convierte así en mera hipótesis, que asume una posible falsación inmediata.

Una vez establecidas las anteriores prevenciones, puedo ir entrando en materia. Trataré aquí apenas de apuntar algunas ideas que pueden estimular a la reflexión sobre la eventual existencia de un objeto textual doblemente problemático[7] al que podríamos llamar «diario autoficcio-

---

un concepto particularmente operativo (Field, Martens, Abbott, Prince; incluso el trabajo de Raoul, que se aplica a la literatura francesa, es «excéntrico» por haberse publicado en Canadá). Braud (2002), con cierta ambigüedad ha considerado la conexión eventual entre diario y autoficción en un *corpus* francés muy limitado en el tiempo. Gasparini (2012: 198) reserva un lugar al diario en su tabla sobre modalidades de lo que llama «autonarración» considerándolo marcado por su referencialidad especulativa. Colonna (1989: 219), en su tesis, apunta una paradoja a la que —creo— no se le han sacado todas sus consecuencias: las marcas «antificcionales» de la literatura «íntima», funcionan ya para el lector avisado como indicios, justamente, de ficcionalidad. Me parece interesante anotar que Bioy Casares señaló ya en 1940 un parecido funcionamiento genérico de la dialéctica «convención/anticonvención» para el caso de la literatura fantástica: «con el tiempo las escenas de calma, de felicidad, los proyectos para después de las crisis en las vidas de los personajes, son claros anuncios de las peores calamidades; y así, el contraste que se había creído conseguir, la sorpresa, desaparecen». En ese mismo año publicó Bioy *La invención de Morel*, una de las novelas diario más interesantes del ámbito hispanoamericano. En el ámbito hispánico solo, hasta donde conozco, la cuestión se ha tratado accidentalmente al ocuparse de algunas obras de Enrique Vila-Matas (Ródenas de Moya 2012) o Juan Antonio Masoliver (Casas 2009).

7. Digo «doblemente problemático», porque a las tensiones que genera la combinación de «diario» y «ficción» se añaden las que provoca la eventual identificación «autoral». Aunque me parece interesante, no puedo entrar ahora a dilucidar las relaciones lógicas que puede establecer «autoficción» y «diario» en términos de «género» y «especie». Probablemente, los resultados del acercamiento serán distintos si consideramos lo «autoficcional» como una modalidad de la escritura diarística (o solo del diario «ficcional») o al diario como un modo específico de los varios que puede adoptar la escritura autoficcional. Desde esta última perspectiva, nada dice Alberca (2007) y muy poco los teóricos franceses: Colonna (1989: 215 y 218-220) apunta algo al tratar de los mecanismos de enunciación autobiográfica y Gasparini (2004: 186, 218-223), en relación con el uso del tiempo. Algo más se acerca Braud (2002: 79): «La dis-

nal» o «autoficción diarística» y, a título de ilustración, presentaré algunos casos hispanoamericanos publicados en lo que va de siglo que me parecen especialmente relevantes.

Aunque —contra lo que quizá cabría esperar— no me ocuparé de César Aira[8], conviene recordar unas líneas de uno de los textos con que el autor argentino inauguró el siglo XXI, *Cumpleaños* (2001). Esta breve novela no es un diario, pero habla de y se desarrolla en un día «señalado», y finge, como suele, una escritura inmediata. Allí, el autor hace algunas afirmaciones que permiten equiparar su teoría narrativa (cuya repercusión actual es bien conocida) con la escritura diarística:

> Hay una acumulación de tiempo que es inherente a la novela, una sucesión de días distintos, sin la cual no es novela. De lo que se escribió un día hay que reivindicarse al siguiente, no volviendo atrás a corregir (es inútil) sino avanzando, dándole sentido a lo que no lo tenía a fuerza de avanzar. Parece magia, pero en realidad todo funciona así; vivir, sin ir más lejos. (Aira 2001: 95)

Es en esas mismas páginas de *Cumpleaños* Aira define sus novelas como «*tours de force* de la chapucería» (97) y considera la «novela inacabada» como el desiderátum de su escritura. De ese modo, establece el rasgo «antificcional» y «antinarrativo» del diario, su paradójica «forma informe», negada a la retrospección (revisión), como principio generador de una concepción de la novela de amplísimo predicamento en el ámbito hispanoamericano.

Pocos teóricos de la autoficción —me parece— han explotado esa analogía señalada por Aira entre el modo de funcionamiento de la no-

---

tance temporelle permet de rapprocher le journal de l'autobiographie rétrospective et, partant, rend possible l'autofiction. Le diariste connaît la suite des événements qu'il rapporte et a arrêté la valeur qu'il veut leur donner dans le texte. Son projet littéraire d'autoportrait *oblique* échelonne au fil des jours la rédaction d'un récit autofictif déjà constitué comme tel». Louis (2010: 90) apunta una perspectiva más original que también podría resultar productiva aplicada al diario: «Integrar el fenómeno de la autoficción en una "categoría" o grupo más vasto, el de las obras sin pacto previo explícito, permite emanciparse de los cuestionamientos relativos a la clasificación genérica, a la veracidad y a la recepción que la crítica ha hecho del género. Si aceptamos que la diferencia entre relato referencial y relato ficcional se sitúa en el marco pragmático, esto significa que el lector debe recurrir a elementos extratextuales para decidir cuál es el estatuto genérico, si acaso lo desea, y si hay suficientes indicios que lo permiten».

8. Porque ya lo he hecho, siquiera superficialmente, en un trabajo extenso que dediqué a la novela-diario argentina (Mesa Gancedo 2012), donde también consideré casos autoficcionales (que menciono en la nota final).

vela y el modo de funcionamiento de la vida Ambos modos de funcionamiento son —según Aira— «pseudomágicos», lo que, sin duda, los acerca a la ficción, al «arte narrativo» en términos borgianos (2003). Pero, en realidad, vida y novela, como verdaderas «acumulaciones de tiempo», encontrarán —podría proponerse— su imagen verbal más adecuada en la «novela diario», y, más específicamente (por más anclado en la vida), en el «diario autoficcional».

Algunos de los teóricos de la autoficción, no obstante, y sin referirse en absoluto al diario, han propuesto metáforas que podríamos llamar «biotextuales» para acotar su comprensión del fenómeno. Alberca (2007: 28 ss.), por ejemplo, considera que en la escritura autoficcional se construye un espacio por el que se mueve una especie de *clon* verbal del autor, y también que esa escritura pone en marcha un experimento de «ingeniería literaria» que da como resultado un «híbrido», textual en este caso (159). Es una visión que puede ir mucho más lejos de lo que el autor supone (me parece) y que acaso conduce a una nueva comprensión de la analogía que otro teórico como Gasparini (2004: 25-26) establece entre «autoficción» y «ciencia ficción»: «Nous dirons alors que l'autofiction est au moi créateur ("auto") ce que la science-fiction est à la science et à la technique: un développement projectif dans des situations imaginaires».

En el marco que delimitan estas analogías, me atrevo a entrever que la autoficción genera —como puede fácilmente suponerse— *avatares* del autor. Pero si en esa escritura se introduce el componente diarístico, la analogía puede ir aún más allá: en un relato ficticio no retrospectivo —escrito en presente— y progresivo —al hilo de los días— de un solo autor ficcional que asume, no obstante, rasgos del autor real[9], el texto, en sí mismo, se asume como imagen de la subjetividad en proceso y podría identificarse como *clon* o avatar textual del autor. Quizá en ningún otro modo de escritura el autor se hace tan «puro texto» —se rehace en y por la palabra— como en el diario autoficcional.

Hay, pues, algo de la condición del gólem en esos textos: creaciones artificiales nacidas por la inscripción de una cierta palabra —no indeleble, por otra parte—, y que trabajan *en nombre* del autor. La condición monstruosa del diario real ya la vio Lejeune (2001), quien señaló —más allá de su «de-formidad»— su eventual hiperfetación teratológica. El

---

9. Matizo, para acercarla a mi planteamiento, la definición que de la «ficción diarística» dio Abbott (1982: 12): «a non retrospective document authored by a single fictive agent».

diario autoficcional multiplica ese riesgo, pues comporta una mutación «genética»: la duda sobre uno de los componentes esenciales de la escritura diarística, la sinceridad y (eventualmente) el secreto. Esa sinceridad y ese secreto (consustanciales al diario real), bajo la etiqueta «novela» o en virtud de un «pacto» más o menos ambiguo,[10] se convierten en *simulaciones* de sinceridad y de secreto.

Que la autoficción sea un discurso «simulado» lo sugiere también la analogía citada de Gasparini: si el «auto» tiene la misma relación con la «ficción» que la «ciencia» en el concepto de «ciencia ficción», podría decirse que la autoficción es un discurso que simula un vínculo referencial cuando, de hecho, detrás de la imagen (verbal) no hay nada (Baudrillard)[11]. En esa línea, el diario autoficcional sería un simulacro de escritura íntima que no tiene (que podría no tener) el respaldo de un sujeto, una experiencia y, ni siquiera, un tiempo reales. Si el diario fue definido por Lejeune (2005: 80) como «serie de huellas datadas», el diario autoficcional sería una colección de huellas datadas sin «paso», quizá lo estrictamente opuesto a una vida sin biografía, como hay tantas, como hay tantos días sin huella. Si el diario es —entre otras cosas— una imagen del actuar cotidiano, ¿de qué actuar es espejo el diario autoficcional? Si el diario es la inscripción de una experiencia al hilo de los días, ¿de quién es esa experiencia y de quién los días? Tales son las preguntas que ese modo de escritura suscita al que la lee y, por ello, se instituye como el mejor ejemplo de lo que podríamos llamar «literatura simulada».

Para acotar las reflexiones anteriores, he trabajado sobre un *corpus* de narraciones hispanoamericanas publicadas desde 2000 en forma de diario

---

10. Uso con reticencia el concepto de «pacto», que me parece uno de los cimientos más endebles de toda la teoría de la escritura autobiográfica de origen francés. Desde otra perspectiva, la ha cuestionado –para los textos «autoficcionales»– Annick Louis (2010), con referencias a autores argentinos, que le llevan a una interesante conclusión: «En América Latina [...] la autoficción está menos asociada [que en España] a un género en particular» (87). Es, ciertamente, una metáfora feliz, pero no condice –en mi opinión– con lo que pretende definir, ya que suscita muchas dudas: ese pacto, ¿se da entre instancias homogéneas?; ¿quiénes son? Si se trata del autor y el lector «reales», ambos no están presentes simultáneamente a la hora de establecer ese pacto, ni hay un texto firmado por ambos, que lo ratifique. El pacto no pasa de «propuesta» de pacto, sin respuesta inmediata posible, sin «sello» explícito. Y si los sujetos implicados no son «reales», ¿cómo puede serlo el «pacto» entre ellos? Solo será, en consecuencia, y como propongo arriba, un «simulacro» de pacto.

11. Algo parecido proponen algunos teóricos que han vinculado la autoficción, directamente, con la figura del «fantasma» (Forest 2012: 224 y ss.; Wagner-Egelhaaf 2012).

(total o parcial) y con un importante componente autoficcional, entendido en los términos que acabo de exponer (o sea, quedan excluidos también los diarios «reales» con episodios ficcionales)[12]. Si los datos cuantitativos sirven de algo en este tipo de aproximaciones, puedo señalar que mi propio trabajo de catalogación (hasta el momento un tanto caótico y aleatorio) en el ámbito hispanoamericano (sin distinción de procedencia o extensión) tiene repertoriados unos cuarenta y cuatro textos que podrían considerarse «autoficcionales» (treinta, si consideramos solo los que por su extensión alcanzan la categoría de «novela»), comenzando por el *Diario de Gabriel Quiroga*, del argentino Manuel Gálvez (1910) y terminando por el *Diario de una princesa montonera (110% verdad)* de la también argentina Mariana Eva Pérez (2012). De esas cuatro decenas, la mitad, casi exacta (veintiséis; dieciocho, si consideramos únicamente las novelas) se han publicado en el siglo XXI (de 2002 en adelante, fecha de *Lluvia* de la venezolana Victoria de Stéfano y de *Fragmentos de un diario en los Alpes* del argentino César Aira). A los textos argentinos (extensos y breves) les dediqué atención en otro trabajo, por lo que aquí me centraré en diarios autoficcionales extensos de otra procedencia[13], de entre los cuales, para el periodo en cuestión, me parecen especialmente relevantes los siguientes:

· *Lluvia* (2002), de la venezolana Victoria de Stéfano.
· *La novela luminosa* (2005), del uruguayo Mario Levrero.
· *Todos se van* (2006), de la cubana Wendy Guerra.

---

12. El artículo de Noguerol (2009) no trata sobre este tipo de textos sino de lo que la misma autora llama «misceláneas». El muy amplio (y, a la vez, paradójicamente muy incompleto) catálogo de Alberca (2007) aparecen considerados como autoficciones algunos textos que incluyen parcialmente diarios: *El zorro de arriba y el zorro de abajo*, de José María Arguedas (1969); *De sobremesa*, de José Asunción Silva (1895); *Los detectives salvajes*, de Roberto Bolaño (1997); *Pájaros de la playa*, de Severo Sarduy (1993); así como cuentos de Ricardo Piglia («Encuentro en Saint-Nazaire», 1989, y otros). Merecería la pena marcar las diferencias de esos textos. Aunque Alberca también se ha ocupado de Aira en trabajos específicos, no menciona ninguno de sus «diarios autoficcionales»: el *Diario de la hepatitis* (1993), los *Fragmentos de un diario en los Alpes* (2002).

13. En todos los casos, la integridad o no de la forma diarística del texto y su extensión serían criterios que deberíamos igualmente tener en cuenta: podemos encontrarnos con «minidiarios» (cuentos en forma de diario) o verdaderos «diarios monstruo» (como los llama Lejeune), extensísimas narraciones que intentan recoger la pulsión omnívora de la escritura desbordada y cuyo mayor reto es quizá, simplemente, leerlos (recuérdese la relación sugerida antes entre la escritura-lectura del diario y la literatura del agotamiento). Del *corpus* que detallo a continuación, *La novela luminosa* de Mario Levrero se acercaría a esa condición.

· *El material humano* (2009), del guatemalteco Rodrigo Rey Rosa.
· Algunos menos importantes, por diversas circunstancias, merecen también mención (aunque no me ocuparé de ellos aquí):
· *Nunca fui primera dama* (2008), novela solo parcialmente diarística, también de Wendy Guerra (que explota la veta de *Todos se van*, con una estructura algo más compleja).
· *La paz de los vencidos* (2009), del peruano Jorge Eduardo Benavides (terminada, no obstante, según confesión del autor «doce años antes», o sea en 1997, y con un uso superficial de la estrategia diarística).
· A ellos, por fin, podrían añadirse otros tres textos publicados como novelas, pero que derivan de una versión anterior en forma de blog:
· *Séptima madrugada* (2007), de la peruana Claudia Ulloa.
· *El jardín devastado* (2008), del mexicano Jorge Volpi.
· *Diario de las especies* (2008), de la chilena Claudia Apablaza.

Tras la enumeración conviene insistir en que todas estas son ficciones en forma de diario en las que el yo que habla se puede identificar con un avatar del autor (por diferentes mecanismos ya discutidos por los especialistas y que van más allá de la exacta identidad onomástica)[14]. Por otra

---

14. Si se asume que no es necesaria la identidad onomástica absoluta (o que incluso puede faltar esa mención) la distinción entre «diario ficcional» y diario «autoficcional» no puede ser radical, claro. Entre ambos extremos se sitúan casos fronterizos que permiten sospechar la proximidad (mayor o menor) entre el yo que habla en la ficción y el autor de esta, pero que no aparecen explícitamente identificados. Por otro lado, la cuestión de la identidad onomástica, en el caso del diario, aún requiere mayor sutileza: por un lado, la ausencia de nombre parece más justificada intratextualmente en la escritura diarística (el yo no necesita nombrarse, si considera –o finge– que él es su único lector); por otro –ahora desde el lado de la autoficción–, la insistencia en el nombre del «autor» como condición para hablar de la autoficción, parece haber olvidado el nombre del lector. Más allá de las narraciones del tipo «vive tu propia aventura», el problema se ha vuelto algo más acuciante cuando la red ha generado fenómenos como el *egosurfing* (que ya ha generado alguna narración de éxito: *El anarquista que se llamaba como yo*, en este caso del autor español Pablo Martín Sánchez, 2012). De ese fenómeno se hace eco también un diario autoficcional argentino reciente: *No tengo tiempo*, de María Pía López, en la que nunca se nombra al yo, pero donde se lee: «1 de mayo. En google soy muchas bajo un mismo nombre o mi nombre le pertenece a varias. A mí, argentina, 40 años, doctora en letras. A una española abogada y jurista, no encuentro la edad, pero vive en Madrid. En Colombia hay dos. En Paraguay una modelo que anda mostrando sus desnudeces en la red. No quiero seguir mirando. Algunas tienen fotos, las descarto como sosías. Otras no, y no sé cómo saber cuántas dimensiones compartimos...» (López 2010: 51). Por otro lado,

parte, en los textos que me interesan más no hay una mera utilización ficcional de la forma diario (uso superficial en el que sin embargo incurren, como he dicho, los textos quizá menos logrados: Benavides), sino una *ficcionalización del diario íntimo*, cuya existencia real se da por supuesta y se afianza en otras instancias (entrevistas, paratextos inequívocamente autobiográficos o peritextos ocasionales, como prólogos, agradecimientos, etc.). Ello supone un tratamiento ficcional del texto en sí, y no solo de la materia eventualmente «autobiográfica». Son operaciones que constituyen lo que Oura, por ejemplo, ha llamado una *mise en scène* editorial, que en la mayoría de las ocasiones es explícita y (lo más importante) responsabilidad del «autor» y no de una instancia externa: selección, composición organización, titulación, clasificación genérica, eventual manipulación de datos, prelectura y, en definitiva, publicación.

Estos textos podrían someterse sin dificultad a un análisis semejante (si bien más restringido) al que Gasparini propone en su monografía sobre las novelas autobiográficas y la autoficción. Podría estudiarse, por ejemplo, el uso que hacen de los paratextos como mecanismos para definir la condición del texto (títulos que llevan o no presente la mención genérica «diario» en Apablaza; «novela» en Levrero; ausente en los demás) o para establecer la identidad o la ambigüedad autobiográfica, comenzando por las inscripciones del nombre. Ese nombre es idéntico en muy pocos casos de los considerados (Rey Rosa, cuyo narrador se llama «Rodrigo»). Lo común es encontrarse con variaciones (Nieve Guerra), iniciales parecidas (A. A., en el caso de Claudia Apablaza), silencios o alusiones (Levrero, Benavides, Volpi), o cambios explícitos («Clarice» en De Stéfano, «Madrugada» en Ulloa). Podrían buscarse también las alusiones que permiten afianzar la lectura autoficcional, sean a la propia obra (Levrero, Rey Rosa), a la edad (Guerra, Apablaza) o a otras circunstancias biográficas (la residencia en Tenerife, de Benavides; la mención del padre en De Stéfano). Por otro lado, cabría analizar otros mecanismos que funcionan como puente entre la realidad y la (eventual) ficción: dejando de lado los peritextos editoriales, cabría señalar la presencia de epígrafes (Guerra cita el diario de Ana Frank), advertencias (Levrero se excusa de

---

en el caso de la escritura diarística «real», la inscripción de nombres puede generar un fenómeno parecido al *egosurfing*: la búsqueda de las menciones que se hacen de uno en algún diario (Valéry buscándose en el de Gide, por ejemplo), un fenómeno que podría calificarse de «autolectura» y en el que, tal vez, subyace la posibilidad de encontrar la vida de uno –del lector– contada por otro.

las lesiones que pueda causar calificando su texto de «desvaríos de una mente senil»; Rey Rosa, afirmando que lo que se leerá es ficción «aunque no lo parezca, aunque no quiera parecerlo»), dedicatorias (Apablaza «a Salvador, a mi padre y hermanos»; Rey Rosa «a Marta García Salas», que solo una búsqueda extratextual identificará como su madre, cuya experiencia será capital en la novela; Levrero a una larga serie de favorecedores, que comienza por «A las Potestades que me han permitido vivir las experiencias luminosas») o, finalmente, prólogos autógrafos (Levrero, Guerra, Rey Rosa) o alógrafos (Ednodio Quintero presenta la obra de De Stéfano en su edición española), que suelen precisar (especialmente los autógrafos, claro) el alcance y los límites del proyecto.

Desde esa perspectiva, también merecería atención la complejidad metatextual de las novelas. Me refiero con ello a la eventual segmentación y establecimiento de relaciones intratextuales diversas: Rey Rosa presenta su novela como una acumulación heterogénea (por extensión y contenido) de cuadernos y libretas que se identifican con precisión; Guerra divide su relato en dos partes (de extensión pareja) diferenciadas por la edad: «Diario de infancia» y «Diario de adolescencia». Apablaza segmenta su novela en dos partes de extensión muy dispar: «Búsqueda de una novela», que es la transcripción del blog (incluyendo los comentarios a cada *post*) y «Personas», una especie de apéndice alegórico, ya no diarístico, mucho más breve. Igualmente desproporcionada es la división de la novela de Levrero, que se inicia con un «Diario de la beca» que cubre cuatrocientas páginas, sigue con el esbozo propiamente de «la novela luminosa» (de unas cien páginas) y se cierra con un epílogo diarístico. De Stéfano invierte (y equilibra) esa estructura: se antepone la novela en tercera persona y en pasado y, sin indicación paratextual, pero con separación, sigue el diario que desarrolla y explica la ficción.

Pero se podría ir más allá e intentar otros análisis más específicos. Cabría, por ejemplo, desarrollar algunas cuestiones teóricas relacionadas con la escritura diarística y su significación en el diario autoficcional. La inscripción (o no) de la fecha sería uno de los aspectos más interesantes. En el caso de los diarios ficcionales (y con más razón en los autoficcionales), si falta el año (como ocurre en Benavides, Apablaza y De Stéfano) el anclaje referencial se atenúa, pues se confía, eventualmente, a menciones o indicios intratextuales (la mención de un cierto tipo de moneda en Benavides hace que la acción solo pueda ocurrir antes de 2002). La inscripción del año permite, en cambio, aquilatar la distancia entre escritura y publicación (escasa en Rey Rosa y Levrero; amplia en Guerra). Si no aparece el año, únicamente resta la inscripción del paso del tiempo. Esa inscripción puede ser, no obstante, muy minuciosa: el diario de Apablaza (que siempre «postea» en sábado) incluye horas y minutos, pero es una inscripción automática, pues la da la máquina por defecto[15]. Cabría, entonces, considerar que hay una experiencia «alienada» de ese paso del tiempo, invisible tal vez para el propio autor. Levrero, por su parte, también escribe casi siempre su diario con ordenador, y eso justifica la precisión horaria; pero en ocasiones (dice) escribe a mano (otra «simulación», desde luego) y también le interesa anotar la hora exacta, porque una de las obsesiones de este diarista es la adecuada gestión de su tiempo, con vistas a controlar ciertas adicciones.

Por fin, este acercamiento ocasional detectará también (mirando más adentro de los textos) cómo el diario autoficcional (igual que el ficcional y el real) es un género autoalimentado: son numerosísimos los lugares en los que se mencionan diarios ajenos (reales verificables o no) y aún más aquellos lugares en los que el diario se refiere a sí mismo, reflejando especialmente la dificultad para hacer relato con el diario. La utilización «argumental» de la forma diario, lo que podríamos considerar su «potencia semántica» —más allá de su «estrategia» confesional verosimilizante—[16] no reside en la manipulación del suspense, desde luego (aunque sí lo hay en Rey Rosa, dada la importancia de la «amenaza» que a partir de un momento dado se cierne sobre el protagonista). La propia inconclusión del diario, a menudo permite leer como «abiertos» unos procesos de crisis personal y colectiva, que, en el momento de publicación, sin embargo, ya han mutado. En Guerra, por ejemplo, es más importante que el diario se transforme cualitativamente en el curso de ese proceso de crisis doble: de escritura natural, casi «bruta», el diario pasa, en virtud de algunas lecturas por parte de ojos ajenos, tematizadas en el propio texto, a la condición de «obra», y la publicación (como relato) corrobora esa trans-

---

15. Conviene quizá anotar que, a diferencia de las novelas blog de Ulloa y Volpi, en este caso no se puede perseguir la génesis virtual del texto de Apablaza: aunque existe una dirección de Internet con el mismo título de la novela, allí no se encuentra ninguno de los textos que la componen. Por otra parte, en el texto del blog ficcional no se da el nombre del blog principal (sí el de otros secundarios), así que puede ser un abuso atribuirle el del título de la novela.

16. «Diary novels that are genuinely novels of their time and do not still trade atavistically on the credit of the *journal intime*, however, tend to use the diary form as a device. [...] In the broadest sense, the phenomenon relates to and can be accounted for in terms of what can be called an expressive use of literary form» (Martens 1985: 189).

formación. En Rey Rosa esa transformación del diario en obra no es, por así decir, «epifánica»: se da el diario de la obra que no se escribe (como decía Blanchot)[17], la imposible novela política sobre «hechos reales»: la represión en Guatemala durante la segunda mitad del siglo xx. Levrero es más radical desde el punto de vista constructivo: parte de la eventualidad de un «discurso vacío» (este es el título de una novela suya anterior pero estrechamente relacionada con la «luminosa»), que debe entregarse en un plazo, y plantea la escritura como ejercicio de contención, de disciplina (escribir es la consigna, aunque solo sea la fecha) y, eventualmente, de caligrafía. La escritura se confunde con la vida y eso dificulta la clausura:

> Miércoles 23 [5/2001], 02,53: [...] Tengo un gran problema con este diario; antes de dormir pensaba que por su estructura de novela ya tendría que estar terminando, pero su calidad de diario no me lo permite, sencillamente porque hace mucho tiempo que no sucede nada interesante en mi vida como para llegar a un final digno. No puedo poner simplemente la palabra «fin»; tiene que haber algo, algo especial, un hecho que ilumine al lector sobre todo lo dicho anteriormente, algo que justifique la penosa lectura de esa cantidad de páginas acumuladas; un final, en suma. Hoy al despertar seguí con ese tema. Se me ocurrió pensar que debería hacer algo; ya que no aparece nada novedoso, ningún cambio, ninguna sorpresa interesante, debería tomar yo la iniciativa y generar un tema decoroso para el final. Después pensé que no era lícito. Yo no puedo salir a la calle disfrazado de mono para generar una historia divertida y distinta con la cual terminar el libro; no puedo empezar a vivir en función del diario y de esa necesidad de completarlo. (Levrero 2009: 431-432)

Finalmente, De Stéfano se complace en revelar la trastienda de la ficción y ofrece, *a posteriori*, una especie de diario «proficcional» (el que iba a convertirse en ficción y hubiera debido borrarse, quizá, pero finalmente se incorpora a la obra), según se lee al final de la «novela», justo antes de empezar la transcripción del diario:

> Pero volvió a despertarse, se duchó, merendó y le dedicó la tarde al diario que llevaba desde hacía más de cuatro años, y que a veces usaba como diálogo tácito con un interlocutor irónico[18], otras, como diario de incursiones

---

17. «... el escritor no puede llevar más que el diario de la obra que no escribe. [...] ese diario no puede escribirse más que si se hace imaginario y se sumerge, como quien lo escribe, en la irrealidad de la ficción» (Blanchot 2005: 223-224).
18. Cabe recordar que para Elias Canetti (1982), en otro texto fundamental, el diario se definía como un «interlocutor cruel».

vagamente estéticas, como cuaderno de citas y lecturas. Otras veces, las más, como vía de comunicación funcional con la realidad, mentiras e ilusiones comprendidas, de ser esto posible. Reflejos entrevistos, coincidencias entre imágenes y recuerdos hurgando el pasado, sobre los que concentrar o desviar la mirada. O, como para ponerse entre bastidores, y verlo todo a distancia, a escala reducida o a escala ampliada, pero al revés de cómo era, al revés de cómo lo había pensado. A verlo en curso. A verlo como el simulacro que era, ensayo y repetición, de una próxima puesta en escena. (De Stéfano 2002: 94-95)

Estas palabras pueden (por su mención de la ironía, del simulacro, de la puesta en escena) servir como el mejor corolario a mi exposición. Desde la distancia, con una mirada oblicua que el sujeto que escribe proyecta sobre sí mismo y le revela que, al hilo de los días, va construyendo una figura que es y no es la suya, se intenta —también en español— renovar el concepto de novela en el siglo XXI. La relativa acumulación de publicaciones de diarios autoficcionales hispanoamericanos en una década[19], permite trascender la pregunta por el sentido de escribir hoy un diario (auto)ficcional (o simplemente un diario). Más pertinente es preguntarse qué aporta esa forma, en su variante autoficcional específicamente, a la evolución del género novelesco hoy, también en el ámbito hispánico, como permite suponer esta rápida exploración de una —la más amplia— de sus orillas. Y creo —y con esto concluyo— que esa virtualidad apunta hacia la superación de las fronteras entre realismo y psicologismo, entre trama y escritura, entre literario y no literario, al tiempo que suscita otra incertidumbre aún más inquietante, por más incardinada con los dilemas de nuestro tiempo: la que se daría —como he sugerido— entre experiencia y simulación.

---

19. No se olvide que a los que aquí menciono habría que añadir, además, numerosas autoficciones diarísticas breves (como algunos cuentos del mexicano Álvaro Enrigue, incluidos en *Hipotermia*, 2005), y toda la producción argentina del periodo, que no he considerado (unos quince textos, de los cuales unos diez pueden ser considerados novelas: *Fragmentos de un diario en los Alpes*, de César Aira, 2002; *La intemperie*, de Gabriela Massuh, 2004; *Montserrat*, de Daniel Link, 2006; *Peripecias del no (Diario de una novela inconclusa)*, de Luis Chitarroni, 2007; *Glasgow 5/15*, de Isabel de Gracia, 2006; *Un guión para Artkino*, de Fogwill, escrita en 1977, revisada en 1985, y publicada solo en 2009; *Una luna (Diario de hiperviaje)*, de Martín Caparrós, 2009; *Escupir*, de Hernán Firpo, 2009; y la ya citada *No tengo tiempo*, de María Pía López, 2010). Por supuesto, la lista debería ampliarse con textos que todavía no he podido trabajar o incluso conocer. Solo dos muestras: *Historia de mi madre* (2004), de la argentina Angélica Gorodischer, y *Diario del dolor* (2004), de la mexicana María Luisa Puga (que aún no he podido ver, pero que he conocido a través de una tesis sobre la autora: Cuecuecha Mendoza, 2009).

BIBLIOGRAFÍA

Abbott, H. Porter (1982): «Diary Fiction», *Orbis Litterarum* 37, 12-31.

— (1984): *Diary Fiction: Writing As Action*. Ithaca: Cornell University Press.

Aira, César (2001): *Cumpleaños*. Barcelona: Mondadori.

— (2002): *Fragmentos de un diario en los Alpes*. Buenos Aires: Beatriz Viterbo.

Alberca, Manuel (2006): «¿Existe la autoficción hispanoamericana?», *Cuadernos del CILHA* 7/8, 115-127.

— (2007): *El pacto ambiguo. De la novela autobiográfica a la autoficción*. Madrid: Biblioteca Nueva.

Apablaza, Claudia (2010): *Diario de las especies* [orig. 2008]. Barcelona: Barataria.

Baudrillard, Jean (1981): «La précession des simulacres», en: *Simulacres et simulation*. Paris: Galilée, 9-68.

Benavides, Jorge Eduardo (2009): *La paz de los vencidos*. Lima: Alfaguara.

Bioy Casares, Adolfo (1999): «Prólogo», en: Adolfo Bioy Casares, Jorge Luis Borges y Silvina Ocampo (eds.), *Antología de la literatura fantástica* [orig. 1940]. Barcelona: EDHASA, 1999.

Blanchot, Maurice (2005): «El diario íntimo y el relato», en: *El libro por venir* (trad. Cristina de Peretti y Emilio Velasco). Madrid: Trotta, 219-224.

Borges, Jorge Luis (2003): «El arte narrativo y la magia» [orig. 1932], en: *Discusión*. Madrid: Alianza, 102-115.

Braud, Michel (2002): «"Le texte d'un roman": Journal intime et fictionnalisation de soi», *L'Esprit Créateur* LXII.4, 76-84.

— (2006): *La forme des jours: pour une poétique du journal personnel*. Paris: Seuil.

— (2009): «Le journal intime est-il un récit?», *Poétique: Revue de théorie et d'analyse littéraires* 160, 387-396.

Canetti, Elias (1982): «Dialog mit dem grausamen Partner», en: Uwe Schultz (ed.), *Das Tagebuch und der moderne Autor*. Frankfurt: Ullstein Verlag, 48-70.

Caparrós, Martín (2009): *Una luna (Diario de hiperviaje)*. Barcelona: Anagrama.

Casas, Ana (2009): «Los diarios (auto)ficticios de Juan Antonio Masoliver Ródenas», *Espéculo* 41, disponible en <http://www.ucm.es/info/especulo/numero41/diautofi.html> [última consulta: 25.09.2013].

— (ed.) (2012): *La autoficción. Reflexiones teóricas.* Madrid: Arco Libros.

Chitarroni, Luis (2007): *Peripecias del no. Diario de una novela inconclusa.* Buenos Aires: Interzona.

Colonna, Vincent (1989): *L'autofiction (Essai sur la fictionnalisation de soi en littérature).* Paris: EHSS, disponible en <tel.archives-ouvertes.fr/docs/00/04/70/04/PDF/tel-00006609.pdf> [última consulta: 25.09.2013].

Cuecuecha Mendoza, María del Carmen (2009): *Autobiografía ficcionalizada en la narrativa de María Luisa Puga.* Tesis Doctoral. México, D.F.: Universidad Autónoma Metropolitana, disponible en <http://148.206.53.231/UAMI15463.pdf> [última consulta: 25.09.2013].

De Gracia, Isabel (2009): *Glasgow 5/15.* Buenos Aires: El Ateneo.

De Stéfano, Victoria (2006): *Lluvia* [orig. 2002]. Canet de Mar: Candaya.

Del Litto, Victor (ed.) (1978): *Le journal intime et ses formes littéraires.* Genève: Librairie Droz.

Didier, Béatrice (1991): *Le journal intime.* Paris: PUF.

Enrigue, Álvaro (2005): *Hipotermia.* Barcelona: Anagrama.

Field, Trevor (1989): *Form and function in the diary novel.* Basingstoke: Macmillan.

Firpo, Hernán (2009): *Escupir.* Buenos Aires: Mondadori.

Fogwill, Rodolfo E. (2009): *Un guión para Artkino.* Cáceres: Periférica.

Forest, Philippe (2012): «Ego-literatura, autoficción, heterografía» [orig. 2007], en: Ana Casas (ed.), *La autoficción. Reflexiones teóricas.* Madrid: Arco Libros, 211-235.

Gasparini, Philippe (2004): *Est-il Je? Roman autobiographique et autofiction.* Paris: Seuil.

— (2012): «La autonarración» [orig. 2008], en: Ana Casas (ed.), *La autoficción. Reflexiones teóricas.* Madrid: Arco Libros, 177-209.

Girard, Alain (1963): *Le journal intime.* Paris: PUF.

Guerra, Wendy (2006): *Todos se van.* Barcelona: Bruguera.

— (2008): *Nunca fui primera dama.* Barcelona: Bruguera.

Lejeune, Philippe (2001): «Journaux-fleuves, journaux-monstres», en: <http://www.autopacte.org> [última consulta: 25.09.2013].

— (2005): *Signes de vie, le pacte autobiographique/2.* Paris: Seuil.

— (2007): «Le journal comme "antifiction"», *Poétique: Revue de théorie et d'analyse littéraires* 149, 3-14.

LEVRERO, Mario (2009): *La novela luminosa* [orig. 2005]. Barcelona: Debolsillo.

LINK, Daniel (2006): *Montserrat*. Buenos Aires: Mansalva.

LÓPEZ, María Pía (2010): *No tengo tiempo*. Buenos Aires: Paradiso.

LOUIS, Annick (2010): «Sin pacto previo explícito: el caso de la autoficción», en: Vera Toro, Sabine Schlickers y Ana Luengo (eds.), *La obsesión del yo: la auto(r)ficción en la literatura española y latinoamericana*. Madrid/Frankfurt: Iberoamericana/Vervuert, 73-96.

MARTENS, Lorna (1985): *The Diary Novel*. Cambridge: Cambridge University Press.

MASSUH, Gabriela (2008): *La intemperie*. Buenos Aires: Interzona.

MESA GANCEDO, Daniel (2012): «La ficción diarística argentina en el siglo XXI», en: Ana Gallego Cuiñas (ed.), *Entre la Argentina y España. El espacio transatlántico de la narrativa actual*. Madrid/Frankfurt: Iberoamericana/Vervuert, 101-141.

NOGUEROL JIMÉNEZ, Francisca (2009): «Líneas de fuga: el triunfo de los dietarios en la última narrativa en español», *Ínsula. Revista de Letras y Ciencias Humanas* 754, 22-26.

OURA, Yasusuke (1987): «Roman journal et mise en scène "éditoriale"», *Poétique: Revue de théorie et d'analyse littéraires* 69, 5-20.

PICARD, Hans Rudolf (1981): «El diario como género entre lo íntimo y lo público», *1616: Anuario de la Sociedad Española de Literatura General y Comparada* IV, 115-122.

PRINCE, Gerald (1975): «The diary novel: Notes for the definition of a sub-genre», *Neophilologus*, 59.4, 477-481.

RAOUL, Valérie (1980): *The French Fictional Journal: Fictional Narcissism/ Narcissistic Fiction*. Toronto: University of Toronto Press.

REY ROSA, Rodrigo (2009): *El material humano*. Barcelona: Anagrama.

RÓDENAS DE MOYA, Domingo (2012): «La novela póstuma o el mal del Vila-Matas» [orig. 2007], en: Ana Casas (ed.), *La autoficción. Reflexiones teóricas*. Madrid: Arco Libros, 305-326.

ROUSSET, Jean (1985): *Le Lecteur intime: De Balzac au Journal*. Paris: José Corti.

ULLOA, Claudia (2007): *Séptima madrugada*. Lima: Estruendomudo.

VOLPI, Jorge (2008): *El jardín devastado*. Madrid: Alfaguara.

WAGNER-EGELHAAF, Martina (2012): «La autoficción y el fantasma» [orig. 2008], en: Ana Casas (ed.), *La autoficción. Reflexiones teóricas*. Madrid: Arco Libros, 237-258.

3. ESTUDIOS CRÍTICOS

FORMULACIONES PARÓDICAS AL SERVICIO DE LA AUTOFICCIÓN: LA PROPUESTA DE ENRIQUE VILA-MATAS

Natalia Vara Ferrero

UNIVERSIDAD DEL PAÍS VASCO-EUSKAL HERRIKO UNIBERTSITATEA

> Todo en el libro es verdad, incluida la máscara, pues no por nada el étimo de esta lo lleva la persona (*prósopon*). Todo en el libro es verdad porque nada está inventado y porque ya entonces, hace once años, escribía ficción buscando acercarme, no a la realidad, sino a la verdad. Y en eso sigo. Y bueno, si quieren, seguimos.
>
> Enrique Vila-Matas,
> «Prólogo. Tan feliz que ni me enteraba», 2013, p. 15

Las fronteras literarias delimitan espacios definidos y seguros, zonas distantes que procuran no mezclarse. Las fronteras constituyen líneas divisorias que nos ofrecen seguridad a los lectores, garantizan que nos adentramos en territorios ya conocidos, esos que hemos transitado en lecturas previas y que tan familiares han llegado a resultarnos. La fortaleza de las fronteras reafirma las identidades y confirma nuestras estrategias de lectura y descodificación. No obstante, los límites que caracterizan la geografía literaria no son inamovibles y cuando sentimos la vibración del derrumbe y no hallamos rastro de las barreras nos encontramos inesperadamente en zonas difusas en las que reinan por igual lo conocido y lo indeterminado, espacios ideales para desplazamientos que desembocan en hibridaciones y fusiones turbadoras e iluminadoras. El desconcertado lector actual hace mucho que se vio obligado a abandonar la seguridad que le ofrecían los territorios centrales de los géneros literarios para transitar en sus lecturas las posiciones fronterizas.

Esas zonas de indeterminación son las que ocupa preferentemente la obra de Enrique Vila-Matas, un escritor que ha hecho de la disolución de las fronteras (sobre todo, las que separan la realidad de la ficción) la principal seña de identidad de su escritura. La resistencia a la taxonomía literaria cobra formas cambiantes a lo largo de la trayectoria de este escritor que subvierte constantemente las convenciones genéricas, dando lugar a una escritura que obliga al lector a reformular continuamente las estrategias que utilizará para adentrarse en sus libros. Esta búsqueda se hace especialmente evidente en *París no se acaba nunca* (2003), un texto de estatuto fronterizo que parece sucesiva y simultáneamente autobiografía, narración y ensayo sobre la ironía y la escritura. El objetivo de este trabajo es analizar cómo esas dimensiones se realimentan entre sí en un proceso que permite, por un lado, llevar a cabo una reflexión de crítica metaliteraria que pone de manifiesto los difusos límites de los géneros y, por otro, lo ilimitado de la creación cuando se trasciende la frontera de la vida y la ficción. Este proceso caracteriza la obra vilamatiana desde sus inicios y en *París no se acaba nunca* se textualiza mediante dos procedimientos mutuamente dependientes que potencian lo ficticio al mismo tiempo que desmontan la falacia de la referencialidad. El primero es la elaboración de un relato autoficticio gracias a la inclusión de ciertos elementos de la biografía del autor, lo que desemboca en una relación de identidad entre autor, narrador y personaje en la que resulta complicado deslindar la vida real de la ficción. Este procedimiento autoficticio se sustenta en parte sobre una modalidad que se sirve de la confrontación irónica e irreverente: la parodia.

Cristina Oñoro (2007, vol. II: 414), en la tesis que dedica a la obra de Vila-Matas, señala que entre los objetivos generales de su escritura se encuentra «dinamitar el proyecto realista, librar una batalla a tumba abierta en favor de la ficción, mágico simulacro hecho de papel. Hacer desaparecer al sujeto». La voluntad de detonación de la mimesis realista y el cuestionamiento de un sujeto real, unívoco y definible conducen al escritor a elegir la autobiografía como uno de los discursos convencionalizados contra los que se levanta *París no se acaba nunca*. Lo que Philippe Lejeune (1994: 50) definió como «relato retrospectivo en prosa que una persona real hace de su propia existencia, poniendo énfasis en su vida individual y, en particular, en la historia de su personalidad», se asienta sobre un pacto que el escritor ofrece al lector y que garantiza la veracidad de lo que cuenta y la identidad entre el personaje que protagoniza el relato y el ser humano que lo firma. La relación entre realidad y ficción tiene en el género autobiográfico uno de sus vértices más problemáticos, pues si bien aceptamos que se trata de un tipo de escritura caracterizada por la autorreferencialidad y la retrospección (Caballé 1995: 81), la escritura autobiográfica supone la textualización de un sujeto que se reescribe, que se expresa y representa (Puertas Moya 2004: 86) a través de fórmulas que comparte con otros subgéneros literarios. Ese flanco es el que ataca lo que Serge Doubrovsky bautizó en 1977 como «autoficción», un tipo de narración que, «al contrario de la autobiografía, explicativa y unificante, que quiere recuperar y volver a trazar los hilos de un destino, [...] no percibe la vida como un todo. Ella no tiene ante sí más que fragmentos disjuntos, pedazos de existencia rotos, un sujeto troceado que no coincide consigo mismo» (*in* Pozuelo Yvancos 2010: 12).

La irrupción de este novedoso concepto (que según Doubrovsky implica la creación de una «ficción de acontecimientos y de hechos estrictamente reales» [Alberca 2005: 146]) en el ámbito teórico fue francamente fructífera pues no solo sirve para explicar un nuevo estatuto literario, creado en el intersticio entre géneros, sino que contribuye a las discusiones sobre el estatuto ficcional (Pozuelo Yvancos 1994: 267) y sobre el sujeto posmoderno. Si dejamos a un lado la indeterminación terminológica en la que se ha sumido el concepto en las décadas que siguen a su identificación, en lo que parece haber acuerdo es en que la autoficción es un tipo de relato en el que encontramos elementos propios de la autobiografía que funcionan en abierta connivencia con estructuras y estrategias propias de la novela (Casas 2012: 26), y que tiene como «fundamento la identidad visible o reconocible del autor, narrador y personaje del relato» (Alberca 2007: 31). En el juego que establecen en estos textos realidad y ficción, la posibilidad de una biografía que tenga como referencia la vida real del escritor se diluye para dejar paso a un «yo» ficcional que se re-crea mediante la escritura y la lectura. Ese es el tipo de sujeto en torno al cual se construye *París no se acaba nunca*, un «yo» desdoblado en el maduro escritor que de visita a la capital francesa narra sus vivencias del presente del relato y las entreteje con los recuerdos de los dos años que pasó allí aprendiendo a ser escritor y llevando a cabo la escritura de su primera novela. Es cierto que algunos de los datos de la narración coinciden con la biografía del escritor Enrique Vila-Matas. No obstante, la posibilidad de una autobiografía clásica se ve entorpecida por la inclusión de elementos que parecen responder a una marcada obsesión por la creación artística y literaria, por la alteración del pacto que se establecería con el lector de una autobiografía y por la subversión de los elementos típicos de esa clase de relatos. Más allá de la certeza de que «el yo autobiográfico de Vila-Matas es siempre una entidad codificada en términos literarios» (Oñoro 2007 vol. II: 440), emerge la certeza de que la intertextualidad que apuntala esa identidad del «yo» trasciende lo lúdico para denunciar ciertas limitaciones y proponer nuevas vías de creación.

«La reescritura tienta mucho», reconoce Enrique Vila-Matas (*in* García *et al.* 2008), y más tentadora parece resultarle cuando funciona conjuntamente con una modalidad del pensamiento que desafía «el sentido unívoco de lo real» (Ballart 1994: 23) para introducir sentidos divergentes y hasta opuestos que se cuestionan entre sí. La ironía, que como el narrador de *París no se acaba nunca* se preocupa en señalar, es una herramienta clave para enfrentarnos a la magnitud inabarcable de la realidad, presenta sin embargo un doble filo: «la ironía juega con fuego y [...] al burlar a los demás, a veces acaba burlándose a sí misma» (Vila-Matas 2003: 11). El alcance intra e intertextual de la ironía y su funcionamiento como estrategia que pone de relieve la alteridad de los discursos hacen evidente que Vila-Matas no se supedita exclusivamente a ella y apuesta por una modalidad de espíritu subversivo, equívoco y paradójico para sustentar a cabo su particular autoficción y su ataque contra las fronteras.

El escritor sustenta su movimiento de subversión sobre procedimientos paródicos, consciente de que la parodia es esa otra mirada, burlesca e irreverente, que nace al mismo tiempo que los primeros textos literarios y que ha sido censurada, perseguida y condenada durante siglos de crítica, teoría y práctica literarias (Rose 1993: 6). Esta modalidad de creación de naturaleza metaliteraria e intertextual, implica una relación contradictoria entre dos o más discursos convencionalizados que actúan el uno sobre el otro sin que ninguno se vea devorado por su contrincante[1]. Ninguno de esos discursos pierde visibilidad, pues el lector debe tener clara conciencia de la aparición conjunta de ambos y de la relación que establecen (Pueo 2002: 44-45). La posmodernidad ha propiciado no solo el nacimiento de múltiples teorías sobre esta modalidad sino que también le ha otorgado un nuevo estatus a una estrategia transversal que ya no puede ser simplemente considerada como una forma de destrucción y rebajamiento de un discurso superior. La parodia posmoderna no destruye el texto parodiado, lo incluye en sí para cuestionarlo, para mostrar sus convencionalismos e insuflarle nueva vida desde la distancia irónica y la conciencia de su naturaleza artificial. Este complejo movimiento de desvelamiento, manipulación y burla funciona de modo paradójico, haciendo

---

1. La finalidad de la parodia no es la destrucción, siempre será la diferenciación crítica, la polisemia (especialmente si es contradictoria) y un mayor grado de consciencia: «Parodic art both deviates from an aesthetic norm and includes that norm within itself as backgrounded material. Any real attack would be self-destructive» (Hutcheon 2000: 44).

honor a la doble naturaleza del prefijo «para». La naturaleza jánica de la parodia se manifiesta mediante una aparente paradoja que no lo es: si por un lado el elemento paródico se sitúa «frente a» un texto, género, imagen o discurso que considera automatizado, carente de vida, blanco perfecto para ser revitalizado gracias a una recreación irónica, por otro, ocupa simultáneamente otra posición «junto a» ese blanco, al que reconoce su estatuto influyente (Hutcheon 2000: 53) en la tradición, de tal modo que merece ser repensado aunque sea para superarlo, en un movimiento de innegable reconocimiento. La mirada paródica, como consecuencia de su doble voluntad de reconocimiento y cuestionamiento simultáneo, no puede ni salvarse a sí misma de convertirse igualmente en blanco de ese doble proceso de desvelamiento y cuestionamiento irónico, demostrando así su fragilidad y la imposibilidad de depositar una confianza ciega en ningún tipo de discurso.

París no se acaba nunca complejiza tremendamente la definición clásica de la parodia, (aquella que determina que esta modalidad aparece cuando se establece una relación formal y estructural entre dos textos o discursos convencionalizados) haciéndola funcionar en varios niveles de la ficción y de la realidad. Por la diversidad de relaciones que establece y por el modo en que lo hace, su planteamiento trasciende la tradicional relación imitativa y burlesca que la perspectiva teórica clásica ha considerado como característica de esta modalidad. Si Gérard Genette simplificaba, en su clásico esquema de *Palimpsestos*, la definición de parodia como una relación de hipertextualidad entre un hipotexto y un hipertexto (esto es, texto parodiado y texto paródico) (1989: 27), Vila-Matas se adentra dentro de esa clasificación para cuestionarla, ensancharla y complicarla, si cabe, aún más. La razón es que en *París no se acaba nunca* podemos hablar de dos niveles de hipotexto genérico con los que se establece una relación paródica. Un primer nivel lo constituye la inscripción de las vivencias juveniles del «yo» en el subgénero del relato de aprendizaje o *Bildungsroman*, en una reelaboración y recreación de sus rasgos principales inequívocamente paródica. Un segundo nivel, inseparable del primero y que se sitúa en la misma posición jerárquica, lo constituye la parodia del género autobiográfico, en un movimiento que no solo saca a la luz los artificios y estrategias literarios que caracterizan este tipo de textos sino que pone especialmente en cuestión su estatuto referencial. Ambas parodias se concretan a través del juego de directa alusión intertextual que se realiza con un texto interpuesto, *París era una fiesta* de Ernest Hemingway, una autobiografía que relata los años que el escritor americano pasó en la capital francesa y en la que el hilo conductor es su proceso de formación como creador maduro. Gracias a la mirada irónica con que se escrutan las convenciones de las autobiografías y los relatos de formación se sustenta un tercer nivel de modalidad paródica, el que tiene como blanco a un tipo literario, el del escritor, una burla que se torna no solo contra el narrador y personaje, sino sobre todo contra el escritor que firma el texto, el mismo Vila-Matas, que no quiere ni puede salvarse de este aquelarre irónico y desmitificador. Al igual que la parodia genérica, que al poner de manifiesto la textualidad propia y ajena, vuelve contra sí su acción de burla y subversión, convirtiendo *París no se acaba nunca* en un texto altamente sospechoso, Enrique Vila-Matas sale de este texto acompañado por la desmitificación irónica de su propia entidad como escritor. Y es que ya lo advierte el narrador en el relato (poniendo en evidencia que este texto incluye en sus páginas unas «instrucciones de lectura» que el lector no debe desatender), al igual que quien finge el amor «corre el riesgo de llegar a sentirlo, quien parodia sin las debidas precauciones acaba siendo víctima de su propia astucia. Y aunque las tome, acaba siendo víctima igualmente» (Vila-Matas 2003: 11).

Comenzaremos el análisis de las estrategias paródicas siguiendo la dirección que señala el escritor cuando reconoce que la escritura de *París no se acaba nunca* respondía a su voluntad de reírse «de las novelas clásicas de experiencia, de formación de un escritor» (*in* Pàmies 2003). Las novelas de formación o *Bildungsroman* son relatos cuyo hilo conductor es la formación de un inmaduro protagonista (Salmerón 2002: 60), un subgénero de marcado carácter reflexivo en el que el proceso de maduración y autodescubrimiento del personaje principal sustenta el relato y se convierte en su razón de ser. Este proceso, por otra parte, tiene un alcance extratextual ya que la formación del lector se constituye como una de las consecuencias consustanciales de su proceso de recepción. Este tipo de relatos descansa sobre la utópica idea de que la formación integral del individuo es posible, pero también sobre la conciencia irónica de la imposibilidad de ese sueño (Salmerón 2002: 60). De esa conciencia parte la propuesta diferenciadora que lleva a cabo *París no se acaba nunca*, una parodia que trata de responder a la cuestión que se plantea el narrador: «¿Eran, por ejemplo, los tan traídos y llevados y tan prestigiosos *años de aprendizaje de un escritor* solo una falacia?» (Vila-Matas 2003: 219). Esta parodia se extiende a todos los niveles del relato afectando tanto a los elementos estructurales como a los temas, las figuras y los procesos narrativos y los pasa por un tamiz burlesco que los muestra desde una nueva perspectiva, de tal manera que afloran nuevas significaciones que los alejan de su formulación tradicional para mostrar una faceta lúdica y juguetona tras la que se oculta un mejor y más profundo conocimiento sobre su naturaleza y su funcionamiento. Tanto los personajes que acompañan al aprendiz de escritor como las funciones que desempeñan, así como el proceso que el protagonista afronta y la forma en que el relato se estructura, proclaman la pertenencia del texto al subgénero del *Bildungsroman*. No obstante, en la lectura rápidamente cobramos conciencia de que todos esos aspectos del subgénero del relato de formación resultan de un proceso de revisión irónico, que sirve tanto para subrayar su estado de automatización y agotamiento como para revitalizarlo a través de una hábil manipulación que no solo pone de manifiesto su estatuto ficticio y su artificialidad sino que también altera hábilmente la función que desempeñan los elementos que lo componen.

La figura principal es la de un joven antihéroe atormentado por razones banales, intensamente frustrado y perdido. París es el lugar en que su formación se desarrolla, un espacio geográfico y metafórico de proporciones míticas que Vila-Matas dinamita y subvierte. Frente al París idealizado como lugar de maduración y de iniciación en la práctica artística que la tradición ha forjado (Coca Menéndez & Alonso Díaz 2012: 415), el escritor textualiza un espacio de confusión (Gabriele 2003: 115), por el que el joven protagonista transita desorientado en busca de respuestas que no entiende cuando llegan, una geografía artística de lujo por la que pasear su desesperación. Este no es el único elemento que se revisa irónicamente, solo es el primero de muchos. Todo *Bildungsroman* tiene su mentor, ese personaje que guía el proceso de formación del protagonista. *París no se acaba nunca* no puede ser menos y la mentora del joven escritor no desmerece al juego literario que todo lo determina. La escritora francesa Marguerite Duras resulta ser no solo la dueña de la buhardilla en la que vive el aprendiz de escritor y de hombre maduro, sino también la equívoca mentora cuyos consejos respecto a la práctica escritural, impartidos en lo que el narrador denomina un «francés superior» (un registro ininteligible para él), contribuyen a sumirlo aún más en el desaliento. Junto a ella deambulan amigos, conocidos y personajes con los que el protagonista se cruza e interactúa y que tienen una más que dudosa contribución en su proceso de maduración, que no cuenta con el apoyo de unos padres lejanos que desconfían del intento de su hijo de convertirse en escritor (al menos el padre, la madre se constituye como contrapunto de la típica «madre del artista», un personaje deliciosamente absurdo y surrealista al que le da exactamente igual lo que haga su hijo). Las diferentes experiencias amorosas que jalonan su estancia parisina subrayan su absoluta inmadurez y lo sumen aún más en el desaliento (una de sus conquistas casi lo induce a la muerte en su primera experiencia con el LSD, a otra la utiliza para conseguir dinero, otra es una mujer madura de armas tomar que lo acorrala y la última es una amiga que ha sido contratada por el padre del narrador para enamorarlo y convencerlo de que deje atrás su aventura parisina y vuelva a Barcelona). La evolución del personaje, obviamente, no cumple con el «proceso de maduración» habitual de los relatos de aprendizaje: se perfila, desde el principio hasta el final, la paródica contraimagen de un héroe, un ser acomplejado y confuso que, casi inexplicablemente, consigue acabar su primera novela. El resultado de su equívoco proceso lo resume el narrador con esta sentencia: «Creo que puede decirse que a París fui sólo para aprender a escribir a máquina y recibir el criminal consejo de Queneau» que no es otro que «Usted escriba, no haga otra cosa en la vida» (Vila-Matas 2003: 232)[2]. Por lo tanto, en *París no se acaba nunca* la formación vital del protagonista no tendrá otro fin que el aprendizaje de la «escritura como forma de vida» (Del Pozo 2009: 96).

La segunda vía por la que procede la modalidad paródica se señala explícitamente en el texto: «una autobiografía es una ficción entre muchas posibles» (Vila-Matas 2003: 104). Dado que *París no se acaba nunca* es una autoficción, resulta lógico suponer que la visión del género autobiográfico que ofrece no puede ser de aceptación acrítica. Sin embargo, el escritor conduce ese cuestionamiento al límite mediante una estrategia abiertamente paródica que perturba los rasgos formales y genéricos de la autobiografía. Esta reescritura irónica supone la alteración de las bases sobre las que se sustenta la autobiografía para sustituirlas por otras tremendamente equívocas, que hacen al lector percibir intensamente los rasgos del subgénero que se parodia, pero también su manipulación abiertamente divergente. Vila-Matas reemplaza el «pacto autobiográfico» que tradicionalmente ha identificado la relación entre autor y lector del género y le ofrece a sus lectores un «pacto irónico»

---

2. El narrador insiste en esa idea a lo largo del relato al señalar que si «a este mundo venimos a aprender y, sin embargo, no aprendemos nada —salimos de él sabiendo menos de lo que sabíamos— [...] la única certeza que yo tengo es que la constancia del hábito de escribir suele estar en relación con su absurdo, mientras que en cambio las cosas brillantes solemos hacerlas de repente» (Vila-Matas 2003: 63).

(Del Pozo 2009: 93), que implica una desautomatización de la lectura en clave autobiográfica y la activación de una lectura irónica, abierta a la multiplicidad de los sentidos del relato, al hecho de que se cuestionen entre sí y a que la confianza en la referencia hacia la vida de un sujeto real se sustituya por la impostura y la evidencia de que ese «yo» es una construcción discursiva.

Esta estrategia paródica tiene como punto de partida la subversión de dos de los rasgos con que la teoría literaria clásica identifica este subgénero. En primer lugar, cuestiona la relación con la realidad que establece la autobiografía, poniendo en duda el supuesto «pacto referencial» que esta establece y lo sustituye por ese «pacto irónico» que nos distancie de la realidad y nos permita descubrir la falsedad de su representación:

> ¿Es que existe realmente lo real? ¿De verdad se puede ver algo *de verdad*? [...] si por casualidad, lo real se presentara ante nosotros quedaría tan fuera de los posibles que, en un brusco desmayo, iríamos a dar contra ese muro surgido de repente y nos caeríamos pasmados.
>
> Entonces, ¿qué vemos cuando creemos ver algo *de verdad*? Yo diría que, cuando eso ocurre, cuando parece que nos encontramos ante lo real, estamos más que autorizados a ironizar sobre lo real. (Vila-Matas 2003: 34)

Así pues, en vista de que el narrador/personaje no se compromete con la veracidad de los datos reales que inserta en su relato, más complicado de creer será que el escritor se comprometa con aquello que alude a su propia biografía. El segundo elemento sobre el que incide Vila-Matas para volver del revés la autobiografía clásica es la verosimilitud. Como no podía ser menos en este texto que contiene sus propias «instrucciones de lectura», en las páginas de *París no se acaba nunca* se desliza una curiosa reflexión sobre este concepto y sobre los quebraderos de cabeza que le ocasiona al personaje/narrador durante la escritura de su primera novela. Sus dudas sobre cómo garantizarla encuentran una resolución sorprendente que pone en alerta al lector: la verosimilitud de la novela que escribe en París el joven aprendiz de escritor la garantiza la copia palabra por palabra de un cuaderno de James Joyce (Vila-Matas 2003: 105-106). Esto es, la cualidad que garantiza la ausencia de falsedad y la apariencia de lo verdadero del texto procede de otro texto literario, se toma como referente no la realidad sino la literatura. En las poco inocentes manos de Enrique Vila-Matas, no puede ser sino una verosimilitud cuyas particulares leyes responden única y exclusivamente al universo de la ficción, no a las de la realidad.

El rechazo de la referencialidad y el establecimiento de una mimesis antirrealista y ficcional sustentan la reescritura paródica de la autobiografía que Enrique Vila-Matas propone en *París no se acaba nunca*, pero en ese ejercicio muchos otros elementos propios de ese género se ven afectados. La primera alteración es la manipulación de la forma del relato, pues en lugar de una mirada retrospectiva al pasado que ayude a lograr una mejor comprensión del «yo», se ofrece una rememoración cuya ordenación cronológica no es siempre progresiva y que se ve continuamente dinamitada por las digresiones críticas sobre materiales artísticos como libros, películas y música, personas pertenecientes al ámbito cultural e incluso seres ambiguos cuya relación con la realidad es altamente problemática (locos, travestis, etc.). Esta fragmentación lo es también cognoscitiva, pues subraya las contradicciones de ese «yo» incapaz de buscar la unidad profunda de su existencia y su personalidad (Del Prado Biedma *et al.* 1994: 234), un rasgo característico de la autobiografía clásica. Una unidad que, de hecho, resulta imposible a la vista del juego de figuras dobles que acompañan al narrador en su deambular (Del Pozo 2009: 93-95). Este juego de simulacros y falsas identidades implica la posibilidad de superación de las barreras del «yo» mediante la creación de nuevas personalidades, permitiendo así su disolución a favor de un sujeto ficticio más verdadero que se conforme de acuerdo a la potencialidad de su capacidad creativa[3]. El relato de tintes autobiográficos que ofrece Vila-Matas sustituye la inquisición sincera sobre el «yo» por el juego de equívocos, la sinceridad por la visión irónica, los datos de la realidad por referentes inventados (Gabriele 2003: 122-124), artísticos y literarios, la mirada retrospectiva a la realidad por una teoría de la ironía y otra de la novela, la comprensión del pasado desde el presente por una mirada perpleja y guasona que cuestiona la posibilidad de esa comprensión. En definitiva, lo que propicia esta reescritura paródica del relato de una vida pasada no es la aparición de un «yo —un sujeto que preexiste y se expresa—, sino un texto que se crea mientras el lector lo lee» (Oñoro 2007: 440). Esta parodia de la autobiografía pone de manifiesto el cuestionamiento de la posibilidad convencional de representar con vo-

---

3. La clave de este esfuerzo por dinamitar la escritura autobiográfica aparece en el texto en forma de juegos de identificación con Ernest Hemingway (el concurso de dobles de Key West), con su compañero de asiento en un viaje en avión, y se culmina a través del consejo que le da el actor Jean Marais al narrador: «Fabrícate un doble de ti mismo [...] que te ayude a afirmarte y pueda incluso llegar a suplantarte, a ocupar la escena y dejarte tranquilo para trabajar lejos del ruido» (Vila-Matas 2003: 140).

luntad mimética la vida de un sujeto. A cambio, propone la creación de un sujeto mediante la escritura, en un movimiento transfronterizo que permita la convergencia de elementos reales, literarios y artísticos, un «yo» múltiple, difuso y fragmentario cuya creación tiene como único límite el infinito que establecen el arte y la creación.

La revisión irónica y la manipulación subversiva de las convenciones genéricas de la novela de formación y de la autobiografía se particularizan, como ya hemos señalado, en otro nivel través de una relación intertextual más concreta. *París era una fiesta*, de Ernest Hemingway, funciona como hipotexto evidente del cuestionamiento que se lleva a cabo sobre la posibilidad de relatar la experiencia vital y de llevar a cabo un proceso formativo exitoso, esto es, Vila-Matas cuestiona un texto que pone en práctica aquellos géneros que se convierten en blanco del ataque. La parodia del texto de Hemingway es más evidente que la de los géneros, pero incide en la misma crítica, pues todas forman parte del mismo proceso de revisión desde un estatuto ficcional de ciertos discursos ya establecidos que presentan un fuerte valor referencial y una marcada convencionalización. Por medio del establecimiento de un paralelismo que funciona continuamente en el relato, Vila-Matas pone de manifiesto no solo cómo se construye el relato autobiográfico de Hemingway sobre los años en que este se formó como escritor en París, sino que además desactiva la idealización y la visión nostálgica que destila esa narración mediante un desvelamiento y una recreación juguetona y desmitificadora que no duda en mostrar los procedimientos de *París era una fiesta*. La estrategia que sigue el escritor es simple pero tremendamente efectiva: introduce en su relato anécdotas y fragmentos del texto de Hemingway y, a continuación, desgrana un episodio juvenil de su protagonista que más que guardar una intensa similitud con los episodios narrados por el escritor americano implica una recreación de los mismos y hasta del discurso utilizado por Hemingway para narrarlos. Lejos de funcionar como una simple estilización, la repetición constituye una revisión voluntaria marcada por un reconocimiento que no oculta una actitud irónica en esa reenunciación y reescritura, lo que abre la puerta al diálogo que establecen los dos relatos y al nacimiento de un proceso de resemantización en el que la divergencia es la clave. Que la significación de esta reenunciación y reescritura es capital resulta evidente si tenemos en cuenta que el último capítulo de *París era una fiesta* es el que da título al texto vila-matiano. No obstante, frente a la nostalgia idealizadora de la Ciudad de la Luz como espacio mítico de felicidad juvenil que destila el texto de Hemingway, el de Vila-Matas no puede sino subrayar cómo ese mito y el fracasado proceso de autoformación que allí lleva a cabo su protagonista tornan ese lugar idealizado en una sombra de la que nunca podrá liberarse:

> Todo se acaba, pensé.
>
> Todo menos París, me digo ahora. Todo se acaba menos París, que no se acaba nunca, me acompaña siempre, me persigue, significa mi juventud. Vaya a donde vaya, viaja conmigo, es una fiesta que me sigue. Ya puede acabarse este verano, que se acabará. Ya puede hundirse el mundo, que se hundirá. Pero mi juventud, pero París no ha de acabarse nunca. Qué horror. (Vila-Matas 2003: 15)

Esta idea de un París desconcertante cuyos efectos se cronifican surge, no por casualidad, del nombre de último capítulo del libro de Hemingway, exactamente denominado «París no se acaba nunca». Vila-Matas aborda incesantemente, con mucha sorna y por medio de múltiples variaciones, las posibilidades de desmontaje de esa oración (ese «París no se acaba nunca»), haciendo que conviva su imagen como ciudad mítica de formación creativa con su contraimagen de espacio hiperbólico maldito, una geografía absorbente que atrapa irremediablemente al joven aprendiz en su red. Esta desmitificación irónica que arranca del título determina la relación que establecen los dos relatos.

Muy significativamente, la narración de Vila-Matas arranca con la rememoración del primer capítulo de *París era una fiesta*, en el que el joven Hemingway entra en un bar para tomar un café y escribir un cuento y se excita ante la presencia de una joven. En *París no se acaba nunca* el protagonista recrea este episodio en su primera visita a la ciudad, pero con significativas diferencias, como su extrañamiento ante una joven sola en un café, algo impensable en la «Barcelona mojigata y franquista» de la que él proviene. Además, al decidir incluir a esa joven en su cuento, no la hace pasearse por un lejano estado de Michigan sino por una más modesta y poco mítica Badalona. Ese comienzo señala el funcionamiento de toda la relación intertextual con *París era una fiesta* y la necesidad que tiene el lector de hacer su lectura (y la rememoración del texto de Hemingway) desde nuevos parámetros. En este sentido, cabe destacar la irónica recreación que se hace del bautizo por parte de Gertrude Stein de la de Hemingway como la «generación perdida», una etiqueta que tanto éxito tuvo en la historia de la literatura y que tanto disgustó al narrador de Chicago. El personaje de Marguerite Duras será quien, tras preguntar al narrador si su estancia en París responde a su voluntad de forjar su propio estilo literario, se vale de un signo que topan en la realidad (el coche del narrador tiene un faro estropeado), para recrear el famoso episodio con un mordaz «se diría que, como tantos jóvenes, tiene un estilo de un solo faro» (Vila-Matas 2003: 112). Resulta evidente, por lo tanto, la pauta que sigue la parodia vilamatiana: la continua recreación por parte del protagonista vila-matiano de un episodio narrado por Hemingway, en un movimiento conjunto de extrañamiento y reconocimiento desde una perspectiva de benévola ironía[4].

Esta recreación constante propicia un evidente contraste entre la exuberante y orgullosa personalidad del escritor americano y la naturaleza apocada y el continuo fracaso del antiheroico «yo» vila-matiano. El diálogo que ambos textos establecen desvela que estos dos sujetos protagonistas se articulan gracias a procedimientos convencionales de la escritura y la creación ficticia, son construcciones creadas sobre modelos previos que deconstruyen supuestas identidades naturales y funcionan dentro del juego de los dobles. Es a través de ese desvelamiento de la construcción de esas personalidades contrapuestas como se entreteje la parodia del mito del escritor, un movimiento que no solo afecta al nivel de la ficción sino que también alcanza certeramente a los escritores Ernest Hemingway y Enrique Vila-Matas en un movimiento voluntariamente autoparódico[5]. Esta irónica autocrítica permite que el lector comprenda que, más allá de su existencia real, ambas personalidades son más fruto de una construcción ficcional llevada a cabo a propósito y en la que resulta imposible diferenciar lo natural de lo elaborado artísticamente. La relación con otros textos, la reflexión sobre la práctica literaria y el cuestionamiento del estatus del autor se proponen, por lo tanto, como herramientas de reactivación de géneros, tipos y figuras del universo literario automatizados y esclerotizados, en un movimiento que implica no solo una inversión defamiliarizadora sino también una mayor conciencia sobre lo ilimitado de la creación ficcional tanto en la literatura como en la vida. Aquello que parece agotado, a través de una reescritura paródica que lo cuestiona y desdibuja sus fronteras, encuentra la

---

4. El narrador puntualiza desde el inicio de la narración: «Me gusta un tipo de ironía que yo llamo benévola, compasiva, como la que la que se mueve entre la desilusión y la esperanza. ¿De acuerdo?» (Vila-Matas 2003: 11).

5. La importancia de este movimiento autoparódico ha sido señalada por Pozuelo Yvancos (2010: 206): «Las dualidades paradoxales de su estilo llevan a un destacable rasgo, muy raro en las parodias de escritores: la que Enrique Vila-Matas realiza sobre sí mismo, convirtiendo su estilo, sus manías o los temas y estructura de sus propios libros en objeto de ironía y distancia crítica».

posibilidad de seguir creándose en un mundo como el posmoderno, marcado por el desconcierto, la ausencia de certezas y el simulacro[6].

La reescritura irónica se convierte en activo sujeto en *París no se acaba nunca* gracias a la parodia que se dispara por el tapiz vila-matiano (Pozuelo Yvancos 2010: 165) hacia la autobiografía, los relatos de aprendizaje y el mito del escritor. El resultado es un relato autoficcional altamente literario y autorreflexivo que resuelve el falso dilema entre realidad y ficción apostando por la hibridación como medio para textualizar la verdadera experiencia. Como señala el autor en el prólogo que añade al texto en 2013, y en el que la relación entre ambas dimensiones es el tema central, en su proceso creativo era consciente de que «en la narración había una continuidad imperceptible entre lo real y lo ficticio y que si esa continuidad estaba tan bien dada se debía a que en realidad era una continuidad natural [...] Me acuerdo muy bien de que mientras escribía el libro, pasaba de lo real a lo ficticio sin sentir que cruzaba una frontera» (Vila-Matas 2013: 15). Es en ese dilema donde la parodia posmoderna se muestra en toda su potencialidad: la parodia funciona como suplemento cognoscitivo destacado, con ironía distanciadora agudiza la percepción de las construcciones que se nos presentan como incuestionablemente reales y nos obliga a tomar conciencia de este hecho. En la tensión fronteriza entre vida y arte se hace incuestionable que la inclusión de ambas es el único modo que existe de aproximarse a la experiencia múltiple de la existencia humana, nutrida por diversos ámbitos y difícilmente limitable a ninguno de ellos.

París no se acaba nunca incide en la vía de la autoficción valiéndose de las posibilidades de la parodia posmoderna, una estrategia que atrae a un primer plano el signo de la representación (Pozuelo Yvancos 2000: 7), para utilizarlo como herramienta de reflexión sobre la limitada capacidad referencial de la literatura y el ilimitado poder de creación de la ficción. El resultado de la propuesta vilamantiana es la constatación de que ningún discurso convencionalizado (la autobiografía, los *Bildungsroman*, el estereotipo del escritor) puede garantizar un reflejo objetivo del mundo, pues

---

6. «Me parecería errónea la crítica que quisiera ver en estas estructuras abiertas y en los movimientos parentéticos tan peculiares de su estilo ensayístico y narrativo (convergen siempre en una sola cosa [...]) un problema únicamente de *dispositio*, o de organización del decir. Concluir tal cosa es quedarse en la superficie o las apariencias. Por debajo de esa opción permanece el fondo filosófico que se hunde en la crisis contemporánea del sujeto y afronta el cuestionamiento de la metafísica de una identidad ontológica, sólida y maciza, sostenida en principios narrativos por la propia lógica de los sistemas culturales narrativos» (Pozuelo Yvancos 2010: 165).

ya no existe realidad que pueda crearse sin lenguaje ni discurso ficcional. Se pone así de manifiesto la falacia sobre la referencialidad y sobre los relatos sobre el sujeto heredados de la Modernidad, pero también se hace bien evidente la esterilidad de las fronteras que han separado y ordenado la geografía interna de la literatura y que han apartado a esta de la vida. *París no se acaba nunca* es la juguetona y lúcida respuesta de Enrique Vila-Matas a esta falsa frontera: la autoficción, la parodia de modelos desgastados y la hibridación genérica[7] son herramientas de codificación, reescritura y recreación que garantizan que sigamos creando ilimitada y conscientemente modestos e irónicos relatos que constituyen la certeza de la experiencia verdadera. Pequeñas historias que son el único modo de que la literatura nos persiga y no se acabe nunca.

BIBLIOGRAFÍA

ALBERCA, Manuel (2007): *El pacto ambiguo. De la novela autobiográfica a la autoficción*. Madrid: Biblioteca Nueva.

BALLART, Pere (1994): *Eironeia. La figuración irónica en el discurso literario moderno*. Barcelona: Quaderns Crema.

CABALLÉ, Anna (1995): *Narcisos de Tinta. Ensayo sobre la literatura autobiográfica en lengua castellana (siglo XIX y XX)*. Madrid: Megazul.

---

7. Esa conciencia se hace explícita en el relato a través de dos anécdotas sobre la formación del escritor. La primera alude a la lectura de la obra de Borges, que «remitía a una tradición, porque el mundo moderno aparecía como lugar de pérdida y deterioro, y a la vez remitía a la noción de cambio literario, porque la literatura afirma el valor de lo nuevo. Borges reescribía lo viejo, eso es algo que pronto entendió perfectamente el principiante que yo era [...]. Borges había inventado la posibilidad de que nosotros los modernos pudiéramos, en rara vecindad con lo genuinamente literario, practicar también el ejercicio de las letras, es decir, que pudiéramos nada menos que seguir escribiendo». La segunda alusión señala la influencia que tendrá la película *F for fake* de Orson Welles en su formación artística: «me descubrió tramas, fraudes y laberintos sobre los que podía escribir si continuaba queriendo llegar a ser un escritor de verdad. Para serlo tenía que saludar la invención de lo verdadero, del mismo modo que tenía que inventarme a mí mismo si de verdad quería ser escritor. *F for fake* hizo que aumentara mi pasión por los libros apócrifos, por las reseñas de libros falsos, por el mundo de los grandes impostores, por el de los hombres que se hacen pasar por otro, por el de los hombres que son alguien y por el de los que no son nadie» (Vila-Matas 2003: 195).

CASAS, Ana (ed.) (2012): *La autoficción. Reflexiones teóricas*. Madrid: Arco Libros.

COCA MENÉNDEZ, Beatriz, y ALONSO DÍAZ, Rosa María (2006): «París, destino y emplazamiento nostálgico de las ilusiones juveniles en la narrativa española actual», en: Manuel Bruña Cuevas *et al.* (coords.), *La cultura del otro: español en Francia, Francés en España*. Sevilla: Universidad de Sevilla, 413-422.

DEL POZO GARCÍA, Alba (2009): «La autoficción en París no se acaba nunca de Enrique Vila-Matas», *425ºF: Revista de Teoría de la Literatura y Literatura Comparada* 1, 89-103.

DEL PRADO BIEZMA, Javier, BRAVO CASTILLO, Juan, y PICAZO, M.ª Dolores (1994): *Autobiografía y modernidad literaria*. Ciudad Real: Servicio de Publicaciones de la Universidad de Castilla-La Mancha.

GABRIELE, John P. (2003): «Reading Endlessly: The Case of Enrique Vila-Matas's *París no se acaba nunca*», *Symposium: A Quarterly Journal in Modern Literatures* 62.2, 113-128.

GARCÍA, Marc, AMADAS, Mario, VELASCO, Unai (2008): «Entrevista a Enrique Vila-Matas: "Si supiera cómo es la novela del futuro la haría yo mismo"», *Quimera* 295, disponible en <http://www.enriquevilamatas.com/entrQuimera295.html> [última consulta: 11.10.2013].

GENETTE, Gérard (1989): *Palimpsestos. La literatura en segundo grado*. Madrid: Taurus.

HEMINGWAY, Ernest (2003): *París era una fiesta*. Barcelona: Seix Barral.

HUTCHEON, Linda (2000): *A Theory of Parody. The Teachings of Twentieth-Century Art Forms*. Urbana/Chicago: University of Illinois Press.

LEJEUNE, Philippe (1994): *El pacto autobiográfico y otros estudios*. Madrid: Megazul-Endymion.

OÑORO, Cristina (2007): *El universo literario de Enrique Vila-Matas: fundamentos teóricos y análisis práctico de una poética posmoderna*. Tesis doctoral. Universidad Complutense de Madrid, vols. I, II y Anexo.

PÀMIES, Sergi (2003): «Entrevista a Enrique Vila-Matas: Los escritores acaban solos y acaban mal», *El País*, disponible en <http://elpais.com/diario/2003/10/18/babelia/1066433950_850215.html> [última consulta: 11.10.2013].

POZUELO YVANCOS, José María (1994): «La ficcionalidad: estado de la cuestión», *Signa: Revista de la Asociación Española de Semiótica* 3, 265-284.

— (2000): «Parodiar, rev(b)elar», *Exemplaria: Revista de literatura comparada* 4, 1-18.

— (2010): *Figuraciones del yo en la narrativa. Javier Marías y E. Vila-Matas*. Valladolid: Cátedra Miguel Delibes/Servicio de Publicaciones e Intercambio editorial Universidad de Valladolid.

Pueo, Juan Carlos (2002): *Los reflejos en juego [Una teoría de la parodia]*. Valencia: Tirant lo Blanch.

Puertas Moya, Francisco Ernesto (2004): *Aproximación semiótica a los rasgos generales de la escritura autobiográfica*. Universidad de La Rioja: Servicio de Publicaciones.

Rodríguez Fontela, María de los Ángeles (1996): *La novela de autoformación. Una aproximación teórica e histórica al «Bildungsroman» desde la narrativa hispánica*. Kassel: Reichenberger.

Rose, Margaret A. (1993): *Parody: ancient, modern, and post-modern*. Cambridge: Cambridge Universtiy Press.

Salmerón, Miguel (2002): *La novela de formación y peripecia*. Madrid: Antonio Machado Libros.

Vila-Matas, Enrique (2003): *París no se acaba nunca*. Barcelona: Anagrama.

— (2013): *París no se acaba nunca* (con el «Prólogo. Tan feliz que ni me enteraba»). Barcelona: Seix Barral.

LITERATURA E INTERTEXTUALIDAD: *VARIA IMAGINACIÓN Y DESARTICULACIONES* DE SYVIA MOLLOY[1]

Julien Roger

Université Paris Sorbonne–Paris IV

La perplejidad es la única (sola) moral literaria.

A. Compagnon,
Le démon de la théorie, 1998, p. 283

Los vínculos entre autobiografía y autoficción, en los textos escritos en primera persona, son extremadamente permeables. Ello es así tanto en la literatura argentina como, de manera más general, en la literatura posmoderna.

Efectivamente, al tratarse de alguien que, como Sylvia Molloy, ha teorizado sobre la autobiografía («la autobiografía no depende de los sucesos, sino de la articulación de los sucesos, almacenados en la memoria y reproducidos mediante el recuerdo y su verbalización», 1996: 10), el paso hacia la escritura creadora o creativa no es de ningún modo inocente o ingenuo, sino que tiene, en buena medida, un componente autorreflexivo y adopta, a veces, la forma de una metanarración.

Después de haber escrito dos novelas de temática difusamente autobiográfica, *En breve cárcel* (1981) y *El común olvido* (2002), a partir de 2003 Molloy se ejercita en la práctica autoficcional gracias a publicar *Varia imaginación* (2003), una recopilación de fragmentos («retazos») íntimos narrados en primera persona, y *Desarticulaciones* (2010), una serie de pequeños textos sobre una amiga de la narradora afectada por la enfermedad de Alzheimer. A primera vista, estos dos libros parecen cuestionar las fronteras genéricas entre autobiografía, autoficción y autonarración.

No obstante, después de varias lecturas, el carácter autoficcional de estas dos obras queda fuera de toda duda, en la medida en que la voz narra-

---

1. Título original: «Littérature et intertextualité: *Varia imaginación* et *Desarticulaciones* de Sylvia Molloy». Traducción del francés de Antonio Rivas con la autorización del autor.

tiva se identifica con la persona de la autora, al contrario que en *En breve cárcel* y *El común olvido*, donde no se da esta identidad. Así, en *Varia imaginación*, y más concretamente en el fragmento «Pariente», la narradora rastrea el nombre de su padre en el listín telefónico, luego en un buscador electrónico para finalmente concluir: «me encontré a mí misma» (Molloy 2003: 36). Además, en este libro la narradora menciona un cúmulo de autobiografemas (infancia en Argentina, trilingüismo, amistades femeninas), que tienden a identificarla con la autora.

En *Desarticulaciones*, la identificación entre la voz narrativa y la autora no plantea ninguna duda, al coincidir el nombre propio de ambas: «Hoy la llamé como lo hago todas las noches, pare ver cómo había pasado el día, y como todas las noches respondió: "Sin novedad". Pero hoy sí hubo novedad: cuando L. le pasó el tubo diciéndole "te llama S.", atendió y me dijo "cómo te va, Molloy". Todavía, en algún recoveco de su mente, no soy ausente: estoy» (Molloy 2010: 58).

De ese modo, estos textos, gracias al nombre propio, presentan un componente autoficcional: lo que cuenta en la autoficción, al contrario que en la autobiografía, no es tanto el enunciado de los hechos reales, sino la enunciación o, más bien, el contrato de lectura. Gérard Genette, en *Fiction et diction* (1991)[2], distingue a propósito dos regímenes de literariedad que explican el funcionamiento de los textos literarios: por un lado, el régimen constitutivo, garantizado por una serie de intenciones, convenciones genéricas y tradiciones culturales, y, por el otro, el condicional, que depende de una valoración estética subjetiva que puede revocarse en todo momento. La literatura, dice Genette, es el arte del lenguaje (lo que no es, claro está, ninguna novedad). La literariedad es aquello que hace que un texto sea literario, de acuerdo con dos acepciones. La primera consiste en entender que, en ciertos textos, la literariedad es algo adquirido, definitivo: estaríamos ante una teoría constitutivista o esencialista de la literariedad, en el marco de una poética cerrada, bien en virtud de un criterio temático (la ficción: una obra es literaria, porque es ficcional), bien en virtud de un criterio formal o remático (Genette toma el ejemplo de la poesía: la epopeya, la tragedia, la comedia clásica o el drama romántico son literatura, pues responden a una serie de características formales; un soneto es literatura, porque es un soneto, incluso si es malo).

---

2. Existe edición en español: Gérard Genette (1993): *Ficción y dicción*. Traducción de Carlos Manzano. Barcelona: Lumen. (*Nota del traductor*)

Ahora bien, tanto si se trata del criterio temático como del remático, la poética esencialista se encuentra en un callejón sin salida cuando aborda la literatura no ficcional en prosa: la historia, la elocuencia, los ensayos, la autobiografía y, aún con mayor motivo, la autoficción. La poética esencialista es una poética exclusivista: de ahí la necesidad de recurrir a otro criterio, calificado de condicionalista, que confía al juicio del gusto el criterio de toda literariedad, y que afirma, de ese modo, el papel del sujeto en dicha literariedad: es literario aquello que yo decreto como tal. De lo que se trata aquí, explica Genette, es de la capacidad de todo texto para convertirse en literario al margen de una serie de normas o reglas, al contrario de lo que afirman las poéticas esencialistas. Lo que importa en este caso no es tanto la naturaleza de la obra cuanto su recepción; de ahí que el vasto territorio de la escritura del yo no haya sido considerado como literatura hasta el siglo xix, y que ello se haya realizado de manera progresiva. Al entender la literariedad como un hecho plural, los llamados textos condicionalistas exigen una teoría pluralista de la lectura. En este sentido, la autoficción apuntaría a las poéticas calificadas por Genette, en *Ficción y dicción*, como condicionalistas; es decir, la autoficción no se define por una serie de reglas o de normas (como el soneto o la tragedia) sino por la percepción que el lector tiene del libro que está leyendo. La autobiografía, por ejemplo, exige un pacto de lectura claro (veracidad de los hechos narrados), mientras que la autoficción plantea un pacto de lectura indeciso e indecidible.

Esta clase de lectura es la que permite y valida el penúltimo fragmento de *Varia imaginación*, «Clair de lune», donde se narra la escena posterior a la muerte de la hermana de la narradora. Poco después del entierro, la mujer de su sobrino dice haber visto a la difunta en el telediario, la víspera de su muerte, comprando alcohol y llevando unas gafas negras. La narradora, que viaja al Caribe unos días más tarde, observa durante un claro de luna a «cuatro o cinco vacas que brincaban y se empujaban juguetonamente, al parecer excitadas por la luna. Mugían de puro deleite, parecían muy contentas, y me sentí extrañamente reconfortada [...]. Me persiguen, nítidas, esas dos imágenes: una vista, la otra, imaginada, las dos inolvidables, para siempre juntas» (Molloy 2003: 101). El lector se encuentra, pues, ante un pacto referencial indeciso y ambiguo; por ello, ante un pacto autoficcional en el que el juego con el referente constituye el núcleo de la obra y genera su aspecto literario.

De esta manera, el papel del lector resulta absolutamente capital en la hermenéutica de las autoficciones. En efecto, como explica muy bien

Antoine Compagnon en *Le démon de la théorie* (1998), se oponen aquí dos tesis: la antigua idea que identificaba el sentido de la obra con la intención del autor («lo que el autor quiso decir», objeto de burla para Proust en su *Contre Sainte-Beuve*); y la nueva que, desde Barthes en los años setenta, cuestiona la pertinencia del criterio intencional para describir o determinar el sentido de la obra. En este último caso, el sentido de la obra debe buscarse en la propia obra independientemente de la intención del autor («si el autor hubiera querido decir algo, lo habría dicho», según las palabras de Maurice Molho referidas por Milagros Ezquerro). Habría una tercera vía que pone el acento en el lector como criterio de significación literaria. Durante mucho tiempo, con el fin de explicar las obras, se ha colocado en un primer plano la restitución del sentido del texto según la intención del autor: el sentido del texto es aquello que el autor ha querido decir. Pero la explicación basada en la intención convierte la crítica en algo inútil: si el sentido es intencional, objetivo e histórico, la crítica carece de razón de ser. Este debate, que ya tiene unas cuantas décadas, animó a Barthes a elaborar el ensayo de 1968 acerca de «La muerte del autor» (aunque en realidad la muerte del autor no era para Barthes otra cosa más que una postura y no una exigencia absoluta, como se ha querido creer con demasiada frecuencia). Barthes vincula la importancia del autor al desarrollo del individualismo burgués del siglo XIX: la explicación de la obra había que buscarla en aquel que la había producido. El crítico denuncia, asimismo, el monopolio del autor dentro de los estudios literarios y, en su lugar, entiende que el principio explicativo de la literatura es el lenguaje, impersonal y anónimo, en tanto que material del que están hechas las obras. El autor cede entonces su espacio a la escritura, al texto: lo que cuenta es el sujeto de la enunciación, esto es, el narrador. La literatura, o al menos la ficción, implica, en este sentido, la disociación del autor y el narrador; en otros términos, el lector se convierte en un autor vicario. Contrariamente a la idea generalizada, el texto no transmite un mensaje predeterminado que debe ser descodificado e interpretado de manera unívoca. El tipo de comunicación que un texto instaura difiere del de una conversación, donde hay un mensaje que debe ser descodificado unívocamente por un destinatario. La comunicación que establece el texto entre el autor y el lector es *in absentia*, específica, diferida, mediatizada e indirecta, en la que dos sujetos se encuentran en coordenadas espacio-temporales diferentes, a diferencia de lo que ocurre en una conversación corriente. Que el autor lo sepa o no, el texto ofrece al lector un conjunto de signos abierto, ampliamente indeterminado y, por tanto, polisémico. Incluso si el autor indica el sentido que le ha querido dar a su texto (es la función de los prólogos), dicho sentido es uno más entre otros posibles, en la medida en que cada lectura modifica el texto. La significación de una obra no es estática ni inamovible; se encuentra sometida a modificaciones. Para un lector contemporáneo de Cervantes el sentido del *Quijote* no es igual al que hoy tiene para nosotros, y no será Pierre Ménard quien nos lleve la contraria. El significado del texto no se agota jamás con las intenciones de su autor: cuando pasa de un contexto histórico cultural a otro, se le añaden nuevas significaciones, que ni el autor ni los primeros lectores habían previsto. Toda interpretación es contextual y depende, por lo tanto, de criterios relativos al contexto en el que se ha producido, sin que sea posible comprender un texto solo por sí mismo: este, de manera inevitable, origina un diálogo entre el pasado y el presente. En cuanto a la lectura de las autoficciones, puede decirse que la muerte del autor ha hecho autónomo al texto y liberado la creación autoficcional, especialmente a raíz de la parte última del célebre artículo de Barthes, en la que este decretaba que la muerte del autor era el precio a pagar por el nacimiento del lector. Hay, pues, en la literatura posmoderna, una autonomización del texto en relación con el origen de su producción. Se trata, evidentemente, de una función productiva del texto, aunque ya no resulta operativa dentro del proceso de lectura: el lector deviene un nuevo autor. La cuestión del autor ha sido sustituida por la del narrador y sus avatares, engendrando, de este modo, una serie de gramáticas del texto del tipo *Figuras III* de Genette. Por otra parte, la muerte del autor ha tenido como consecuencia la emergencia de la teoría en torno a la intertextualidad.

De ahí deriva la siguiente pregunta: entre la exclusión del autor en la poética posmoderna y la escritura de una vida ¿qué puede hacer la teoría?, ¿cómo reconciliar ambas posiciones? Al postular que el texto autoficticio es un texto de creación —una ficción, por lo tanto; una obra que vive su vida—, ¿cuánto del autor podemos encontrar en ella? «Todo esto debe considerarse como si lo hubiera dicho un personaje de novela», decía Barthes (1975: 577) al inicio de su autoficción *Roland Barthes por Roland Barthes*[3]. Se puede postular que toda autobiografía es una reconstrucción de la vida y, en consecuencia, una construcción que pasa por un proceso

---

3. Cito del original: «Tout ceci doit être considéré comme dit par un personnage de roman». Existe edición española: Roland Barthes (2007): *Roland Barthes por Roland Barthes*. Traducción de José Miguel Marinas. Madrid: Siglo XXI. (*Nota del traductor*)

de creación, recreación y selección: toda autobiografía implica una parte más o menos considerable de ficción o, lo que es lo mismo, de literariedad. Uno de los desafíos de la autoficción reside en interrogarse sobre cómo inscribir la problemática de «narrar la vida» desde el análisis de los textos que se han producido a partir de la muerte del autor decretada por Barthes. Escribir la vida de uno es también y ante todo representar lo real. ¿Cómo se representa el autor la/su realidad, su vida, en una autoficción? Existe un término medio: no se trata de negar al autor ni de rehabilitarlo, sino de mantenerlo en el centro de la diana para evitar la impostura. No hay respuestas francas o netas: todo se encuentra en el ínterin. La cuestión de la escritura del yo se plantea como una zona de contacto entre diversos problemas teóricos, entre ellos, las relaciones de la literatura con lo real (Compagnon 1998: 103). De este modo, en la literatura posmoderna se excluye el referente, al tiempo que se le concede el protagonismo al lenguaje: el lenguaje, de alguna manera, substituye a lo real. Notemos, sin embargo, que el rechazo de la dimensión expresiva y referencial no es algo exclusivo de la literatura, sino que caracteriza el conjunto de la estética moderna, concentrada en el soporte expresivo. En lo que se refiere a la autoficción, el caso paradigmático lo constituye, claro está, *Fils* de Doubrovsky. Sin embargo, también se puede decir, especialmente en las autoficciones de Molloy, que lo real vuelve a escena, contrariamente a lo que sucede en las autoficciones canónicas como *Fils*. No podemos excluir totalmente lo real, la materia prima de la vida, en las autoficciones de Molloy, sin realizar un contrasentido hermenéutico. Que Barthes o Genette lo quieran o no, la escritura de la vida —por tanto, de un referente real—, pasa, pese a todo, por la vida del autor. Como, por otra parte, señalaba sensatamente Barthes en *Le plaisir du texte* (1973), algunos años más tarde de haber postulado «la muerte del autor»:

> Como institución el autor está muerto: su persona civil, pasional, biográfica ha desaparecido; desposeída, ya no ejerce sobre su obra la formidable paternidad cuyo relato se encargaban de establecer y renovar tanto la historia literaria como la enseñanza y la opinión. Pero en el texto, de una cierta manera, *yo deseo al autor*: tengo necesidad de su figura (que no es ni su representación ni su proyección), tanto como él tiene necesidad de la mía (salvo si solo hay «cháchara»). (Barthes 2000: 101)[4]

---

4. La traducción es de Nicolás Rosa en su versión de Roland Barthes (2007): *El placer del texto y lección inaugural.* Madrid: Siglo XXI, 20. (*Nota del traductor*)

Lejeune (1996: 31) ha definido la autoficción como una autobiografía ficticia en la que el narrador lleva el nombre del autor y este puede identificarse con facilidad, en la línea de *Fils* de Doubrovsky (1977, contracubierta), que calificaba la autoficción como «ficción de acontecimientos y hechos estrictamente reales». La autoficción es una proyección del yo en situaciones imaginarias, como señala Genette (1991: 86): «Yo, el autor, os voy a contar una historia en la que soy el héroe, pero que nunca me ha sucedido»[5].

No obstante, en *Moi aussi* (1986), Philippe Lejeune vuelve sobre el pacto autobiográfico, definido previamente en su obra fundacional, para postular que la autobiografía (y especialmente la autoficción) es, ante todo, una manera de leer; también insiste en la dimensión eminentemente lúdica de la escritura del yo (factor muy poco valorado por la crítica): en ambos casos, tanto en la autobiografía como en la autoficción, el lector puede anular el pacto de lectura que se le propone, y con mayor razón cuando dicho pacto es inexistente. Puede (y en nuestra opinión *debe*) haber un desacuerdo entre la intención del autor y la del lector. Una autobiografía puede ser recibida como una autoficción (como sería el caso de *Cuadernos de infancia*, de Norah Lange, o *Viaje olvidado* de Silvina Ocampo). Pero, sobre todo, en *Moi aussi* Lejeune insiste en su célebre cuadro del *Pacto autobiográfico*: este puede ser a la vez referencial y autobiográfico, el nombre del personaje puede ser a la vez parecido y diferente (iniciales, nombres distintos), nombres de pila similares. Un libro que en su subtítulo se ofrece como una novela puede presentarse como una autobiografía en la nota de prensa. Lo esencial es que haya juego en la elaboración del texto, así como en su hermenéutica.

Para Lejeune hay una paradoja en la escritura del yo (o en cómo escribir la propia vida): consistiría en pretender escribir un discurso que, a pesar de todo, tiende a veces a la veracidad, y una obra de arte, desligada de su contexto inicial de producción. Una obra que pertenece al vasto conjunto de la escritura del yo implica una tensión necesaria entre la transparencia referencial y la búsqueda estética. Una de las respuestas ya la dio Blanchot: el texto es lo que produce la vida y no la vida la que produce el texto, una fórmula que podría aplicarse a la autoficción.

De nuevo, puede afirmarse que todo depende del lector: en la literatura posmoderna es a él a quien corresponde otorgar el sentido y el

---

5. Cito del original: «Moi auteur, je vais vous raconter une histoire dont je suis le héros mais qui ne m'est jamais arrivée». (*Nota del traductor*)

estatuto al texto. La etiqueta autobiografía o autoficción para calificar un libro es el fruto de una hipótesis hermenéutica: todo es cuestión de fronteras. Lejeune pide para cada caso no tener una mentalidad policial: la indecisión es lo que cuenta, lo que proporciona la riqueza del texto, su productividad y, como efecto secundario, el placer del lector (o el placer del texto, como diría Barthes).

Este es el sentido del primer libro de Philippe Gasparini, *Est-il Je? Roman autobiographique et autofiction* (2004), que prolonga, amplía y teoriza las aportaciones del pionero Lejeune. Gasparini lleva a cabo un estudio pormenorizado de la forma autobiográfica y autoficcional, y sobre todo de las formas fronterizas. Para Gasparini las «zonas límite y los puntos de contacto» son la fuente del problema o, al contrario, la razón de su riqueza.

Una de estas primeras zonas de contacto entre el referente y el sujeto estriba en el anonimato del narrador, o al menos en la duda en cuanto a la fuente de la enunciación (evidentemente no siempre ocurre así, como acabamos de ver con las autoficciones de Molloy, aunque el lugar y la identificación del sujeto se reducen a su mínima expresión): en todos estos supuestos, el problema con relación a la identidad, o con los rasgos identitarios difícilmente identificables, se inscribe en una estrategia autorreferencial. Al no nombrar (o al ser impreciso a ese respecto) la instancia enunciativa, el autor actúa como si asumiera directamente su discurso, de igual manera que sucedería con el ensayo: «el sujeto que se cuenta a sí mismo, desprovisto de identidad onomástica, remite a un solo individuo que acepta hacerse cargo del relato: el autor, pues al lector le horroriza el vacío» (Gasparini 2004: 40)[6].

Otra zona de contacto es, precisamente, la identificación autobiográfica cuando no hay nombre propio, como hemos visto con *Varia imaginación*: por ejemplo, el aspecto físico, los orígenes, la profesión (la narradora de *Desarticulaciones* ha escrito, junto con el personaje principal, un artículo sobre Rulfo), el medio social (las dos casas de Olivos en *Varia imaginación* en la secuencia primera, que lleva por título «Casa tomada»).

Pero, desde la perspectiva que aquí nos interesa, lo más importante es el carácter intertextual de la obra, a saber: la presencia de un texto en

---

6. Cito del original: «le sujet qui se raconte, dépourvu d'identité onomastique, renvoi au seul individu qui accepte de prendre en charge le récit: l'auteur, le lecteur ayant horreur du vide». (*Nota del traductor*)

otro texto, que se orienta además hacia la ficción. Como indica Gasparini (2004: 104), en los textos fronterizos la intertextualidad es un «operador de ambigüedad genérica»: «La intertextualidad permite al autor precisar o problematizar la posición que ocupa la narración en el eje ficción/referencia en comparación con los textos en los que el estatuto genérico está bien establecido» (116)[7].

Gasparini concluye diciendo que el lector, como hemos indicado hasta ahora, tiene la última palabra, sumándose de este modo a los planteamientos de Lejeune:

> No sabríamos descodificar un texto de este tipo como un crucigrama o una función algebraica en la que los índices serían ficcionales en las abscisas y referenciales en las ordenadas. Más vale concebirlo como lo que Joyce denomina *work in progress* o Umberto Eco «obra abierta». [...] Los dos contratos de lectura chocan de frente y, de alguna manera, se anulan, dejando libertad absoluta al lector para enfocar el texto como mejor lo entienda, para confrontarlo con otro texto, otro recuerdo, otra interpretación, que modificarán su perspectiva de recepción. (Gasparini 2004: 347)[8]

Además, y en nuestra opinión esto es lo más importante, para Philippe Gasparini, en su obra más reciente (*Autofiction. Une aventure du langage*, 2008), la distinción entre autoficción y autobiografía estriba en el grado de énfasis que se ponga en la problematización del lenguaje. No solo como vínculo y juego entre el significante y el significado, sino también en los textos en los que se concede el protagonismo al lenguaje o a la literatura autorreflexiva. Veremos en qué medida para Silvia Molloy la mirada sobre el yo es, a menudo, una construcción imaginaria y literaria. Como la propia escritora señala en un pasaje de *Varia imaginación*, «la ficción siempre mejora lo presente» (2003: 97).

---

7. Cito del original: «L'intertextualité permet à l'auteur de préciser ou de problématiser la position qu'occupe le récit sur l'axe fiction/référence par comparaison avec des textes dont le statu test bien établi». (*Nota del traductor*)

8. Cito del original: «On ne saurait décoder un texte de ce genre comme une grille de mots croisés ou une fonction algébrique dont les indices seraient fictionnels en abscisse et référentiels en ordonnée. Mieux vaut le concevoir comme ce que Joyce nommait *a work in progress* ou Umberto Eco une "oeuvre ouverte". [...] Les deux contrats de lecture s'y télescopent et, en quelque sorte, s'y annulent, laissant toute liberté au lecteur d'investir le texte comme il l'entend, de lui confronter un autre texte, un autre souvenir, une autre interprétation, qui modifieront sa perspective de réception». (*Nota del traductor*)

En efecto, me parece banal que en el estudio de una autoficción se acuda a la materia autobiográfica en busca del sentido del texto. Esta vía desemboca en un callejón sin salida, en la medida en que encierra el sentido e impide una interpretación literaria adecuada. Al llevar el texto, en este caso la autoficción, solamente hacia el referente autobiográfico se aprisiona su sentido y se empobrece el análisis. Como señala acertadamente Nora Catelli,

> Cuando no se acepta el enigma de una forma, es siempre el dato biográfico, el detalle real que falta, la circunstancia biográfica que queda por descubrir, lo que parece cerrar la grieta hermenéutica. Cuando un texto se resiste a una interpretación, la ansiedad del crítico no se calma con otras interpretaciones, sino que recurre a los hechos. [...] El refrendo autobiográfico tranquiliza, pero del refrendo biográfico no sale luz. (Catelli 2007: 68-69)

De hecho, como ha analizado Philippe Gasparini, una de las características esenciales de la autoficción, al margen de su vínculo con el tiempo de la infancia, el de la familia (particularmente presente en *Varia imaginación* a través de la relación con la madre) o la dispersión fragmentaria propia de la posmodernidad —visibles tanto en *Varia imaginación* como en *Desarticulaciones*—, es la relación metanarrativa que estas obras mantienen con la literatura en sí. Dos citas de Philippe Gasparini me parecen, en este sentido, pertinentes. La primera, a propósito de *Fils*, de Doubrovsky:

> *Fils* se distingue así de manera llamativa de los escritos referenciales —científicos, jurídicos, periodísticos, etc.— que no tienen más objeto que transmitir las informaciones *a través* del lenguaje, disimulando tanto como sea posible su componente subjetivo, su naturaleza retórica, su existencia incluso. Y por consiguiente se desmarca de las autobiografías, ingenuas o astutas, que postulan una neutralidad del lenguaje. [....] Son las palabras las que engendran el recuerdo y no al revés. El lenguaje dicta su vida. De ahí esta fórmula en quiasmo, un poco rebatida hoy, pero adecuada para su proyecto: confiar «el lenguaje de una aventura a la aventura del lenguaje». (Gasparini 2008: 27-28)[9]

---

9. Cito del original: «*Fils* se distingue ainsi de manière éclatante des écrits référentiels –scientifiques, juridiques, journalistiques, etc.– qui ne visent qu'à transmettre des informations *à travers* le langage, en dissimulant autant que possible sa teneur subjective, sa nature rhétorique, son existence même. Et il se démarque par conséquent des autobiographies, naïves ou rusées, qui postulent une telle neutralité du langage. [...] Ce sont les mots qui engendrent les souvenirs et non l'inverse. Le langage lui dicte sa vie.

La segunda afecta al carácter intrínsecamente metaliterario y autorreferencial (y no referencial, como en la autobiografía) de la autoficción:

Porque privilegia la función poética del lenguaje, la narración literaria se encuentra automáticamente en la órbita de la ficción y se distingue de las autobiografías ordinarias, prosaicamente cronológicas y explicativas. Solamente la estetización del verbo puede trascender el punto muerto referencial y justificar la empresa autobiográfica. (Gasparini 2008: 49)[10]

Se puede, por tanto, definir la autoficción como un género metadiscursivo, metanarrativo, incluso metaliterario, en el que las palabras no tienen sentido sino por sí mismas y al que hay que desconectar parcialmente (pero no totalmente, como vimos más arriba) de un referente improbable para poder analizarlo. De este modo, el recurso a la sola y única materia autobiográfica puede resultar ser un obstáculo, como ya he notado al citar a Nora Catelli.

***

Si se leen bien, los usos de la literatura en su vertiente autorreferencial parecen ser ante todo de carácter lúdico tanto en *Desarticulaciones* como en *Varia imaginación*. A la manera de Barthes, en *El placer del texto*, para Molloy la literatura parece ser un juego, una herramienta lúdica que condiciona la relación del sujeto autoficcional con la existencia misma y con la vida.

Como ya han advertido numerosos críticos (Gallego 2011: 63), desde *En breve cárcel*, los títulos de los libros de Molloy son citas, y *Varia imaginación* —cita de Góngora—, no escapa a la regla[11], algo que parece resonar como un contrato de lectura para el libro. En efecto, es difícil discernir lo verdadero de lo falso, dado que Molloy enturbia las pistas y reivindica este resorte creativo. Hemos señalado ya este pasaje de *Varia imaginación*: «La ficción siempre mejora lo presente» (2003: 97); otro

---

D'où cette formule en chiasme, un peu rebattue aujourd'hui, mais adéquate à son projet: confier "le langage d'une aventure à l'aventure du langage"». (*Nota del traductor*)

10. Cito del original: «C'est parce qu'il privilégie la fonction "poétique" du langage que le récit littéraire tombe "automatiquement" sous le coup de la fiction et se distingue des autobiographies ordinaires, prosaïquement chronologiques et explicatives. Seule l'esthétisation du verbe peut transcender l'impasse référentielle et justifier l'entreprise autobiographique». (*Nota del traductor*)

11. «Varia imaginación que, en mil intentos, / a pesar gastas de tu triste dueño / la dulce munición del blando sueño, / alimentando vanos pensamientos». (Góngora 1969: 130)

tanto sucede en el fragmento «Libertad narrativa», de *Desarticulaciones*: «En su presencia le cuento alguna anécdota mía a L., que poco sabe de su pasado y nada del mío, y para mejorar el relato invento algún detalle. L. se ríe y ella también festeja, ninguna de las dos duda de la veracidad de lo que digo, aun cuando no ha ocurrido» (2010: 22); o de igual modo en «Re-producción», que podría funcionar como una metáfora del acto de la escritura autoficcional en Molloy: «no escribo para remendar huecos y hacerle creer a alguien (a mí misma) que aquí no ha pasado nada sino para atestiguar incoherencias, hiatos, silencio. Esa es mi continuidad, la del escriba» (2010: 38). De esta última cita puede inferirse toda una poética de la autoficción: el uso de la literatura y de la intertextualidad en Molloy viene, de la misma manera que los recuerdos —inventados o no—, a llenar o a acentuar ese silencio. En otras palabras, los *hiatos* de los que habla Molloy mientras escribe se escenifican mediante la referencia a la literatura misma.

De hecho, en la secuencia «De los usos de la literatura» de *Varia imaginación*, la narradora cuenta entre otras cosas cómo su profesora de inglés obligaba a toda la clase a aprenderse de memoria largas tiradas de Shakespeare. Tomando por caso un fragmento del *Mercader de Venecia*, cada alumno debía recitar, de forma aleatoria, un verso del texto dramático:

> Entraba a clase, abría el registro, nos pedía que cerráramos los libros, y luego arbitrariamente señalaba a una alumna con un índice imperioso como una garra. *You!*, gritaba, y la conminada empezaba a recitar [el primer verso], pero el dedo la interrumpía, apuntando enseguida a otra alumna, *Now you!*, y la otra empalmaba [el segundo verso]... (Molloy 2003: 79-80)

Y concluye la narradora: «La literatura se reducía, en esas clases, a un juego de acertijos. No nos habría sorprendido que la inglesa, cuando alguien se equivocaba, hubiera gritado, como la reina roja, "Off with their heads!"» (2003: 80), en alusión a la Reina de Corazones de *Alicia en el país de las maravillas* (Caroll 1970: 200).

A partir de este fragmento ligado a la infancia, parece que la literatura sea capaz de dar vida tanto a los personajes como a la narradora. En efecto, en estas dos obras, los autobiografemas se vinculan la mayor parte del tiempo a la literatura y aparecen impregnados de materia intertextual.

En el fragmento «Misiones» de *Varia imaginación*, la narradora relata un viaje —como su nombre indica— a las misiones jesuitas, en el nordeste de Argentina. Desde el inicio, el recuerdo de este viaje se empapa de referentes intertextuales: «En lugar de habitaciones había casitas tirolesas diseminadas por el parque descuidado, selvático; la mezcla de Heidi con Conrad era curiosa pero no desagradable» (2003: 47). Pero lo que llama la atención del lector también desde el principio es la alusión a Horacio Quiroga, muy visible en todo el pasaje, ya sea a través de la alusión, en el íncipit, a una piscina llena de serpientes («Ahí bañaba a los hijos, nos contestaron, y luego cuando crecieron guardaba víboras, la piletita se volvió serpentario», 47), del gesto de la hotelera cuando aparta a la narradora para protegerla de una serpiente («Yo estaba a punto de cruzar el umbral que daba al patio cuando me tiró de la manga haciéndome dar un paso atrás. Vimos deslizarse una viborita negra rumbo a una mata de arbustos», 49), o, especialmente, en el fragmento final: «Me acuerdo de una frase, de pronto, y pienso que es de las más bellas de la literatura argentina: "Una pareja de guacamayos cruzó muy alto y en silencio hacia el Paraguay"» (49), extracto del relato de Quiroga «A la deriva», incluido en *Cuentos de amor, de locura y de muerte* (2004: 97). De modo que el lector puede preguntarse con razón si esta reminiscencia es lo que motiva la alusión velada a Quiroga o, más bien, si no es la alusión final a Quiroga lo que desencadena un recuerdo posiblemente inventado por la narradora. Así, el lector no sabe si el pacto de lectura en *Varia imaginación* es de orden referencial o ficcional, cosa que abre el libro a un espacio literario mucho más rico que si se tratara de una simple autobiografía. Por mediación de la referencia literaria, el texto accede a un tipo de realidad distinta, que ya no es únicamente la de los recuerdos sino también la del texto.

Además de Quiroga, citado en *Varia imaginación*, y Cortázar, al que Molloy rinde homenaje en el primer texto del libro, «Casa tomada» (Ezquerro 2011: 98-99), las alusiones a Borges en *Desarticulaciones* permiten situar el texto en una óptica deliberadamente literaria. A este propósito, resulta revelador el fragmento «Ceguera»:

> Durante un tiempo entretuve una teoría que acaso sea acertada. Recordaba que a Borges siempre le había costado hablar en público, al punto que cuando le dieron el Premio Nacional de literatura tuvo que perdirle a otro que leyera su discurso de agradecimiento. Yo solía identificarme con esa timidez para hablar, yo que casi no podía dar clase y tenía que imaginar que no me miraba nadie para no tartamudear. [...] Ahora, cuando la visito me ocurre lo contrario. Hablo y bailo (ella no aporta nada a la conversación) y cuento cosas divertidas, e invento, ya lo he dicho, cada vez con más soltura. (Molloy 2010: 27)

De este modo, la alusión a Borges, como modelo de enunciación, es bastante reveladora de la relación que la narradora mantiene con la literatura: invocar a un autor y apropiarse de sus posiciones para convertirse ella misma en autora, hipertextual, como pudo serlo el propio Borges, tal y como estudió Michel Lafon en su tesis sobre Borges y la reescritura:

A fuerza de reescrituras, visibles o invisibles, esta obra provoca en su entorno complejos sentimientos, extraños comportamientos. Más allá de la irritación o de la fascinación, algo misterioso, recurrente e implacable se pone en marcha: yo propongo llamarlo una eficacia. Interrogarse sobre tal eficacia es intentar detenerse en la manera en la que Borges fue reescrito por otros escritores, en la manera en la que la obra borgesiana fue reescrita por otras obras. (Lafon 1989: 483)[12]

Así, al citar la postura del ciego borgesiano, Molloy se apropia de un cierto modo de su imagen de escritor para seguir sus huellas y para escribir su propio relato: lo dice claramente al final del extracto citado: «cuento cosas divertidas e invento, ya lo he dicho, cada vez con más soltura» (2010: 27). Reescribir a Borges para inventar, para convertirse a su vez en autora, este es el proyecto de Molloy, su relación con el hecho literario y con su propia práctica creadora.

En efecto, la relación con Borges no se limita solo a este pasaje: en el fragmento «Fractura», Molloy evoca, como indica su título, el relato de una fractura que ella misma sufrió y añade que, durante la semana siguiente a su accidente, no cesó de recordar toda su vida pasada: «la memoria se ha puesto a trabajar febrilmente» (2010: 62). Ni de escribir sobre ML, la persona a la que visita y que también sufrió una fractura, y está aquejada de la enfermedad de Alzheimer: «Y pienso en ML, que durante su convalecencia no experimentó ese abarrotamiento digno de Funes, ML que ni siquiera recordaba haberse roto la pierna aun cuando la tenía delante. Pienso acaso en esa instancia —y solo entonces— le haya tocado la mejor parte» (2010: 62). De la necesidad, por lo tanto, de olvidar el referente inmediato, la vida, para sumergirse en otro mundo, el del

---

12. Cito del original: «A force de réécritures, visibles ou invisibles, cette oeuvre provoque à son entour de complexes sentiments, d'étranges comportements. Au-delà de l'irritation ou de la fascination, quelque chose de mystérieux, de récurrent et d'implacable se met en place, que je propose d'appeler une efficace. S'interroger sur une telle efficace, c'est essayer de s'arrêter à la manière dont Borges est réécrit par d'autres écrivains, dont l'oeuvre borgésienne est réécrite par d'autres oeuvres». (*Nota del traductor*)

olvido que permite franquear el paso hacia la creación literaria a través de la referencia a «Funes el memorioso» (Borges 1994a: 121-133).

La última referencia a Borges proviene de «El Aleph» (1994b: 155-174) y tiene lugar, de nuevo, durante una estancia en el hospital, en el fragmento «Proyección»:

En los días que pasé en el hospital después de mi accidente tuve un sueño raro. Soñé que estaba con una conocida *grande dame* neoyorquina que murió hace unos años. Viva en mi sueño, se lamentaba de no haber asistido al primer desfile de Saint-Laurent [...], y yo en mi sueño la consolaba, le decía que yo tenía el desfile en mi cabeza y se lo podía mostrar, porque en efecto mi cabeza era un proyector cinematográfico y contenía todo. Acto seguido comenzaba a proyectarle el desfile en su más mínimo detalle en una de las paredes de su biblioteca, con mi cabeza, vuelta Aleph.

Pienso: cómo en otra época le hubiera divertido este cruce de lo literario con lo frívolo a ML, cómo hubiera entendido este sueño. Pienso: no me atrevo a preguntarle si se acuerda de Borges, menos de Saint-Laurent, me diría que si los viera se acordaría de ellos. (Molloy 2010: 66-67)

De hecho, la relación con la literatura («con mi cabeza, vuelta Aleph») es, por una parte, una cita que sirve para autorizar el texto autoficcional y para —casi— legitimarlo; por otra parte, dicha relación aparece desdramatizada sobre el modo irónico («me diría que si los viera se acordaría de ellos»): parece que lo que cuenta es sobre todo el juego con la literatura. Más allá del uso clásico de la cita (Compagnon 1979), el espacio autofícticio que esta abre es lo que resulta verdaderamente esencial en el caso de Molloy. De ahí que la referencia a Borges, que en un primer momento podría parecer imponente (pues la referencia a «El Aleph» implica la invocación de un texto canónico), se ve luego neutralizada e invertida. El uso de la intertextualidad está aquí al servicio del espacio del yo, el espacio autoficcional de creación parcialmente autónomo no solo con relación a su referente real (la *grande dame*), sino también respecto a su referente intertextual.

Al margen de este lúdico aspecto borgesiano, Sylvia Molloy, de condición trilingüe, mantiene con el francés y con la literatura francesa una relación de tipo afectivo: «Los parlamentos de Racine, también aprendidos de memoria, fueron vehículos de mis amores no correspondidos de adolescente, consuelo de los engaños que sufrí de adulta» (2003: 80).

Otro buen ejemplo de los poderes de la literatura en *Varia imaginación* se encuentra en la evocación de los diferentes tejidos utilizados por

la madre y la tía de la narradora: esta, en un monólogo elíptico, digno de
Molly Bloom (Joyce 2006), enumera un número nada insignificante de
clases de tejidos para rendir homenaje a su madre y a su tía:

> Plumeti, broderie, tafeta, falla, gro, sarga, piqué, paño lenci, casimir, fil a
> fil, brin, organza, organdí, voile, moletón, moleskin, piel de tiburón [...].
> Recuerdo estas palabras de mi infancia, en tardes en que hacía los deberes
> y escuchaba hablar a mi madre y a mi tía que cosían en el cuarto contiguo.
> Reproduzco este desorden costurero en mi memoria. (Molloy 2003: 21-22)

Este fragmento, titulado «Homenaje», es, como indica la narradora,
un claro tributo a su madre y su tía. Pero el lector puede, de igual modo,
advertir un homenaje a otra escritora argentina, Silvina Ocampo, en cuya
obra la ropa ocupa un lugar destacado. Pensamos, en primer lugar, en las
viñetas de *Viaje olvidado*: «El vestido verde aceituna» (Ocampo 2005: 17-
22) o «El retrato mal hecho» (Ocampo 2005: 59-64), en el que la madre,
Eponina, después de morir su hijo asesinado por Ana, la mucama, va
citando fragmentos de revistas de moda: «Niño de cuatro años vestido de
raso de algodón color encarnado. Esclavina cubierta de un plegado que figura como olas ribeteadas con un encaje blanco. Las venas y los tallos son
de color marrón dorados, verde mirto o carmín» (Ocampo 2005: 63).

Otro cuento de Silvina Ocampo que permite esclarecer el de Molloy
se encuentra, claro está, en *La furia*: se trata de «El vestido de tercio-
pelo», en el que la bata adornada con un dragón se convierte en una
cárcel, hasta el punto que la protagonista muere asfixiada (Ocampo
1982: 146-147). En estos dos intertextos de «Homenaje» se produce
un contraste evidente entre un enunciado en crisis y una enunciación
poética. En el fragmento de Molloy, casi exclusivamente compuesto de
una enumeración de tejidos, parece que el acontecimiento que narra el
relato sea precisamente el relato en sí mismo: el dato autobiográfico es
mínimo, mientras que el relato ocupa todo el espacio en detrimento de
su referente inmediato, esto es, la infancia de la narradora y la relación
que esta mantiene con la madre y la tía.

Este fragmento, que consiste en una enumeración de tejidos, es en
más de un sentido revelador de la relación que la narradora mantiene con
el lenguaje, a saber: la demanda de un lenguaje desencarnado, o más bien
unido a la experiencia autobiográfica solo por un hilo. Llegados a este
punto habremos comprendido que aquí los recuerdos no se componen
de autobiografemas, sino que se constituyen únicamente a través de una

cadena de palabras cuyo sentido no se proporciona al lector hasta el final de la obra. El lenguaje se presenta aquí como una entidad claramente metarreferencial, metanarrativa, hasta tal punto que su casi autonomía queda fuera de toda duda. En *La figure de l'auteur* (1995), Maurice Couturier, a propósito de Joyce, calificaba este tipo de relatos de «monólogos elípticos». La conclusión a la que llega resulta, a su vez, pertinente para *Varia imaginación*:

> El autor sabe que, en todo trabajo predicativo acabado, dejará marcas de su propia enunciación y solo llegará a representar imperfectamente los pensamientos conscientes o preconscientes de sus personajes; ensaya entonces erigir sus palabras en ley, y ello borrando la sintaxis. No obstante, la sintaxis es a menudo, si no siempre, fácil de reconstruir, lo que muestra que sus esfuerzos son parcialmente vanos; no sabremos, sin embargo, reprochárselo, ya que, de otro modo su texto sería ilegible. Se encuentra, entonces, preso en un juego que tiene un doble impedimento y, a la vez, nos hace caer en la trampa: la de la representación. (Couturier 1995: 167)[13]

En otros términos, esta enumeración no tiene valor fuera de sí misma; se trata de una concreción verbal autónoma en la que el referente desempeña un papel menor.

En conclusión, hemos visto que la literatura y la intertextualidad tienen un papel primordial tanto en *Varia imaginación* como en *Desarticulaciones*, se trate de una versión de autoridad con Borges (1994a, 1994b) o Quiroga, de su versión lúdica, festiva, o una versión puramente autorreferencial y desconectada de la experiencia vivida dentro del monólogo. Molloy no propone una representación de aquello que es (o de lo que fue, su realidad): sus textos no fotografían lo real ni lo reproducen, no lo describen. Aunque sí experimentan con una posibilidad de la existencia a través del juego con la literatura y la intertextualidad.

Se podrían multiplicar los ejemplos, pero, para concluir —pese a que la narradora de *Varia imaginación* entiende que «Proust no apelaba a mis

---

13. Cito del original: «L'auteur sait que, dans tout travail prédicatif achevé, il laissera des marques de sa propre énonciation et ne parviendra qu'imparfaitement à représenter les pensées conscientes ou préconscientes de ses personnages; il essaie donc d'ériger les mots en loi, et cela en gommant la syntaxe. Pourtant, cette syntaxe est souvent, sinon toujours, aisée à reconstituer, ce qui montre que ses efforts sont partiellement vains; nous ne saurions, cependant, lui en faire le reproche car son texte serait illisible autrement. Il se trouve donc pris au jeu d'une double contrainte et nous prend en même temps au piège, celui de la représentation». (*Nota del traductor*)

preocupaciones éticas de adolescente de la misma manera [que Gide]» (2003: 28)—, es una cita de *El tiempo recobrado* la que esclarece de manera inmejorable su relación con la literatura y la intertextualidad: «La verdadera vida, vida por fin descubierta y esclarecida, la única vida por tanto que realmente se vive, es la literatura» (Proust 1954: 256)[14].

BIBLIOGRAFÍA

BARTHES, Roland (1975): *Roland Barthes par Roland Barthes. Oeuvres complètes*, t. IV. Paris: Seuil.

— (2000): *Le Plaisir du texte*, précédé de *Variations sur l'écriture*. Paris: Seuil.

BORGES, Jorge Luis (1994a): *Ficciones*. Buenos Aires: Emecé.

— (1994b): *El Aleph*. Buenos Aires: Emecé.

CARROLL, Lewis (1970): *Alice au pays des merveilles*. Paris: Aubier-Flammarion.

CATELLI, Nora (2007): *En la era de la intimidad. El espacio autobiográfico*. Rosario: Beatriz Viterbo.

COMPAGNON, Antoine (1979): *La Seconde main ou le travail de la citation*. Paris: Seuil.

— (1998): *Le démon de la théorie. Littérature et sens commun*. Paris: Seuil.

COUTURIER, Maurice (1995): *La figure de l'auteur*. Paris: Seuil.

EZQUERRO, Milagros (2011): «Sylvia Molloy: teoría y ficción», *INTI: Revista de Literatura Hispánica* 73/74, 97-102.

GALLEGO CUIÑAS, Ana (2011): «La Argentina en la valija: la ficción de Sylvia Molloy», *INTI: Revista de Literatura Hispánica* 73/74, 60-71.

GASPARINI, Philippe (2004): *Est-il Je? Roman autobiographique et autofiction*. Paris: Seuil.

— (2008): *Autofiction. Une aventure du langage*. Paris: Seuil.

GÓNGORA, Luis de (1969): *Sonetos completos*. Madrid: Castalia.

GENETTE, Gérard (1991): *Fiction et diction*. Paris: Seuil.

JOYCE, James (2006): *Ulysse*. Paris: Gallimard.

---

14. Cito del original: «La vraie vie, la vie enfin découverte et éclaircie, la seule vie par conséquent réellement vécue, c'est la littérature» (*Nota del traductor*).

LAFON, Michel (1989): *Recherches sur l'oeuvre de Jorge Luis* Borges. Tesis de doctorado (dir. Maurice Molho). Université de Paris-Sorbonne-Paris IV.

LEJEUNE, Philippe (1996): *Le pacte autobiographique.* Paris: Seuil.

— (1986): *Moi aussi.* Paris: Seuil.

MOLLOY, Sylvia (1996): *Acto de presencia. La escritura autobiográfica en Hispanoamérica.* México: Fondo de Cultura Económica.

— (2002): *El común olvido.* Buenos Aires: Norma.

— (2003): *Varia imaginación.* Rosario: Beatriz Viterbo.

— (2010): *Desarticulaciones.* Buenos Aires: Eterna Cadencia.

— (2011): *En breve cárcel* [1981]. Buenos Aires: Fondo de Cultura Económica.

OCAMPO, Silvina (1982): *La furia.* Buenos Aires: Alianza tres.

— (2005): *Viaje olvidado.* Buenos Aires: Emecé.

PROUST, Marcel (1954): *Le Temps retrouvé.* Paris: Gallimard.

QUIROGA, Horacio (2004): *Cuentos de amor de locura y de muerte.* Ensayo preliminar de Andrés Neuman. Palencia: Menoscuarto.

SHAKESPEARE, William (s.f.): *Le Marchand de Venise,* disponible en <http://www.atramenta.net/lire/le-marchand-de-venise/11913/3#oeuvre_page> [última consulta: 27.09.2013].

UNA AUTOFICCIÓN «ESPECTACULAR»: PEDRO LEMEBEL Y FERNANDO VALLEJO[1]

Lionel Souquet

Université de Bretagne Occidentale

Lo *artificial* y el *simulacro* son dos concepciones, positiva y negativa, del espectáculo. En 1969, Gilles Deleuze fue tal vez el primero que logró resolver esta oposición paradójica demostrando que se trataba de una confusión entre dos nihilismos. Lo *artificial* es la copia de la copia que se destruye para conservar el orden establecido de las representaciones, los modelos y las copias, mientras que el *simulacro* destruye los modelos y las copias para instaurar un caos creador. Detrás de cada máscara, otra máscara; detrás de cada caverna, otra caverna más profunda, más vasta, más rica. Es el eterno retorno nietzscheano del caos que invierte los iconos y subvierte el mundo representativo. Es la destrucción del platonismo y la potencia del simulacro como definición de la modernidad.

Creada oficialmente en 1977, en Francia, por Serge Doubrovsky —y por Hervé Guibert[2] en su versión homosexual y militante (Souquet 2004)—, la autoficción —novedoso objeto literario a menudo polémico y a veces rodeado de escándalo— se ha convertido en una auténtica moda cuyos autores (unos autoficcionadores dispuestos a «no callar nada») sue-

---

1. Título original: «Une autofiction "spectaculaire": Pedro Lemebel y Fernando Vallejo». Traducción del francés de Susana Arroyo Redondo con la autorización del autor.

2. Algunos críticos atribuyen la auténtica paternidad de la autoficción a Hervé Guibert (1955-1991), llegando incluso a afirmar que él creó su propio género literario. Guibert inaugura su producción autoficcional en 1977, el mismo año que Doubrovsky, con *La Mort propagande*. Guibert propone una variante homosexual de la autoficción –donde la homosexualidad es parte intrínseca, estructuradora de la autoficción– y más marginal, connotada más negativamente por las ideas preconcebidas que rodean la homosexualidad. Unos prejuicios que Guibert parece encantado de confirmar de manera provocativa presentándose, en su obra y en el epitexto público, como un personaje orgulloso, pagado de sí mismo, narcisista y que utiliza la escritura como venganza.

len ser unas veces adulados y otras despreciados por el público, ignorados por la crítica universitaria y a menudo objeto de mofa por parte de los medios de comunicación, que solo ven en ellos una receta facilona para fabricar *bestsellers* o, dicho de otro modo, una literatura *artificial*. Con frecuencia, se les reprocha un exceso de franqueza que roza la desvergüenza, la provocación y el narcisismo. La prensa literaria utiliza en estos casos la noción de «literatura que se mira el ombligo». La autoficción se muestra ante los ojos de buena parte de la crítica como un avatar degradado y a veces grotesco de la autobiografía de la estirpe de Rousseau: «Habitualmente se acusa a los relatos autoficcionales de ombliguismo y voyerismo. La preocupación del ego ocupa, en efecto el centro de la narración. El autor reivindica la exposición de su intimidad, exhibe su propia vida y la de "los demás" tal como él la ve y la sueña» (Grell 2009: s.p.)[3]. Los autoficcionadores pecarían, por tanto, de un exceso de sinceridad y de desvergüenza, aunque a veces también se les reprocha lo contrario: la puesta en escena cinemáticamente calculada de una falsa autenticidad, destinada a satisfacer los apetitos de una sociedad de mirones consumistas para los que la autoficción no es más que un derivado de los *reality shows* televisivos. Pero la autoficción, culmen de una búsqueda de individualización relacionada con la concepción humanista del hombre como ser único, singular e irreemplazable, ¿acaso no será un *simulacro* destructor de modelos más que una literatura *artificial*?

Dos autores iconoclastas, provocadores y polémicos, Pedro Lemebel (Chile, 1955) y Fernando Vallejo (Colombia, 1942), han sabido generar esta literatura del simulacro, este caos creador, al haber desarrollado a partir de los años ochenta y hasta el principio del siglo XXI, una autoficción de raíz latinoamericana y perfectamente original en la que el relato íntimo —y a veces voluntariamente exhibicionista— de la construcción de una identidad homosexual subversiva, asociada a los fantasmas de una imaginación delirante y «loca», se conjuga con una observación aguda de la realidad y con un análisis sin concesiones de la sociedad y de la política.

Desde un punto de vista sociocultural e ideológico, todo parece enfrentar a estos dos autores. Lemebel nació en el seno de una familia humilde de las afueras de Santiago de Chile y, como él mismo ha contado, pasó los

---

3. Cito del original: «Les récits d'autofiction sont régulièrement accusés de nombrilisme et de voyeurisme. La préoccupation de l'ego en est en effet le centre. L'auteur revendique l'exposition de son intimité, exhibe sa propre vie et celle "des autres" telle qu'il la voit et qu'il la rêve». (*Nota de la traductora*)

primeros años de su infancia en una chabola. Autodidacta y militante de izquierdas, como se define a sí mismo, le gusta traer a colación sus orígenes humildes y su apego por el Partido Comunista de Chile. Vallejo, por el contrario, proviene de la conservadora burguesía colombiana. En toda su obra, las referencias eruditas y las evocaciones elegíacas y nostálgicas de las propiedades familiares se alternan con las imprecaciones contra las mujeres y los pobres, lo que le ha valido ser calificado de «nihilista reaccionario» (Montoya 2007; Rosas Crespo 2007). Tras fundar un grupo artístico de corte performático y experimentar con éxito en el terreno del autorretrato fotográfico, Lemebel alcanzó la fama gracias a sus crónicas, aunque su única novela también ha tenido un gran éxito. Vallejo ha sido reconocido sobre todo como novelista, pero su producción es mucho más diversa que la de Lemebel: cine, panfletos, ensayos teóricos sobre literatura, física y biología, biografías… Pero por más que sus modalidades estilísticas sean muy diferentes, se podría decir que la coherencia global, el hilo conductor de todas estas experimentaciones creadoras y espectaculares es siempre, para ambos autores, el pacto «indecidible» de la autoficción.

«Yo sólo creo en quien dice humildemente yo y lo demás son cuentos»

Marie Darrieussecq (1997) ha mostrado que la autoficción es un texto cuyo estatuto es «indecidible». La escritora propone una definición bastante precisa y clara: «Narración en primera persona, que se presenta como ficticia […], pero en la que el autor aparece homodiegéticamente con su nombre propio y cuya verosimilitud se basa en múltiples "efectos de vida"» (Darrieussecq 1996: 369-370)[4]. La autoficción, según Hélène Jaccomard, tiene su origen en un «pacto oximorónico» (Jaccomard 1993) y los Lecarme piensan también que «El pacto autoficcional debe ser contradictorio, a diferencia del pacto novelesco o del pacto autobiográfico, que son unívocos» (Lecarme 2004: 277)[5].

---

4. La traducción es de Enric Sullà en su versión del artículo de Marie Darrieussecq incluido en Ana Casas (ed.) (2012): *La autoficción. Reflexiones teóricas.* Madrid: Arco Libros, 65-82 (66). (*Nota de la traductora*)

5. Cito del original: «Le pacte autofictionnel se doit d'être contradictoire, à la différence du pacte romanesque ou du pacte autobiographique qui sont eux univoques». (*Nota de la traductora*)

Aunque su biografía todavía no sea bien conocida, las numerosas coincidencias que acercan al narrador autodiegético de las novelas de Vallejo con lo que sabemos del propio Vallejo parecen confirmar el carácter autobiográfico de su obra: como su autor, el antihéroe vallejiano procede de Colombia, nació en Medellín —este dato es una constante—, habitualmente se deja entrever que vive en México y que no solo es un escritor de renombre sino también lingüista, biólogo de formación y que ha estudiado cine en Roma…

Sin embargo, Silvia Larrañaga ha mostrado con claridad que Vallejo arroja voluntariamente pistas confusas a medio camino entre la autobiografía y la ficción. Los cinco libros que componen el ciclo *El río del tiempo* (*Los días azules*, 1985; *El fuego secreto*, 1986; *Los caminos a Roma*, 1988; *Años de indulgencia*, 1989 y *Entre fantasmas*, 1993) se presentan en el paratexto editorial como autobiografías. Sin embargo, Larrañaga señala que:

> … el nombre del narrador no aparece en ningún momento, razón por la que el pacto autobiográfico queda implícito y a cargo del lector, que puede establecer por sí mismo las correspondencias con un referente real. No es hasta *La virgen de los sicarios* —cuya dimensión ficcional es evidente— que, en un gesto paradójico típicamente vallejiano, el narrador autodiegético aparece con el nombre propio del autor. (Larrañaga 2006: 185-194)[6]

Desde el inicio, el pacto de lectura parece, paradójicamente, muy claro porque la cuarta de cubierta de su primera novela, *Los días azules*, reproduce esta cita del autor: «Yo sólo creo en quien dice humildemente yo y lo demás son cuentos» (Vallejo 2005a). Esta afirmación, tan categórica como breve, resulta cristalina y, sin embargo, no arroja más que ambigüedades: el término *humildemente*, de primeras, parece paradójico, casi provocativo, si se tiene en cuenta que por lo general se tacha a las autobiografías escritas en primera persona de egocéntricas y de narcisistas en distintas formas: «la crítica no ha cesado de acusar a los diarios íntimos de "ombliguismo" [sic], narcisismo, hasta de onanismo» (Lecarme

---

6. Cito del original: «le nom du narrateur n'apparaît à aucun moment, le pacte autobiographique restant de ce fait implicite et à la charge du lecteur qui peut de lui-même établir les correspondances avec un référent réel. Ce n'est qu'à partir de *La virgen de los sicarios* –dont la dimension fictionnelle est flagrante- que, dans un geste paradoxal typiquement vallejiano, le narrateur autodiégétique est nommé par le même prénom que l'auteur». (*Nota de la traductora*)

2004: 247)[7]. Por tanto, Vallejo se imbuye —o pretende imbuirse— de franqueza, y para ello firma un pacto de lectura en el que se compromete, o por lo menos así lo parece, a decir la verdad y a mostrarse tal y como es, con «humildad», sin máscaras. Además, si se toma la palabra *cuento* en su acepción de paparrucha, de camelo —lo que parece lógico en el contexto de esa frase—, parecería que Vallejo mete todos los relatos no autodiegéticos en la categoría —en apariencia detestable— de la novela y los «cuentos chinos». También presenta su novela *Mi hermano el alcalde* como una crónica (Vallejo 2004d: 46) en la que él interpretaría el papel de «humilde cronista» (73). Así, Vallejo se inscribe (a priori) en la larga tradición clásica de la autobiografía de Rousseau como género referencial opuesto a la novela y la ficción. El proyecto vallejiano se articula, en este sentido, en torno a la afirmación del discurso en primera persona y al rechazo de la categoría de narrador omnisciente de la novela realista naturalista del xix: «yo no estaba en ese instante, como Zola, leyéndole la cabeza. Yo soy novelista de primera persona...» (Vallejo 2003: 74). En una entrevista concedida a la revista francesa *Lire*, Vallejo afirma de nuevo este mismo propósito: «Por mi parte, escribo en primera persona del singular por odio de la tercera. Los narradores omniscientes que leen el pensamiento de todos los personajes son insoportables. Hay que abandonar esos caminos trillados de la literatura, romper con la "novela de salón"» (Lorca 2000: s.p.)[8].

La autobiografía «clásica» es esencialmente autodiegética, es decir, escrita en primera persona. Al hacer hincapié en este aspecto, el paratexto editorial de la cuarta de cubierta de *El desbarrancadero* (2001) elabora los fragmentos de una teoría (seudo)literaria cuyo fin es convencer al comprador y lector potencial de la veracidad autobiográfica de la obra:

> Al decidir hablar en nombre propio, con su voz (una voz inconfundible que no se parece a la de nadie), Fernando Vallejo está rompiendo con la más obstinada tradición literaria: la del narrador omnisciente que todo lo sabe y que todo lo ve, el novelista ubicuo que puede atravesar con su mirada las paredes y leer los pensamientos. Nada de esto aquí. [...] En vez del Artífice Supremo,

---

7. Cito del original: «la critique n'a cessé de dénoncer dans les journaux intimes du "nombrilisme" [sic], du narcissisme, sinon de l'onanisme». (*Nota de la traductora*)

8. Cito del original: «Pour ma part, j'écris à la première personne du singulier par haine de la troisième! Les narrateurs omniscients qui lisent dans la pensée de tous les personnages sont insupportables. Il faut sortir de ces sentiers battus de la littérature, rompre avec le "roman boudoir" du xixe siècle». (*Nota de la traductora*)

un simple ser humano que dice «yo» sin ocultarse detrás de una pluralidad de máscaras. Pero eso sí, uno que ha jurado no salirse jamás de los límites del pronombre de primera persona con todo lo que eso implica: asumir sin disimulos ni subterfugios sus amores y sus odios. Por eso ante este escritor no caben términos medios: o se toma o se deja. (Vallejo 2003)

Tanta insistencia lleva a pensar que Alfaguara ha utilizado este punto como un argumento de venta, como el fondo de comercio editorial de Vallejo. Estos extractos elegidos de crítica literaria se inscriben plenamente en la oposición «ficción-dicción» teorizada por Genette y retomada por Arroyo Redondo (2007). El problema proviene del hecho que las ediciones de Alfaguara se contradicen al presentar *El río del tiempo* como un ciclo de cinco «novelas autobiográficas» mientras que, para Vallejo, ambos géneros son antagónicos, pues él opone, una y otra vez, la «veracidad» autobiográfica a la «mentira» novelesca. Sin embargo, en 2010, en *El don de la vida*, el autoficcionador vuelve sobre sus palabras y reconoce finalmente que ni él mismo puede escapar a la omnisciencia: «—Yo lo sé todo. Lo que se ve y lo que no. Lo que aflora y lo que permanece oculto. Lo que se dice y lo que se calla. —¡Ay, el omnisciente! —¡Qué le vamos a hacer! […] —Yo sé todo de todos. Todo lo veo, todo lo registro, para mí no hay fueguitos secretos. —¿Entonces usted es como Dios? —Prácticamente. Aunque menos malo» (Vallejo 2010: 36 y 51).

Otra paradoja más: en todos su libros, el pacto referencial choca constantemente con situaciones increíbles, con hechos más que dudosos (como la confesión de varios crímenes por parte de Vallejo) e, incluso, con incompatibilidades con la realidad (siendo la más flagrante la prosopopeya mediante la cual el autor permite en diferentes ocasiones que su propio personaje tome la palabra una vez difunto, sobre todo en *El desbarrancadero* y *La Rambla paralela*). El propio Vallejo, por tanto, sitúa su obra en una perspectiva absolutamente paradójica, la de la novela autobiográfica, y se adhiere a un pacto de referencialidad heroico que se abisma y se invalida en la evidente ficcionalización de su escritura. Otro aspecto llamativo es el interés de Vallejo por subrayar la contradicción de Alfaguara, como si quisiera desmentir e invalidar el pacto editorial y ofrecer al lector una libertad absoluta, una suerte de antipacto: «Es el editor quien ha escogido calificar este libro de novela, pero el lector es quien debe tomar la decisión» (Lorca 2000: s/p). En *El don de la vida*, Vallejo da la clave de lectura de sus autoficciones. Después de que el personaje que le da la réplica le haya recordado una de sus anécdotas, el autoficcionador hace este comentario: «—¿Y dónde conté yo eso? —En *Entre fantasmas*. —Ah, si fue ahí olvídese, que esos son puros cuentos» (Vallejo 2010: 29).

Crónicas apocalípticas

El chileno Pedro Lemebel (López García 2007), nacido en 1955 en una familia muy humilde, hizo su aparición en el medio artístico del final de la dictadura de Pinochet. Julio Ortega explica cómo, durante los años ochenta, mientras la literatura quedaba relegada por el aparato de la dictadura y la oralidad se imponía como único medio de expresión libre en Chile, Lemebel y Francisco Casas fundan en 1987 las «Yeguas del Apocalipsis» (López García 2003), un pequeño grupo artístico de activistas homosexuales que, mediante sus *performances* extremadamente provocadoras, fueron noticia en Santiago durante casi diez años: «Su trabajo cruzó la *performance*, el travestismo, la fotografía, el video y la instalación; pero también los reclamos de la memoria, los derechos humanos y la sexualidad, así como la demanda de un lugar en el diálogo por la democracia» (Ortega 2000: 28). Dichos artistas lograron construir una impresionante resistencia estético-urbana en aquella ciudad asediada por la dictadura y el sida:

> La obra que llevaron a cabo resaltaba por el énfasis vanguardista en la utilización del cuerpo homosexual como significante en la apropiación consciente (performática) del espacio público y sus implicancias políticas inmediatas. No es menor y merece ser destacado el hecho de que el travestismo no sea utilizado aquí como el manierismo delirante que apela al femenino histéricamente fantaseado sino una táctica [...] [para] abrir paso a las políticas del cuerpo y la pose. (Blanco 2004: 45-46)

Mientras el régimen militar y la transición hacia la democracia intentaban manipular a la población mediante la parcialidad de los medios de comunicación e imponer una cultura del olvido, el colectivo hacía todo lo posible por favorecer la divulgación de la verdad histórica y de la infamia de la dictadura. Esta reflexión creativa en el ámbito de las artes plásticas tendrá, en palabras del propio Lemebel, consecuencias determinantes sobre la evolución y el florecimiento de su escritura: «Quizás esa primera experimentación con la plástica, la acción de arte, fue decisiva en la mudanza del cuento a la crónica. Es posible que esa exposición corporal en un marco político fuera evaporando la receta genérica del cuento... el intemporal cuento se hizo urgencia, crónica...» (Rodríguez Olivos 2002: 108-109).

Es cierto que Vallejo jamás ha participado en actos performativos, pero basta con que uno (yo mismo, por ejemplo) haya asistido a una de sus conferencias «espectaculares» para comprender que él es tan «teatral» como Lemebel. Nada de puesta en escena ni de actitudes estudiadas: todo radica en la elocuencia performativa de un discurso hábilmente dramatizado que juega —como sus novelas— con los resortes de la retórica y del *pathos* para provocar la reacción de un público a veces estupefacto pero siempre fascinado por su actitud radical y anticonformista —falsamente misógino, falsamente racista, falsamente reaccionario— y por sus innumerables imprecaciones —«Iba mascullando su rosario de maldiciones» (Vallejo 2004c: 123).

Después de la aventura de «Yeguas», Lemebel prueba suerte en el mundo de la escritura y se convierte, gracias a sus publicaciones habituales en revistas satíricas, en el cronista más destacado del país, detestado por la derecha pero adulado por buena parte de la izquierda. Entre todos sus libros de crónicas, el más intrigante es con toda probabilidad *Adiós mariquita linda* (2004). La clasificación genérica de esta obra es muy ambigua, perfectamente híbrida. Las crónicas están divididas en siete capítulos temáticos que tienen, en su mayoría, un carácter autobiográfico: las seis crónicas reunidas bajo el título «MATANCERO ERRAR» relatan, por ejemplo, las escapadas de Lemebel a diversas ciudades de Chile o las conferencias y entrevistas a las que es invitado y que suelen acabar abruptamente según el humor (político o etílico) del artista. Lemebel subraya —y remarca una y otra vez— el carácter autobiográfico y referencial de las crónicas reunidas en *Adiós mariquita linda* incluyendo fotos y apuntes personales correspondientes a diversos personajes y sucesos narrados. Es el caso, sobre todo, de «CHALACO AMOR». En el corazón del libro de crónicas, la clasificación genérica de este texto resulta muy paradójica porque, como el propio autor indica, es una «sinopsis de novela» —de hecho, es casi una novela corta— donde Lemebel recuerda con nostalgia —o finge recordar— los encuentros amorosos y otras peripecias de un viaje mochilero por el Perú de los años ochenta, cuando él era un veinteañero. Ahora bien, una foto *amateur* insertada en el libro justo detrás de este texto —y que lleva el pie: «Con Simonne en Arequipa, Perú. (Fotografía archivo del autor)» (Lemebel 2005)— parece atestiguar, de manera casi indiscutible, la autenticidad del recuerdo. La función referencial de estos documentos, y sobre todo de la foto, se conjuga con el realismo del relato para contradecir, «con mucho morro», la clasificación genérica de «sinopsis de novela». Esta crónica, cuyo narrador autodiegético se llama Pedro, responde por tanto a los criterios de la autoficción tal como fue definida por los Lecarme y por Darrieussecq. Otro aspecto interesante radica en cómo la trama más desarrollada (el reencuentro con Roger), cuya acción tiene lugar veinte años antes del presente de la narración, es un relato metadiegético, o relato en segundo grado, cuyo público («el peruano del semáforo») no duda en cuestionar la autenticidad de lo que oye: «¿Y en todo ese tiempo no supiste qué pasó con la guerra, pe?, comentó dudando de mi larga historia» (Lemebel 2005: 131). A través de su incredulidad, este personaje, que desdobla la figura del narratario, parece incitar al lector a dudar de la sinceridad del pacto autobiográfico referencial, a pesar de la apariencia verosímil del conjunto del relato.

¿Qué elementos biográficos objetivos (ajenos a su control) poseemos acerca de Vallejo y Lemebel? Si uno lo piensa bien, casi ninguno. No sabemos más que lo que ellos mismos nos cuentan. Frente al misterio del escritor, emerge una voz auctorial que, como ha mostrado Silvia Larrañaga respecto a Vallejo, no es menos auténtica (y a menudo coincide mucho con la del escritor) pero que solo existe como creación artística, como obra «viviente».

Visibilidad e invisibilidad espectaculares

Como señala Jean Zoungrana refiriéndose a Michel Foucault: «Nadie puede ver a aquel que ha escogido ser invisible; nadie puede representar a aquel que posee una identidad cambiante, un rostro que se multiplica, que se declina en plural. De modo que Foucault podía afirmar con razón, en *L'Archéologie du savoir*: "Más de uno —como es, sin duda, mi caso— escribe para dejar de tener rostro. No me pregunten quién soy y no me pidan que sea siempre el mismo"» (Zoungrana 2001: 28)[9]. Toda la obra de

---

9. Cito del original: «Nul ne peut voir celui qui a choisi d'être invisible; nul ne peut représenter celui qui a une identité mouvante, un visage qui se démultiplie, qui se décline au pluriel. De sorte que Foucault pouvait avec raison affirmer dans *L'Archéologie du savoir*: "Plus d'un, comme moi sans doute, écrivent pour n'avoir plus de visage. Ne me demandez pas qui je suis et ne me dites pas de rester le même"». (*Nota de la traductora*)

Vallejo está habitada por ese fantasma de la invisibilidad. Así, en *La virgen de los sicarios*, el narrador se convierte en invisible a fin de poder introducirse en la morgue y visitar por última vez a Wílmar, su amante difunto: «Yo pasé ante los guardias de la caseta de entrada sin mirar, volviéndome a mi esencia, a lo que soy, el hombre invisible» (Vallejo 2005d: 167).

Por más paradójico que pueda parecer, llevar una máscara es una actitud intrínsecamente filosófica. El filósofo es un hombre enmascarado porque la máscara libera de la fijación de la identidad, de la esclavitud de la identidad. Revelar la propia identidad es someterse a la autoridad, a la ley, a un poder represivo similar al de las prisiones, donde los individuos son inscritos en un registro y reducidos a meros números, a una definición factual de sus vidas y sus identidades. Precisamente, para escapar a este examen institucional, a esta voluntad «molar» de encuadre e identificación, para no tener que identificarse, Foucault refuta toda identidad y se resiste a ser clasificado en cualquier categoría. Por turnos, y al mismo tiempo, es filósofo, psicólogo, historiador, analista de la locura y de la mirada médicas, crítico literario…, tan inasible e inclasificable como lo son Lemebel y Vallejo. Este rechazo a revelar la identidad de uno —un rechazo de la identidad que significa rehuir la identificación, la categorización— en Vallejo llega a su culmen en la figura del artista criminal. Al confesar haber cometido dos crímenes, que describe con vivo detalle en *Los caminos a Roma* y después, como un eco, en sucesivas novelas, el narrador autoficcional decide destruir su pasaporte:

> Entonces corrí al Hotel del Sol a destruir el pasaporte. ¿Pasaporte de Colombia? ¿Quién es? No la conozco, y la taché. ¿Nombre y apellido? Ninguno, y los taché. Padres: ninguno; edad: ninguna; ocupación: ninguna; sexo: ninguno. El lápiz frenético iba tachando la filiación, la infamia, el registro civil. Nada, nada, nadie, rompiendo en infinitos pedazos la libreta verde y sus sellos y firmas y estampillas de horror. (Vallejo 2004a: 100)

En *Entre fantasmas* el propósito es todavía más radical: «desde hace años de años rompí mi pasaporte humano y soy un perro: alzo la pata y me orino en la estatua de Bolívar…» (Vallejo 2005c: 13). En *La Rambla paralela* cumple sus propósitos porque, hablándonos desde el más allá, el autoficcionador constata que el hecho de estar muerto le ha abierto todas las fronteras, el pasaporte ya no es necesario, el hombre invisible es un traspasador de murallas, un nómada, el escapista por antonomasia, capaz de vivir la experiencia del cuerpo sin órganos: «Soy inodoro, incoloro, invisible, ingrávido...» (Vallejo 2004c: 130). El cuerpo está dislocado, desorganizado, disuelto, evaporado, volatilizado: «Las formas se convierten en contingentes, los órganos no son más que intensidades producidas, flujos, umbrales y gradientes» (Deleuze & Guattari 1980: 103)[10]. En 2007, Vallejo obtiene la nacionalidad mexicana y renuncia, unos días más tarde, a su nacionalidad colombiana, mientras señala que no quiere volver a oír hablar de su antigua patria. Pero fiel a su gusto por la provocación y la polémica, declara, al cabo de algunos meses, en octubre de 2007, que va a comenzar los procesos necesarios para volver a ser colombiano (Duzán 2007). ¿Acaso no radica ahí, en el universo referencial, una auténtica teatralización de la identidad (nacional) que responde exactamente a la metáfora del pasaporte en la ficción? Carmen Medrano-Ollivier (2006: 71) cita una entrevista que Vallejo concedió a Antonio Ortuño y que confirma esta hipótesis: «Por razones literarias, yo construí un personaje lleno de manías, de mañas, de fobias y de amores, sacándolo en parte de mí mismo. Pero no, no soy yo. De mí tiene más bien poco».

Por más sorprendente que pueda parecer, Vallejo se une finalmente a Lemebel en su «estetización» (significante) del campo del epitexto público. Es necesario «producir a la vieja Lemebel» (Lemebel 2005: 180), dice explícitamente el artista performativo, quien describe —con innegables dosis de autoparodia— los efectos de su *show* mediático, reflejando sus actos performativos en sus crónicas, actualizando sus crónicas, creando una *mise en abyme* en sus conferencias *performances*, en un viene y va continuo entre la realidad referencial y la escritura: «mi Crónica Show. Para quien nunca ha visto este circo pobre, les cuento que yo hago una especie de animación con lectura, video y música [...]. Y vienen los aplausos, los vítores, las flores. Y yo emocionado tiro besos de chantilly a la eufórica platea. Un éxito, Pedro, salió super bien...» (Lemebel 2005: 46).

En Lemebel y Vallejo, por tanto, la invisibilidad y la hipervisibilidad espectacular son las dos caras de una misma política de reivindicación identitaria: no tener rostro ni identidad significa asumir la identidad del pueblo dominado, invisible y anónimo. «Dar el espectáculo» significa hablar en nombre de la gente «menor». Tras deconstruir la identidad «molar» —la identidad social asignada por el poder represivo (Estado,

---

10. Cito del original: «Les formes deviennent contingentes, les organes ne sont plus que des intensités produites, des flux, des seuils et des gradients». Hay versión española del libro de Gilles Deleuze y Félix Guattari (1994): *Mil mesetas: Capitalismo y esquizofrenia*. Valencia: Pre-Textos. (*Nota de la traductora*)

religión, moral, machismo)—, los autoficcionalizadores pueden construirse una nueva identidad «molecular», transversal, nómada, «esquizofrénica», como en este extracto de la novela *Años de indulgencia*: «¿Quién soy yo? ¿Dónde estoy? ¿A qué vine? ¿A qué voy? Yo ya no soy yo, mi yo es un espejismo. No tengo pasado, no tengo futuro…» (Vallejo 2005b: 61). Cómo no pensar, al leer estas líneas, en la definición que Deleuze y Guattari dan del «esquizo» en *L'Anti-Œdipe*: «En cuanto al "esquizo", con su paso vacilante que no cesa de migrar, errar, tropezar, se hunde cada vez más hondo en la desterritorialización, sobre su propio cuerpo sin órganos en el infinito de la descomposición del socius […]. Mezcla todos los códigos y lleva los flujos descodificados del deseo. Lo real fluye» (Deleuze & Guattari 1972: 43)[11]. Lemebel y Vallejo confunden con seguridad todos los códigos artísticos y literarios, genéricos y sexuales, sociales y políticos.

Nacido en Zanjón de la Aguada (Lemebel 2004), chabola de Santiago, Lemebel reivindica un principio de identidad perfecta entre la figura del pobre y él mismo. Más que un portavoz del lumpen proletariado, Lemebel es su emanación, es la voz del «andrajoso» chileno. Además, al acumular la vergüenza de ser pobre, bastardo y homosexual, pone el dedo en la llaga del machismo arcaico de las sociedades latinoamericanas. Al inscribirse en una filiación que, rompiendo con la tradición, revaloriza el linaje femenino, asume una identidad «loca» (donde la identificación con el modelo femenino está a medio camino entre lo serio y lo carnavalesco) y descentra la norma heterosexual hacia una homosexualidad activamente «perversa», «desviada» y subversiva. El «nomadismo» sexual (y genérico) de los personajes de Lemebel y Vallejo —y, sobre todo, de sus dobles autoficcionales— tiene una connotación abiertamente filosófica y política. En una entrevista, Lemebel explicaba que había renunciado a su «verdadero» patronímico, Mardones, para adoptar el de su madre:

> … creo que en ese momento —1986-1987— me empezó a cargar ese nombre legalizado por la próstata del padre. Tú sabes que en Chile todos los apellidos son paternos, hasta la madre lleva esa macha descendencia. Por lo

---

11. Cito del original: «Quant au schizo, de son pas vacillant qui ne cesse de migrer, d'errer, de trébucher, il s'enfonce toujours plus loin dans la déterritorialisation, sur son propre corps sans organes à l'infini de la décomposition du socius […]. Il brouille tous les codes, et porte les flux décodés du désir. Le réel flue». Hay versión española del libro de Gilles Deleuze y Félix Guattari (1985): *El anti Edipo: Capitalismo y esquizofrenia*. Barcelona: Paidós. (*Nota de la traductora*)

mismo desempolvé mi segundo apellido: el Lemebel de mi madre, hija natural de mi abuela, quien, al parecer, lo inventó jovencita cuando escapó de
su casa. [...] El Lemebel es un gesto de alianza con lo femenino, inscribir un
apellido materno, reconocer a mi madre huacha[12] desde la ilegalidad homosexual y travesti. (Blanco & Gelpí 2004a: 152)

A pesar de su amistad con Gladys Marín, presidente y secretario general del Partido Comunista de Chile, Lemebel guarda siempre una distancia crítica con respecto al PCC, como puede verse claramente en su
texto *Manifiesto*, donde se reafirma como militante homosexual *queer* y
activista del sida —heredero de Pasolini y Ginsberg—, y donde previene
a la izquierda de la falta de tolerancia hacia las diferencias sexuales e iden-
titarias. Esta relación problemática entre homosexualidad, compromiso
político y revolución la retoma desde un punto de vista ficticio en su
única novela publicada hasta hoy, *Tengo miedo torero* (2001), un homenaje a *El beso de la mujer araña* (1976) del argentino Manuel Puig.

Por su parte, Vallejo adopta una perspectiva particularmente original
ya que, siendo hijo de la gran burguesía, «heredero» famoso, se fabrica
irónicamente una herencia «negativa» y da la vuelta a la noción misma
de determinismo social. Socava la fama y la respetabilidad social de su
familia (su padre es un célebre político conservador) y exhibe su homosexualidad sin complejos así como la de sus hermanos fumadores de ma-
rihuana e incluso presenta, en las primeras páginas de *Los días azules*, a
su abuelo como a un chiflado que atropella peatones (un loco al que le
derrapa el pensamiento, literalmente) y a su madre como a una histérica
peligrosa (*El desbarrancadero*). Para el autor colombiano, en cuya obra
las casas de la infancia son un tema recurrente y obsesivo, la vivienda
—más que burguesa, aristocrática— se conjuga curiosamente con la
misma idea de cloaca que aparece en Lemebel en *Zanjón de la Aguada*
(Souquet 2009). Ineluctablemente, la familia de Fernando Vallejo se es-
tanca en una propiedad que se transforma en un pantano: «el agua se empezó a filtrar también a las huertas, a las pesebras, a la casa, a los potreros,
a toda la propiedad. Y Santa Anita [...] quedó sirviendo para un carajo,
se volvió un pantano. Clavábamos un palo de escoba en el pasto y brotaba
un surtidor» (Vallejo 2005a: 53). Esta imagen regresiva, y prolongada por
la evocación en muchas de sus novelas del Cauca —uno de los ríos más

---

12. *«Huacho»* (o *«Huaso» DRAE*) es el nombre que se da en Chile a los campesinos
pobres.

importantes de Colombia, que baña la bahía de Medellín—, siempre descrito como un desagüe (y lo es, realmente), recuerda al Zanjón pútrido de Lemebel: «El río, turbulento, se llama el Cauca, y entre tantos secretos de sus honduras tiene una "u" en el medio» (Vallejo 2004b: 224).

A pesar de sus opiniones aparentemente enfrentadas, estos dos homosexuales militantes se encuentran en una misma «comunidad de destinos» (Pollack 1993), como deja entrever el propio Lemebel en una entretenida crónica («Luna de Barranquilla que me hiciste sangrar») donde retrata el encuentro de ambos en un hotel, en Colombia, donde se disputan al mismo gigoló, sosias del personaje de *La Virgen de los sicarios*: «Allí nos volvíamos a encontrar loqueando, alegres…» (Lemebel 2013: 46). Lemebel y Vallejo, criaturas caleidoscópicas, artistas de la performance, elaboran una obra prolífica y múltiple, un verdadero sistema de lo múltiple que funciona como un arma apuntada contra cualquier tabú o actitud conservadora. Más allá de las sospechas de narcisismo, la autoficción —mezcla oximorónica entre el pacto de lectura referencial de la autobiografía y los delirios a veces «alucinatorios» de la creación ficticia— se presenta como una nueva manera extremadamente subversiva de describir la realidad.

Conclusión

A pesar de haber desdeñado de forma generalizada los derechos humanos, el siglo xx y el comienzo del tercer milenio siguen, al menos según su discurso mediático, queriendo poner al individuo en el centro del mundo. Por doquier, la primera persona del singular se impone, pero bajo el aspecto de un «yo» egoísta y narcisista que se reafirma en una dramatización generalizada de la vida. La glorificación del individuo como encarnación de la verdad se habría transformado en individualismo, su reverso tenebroso. Cuanto más triunfa el individuo, más se pisotean los derechos individuales, lo que parecería confirmar el carácter *artificial* y engañoso del discurso mediático «humanitario», la versión posmoderna del humanismo de la Ilustración. Pero ¿a qué se debe este discurso paradójico? El estado, el poder, el sistema, promueven el culto a una individualidad estereotipada que evita las singularidades subversivas. Muchos artistas, incluso, parecen haber vendido su alma al diablo y haberse convertido en cómplices de un estrellato artificial del «yo» que los transforma en escritores comerciantes. Se trata del fenómeno que Deleuze llama «profesionalización» («journalisation») del escritor:

… como hoy las escuelas ya no son rentables, vemos aparecer una organización aún más siniestra: una especie de *marketing*, en el que el interés se desplaza y ya no se apoya en los libros, sino en artículos periodísticos, en emisiones de radio o de televisión, en debates [...] y los escritores o intelectuales, o bien pasaban al servicio de los periodistas, o bien se convertían en sus propios periodistas, en periodistas de sí mismos, en domésticos de los entrevistadores, de los profesionales del debate, de los presentadores: el escritor convertido en periodista, los ejercicios de *clown* que las radios y las televisiones hacen sufrir al escritor que lo consiente. (Deleuze & Parnet 1977: 34-35)[13]

Esta «profesionalización» y mediatización creciente del escritor topa con su anverso en Internet, donde se vive una suerte de generalización y banalización del estatuto de autor, lo que confirma las previsiones de Walter Benjamin cuando constataba que las cartas de los lectores en la prensa borraban la diferencia entre autor y público:

Según un censo reciente, habría en Francia unos trece millones de blogueros —de aprendices de escritores, por lo tanto—. Uno abre su blog como abriría un restaurante al que todo el mundo iría a probar los platos. A partir del nacimiento de este fenómeno de sociedad, cada ciudadano puede creerse Nothomb, soñar ser Houellebecq. Escribo, luego soy. [...] Ay, esta manía [...] de contar la propia vida, dar la opinión de uno. De ser escuchado. El mundo como un diván. De tela. (Palou 2007: s/p)[14]

Hemos entrado, con la posmodernidad, en un nuevo régimen de signos: el del relato amplificado por lo hipermedia, un régimen del que el poder también se ha apropiado para hacer de él un instrumento con el que dar forma a los espíritus, un molde, una norma… En esta sociedad —la nuestra—, en la que prima el individualismo más egoísta y narcisista, una sociedad hipermediatizada donde todos sueñan con «montar el espectáculo» (en sentido literal), exponerse y sobreexponerse, exhibir el propio «yo» narcisista apareciendo en un *reality show* y, en resumen, con

---

13. La traducción es de José Vázquez, en Gilles Deleuze y Claire Parnet (1980): *Diálogos*. Valencia: Pre-Textos, 32. (*Nota de la traductora*)

14. Cito del original: «Selon un récent recensement, la France compterait près de 13 millions de blogueurs –donc d'apprentis écrivains. On ouvre son blog comme on ouvre un restaurant et tout le monde vient goûter les plats. Depuis la naissance de ce phénomène de société, chaque citoyen peut se croire Nothomb, se rêver Houellebecq. J'écris donc je suis. [...] Ah, cette manie [...] de raconter sa vie, de donner son avis. D'être entendu. Le monde comme un divan. En toile». (*Nota de la traductora*)

ser visto en la tele, aunque sea como un fulgor en medio de un *zapping*, la autoficción aparece como una de las peores derivas posibles de la literatura o, más precisamente, del *marketing* literario (o pseudoliterario) de una literatura «que se mira el ombligo», que está hueca, que ha sido vendida por autores impostores que juegan el juego de la «profesionalización» del escritor.

Todos estos fenómenos parecen corresponder a una verdadera estrategia estatal en la que el culto al individualismo conformaría uno de los principales instrumentos de control sobre la sociedad. Este sistema presenta una ventaja doble para el poder. La moda permite al capitalismo desarrollarse, al dar a los consumidores una ilusión de singularidad. Es «el ser inauténtico» —descrito por Heidegger (Souquet 2012)— sometido a la fuerza del «uno», a la opinión. Encerrado por aquello que el filósofo alemán Peter Sloterdijk llama «el palacio de cristal» y absorbido por la contemplación de su propia imagen, Narciso se desentiende del mundo y se vuelve insensible a las injusticias que atormentan a otros; contempla mecánicamente el espectáculo del mundo y no comunica más que la vacuidad del mundo que le reenvía constantemente un discurso estático, el *storytelling*: «Para Evan Cornog, profesor de periodismo a la Universidad de Columbia, "la clave del liderazgo americano es, en gran medida, el *storytelling*". Una tendencia surgida en los años 1980, bajo la presidencia de Ronald Reagan, cuando, en los discursos oficiales, las historias vinieron a sustituir los argumentos razonados y las estadísticas» (Salmon 2006: 18-19)[15]. Es lo que ya apuntaba Harold Pinter en diciembre de 2005 en su discurso de aceptación del Premio Nobel de literatura:

> ... a la mayoría de los políticos, fiándonos de los elementos de que disponemos, no les interesa la verdad sino el poder y el modo de mantener ese poder. Para mantener ese poder es esencial que la gente permanezca en la ignorancia, viva en la ignorancia de la verdad, incluida la verdad de su propia vida. Lo que nos rodea es, por lo tanto, un vasto tejido de mentiras, de las que nos alimentamos. (Pinter 2005: s/p)[16]

---

15. Cito del original: «Selon Evan Cornog, professeur de journalisme à l'Université Columbia, "la clé du leadership américain est, dans une grande mesure, le *storytelling*". Une tendance apparue dans les années 1980, sous la présidence de Ronald Reagan, lorsque les stories en vinrent à se substituer aux arguments raisonnés et aux statistiques dans les discours officiels». (*Nota de la traductora*)

16. Cito de la versión francesa del discurso de Pinter: « ... la majorité des hommes politiques, à en croire les éléments dont nous disposons, ne s'intéressent pas à la vérité

El culto del individualismo artificial está, por tanto, en el centro de la sociedad del espectáculo. Pero es importante saber si el espectáculo es un canalizador de sentido o de existencia: ¿genera una reflexión sobre el sentido de la existencia o acaso presenta la existencia misma? En este segundo caso, encierra un peligro. La politización del espectáculo es el peor de los peligros cuando el ritual espectacular invade la sociedad: petrificación de la vida colectiva y falso festejo del patriotismo de relumbrón en los regímenes totalitarios. Los peligros de la sociedad espectáculo —de la videosfera y de la hiperesfera— son reales, pero resulta indispensable, para no caer en un simplismo maniqueo, distinguir dos tipos de espectáculos y de relaciones diferentes con la teatralidad y lo espectacular. Cada vez que un nuevo régimen de signos aparece, puede inclinarse del lado de los dominados, ser recuperado o, más bien, moldeado y explotado por ellos, desde el punto de vista de la *mètis* —la *mètis* de los griegos es la «inteligencia de la picardía» que, inicialmente en Ulises y luego en el pícaro (Souquet 2009), se opone al *logos*—. Ya lo señalábamos en la introducción: fue tal vez Deleuze el primero en mostrar que existía una confusión entre lo artificial y el simulacro:

> Invertir el platonismo significa [...] mostrar los simulacros, afirmar sus derechos entre los iconos o las copias. [...] Se trata de introducir la subversión en este mundo «crepúsculos de los ídolos». El simulacro no es una copia degradada; oculta una potencia positiva que niega *el original, la copia, el modelo y la reproducción*. [...] Subiendo a la superficie, el simulacro hace caer bajo la potencia de lo falso (fantasma) a lo Mismo y lo Semejante, el modelo y la copia. Hace imposible el orden de las participaciones, la fijeza de la distribución y la determinación de la jerarquía. Instaura el mundo de las distribuciones nómadas y de las anarquías coronadas. Lejos de ser un nuevo fundamento, absorbe todo fundamento, asegura un hundimiento universal, pero como acontecimiento positivo y gozoso, como *defundamento*... (Deleuze 1969: 302-303)[17]

En Lemebel y Vallejo, esta toma de conciencia de la verdad de las máscaras —más allá del bien y del mal, y del poder de los simulacros

---

mais au pouvoir et au maintien de ce pouvoir. Pour maintenir ce pouvoir il est essentiel que les gens demeurent dans l'ignorance, qu'ils vivent dans l'ignorance de la vérité, jusqu'à la vérité de leur propre vie. Ce qui nous entoure est donc un vaste tissu de mensonges, dont nous nous nourrissons». (*Nota de la traductora*)

17. La traducción es de Miguel Morey, en Gilles Deleuze (1989): *Lógica del sentido*. Barcelona: Paidós, 263-264. (*Nota de la traductora*)

como líneas de fuga creadoras y destructivas de lo determinado, toma de conciencia no solamente formulada sino también «puesta en escena», puesta en escritura— les permite normalizar su homosexualidad y abrirse hacia una escritura «menor» y universal, así como escapar al supuesto narcisismo homosexual trascendiéndolo a través de una escritura «narcisista» (Hutcheon 1980) o, en otras palabras, metaficcional. Lemebel y Vallejo demuestran que «no escribimos con nuestras neurosis» (Deleuze 1993: 13) y que no será la uniformidad autobiográfica ni la rendición a una transparencia superficial las que permitirán denunciar el carácter artificial de la moral de la que son víctimas. El autor actor puede, por tanto, llevar puestas todas las máscaras del pueblo menor: «Es un pueblo menor, eternamente menor, prisionero en un devenir revolucionario. Tal vez no existe sino en los átomos del escritor, pueblo bastardo, inferior, dominado, siempre en devenir, siempre inacabado» (Deleuze 1993: 14)[18]. Esta toma de conciencia de lo diferente como poder básico permite a estos «actores» del lenguaje, Lemebel y Vallejo, convertirse en médicos de sí mismos y del mundo: «La santidad como literatura, como escritura, consiste en inventar un pueblo que se añora. Pertenece a la función fabuladora de inventar un pueblo. No escribimos con nuestros recuerdos, a menos que construyamos el origen o el destino colectivos de un pueblo por venir, todavía sepultado bajo sus traiciones y arrepentimientos. [...] Precisamente, no es un pueblo llamado a dominar el mundo» (Deleuze 1993: 14)[19]. Puesto que llevan máscaras y van travestidos como los antiguos actores y bailarines, puesto que son tan «falsos» como los actores, los autoficcionadores Lemebel y Vallejo tienen sus mismos poderes y pueden aliarse con ellos para mostrar los simulacros en el lenguaje devastador y revolucionario, absolutamente espectacular, del mentir sincero de la autoficción.

---

18. Cito del original: «C'est un peuple mineur, éternellement mineur, pris dans un devenir-révolutionnaire. Peut-être n'existe-t-il que dans les atomes de l'écrivain, peuple bâtard, inférieur, dominé, toujours en devenir, toujours inachevé». (*Nota de la traductora*)

19. Cito del original: «La santé comme littérature, comme écriture, consiste à inventer un peuple qui manque. Il appartient à la fonction fabulatrice d'inventer un peuple. On n'écrit pas avec ses souvenirs, à moins d'en faire l'origine ou la destination collectives d'un peuple à venir, encore enfoui sous ses trahisons et reniements. [...] Précisément, ce n'est pas un peuple appelé à dominer le monde». Como para la cita anterior (nota 17), hay edición española en Gilles Deleuze (1995): *Crítica y clínica*. Trad. Thomas Kauf. Barcelona: Anagrama. (*Nota de la traductora*)

BIBLIOGRAFÍA

Arroyo Redondo, Susana (2007): «Une approche pragmatique de l'autofiction espagnole», *Loxias* 18, disponible en <http://revel.unice.fr/loxias/document.html?id=1808>.

Blanco, Fernando, y Gelpí, Juan G. (2004a): «El desliz que desafía otros recorridos. Entrevista con Pedro Lemebel», en: Fernando Blanco (ed.), *Reinas de otro cielo, Modernidad y Autoritarismo en la obra de Pedro Lemebel*. Santiago de Chile: LOM Ediciones, 151-159.

— (2004b): «Comunicación política y memoria en la escritura de Pedro Lemebel», en: Fernando Blanco (ed.), *Reinas de otro cielo, Modernidad y Autoritarismo en la obra de Pedro Lemebel*. Santiago de Chile: LOM Ediciones, 45-46.

Darrieussecq, Marie (1996): «L'autofiction, un genre pas sérieux», *Poétique* 107, 369-370.

— (1997): *Autofiction et ironie tragique chez Georges Perec, Michel Leiris, Serge Doubrovsky, Hervé* Guibert. Tesis de doctorado (dir. Francis Marmande). Université Paris VII.

Deleuze, Gilles (1969): *Logique du sens*. Paris: Minuit.

— (1993): *Critique et clinique*. Paris: Minuit.

Deleuze, Gilles, y Guattari, Félix (1972): *L'Anti-Œdipe, Capitalisme et Schizophrénie*. Paris: Minuit.

— (1980): *Mille plateaux*. Paris: Minuit.

Deleuze, Gilles, y Parnet, Claire (1977): *Dialogues*. París: Flammarion.

Duzán, María Jimena (2007): «*Voy a reiniciar mis trámites para volverme otra vez colombiano*, dice el escritor Fernando Vallejo», *El Tiempo* (Colombia), disponible en <http://www.eltiempo.com/tiempoimpreso/edicionimpresa/lecturas/2007-10-20/ARTICULO-WEB-NOTA_INTERIOR-3772204.html>.

Grell, Isabelle (2009): «La langue du roman actuel: de l'autofiction à la fiction, l'interpellation au cœur de l'écriture», *autofiction.org*, disponible en <http://www.autofiction.org/index.php?post/2009/04/01/La-langue-du-roman-actuel-%3A-de-lautofiction-a-la-fiction-linterpellation-au-coeur-de-lecriture>.

Hutcheon, Linda (1980): *Narcissistic Narrative: the metafictional paradox*. Waterloo, Canada: Wilfrid Laurier University Press.

JACCOMARD, Hélène (1993): *Lecteur et lecture dans l'autobiographie française contemporaine: Violette Leduc, Françoise d'Eaubonne, Serge Doubrovsky, Marguerite Yourcenar*. Genève: Droz.

LARRAÑAGA, Silvia (2006): «Le brouillage de genres chez Fernando Vallejo. Le rôle de l'épitexte public», en: Milagros Ezquerro (dir.) y Julien Roger (ed.), *Le texte et ses liens* I / *El texto y sus vínculos* I. Paris: Indigo & côté-femmes éditions, 185-194.

LECARME, Jacques, y LECARME-TABONE, Éliane (2004): *L'autobiographie*. Paris: Armand Colin.

LEMEBEL, Pedro (2002): *Tengo miedo torero*. Buenos Aires: Seix Barral.

— (2004): *Zanjón de la Aguada*. Santiago de Chile: Seix Barral.

— (2005): *Adiós mariquita linda*. Santiago de Chile: Sudamericana.

— (2013): *Háblame de amores*. Buenos Aires: Seix Barral.

LÓPEZ GARCÍA, ISABEL (2003): «*Las Yeguas del Apocalipsis*, révélation déterritorialisée». Ponencia en el seminario organizado por Pascal Gabellone: *Figures d'Apocalypse*. Université Paul Valéry, Montpellier, inédito.

— (2007): *La question du genre dans les chroniques de Pedro Lemebel*. Tesis de doctorado (dir. Milagros Ezquerro). Université Paris Sorbonne, disponible en <http://www.paris-sorbonne.fr/fr/IMG/pdf/LOPEZ-GARCIA_position.pdf>.

LORCA, Alexie (2000): «L'enfant terrible des lettres colombiennes» (entrevista con F. Vallejo), *Lire*, disponible en <http://www.lire.fr/imprimer.asp/idC=44246>.

MONTOYA CAMPUZANO, Pablo (2007): «Fernando Vallejo: demoliciones de un reaccionario», *Revista Número*, disponible en <http://www.revistanumero.com/index.htm>.

ORTEGA, Julio (2000): *Caja de herramientas. Prácticas culturales para el nuevo siglo chileno*. Santiago de Chile: LOM Ediciones, disponible en <http://blogs.edu/project/ciudad_literaria/2006/02/dialogo_en_chile.html#Lemebel>.

ORTUÑO, Antonio (2006): «Fernando Vallejo: el dolor no enseña nada », en: Carmen Medrano-Ollivier, «De la transgresión del modelo de los discursos realistas a una estética vallejiana», *América 34: Les modèles et leur circulation en Amérique latine*. Paris: Presses Sorbonne Nouvelle.

PALOU, Anthony (2007): «La blogmania», *Le Figaro.fr*, disponible en <http://www.lefigaro.fr/magazine/20070504.MAG000000383_la_blogmania.html>.

PINTER, Harold (2005): «Discours de réception du Prix Nobel de Littérature», disponible en <http://www.democratie-socialisme.org/spip.php?article715>.

POLLAK, Michael (1993): *Une identité blessée: études de sociologie et d'histoire*. Prefacio de François Bédarida. Paris Métailié.

RODRÍGUEZ OLIVOS, Paula Daniela (2002): *La crónica en la prensa escrita, El estilo como aval en tres plumas ejemplares: Joaquín Edwards Bello, Hernán Millas y Pedro Lemebel*. Tesis de doctorado. Universidad Diego Portales, Santiago de Chile, disponible en <http://www.archivochile.com/tesis/10_tmdec/10tmdec0006.pdf>.

ROSAS CRESPO, Elsy (2007): «Los sentimientos ocultos de Pablo Montoya», disponible en <http://ensayista.blog.com.es/2007/11/12/los_sentimientos_ocultos_de_pablo_montoy~3286592>.

SALMON, Christian (2006): «Une machine à fabriquer des histoires», *Le Monde Diplomatique*, noviembre, 18-19.

—(2007): *Storytelling, La machine à fabriquer des histoires et à formater les esprits*. Paris: Éditions La Découverte.

SOUQUET, Lionel (2004): «*Des aveugles* d'Hervé Guibert, ou le narcissisme à l'épreuve de la cécité», *Revista de la S.A.P.F.E.S.U.* 27, 87-91.

— (2009): «Ligne de fuite néo-picaresque dans l'autofiction hispano-américaine: Arenas, Copi, Lemebel, Vallejo», en: VV. AA. *Hommage à Milagros Ezquerro, Théorie et fiction*. México/Paris: RILMA 2/ADEHL, 601-622.

— (2012), «Fernando Vallejo de Diógenes a Heidegger o el humanismo "cínico" del autoficcionador-filósofo», en: Marián Semilla Durán (ed.), *Fernando Vallejo, un nudo de sentido contra toda impostura*. Sevilla: ArCiBel, 63-81.

VALLEJO, Fernando (2003): *El desbarrancadero*. Madrid: Alfaguara.

— (2004a): *Los caminos a Roma*. Bogotá: Alfaguara.

— (2004b): *El fuego secreto*. Bogotá: Alfaguara.

— (2004c): *La rambla paralela*. Buenos Aires: Alfaguara.

— (2004d): *Mi hermano el alcalde*. Madrid: Alfaguara.

— (2005a): *Los días azules*. Buenos Aires: Alfaguara.

— (2005b): *Años de indulgencia*. Buenos Aires: Alfaguara.

— (2005c): *Entre fantasmas*. Buenos Aires: Alfaguara.

— (2005d): *La virgen de los sicarios*. Buenos Aires: Punto de lectura.

— (2010): *El don de la vida*. Madrid: Alfaguara.

ZOUNGRANA, Jean (2001): «Le philosophe masqué (Foucault)», *Le portique* 7, disponible en <http://leportique.revues.org/document249.html?format=print

AUTOFICCIÓN Y AUTORIDAD EN LA MEMORIA: *BILBAO-NEW YORK-BILBAO* DE KIRMEN URIBE[1]

Palle Nørgaard

AARHUS UNIVERSITY

Introducción

Desde el cambio de milenio, el interés que los novelistas españoles han manifestado por la memoria de la Guerra Civil y los años del franquismo (1939-75) ha generado un verdadero *boom* editorial. Con novelas como *Bilbao-New York-Bilbao* (2008)[2] o *Mussche* (en castellano *Lo que mueve el mundo*, 2012)[3], de Kirmen Uribe, parece que dicho fenómeno también es emergente en la ficción vasca.

Por otra parte, el hibridismo de determinados modos narrativos como el autoficcional y el docuficcional ha sido uno de los rasgos dominantes en muchas de las novelas sobre la memoria histórica. Este ensayo analiza concretamente la estrategia narrativa de la autoficción en la novela *Bilbao-New York-Bilbao*. De igual modo, quiere poner el acento en cómo a través de esta estrategia, y en relación con la memoria intergeneracional de la Guerra Civil española (1936-1939) en el seno de una familia concreta, cobra relevancia el tema de la identidad personal. Así, en la trama auto y metaficcional de la novela, la historia de España se interrelaciona, por un lado, con la mitología y los testimonios orales, y, por el otro, con los nuevos medios de comunicación. Proponemos la noción de «auto-

---

1. Título original: «Autofiction and Authority in *Bilbao-New York-Bilbao* by Kirmen Uribe». Traducción del inglés de Patricia García García con la autorización del autor.
2. Publicada en euskera en 2008 y traducida al castellano en 2009 por Ana Arregi. Este artículo se basa en la versión castellana.
3. Publicada en euskera en 2012 y traducida al castellano en 2013 por Gerardo Markuleta.

ridad» como término analítico con el objeto de contribuir a una mejor comprensión del modo en que las novelas autoficcionales que versan sobre la memoria individual (a través de recuerdos y testimonios autobiográficos) y la memoria histórica (a través de la reelaboración de mitos y de la Historia) negocian el significado del pasado. El análisis del concepto de «autoridad» tiene que servir, por último, para reevaluar, en términos generales, el de «autoficción».

Por ello, queremos abordar la siguiente pregunta: ¿cuál es la relevancia de la estrategia autoficcional en el tipo de «trabajo de recuperación de la memoria» (*memory work*) que *Bilbao-New York-Bilbao* representa? ¿Cómo debemos entender el significado de aquellos relatos que, como el de Uribe, despliegan una estrategia autoficcional con el fin de negociar el sentido de la Historia? Trataremos de describir dicho «trabajo de recuperación de la memoria» —la aparente investigación que el narrador lleva a cabo, así como las fuentes documentales que sirven de base a la novela—, además de a través de la noción de «autoridad», a través de dos conceptos provenientes del campo de los estudios de la memoria cultural: el de «memoria colectiva», de Maurice Halbwachs (1992), y el de «posmemoria», de Marianne Hirsch (2008). De este modo, la reflexión que llevaremos a cabo combina las aportaciones de los estudios autobiográficos con las aportaciones de los estudios sobre la memoria cultural. Por «memoria cultural» entenderemos lo que Astrid Erll (2008: 2) define como «la interacción entre el presente y el pasado en contextos socioculturales»[4]. En este caso, se trataría de la interacción entre el presente y el pasado en el modo narrativo autoficcional en el contexto de una novela contemporánea vasca.

El concepto de «autenticidad» con relación a la literatura de la memoria nos ha llevado a analizar las diversas «autoridades» que están en juego en la novela. La noción de «autenticidad» con relación a la realidad dentro de un discurso ficcional es un concepto teórico comúnmente discutido en los análisis críticos de las novelas que tratan sobre la memoria histórica y el mundo real[5]. En su obra *A Diffuse Murmur of History. Literary Memory Narratives of Civil War and Dictatorship* (2010), Fiona Schouten estudia la autenticidad en la literatura de la memoria, además de anali-

---

4. Cito del original: «the interplay of present and past in socio-cultural contexts». (*Nota de la traductora*)

5. Véanse, por ejemplo, Lejeune (1989), Martínez Rubio (2012), Olney (1984), Schouten (2010) y Sturrock (1977).

zar los elementos autoficcionales en *Soldados de Salamina* (Javier Cercas, 2001), donde el pacto autoficcional se ve reemplazado por otro ficcional. Pero como Schouten (2010: 142) advierte, aun así se mantienen los elementos autobiográficos como un «hecho en el interior del texto», que apoya los «llamados a la autenticidad y referencialidad», por lo que se «refuerza la *autoridad* del texto» (las cursivas son mías). Esto significa que el género es impreciso. La trama de la novela se entrelaza con la referencia histórica y el discurso biográfico (especialmente el del miembro fundador del partido fascista Falange Española, Rafael Sánchez Mazas).

En su aplicación crítica del concepto de autoridad, Schouten no desarrolla mucho más esta noción desde el punto de vista teórico. El foco del análisis, como es habitual en los debates en torno a la autoficción y la autobiografía, se sitúa en el concepto de autenticidad. Seguramente ello se debe a la larga tradición crítica en torno a las relaciones entre autenticidad y referencia. No obstante, centrarnos en el concepto de autoridad puede resultar útil para comprender la relevancia de las diferentes voces en la novela, así como del juego de identidad/no identidad entre autor y narrador. Quizás podamos plantear la cuestión de la siguiente manera: ¿se podría entender este juego literario sobre la identidad del sujeto narrativo como un argumento retórico? Un argumento, que en la ficción, se convertiría en un argumento sobre la identidad entre autor y narrador. Además, como sabemos por la tradición de la Retórica, los argumentos pueden generarse, entre otras maneras, desde una posición de autoridad (como ocurre en los procesos jurídicos y en los interrogatorios donde interviene un testigo experto en la materia). Esta es la hipótesis del presente estudio, que, a partir de aquí, tiene como objeto desarrollar un concepto crítico que ayude al lector a entender cómo se crea el significado en autoficciones híbridas con múltiples voces. Fiona Schouten (2010: 175) formula otra observación sobre la autoridad que apunta a una posible variación en la naturaleza de esta noción: «Las novelas de la memoria cuyo juego con la autobiografía y la ficción terminarán creando un contraste entre lo autobiográfico y lo ficcional; por lo tanto, ciertas partes de una novela, o ciertos narradores, pueden adquirir una clase de autoridad diferente con respecto a otros»[6].

---

6. Cito del original: «Memory novels which play with autobiography and fiction will end up creating a contrast between the autobiographical and the fictional [therefore] certain parts of a novel, or certain narrators, may acquire more, or rather a different kind of authority than others». (*Nota de la traductora*)

Por ello, la segunda hipótesis que planteamos es que el concepto de autoridad puede ayudarnos a comprender no solo la estrategia autoficcional de Kirmen Uribe, sino también por qué las formas híbridas autoficcionales, y a menudo también docuficcionales, parecen gozar de tanta popularidad entre los autores memorialistas españoles, en especial a partir del cambio de milenio. Los debates sobre la autenticidad en referencia a la autoficción híbrida pueden resultar, en suma, más fructíferos si se incorpora la perspectiva de la autoridad.

Autoridad y autoficción

Nosotros, los lectores, no podemos saberlo todo: dependemos de otras «personas mejor situadas… para contarnos mucho de lo que necesitamos saber sobre el mundo» (Weston 2000: 24)[7], en este caso, del mundo de la novela. Pero ¿podemos fiarnos de esas «otras personas mejor situadas» cuando se trata de una autoficción? Para contestar a esta pregunta debemos definir, en primer lugar, el concepto de autoficción que vamos a emplear aquí. Podemos hacerlo siguiendo a Manuel Alberca, para quien «una autoficción es una novela o relato que se presenta como ficticio, cuyo narrador y protagonista tienen el mismo nombre que el autor» (Alberca 2007: 158). Esto significa que el narrador no es solo el autor real sino también una recreación ficcional del autor real. Es el mismo pero no es el mismo. Se halla en el marco de la ficción, dándose una transgresión genérica que produce un suspense ambiguo en el lector. No implica solo una referencia al mundo real, una marca de autenticidad; también implica un juego con la identificación. Para Alberca este es un aspecto fundamental en la autoficción: no se trata solo de producir un «aura de verdad», sino de generar un efecto «inquietante»:

> La identidad nominal coincidente de personaje y autor en la autoficción constituye uno de sus pilares fundamentales […] y ocasiona una alteración de la expectativa del lector, que contrariamente al «aura de verdad» que, a juicio de Lejeune, produce la presencia del nombre propio del autor en el relato autobiográfico, en la novela autoficticia no se cumple. La coincidencia onomástica produce una inestabilidad en la recepción del relato de tal calibre que resulta inquietante. (Alberca 2007: 128)

---

7. Cito del original: «better situated people…to tell us much of what we need to know about the world». (*Nota de la traductora*)

Kirmen Uribe crea precisamente este juego inquietante con la identidad cuando genera un espacio metaficcional en el que el narrador —que también se llama Kirmen Uribe— habla del proceso de crear una novela. Este, como versión ficticia del autor empírico, hace comentarios a propósito del mundo autobiográfico y la memoria del autor real, así como sobre el contexto histórico de las cuatro generaciones de la familia de Kirmen Uribe, desde anécdotas personales hasta narraciones macrohistóricas, como la referencia a la Guerra Civil española.

En la siguiente sección se abordará el análisis de la autoficción de Kirmen Uribe con relación al trabajo de recuperación de la memoria. Me centraré en la presencia de lo autobiográfico, o «la marca de lo autobiográfico» (la expresión es de Gilmore 1994), presente en la novela. Porque también en las ficciones híbridas, la memoria y la identidad no pueden segregarse de lo autobiográfico. En la autoficción hay todavía un acto autobiográfico que se dirige al lector y plantea un juego con el pacto autobiográfico (definido en 1975 por Philippe Lejeune). Como resultado, el texto también forma parte del argumento sobre la identidad del narrador, de modo que, cuando nos referimos al «trabajo de recuperación de la memoria», queremos indicar que la novela parece basada en diferentes fuentes (documentos, diarios, fotografías, entrevistas realizadas por el autor), así como en libros de investigación y en Internet. Entendemos esta investigación como el primer nivel del «trabajo de recuperación de la memoria». El segundo nivel es la narración, la ficcionalización, y la transformación de la memoria en novela. ¿Pero cómo logra el narrador autoficcional ganarse la confianza del lector? ¿Cómo lo convence de que lo que dice en esta ficción es, en cierta manera, verdad? ¿Cómo puede autentificar los hechos que se presentan como verdaderos en la narración? O tal vez la pregunta que cabría hacerse sería la siguiente: ¿qué tipo de autoridad implica esta narración?

Proponemos tres tipos de autoridad para describir la novela de Kirmen Uribe (no pretende ser una lista exhaustiva sino una primera tentativa). Primero podemos hablar de una «autoridad factual»: aparece, por ejemplo, mediante referencias tradicionales a la historicidad, en particular al hecho histórico, o cuando la trama se relaciona con la macrohistoria, verificable de una forma más o menos directa. Se trata de ser «fiel a los hechos» (*fact-based accuracy*) (Couser 1989: 11).

Un segundo tipo es la «autoridad compartida», concepto utilizado por investigadores de la historia oral (y acuñado por Michael Frisch 1990) para designar la autoridad que posee el historiador y que puede influir en el relato de una persona que está siendo entrevistada. Utilizaremos este concepto en el análisis literario para describir la autoridad ensamblada que deriva de los documentos o las entrevistas, así como de los metacomentarios vinculados al objeto del recuerdo y su relación con el proceso de la memoria.

Varias novelas españolas contemporáneas que tratan de la memoria[8] tienden a tematizar el proceso del recuerdo, en algunos casos relacionado con un proceso de investigación. Es lo que Birgit Neumann (2010) denomina «mímesis de la memoria», la cual tiene lugar cuando se reflexiona sobre el proceso de recordar, por ejemplo al recoger testimonios en las entrevistas o al observar cómo se obtuvieron las diferentes fuentes.

El último tipo de autoridad que vamos a mencionar es algo más complejo. Lo llamaremos «autoridad autobiográfica» y no desempeña una función de fidelidad factual. Se trata de un concepto crítico utilizado en la teoría de la auto/biografía o de los «estudios en torno a la escritura de vida», en especial por C. Thomas Couser (1989, 1995). Volveré sobre este punto más adelante.

Pasemos ahora a la novela para ver cómo Kirmen Uribe traza un equilibrio entre la historia familiar y la memoria autobiográfica; es decir, cómo a través de su narrador autoficcional *noveliza* su mundo.

Bilbao-New York-Bilbao

El narrador de *Bilbao-New York-Bilbao* —autoficcional, de nombre Kirmen Uribe—emprende una búsqueda personal: intenta arrojar luz sobre el pasado de su abuelo paterno, Liborio Uribe, algo que considera necesario porque su padre nunca le habló sobre esos hechos. Pretende, de este modo, descubrir la historia que se oculta tras el nombre del barco de su abuelo, llamado Dos Amigos, aunque finalmente este detalle resulta ser irrelevante en la novela. La anécdota, no obstante, sirve para desencadenar la trama; una historia que demuestra una conexión autobiográfica con un pasado ligado a una memoria *mediada y formada por múltiples capas*[9].

---

8. Entre ellas, *Soldados de Salamina* (Javier Cercas, 2001), *Enterrar a los muertos* (Ignacio Martínez de Pisón, 2005) y *Mala gente que camina* (Benjamín Prado, 2006).

9. El barco ya tenía ese nombre antes de que el abuelo de Uribe lo comprara. Puede interpretarse como un símbolo que alude a la amistad más allá de las diferencias, como se aprecia en muchas anécdotas de la novela (Kortazar 2013).

La historia familiar del narrador hace referencia a historias protagonizadas por la generación de vascos que vivió en España antes de la Guerra Civil. Incorpora tanto la mitología oral de la vida de los pescadores como diversos relatos de la guerra que aluden a conocidos acontecimientos históricos y en los que aparecen artistas como Pablo Picasso o Aurelio Arteta. Todos estos recuerdos e historias se entrelazan en lo que parece ser la imaginación espontánea del narrador.

Entonces, ¿qué ocurre en esta novela que mezcla recuerdos de una cultura minoritaria con la historia biográfica de una familia y la historia oral de la Guerra Civil en el marco de un relato autoficcional que (sobre todo a nivel metaficcional) trata de la manera en que el autor construye su novela (cualquier novela)? Se nos relata un largo proceso de viajes, entrevistas y recopilación de artefactos del pasado, como diarios, fotos y grabaciones de voz. En apariencia verdad factual, que después se vuelve autoficción, ya que estos elementos ficticios son muy claros en la narración retrospectiva, como en la secuencia que dramatiza los diálogos de los pasajeros del avión, durante el viaje de Bilbao a Nueva York. Aquí la versión autoficcional del autor reflexiona sobre los diferentes recuerdos y objetos del pasado, como, por ejemplo, cuando comenta por qué ha elegido el modo de la autoficción:

> Ese [...] me hizo pensar sobre el proceso de construcción de la novela. Cómo hablar de quienes te rodean sin que aparezca uno mismo. Quería hablar de mi abuelo, de mi padre, de mi madre. Novelar mi mundo, llevarlo al papel. Pero ¿cómo hacerlo? ¿Debía inventar nombres ficticios o aparecería yo como narrador de la novela? (Uribe 2009: 144)

Estamos ante una reflexión sobre la verdad y el significado del pasado mediado por nuestro recuerdo. ¿Dicho pasado sería más verdadero si se escribiera como Historia (en mayúsculas)? ¿Sería más fiel a los hechos si el narrador disfrazara su propia voz bajo una presencia implícita? En cierto sentido, este narrador está conectado con el pasado del autor, de modo que ¿por qué no aparecer como él mismo? Esta parece ser la razón por la que el narrador ha elegido el modo autoficcional. Kirmen Uribe desarrolla en la narración un nivel metaficcional, y es ahí donde aparece la historia cronológica. Todos los objetos y, en concreto, los fragmentos de memoria —detalles autobiográficos, testimonios de entrevistas, cartas e historias mitológicas de la tradición oral— se entrelazan en este nivel meta y autoficcional. Cuando los relatos mitológicos se yuxtaponen a los otros recuerdos, se vuelven un reflejo simbólico del presente. Un presente que se expresa a través de artículos de periódico y fuentes de Internet como Wikipedia, así como en la tradición oral local, la memoria de la familia y la microhistoria conectada con la macrohistoria, en este caso de la Guerra Civil.

Podemos tomar este juego autoficcional y la creación de significado simbólico como un segundo nivel del trabajo de recuperación de la memoria en esta novela en particular. La primera parte la conforman las entrevistas y la investigación que el autor en la vida real ha llevado a cabo a propósito de esos recuerdos que consideró necesario guardar y compartir. Se trata del pasado hecho presente.

Así, los objetos del pasado que aparecen en la investigación del narrador quedan «sentimentalizados» en comentarios como el que sigue: «Esta era la mesa en la que trabajaba, nos dijo Carmen acariciando el mueble de su padre. Tomamos el café en aquella misma mesa, y sobre ella desperdigó Carmen los álbumes de fotografías en blanco y negro» (Uribe 2009: 40). En otras partes, el narrador manifiesta nostalgia al reflexionar sobre el dialecto de una voz en una grabación. Aunque no es solo una ilustración de la nostalgia; desempeña también una función retórica: hace que las historias pequeñas parezcan algo más intactas. Existen como objetos de la diégesis pero sobresalen por esos comentarios al ser objetivizadas por el narrador autoficcional, quien también aparece «marcado por la autobiografía». Llaman la atención por su materialidad como diario, como grabación, como fotografía. Son, podríamos decir, presentadas y «autentificadas» como fuentes de la memoria, especialmente cuando se alude al proceso de investigación que el narrador está realizando: «Marta, la secretaria, me había preparado los documentos» (48). Este material conecta la dimensión de la memoria familiar-personal con la regional-mítica, emergiendo la vertiente cultural y colectiva de la identidad autobiográfica.

Memoria colectiva y posmemoria en la autoficción

Quizás Maurice Halbwachs, creador del concepto de «memoria colectiva» en 1950, pueda ayudarnos a desarrollar nuestros planteamientos. Halbwachs describe lo que denomina «marcos sociales» (*cadres sociaux*), fundamentales para el concepto de memoria colectiva, pues estos influyen en toda actividad relacionada con la memoria individual. A través de la interacción y comunicación con otras personas, el individuo adquiere el conocimiento y las diversas formas de pensar y de sentir. Los marcos sociales son nuestro entorno social, y se convierten en patrones de pensamiento que guían nuestra memoria. Astrid Erll sintetiza la teoría de Halbwachs de la siguiente manera:

> En este sentido existe una memoria colectiva y unos marcos sociales de memoria; [...] nuestro pensamiento individual se sitúa en esos marcos y participa en esa memoria [...] nuestros recuerdos individuales están socialmente conformados [...] la memoria colectiva e individual son [...] recíprocamente dependientes: puede decirse que el individuo, cuando recuerda, lo hace asumiendo la perspectiva del grupo, pero también se puede afirmar que la memoria del grupo se realiza y manifiesta en las memorias individuales. (Erll 2011: 15)[10]

Por ello, «la memoria colectiva puede observarse a través de los actos individuales de la memoria, ya que cada memoria representa un punto de vista sobre la memoria colectiva» (Erll 2011: 16)[11]. La reflexión de Erll nos ofrece una interesante perspectiva de análisis desde la que abordar la novela de Uribe.

El trabajo de recuperación de la memoria autoficcional de Kirmen Uribe demuestra la dependencia de diarios, cintas de grabaciones, Internet, etc. Utiliza estos medios de comunicación para describir un tipo particular de memoria transgeneracional. Se trata de la memoria familiar, que no debe identificarse con la memoria autobiográfica. Al comentar sus fuentes, la búsqueda personal conecta a Uribe con la historia colectiva. El narrador autoficcional explica que sintió la necesidad de romper el silencio del pasado, como parte de la idea que dio lugar a esta novela: «sentía la necesidad de contar la historia del abuelo Liborio, de no seguir obviando una realidad tantas veces silenciada. La Guerra Civil fue también una Guerra entre vascos [...]. Debía verbalizarlo, exteriorizar que uno de mis abuelos optó por el bando incorrecto. Aunque me pesara mucho» (Uribe 2009: 142).

---

10. Cito del original: «It is in this sense that there exists a collective memory and social frameworks for memory; [...] our individual thought places itself in these frameworks and participates in this memory [...] our individual memories are socially formed [...] collective and individual memory are [...] mutually dependent: One may say that the individual remembers by placing himself in the perspective of the group, but one may also affirm that the memory of the group realizes and manifests itself in individual memories». (*Nota de la traductora*)

11. Cito del original: «[i]t is through individual acts of memory that the collective memory can be observed, since each memory is a viewpoint on the collective memory». (*Nota de la traductora*)

Se alude así a la necesidad personal del autor/narrador, motivada por el silencio de su padre, y que, por ello, desemboca en una investigación. A nivel personal Uribe experimenta una suerte de desazón ética cuando narra ese episodio de su biografía familiar. Pero, en segundo lugar, el contexto sociocultural se yuxtapone a la vivencia individual —«una realidad tantas veces silenciada»—, haciendo posible una lectura crítica de dicho enunciado.

Si seguimos centrándonos en la dimensión intergeneracional del recuerdo del pasado, el concepto de «posmemoria» (*postmemory*) de Marianne Hirsch ofrece otra perspectiva a propósito de ese comentario del narrador. Hirsch entiende que la posmemoria trata precisamente de la conexión entre el presente vivido y la salvaguarda de la memoria (aunque ella lo aplica a los recuerdos traumáticos), presentándose la familia como el espacio de la transmisión intergeneracional.

Hirsch ha examinado dicha salvaguarda de la memoria como la necesidad de buscar estructuras estéticas para un «repertorio de conocimiento integrado habitualmente ausente del archivo histórico [...], desatendido por los historiadores tradicionales» (Hirsch 2008: 8)[12]. Destaca, de este modo, la pulsión imaginativa en la comunicación estética de los recuerdos:

> ... la conexión de la posmemoria con el pasado no aparece, en efecto, mediada por el recuerdo, sino por la imaginación, la proyección y la creación. [...] No es algo idéntico a la memoria; es algo «post». Se trata de elucidar «las líneas de transmisión entre el recuerdo individual y el recuerdo colectivo» [...] para volver a conectar la transmisión interrumpida. Necesita formas de rememoración que puedan conectar de nuevo «el tejido de la memoria intergeneracional». (Hirsch 2008: 107-110)[13]

Ello puede explicar parcialmente por qué tantos escritores que pertenecen a la segunda y tercera generación posterior a la Guerra Civil eligen el modo autoficcional para sus ficciones y narraciones autobiográficas. Bajo nuestro punto de vista, sirve como explicación plausible de esa «necesidad» que mencionaba el narrador Kirmen Uribe. Si suponemos que

---

12. Cito del original: «repertoire of embedded knowledge absent from the historical archive [...] neglected by traditional historians». (*Nota de la traductora*)

13. Cito del original: «postmemory's connection to the past is not actually mediated by recall but by imaginative investment, projection and creation. [...] It is not identical to memory [...] it is "post", it is about elucidating "the lines of transmission between individual and collective remembrance" [...] to reconnect the break in transmission. It necessitates forms of remembrance that [can] reconnect an "intergenerational memorial fabric"». (*Nota de la traductora*)

esta es la «reconexión» que Uribe —el autor— intenta describir, se comprende la elección de la forma híbrida autoficcional, en la medida en que funciona como mediadora de la conexión sentimental. El espacio autoficcional transmite la carga afectiva con relación a la memoria gracias, como notaba Hirsch, a introducir la imaginación.

A través de los conceptos desarrollados por Halbwachs y Hirsch hemos relacionado la pulsión de la imaginación, es decir la estrategia estética de la narrativa autoficcional, con la memoria intergeneracional y personal. Centrémonos ahora en la presencia de lo autobiográfico en el marco de la autoficción. En su libro *El pacto ambiguo* (2007), Manuel Alberca describe la transgresión genérica que supone la autoficción de la siguiente manera:

> Las autoficciones dan cuenta de la ruptura del contrato mimético en el terreno más comprometido, el de la supuesta transparencia referencial y en el de evidencia autobiográfica, pues, al irrumpir «lo real» en el terreno de la invención (y viceversa) y el autor sujeto de la escritura en el campo de la literalidad, los esquemas receptivos y contractuales de la lectura novelesca o autobiografía resultan subvertidos. (Alberca 2007: 51)

Como resultado, según Alberca (2007: 50), «la autoficción efectúa un salto cualitativo, que supone pasar de la estética mimética de la representación a la estética de la presentación». Ello significa que la autoficción no es solo un híbrido de dos registros (el referencial en la autobiografía y el ficcional en la novela), sino también un modo dinámico dada su dualidad inherente, lo que en este particular espacio autoficcional tiene la capacidad de transferir la carga afectiva relacionada con la memoria. Una carga afectiva que llega al lector «mediada por la pulsión de la imaginación», a la que podemos añadir una necesidad potencial de revelar el pasado.

Esto es lo que verdaderamente importa para el narrador autor. Se trata de la «verdad autobiográfica», que es más que los simples «hechos». Laura Marcus (1994: 3) señala a propósito como la intención autobiográfica se refiere a «una motivación autorial que gobierna la producción del texto, pero se convierte en una estructura elaborada que, en apariencia, define los caminos a través de los cuales el texto debería ser recibido»[14]. Entiende «intención» como una forma de lidiar con el problema de la referencia-

---

14. Cito del original: «an authorial motive governing the production of the text, but becomes an elaborate structure which apparently defines the ways in which the text should be received». (*Nota de la traductora*)

lidad en el género de la autobiografía. Así, la intención que expresa la autobiografía nos indica algo sobre «la clase y el grado de "verdad" que cabe esperar» de la escritura. Para Marcus (1994: 3) y, compartimos su opinión, ello está relacionado con «la idea de que la verdad del yo es más compleja que la del "acontecimiento" en sí». Esta marca de verdad auto-biográfica todavía permanece presente en la autoficción.

Autoridad autobiográfica

Thomas Couser emplea este concepto para describir la relación conflic-tiva entre la autobiografía y la realidad, entre la posición privilegiada del pacto autobiográfico (como indica la teoría de Philippe Lejeune) y la descalificación posestructuralista del sujeto autónomo, que, según este paradigma, es el producto cultural de códigos y sistemas semióticos fuera de su control. La «autoridad autobiográfica» es un valor que está en juego en los textos autobiográficos, por lo que Couser la sitúa en una posición intermedia entre los paradigmas referenciales y los posestructuralistas. En esta posición intermedia, los discursos autobiográficos —incluida la autoficción— negocian su significado. De esta forma, la realidad extra-textual no es rechazable, pero tampoco puede ignorarse la construcción que implica todo lenguaje y tratar de autentificar la verdad histórica sin más. Esta perspectiva teórica para describir el concepto de «autoridad autobiográfica» (pero no para describir los conceptos de «autenticidad» o «veracidad») se alinea a la teoría lingüística del «dialogismo» de Mikhael Bakhtin (1981). Según este paradigma del lenguaje, el hablante habita la palabra (una palabra que ya existe en el diálogo con el pasado y el futuro) con una intención determinada en el momento de expresarse. Por ello, la autobiografía no refiere de manera transparente al individuo ni tam-poco produce al individuo a través de una serie de signos. Como explica Couser (1996: 41), «como todo discurso, se trata de una especie de patio de juegos, o de campo de batalla, en el que el yo se pelea para establecer su presencia y ejercer su poder. El modelo dialógico concibe al autobiográfo como alguien implicado en la lucha dialógica en pos de la autoridad»[15].

---

15. Cito del original: «like all discourse it is a kind of playground –or battlefield– on which the self struggles to establish presence and exercise power. The dialogical model conceives the autobiographer as engaged in a dynamic struggle for authority». (*Nota de la traductora*)

Esta marca de «autoridad autobiográfica» caracteriza el nivel narrativo que ocupa el narrador autoficcional en *Bilbao-New York-Bilbao*. En él se desarrolla la relación afectiva y reflexiva de Uribe con la memoria mediada. Al mismo tiempo, al comunicar al lector la verdad autobiográfica —su verdad— y el valor autobiográfico del texto, se negocian otras clases de memorias. Es aquí donde la autoficción posee un especial potencial como forma narrativa para negociar diferentes autoridades: la autoridad factual y la autoridad compartida en una narración heterogénea.

La narrativa de Kirmen Uribe —y quizás la forma en la que la autoficción, en un sentido general, utiliza la autobiografía ejerciendo una autoridad compleja— demuestra la pulsión imaginativa que siempre aparece durante el acto de recordar. Un acto que se lleva a cabo en el presente. La autoficción y la mímesis del proceso de la memoria revelan significados y valores que se relacionan con la memoria colectiva y la transferencia transgeneracional de la memoria individual. Quizás, como sugerimos en este trabajo, podemos describir este aspecto a través de negociaciones coexistentes entre diferentes tipos de autoridades en el marco de la autoficción.

Queda un aspecto por examinar: ¿es la autoficción, como describe el paratexto en la contraportada de la novela, el concepto adecuado para designar esta obra híbrida? Porque en este trabajo, la palabra «autoridad» involucra argumentos, comunicación y retórica, no solo involucra el género narrativo. Por ello, en este contexto, ¿el concepto autoficción no se limitaría a una sola perspectiva, la del género concretamente? El siguiente apartado tiene como objeto reflexionar sobre el marco conceptual de las novelas híbridas, cuando lo que se quiere es centrarse en las diversas autoridades desplegadas en la narración.

Autonarración

En *Bilbao-New York-Bilbao* el yo se reinventa en la ficción. Todos los objetos del recuerdo están conectados a una búsqueda que tiene como fin desvelar el pasado de la familia del protagonista. Dicha búsqueda se relaciona, en última instancia, con el deseo de comprender y preservar las raíces culturales y de prolongar la generación del narrador, así como las generaciones futuras de vascos (representados por el hijo no biológico de Uribe). Por este motivo, también se transforma en una búsqueda de identidad cultural y personal. Philippe Forest se ha referido a «la búsqueda» como la característica distintiva de lo que él llama «novela del yo», un género de novela más apto para expresar la verdad de la vida de alguien a través de documentos, testimonios o la propia autobiografía. Advierte de la capacidad de la novela de retratar el «naturalismo de lo íntimo» cuando el relato describe la experiencia de «lo real» por parte del sujeto: «Cuando hablo de naturalismo de lo íntimo, quiero decir que la novelística autobiográfica —como mayormente se pone en práctica en la "novela del yo"— implica siempre una búsqueda de identidad» (Forest *in* Nicol 2006: s/p)[16]. Esta reflexión se vincula a una concepción inspirada por George Bataille acerca de «lo real» y de lo real «como imposible», para representar el yo sin la intención de ficcionalizarlo: «cada sentido de la identidad se desintegra y disuelve. El sujeto, tan pronto se expresa a sí mismo, siente que es una ficción. La vida es una novela, dice la gente. Y por eso solo una novela puede contar la historia de una vida, expresar su verdad, una verdad que es fragmentaria, confusa, evasiva y contradictoria» (Forest *in* Nicol 2006: s/p)[17].

No pretendemos entrar a discutir la idea de lo real que propone Forest. Sus reflexiones resultan útiles para describir la relativización de la «verdad autobiográfica» individual. También para ilustrar la preocupación en torno al «motivo de la identidad» del narrador e, implícitamente, para plantear la «autoridad autobiográfica» como una manera de aproximarse a una «verdad» relativa y subjetiva.

La investigación del narrador Kirmen Uribe acerca de un pasado documentado tiene lugar dentro de la diégesis de la novela. Pero, al mismo tiempo, la narración se involucra en ese motivo de la identidad que se desarrolla en el nivel de la comunicación entre autor y lector. La presencia de una dramatización y una trama, junto con la transcripción de determinadas conversaciones, hacen que el lector dude del pacto referencial (por ejemplo, cuando, en varias ocasiones, el narrador conversa con la pasajera Renata, cuya caracterización posee quizás algunos elementos reales pero se presenta claramente dramatizada e inserta en la estructura del tiempo narrativo). Por el contrario, la coincidencia del nombre del autor narrador, la presencia del mundo real documentado

---

16. Cito del original: «When I speak of the naturalism of the intimate, I mean that novelistic autobiography –as mostly put into practice in "self-fiction"– is always a quest for identity». (*Nota de la traductora*)

17. Cito del original: «every sense of identity disintegrates and dissolves away. The subject feels himself to be a fiction as soon as he expresses himself. Life is a novel, so people say. And that is why only a novel can tell the story of a life, express its truth, which is fragmentary, confused, evasive and contradictory». (*Nota de la traductora*)

y todas aquellas referencias que identifican al narrador como Kirmen Uribe autor (el nombre de su pareja, el lugar de nacimiento, etc.) apuntan a la referencia autobiográfica e invitan, por lo tanto, a realizar un pacto autobiográfico.

Se trata de un juego entre géneros literarios, en este caso entre la autobiografía y la novela, por lo que se genera una estrategia narrativa ambigua. Podemos entender esta hibridización del género, tanto en el modo autoficcional como en el docuficcional, como parte de la misma estrategia de ambigüedad, tal y como Philippe Gasparini (2012: 198) ha demostrado en su análisis del concepto «autonarración».

Si entendemos la autoficción y la docuficción como dos modos de la misma estrategia narrativa, tiene sentido analizar el texto a través de las diferentes autoridades que aparecen en él. La novela de Kirmen Uribe se puede describir como la construcción de una versión literaria de la «autoridad compartida», pues incluye documentos y testimonios que son objeto de diversos metacomentarios. Al adaptar un concepto crítico de la historia oral («autoridad compartida») y aplicarlo al ámbito de la crítica literaria, podemos emplearlo para describir el doble cometido que cumplen los documentos insertos en la ficción. La «autoridad literaria compartida» describe no solo su valor como documento histórico sino también su función retórica como objetos memoria o como discursos del mundo real dentro de la diégesis de la autoficción. Apunta al hecho de que los «documentos», en su sentido más general, destacan como objetos memoria en la diégesis y, por ello, apoyan el juego autoficcional con respecto a la identidad a través del pacto referencial de la autobiografía. Ambos modos híbridos están al servicio de la estrategia de la ambigüedad.

Quizás entonces tenga sentido utilizar el término «autonarración», acuñado por Arnaud Schmitt y adoptado por Philippe Gasparini. Ambos defienden esta noción, ya que, bajo su punto de vista, el componente ficcional de la autoficción falsifica su propia comprensión como concepto. El término autoficción alude al pacto ficcional, al pacto de ambigüedad, pero no es capaz de abarcar la parte referencial (la relativa al «auto»), de modo que siempre tiene lugar dentro del marco de la ficción. Esto no ocurre, por el contrario, con el concepto de «autonarración»:

Narrarse, autonarrarse, consiste en hacer bascular la propia autobiografía en lo literario. Expresarse, es cierto, pero con toda la complejidad inherente a la novela y a las variaciones modales, poliscópicas, estilísticas, propias del género. En otras palabras, autonarrarse consiste en expresarse como en una novela, en verse como un personaje incluso si la base referencial es completamente real… (Schmitt *in* Gasparini 2012: 193-194)

El concepto de autonarración deriva del latín *narrare* o *narratio*, términos que designan la acción de narrar (Gasparini 2012: 194). *Narratio* era, en la retórica del siglo XVII, la alegación de una defensa jurídica cuando se narraban los hechos de una causa. Por este motivo, el término resulta adecuado para describir una estrategia de ambigüedad cuando lo que se pretende es tener en mente la situación retórica. Esto tiene lugar, en parte, fuera de la ficción. El concepto de Arnaud Schmitt no describe un nuevo género: «El concepto de *autonarración* no designa un género sino una forma contemporánea de archigénero: el espacio autobiográfico». Gasparini (2012: 194) prosigue: «Incluye los textos estrictamente autobiográficos regidos por el pacto del mismo nombre, y también las novelas autobiográficas, que obedecen a una estrategia de ambigüedad genérica más o menos compleja».

Debemos explicar brevemente la relación entre el concepto de autonarración con los géneros de la autobiografía y la autoficción. Gasparini resume la conceptualización de Schmitt, quien llama «relatos autobiográficos» a las narraciones autorreferenciales más lineales. Ello le permite distinguir estos relatos del género de la novela, así como subrayar el pacto referencial (autobiográfico) que estos proponen. La autoficción sería una segunda categoría de la autonarración. Indicaría, con «ficción», que algunos elementos son imaginados (Gasparini 2012: 195). Desde este ángulo, la autoficción se limita a describir la versión contemporánea de la llamada «novela autobiográfica». En este sentido, la autonarración no plantea un juego ambiguo de géneros, como sí es el caso para la autoficción. Añade, en consecuencia, otro nivel de comprensión:

Al tratarse de narración autorreferencial, la autobiografía y la novela autobiográfica son las únicas categorías pragmáticas, pues se basan en un contrato de lectura específico, ya sea este simple o doble. El concepto *autonarración* permite seleccionar, dentro de este espacio autobiográfico, los textos verdaderamente modernos (o posmodernos) en la medida en que estos tematizan su estatuto pragmático por medios artísticos originales. Postula, por lo tanto, una poética provisional que valora la literalidad de la escritura del yo en función de la capacidad de esta para poner en duda su propia validez. (Gasparini 2012: 195)

Como apunta Gasparini, el concepto de autonarración alude a un modo específico de enunciación que parece tener la capacidad de describir una heterogeneidad de discursos, como la que existe en la novela de Kirmen Uribe (cartas, entrevistas, relatos de viaje, etc.), sin reducirla a un mero juego de ambigüedad. Por esta razón, queremos sugerir el uso del concepto de autonarración como marco teórico más preciso que el de autoficción, pues describe de manera concreta ese espacio autobiográfico, en el que están presentes diferentes autoridades. De esta forma, la autonarración negocia el significado del pasado y de la Historia, como sucede en el caso particular de *Bilbao-New York-Bilbao*.

Cuando Kirmen Uribe se pregunta en la novela si debería aparecer como narrador de su relato, cuando expresa querer «novelar su mundo», abre la posibilidad de leer la obra dentro de un espacio autobiográfico: «Quería hablar de mi abuelo, de mi padre, de mi madre. Novelar mi mundo, llevarlo al papel. Pero ¿cómo hacerlo? ¿Debía inventar nombres ficticios o aparecía yo como narrador de la novela?» (Uribe 2009: 6). Uribe plantea sus razones de cómo interpretar el pasado y, haciéndolo, su narración engloba diferentes tipos de autoridades, como las tres mencionadas en este trabajo. Como hemos tratado de demostrar, centrarnos en la «autoridad de argumentación» en lugar de en la «autenticidad del referente» puede ofrecer una perspectiva que ayude a comprender la negociación entre el pasado individual y el pasado colectivo en el contexto de una ficción híbrida.

BIBLIOGRAFÍA

ALBERCA, Manuel (2007): *El pacto ambiguo. De la novela autobiográfica a la autoficción*. Madrid: Biblioteca Nueva.

BAKHTIN, Mikhail (1981): *The Dialogic Imagination: Four Essays*. Ed. de Caryl Emerson *et al.* Austin: University of Texas Press.

CERCAS, Javier (2001): *Soldados de Salamina*. Barcelona: Tusquets.

COUSER, C. Thomas (1995): «Authority», *a/b Auto/Biography Studies* 10.1, 34-49.

— (2001): «Authenticity [and] Authority», en: Margaretta Jolly (ed.), *Encyclopedia of Life Writing: Authobiographical and Biographical Forms*. Chicago/London: Fitzroy Dearborn Publishers, 73-75.

ERLL, Astrid (2008): *Cultural Memory Studies. An International and Interdisciplinary Handbook*. Berlin/New York: Walter de Gruyter.

— (2011): *Culture in Memory*. New York: Palgrave Macmillan.

FRISCH, Michael (1990): *A Shared Authority. Essays on the Craft and Meaning of Oral and Public History*. Albany: State University of New York Press.

GASPARINI, Philippe (2012): «La autonarración», en: Ana Casas (ed.), *La autoficción. Reflexiones teóricas*. Madrid: Arco Libros, 177-209.

GILMORE, Leigh (1994): «The Mark of Autobiography: Postmodernism, Autobiography and Genre», en: Kathleen Ashley (ed.), *Autobiography and Postmodernism*. Amherst: University of Massachusetts Press, 3-19.

HALBWACHS, Maurice (1992): *On Collective Memory*. Chicago: The University of Chicago Press.

HIRSCH, Marianne (2008): «The Generation of Postmemory», *Poetics Today* 29.1, 103-128.

KORTAZAR, Jon (2013): *Contemporary Basque Literature: Kirmen Uribe's Proposal*. Madrid/Frankfurt: Iberoamericana/Vervuert.

LEJEUNE, Philippe (1975): *Le pacte autobiographique*. Paris: Armand Colin.

MARCUS, Laura (1994): *Auto/biographical Discourses. Theory, Criticism, Practice*. Manchester/New York: Manchester University Press.

MARTÍNEZ RUBIO, José (2012): «Investigaciones de la memoria. El olvido como crimen», en: Hans Lauge Hansen *et al.* (eds.), *La memoria novelada*, Bern: Peter Lang.

NEUMANN, Birgit (2010): «The Literary Representation of Memory», en: Aastrid Erll et al. (eds.), *A Companion to Cultural Memory Studies*. Berlin/New York: Walter de Gruyter, 333-344.

NICOL, Yann (2006): «French Literature Today: Philippe Forest with Yann Nicol», *The Brooklyn Rail. Critical Perspectives on Arts, Politics and Culture*. Disponible en <http://www.brooklynrail.org/2006/04/express/french-literature-today-philippe-forest-with-yann-nicol> [última visita: 30.12.2013].

OLNEY, James (1984): «"I Was Born": Slave Narratives, their Status as Autobiography and as Literature», *Callaloo* 20, 46-73.

SCHOUTEN, Fiona (2010): *A Diffuse Murmur of History. Literary Memory Narratives of Civil War and Dictatorship in Spanish Novels after 1990*. Bruxelles: Peter Lang.

STURROCK, JOHN (1977): «The New Model Autobiographer», *New Literary History* 9.1, 51-63.

URIBE, Kirmen (2009): *Bilbao-New York-Bilbao*. Barcelona: Seix Barral.
— (2013): *Lo que mueve el mundo*. Barcelona: Seix Barral.
WESTON, Anthony (2000): *A Rulebook for Arguments*. Indianapolis/Cambridge: Hackett Publishing Company.

AUTOFICCIÓN Y NOVELA EN CLAVE:
UN MOMENTO DE DESCANSO
DE ANTONIO OREJUDO

Ana Rueda
UNIVERSITY OF KENTUCKY

Un momento de descanso (2011) de Antonio Orejudo es una «novela de campus» que sigue la trayectoria profesional y vital de dos antiguos compañeros de carrera, Cifuentes y Orejudo, que se reencuentran en Madrid tras diecisiete años después de haber sido expulsados de sus puestos universitarios en Estados Unidos[1]. Las experiencias de Cifuentes como profesor en la Universidad de Missouri-Columbia y las de Orejudo como estudiante universitario en Nueva York y en Madrid, ofrecen una denuncia generalizada que no deja títere con cabeza en estos ámbitos académicos a ambos lados del Atlántico. La novela deplora la «degradación moral y académica» (188) y la farsa del mundo universitario, la mediocridad y las corruptas estructuras de poder que la sostienen. Cifuentes y Orejudo acaban sucumbiendo a la misma degradación moral que deploran, vendiéndose al sistema (en el caso de Cifuentes) o traicionando al amigo (en el de Orejudo). Su deshonestidad encierra, sin embargo, un punto de sinceridad, tal como la denuncia de la novela de lo que ocurre o pudiera ocurrir en los campus universitarios responde a un intento de averiguar verdades ocultas y de hacer justicia, ofreciendo en el proceso una interpretación original del mundo. El lector deberá juzgar si las cosas que ocurren en *Un momento de descanso* en los campus académicos a ambos lados del Atlántico son tan inverosímiles para quien no las haya vivido,

---

1. La novela del «yo» en su variante como «novela de campus» ha impactado el mercado español con *Todas las almas* (1989) de Javier Marías, *La velocidad de la luz* (2005) de Javier Cercas y *Un momento de descanso* (2011) de Antonio Orejudo. Desde la vertiente hispanoamericana, José Donoso recogió en su último libro, *Donde van a morir los elefantes* (1985), la exasperación de la vida académica en una universidad del medioeste norteamericano.

tan grotescas y escalofriantes, que solo una autoficción descabellada es capaz de describir de modo certero y con ello dinamitar la superchería del mundo académico.

Formalmente, o quizá sea mejor decir informalmente, debido a su humor irreverente, *Un momento de descanso* es un *roman à clef* envuelto en el ropaje de la autoficción. Lo que narra no son biografías absolutamente inventadas que se presentan bajo la forma de la docuficción[2], en la que el aparato paratextual se presta a avalar la historicidad de los hechos, como es el caso de los llamados «falsos aubianos» o biografiados inexistentes. *Un momento de descanso* tampoco participa de la autobiografía en tanto que el uso del nombre propio —Antonio Orejudo— le sirve al autor como máscara idónea para ocultarse en un mundo novelesco que es *realmente inverosímil*. La novela, que es así extrañamente referencial y extrañamente ficcional, se mueve en una hiperrealidad donde el simulacro ha usurpado el puesto al «original»[3]. Como novela en clave, remite a personas reales que aparecen como personajes ficticios con nombres ficticios, como podría ser el caso de Cifuentes, bajo cuyo nombre puede ocultarse el antiguo compañero de estudios de Orejudo y escritor, Rafael Reig. Sin embargo, algunos nombres propios son perfectamente transparentes para quien conoce el ámbito retratado. Por ejemplo, la excéntrica medievalista de América Latina Magdalena Lima-Pintón alude a la latinoamericanista y feminista Magdalena García-Pinto; Michael Ugarte y Ann Rueda son, a su vez, pequeños cameos a Michael Ugarte y a Ana Rueda, quienes también compartimos un tiempo como colegas de Antonio Orejudo en la Universidad de Missouri, aunque la novela los desplaza al puesto de profesores de High School. A su vez, nombres bien conocidos del mundo académico estadounidense, como el de Elias Rivers, aparecen sin camuflaje, mezclados con nombres en clave, como por ejemplo Ted Confitello (por Malcolm Compitello), mientras otros nombres de académicos se adjudican a personajes que se mueven en ámbitos extrauniversitarios[4].

---

2. En inglés se maneja el término *faction*, combinación de *fact* + *fiction*.
3. Me refiero al concepto de simulacro tal como lo ha trabajado Baudrillard (2005: 9), para quien los simulacros son «la generación por los modelos de algo real sin origen ni realidad: lo hiperreal». Ver también Deleuze & Patton (2004: 101), para quienes, a pesar de sus diferencias con Baudrillard, el simulacro es una imagen que no está dotada de semejanza con respecto a un modelo.
4. En el ámbito español, aparecen figuras reconocibles del mundo académico, como el rector Eduardo Becerra, al fondo de la foto del autor (Orejudo 2011: 109). Distintos lectores identificarán, con mayor o menor acierto, a colegas del mundo académico

Resulta significativo que las experiencias que Orejudo pudiera haber vivido en la Universidad de Missouri se presentan como experiencias de su compañero Cifuentes, quien aparece como un «fantasma» en la Feria del Libro de Madrid. Este desplazamiento de las experiencias propias a las ajenas sugiere que Cifuentes es un desdoblamiento del yo autoficcional, su otro yo. ¿Se salva mediante esta estratagema el yo de ese mundo hiperreal en el que los académicos son «zombis» (36) en el caso americano y criminales en el caso español? La respuesta es no, el «yo» autoficcional no renuncia al festín de los elogios y sucumbe, como también sucumbe su amigo Cifuentes, al elogio de quienes les habían expulsado de su seno como profesor, hilo que hermana a los dos protagonistas.

La novela de Orejudo rechaza nociones genéricas heredadas sobre cómo se deben narrar las experiencias vividas y las actitudes que un autor adopta en cuanto a la verdad y la sinceridad en la ficción. Si hay un denominador común en las obras de autoficción, este sería la voluntad de resistir nociones preconcebidas de cómo se debe narrar la experiencia personal, la verdad, la confesión y la invención. Así, *Un momento de descanso* se aleja del llamado «pacto autobiográfico» establecido por Philippe Lejeune, en virtud del cual el lector de una autobiografía exige al autor una «realidad» sujeta a *verificación* (subrayado en el original) en lo que cuenta de su vida» (1975: 36), y se aleja también del «pacto novelesco», que radica en la suspensión del descreimiento —«the suspension of disbelief»— por la que el lector de una novela abandona la exigencia de verdad en favor de una verosimilitud literaria que haga creíble el relato. Una marca característica de *Un momento de descanso* es que recurre a la docuficción, insertando, entre otros documentos, una foto del autor tomada en un bar durante sus años de carrera. El recurso visual de la fotografía documenta el texto pero dota al retrato narrativo del yo de un aire espectral. En general, el aparato paratextual parece avalar la historicidad de personajes y eventos. Insertados gráficamente en la novela, fotos, certificados de nacimiento y de defunción, recortes periodísticos, fragmentos de partituras musicales, etc., complementan el texto, pero más que nada problematizan la relación entre lo fidedigno y la fabulación. Arguyo que Orejudo crea un montaje genérico, como veremos en breve, que rompe con los esquemas habituales de la verosimilitud. Es más, la autoficción que practica Orejudo es una categoría textual que acude al simulacro —temático y escritural— como recurso privilegiado.

---

según su grado de familiarización, lo cual no quita para que sus rasgos novelescos acusen una fuerte dosis imaginativa.

Philippe Lejeune, lejos de defender el género autobiográfico, admite que no se trata de decidir cuál de los dos géneros, si la autobiografía o la novela, es más verídico: «Il ne s'agit plus de savoir lequel, de l'autobiographie ou du roman, serait le plus vrai» (1975: 42), sino de verlos en la relación que traban entre sí: «Ce qui devient révélateur, c'est l'espace dans lequel s'inscrivent les deux catégories de textes, et qui n'est reductible à aucune des deux. Cet effet de relief obtenu par ce procédé, c'est la création, pour le lecteur, d'un "espace autobiographique"» (42)[5]. Partiendo de esta concepción de Philippe Lejeune en cuanto al espacio autobiográfico, que implica un pacto indirecto con el lector, «en la actualidad, la autoficción designa a todo el espacio entre una autobiografía que no quiere decir su nombre y una ficción que no quiere desprenderse de su autor» (Sanz 2011: 1). La novela de Orejudo suscita nuevas preguntas teóricas sobre la autoficción que socavan las bases del pacto autobiográfico presuntamente sellado entre el lector y el autor del texto definido por Lejeune, a pesar de que este teórico era consciente de la variada experimentación formal que permitía la autobiografía. Recordemos que Doubrovsky intentó llenar la laguna teórica de Lejeune cuando este se enfrentaba al caso en que el protagonista de una novela lleva el mismo nombre que el autor, y lo hizo escribiendo la novela *Fils* (1977) (McDonough 2011: 15). Para describir su novela Doubrovsky extendió el concepto del «pacto autobiográfico» de Lejeune y propuso el término «autoficción», una modalidad a caballo entre la autobiografía y la ficción en la que autor, narrador y protagonista comparten una misma identidad. Mientras que la autobiografía, según Doubrovsky, ofrece un estilo refinado para la gente importante en el atardecer de sus vidas (10), la autoficción se define como «una ficción de eventos y hechos estrictamente reales» (10; la traducción es mía), lo cual no deja de ser bastante críptico. Colonna aclara que «una autoficción es una obra literaria por la cual un escritor se inventa una personalidad y una existencia, sin abandonar su identidad (su nombre verdadero)» (Colonna 1989: 239; trad. de Amícola 2008: s/p).

Ante estas definiciones, *Un momento de descanso* suscita varias preguntas: ¿de qué vale leer un *roman à clef* cuando la referencialidad a personas «reales» es secundaria? ¿Cómo leer una novela en clave cuando no hay

---

5.   «Lo que resulta revelador, es el espacio en el que se inscriben las dos categorías de textos, y que es irreducible a una u otra. Este efecto de contraste obtenido por este procedimiento es la creación, para el lector, de un "espacio autobiográfico"» (la traducción es mía).

certeza sobre la línea divisoria entre lo vivido y lo inventado? ¿Debemos seguir aceptando el «pacto ambiguo», concepto que Alberca (2007) maneja con soltura para designar el acuerdo establecido entre el lector y el autor de una autoficción, cuando la narración del «yo» se presenta como un simulacro, una hiperrealidad? ¿O debemos acaso desechar la idea de pactar enteramente en tanto que el autor diseña su autoficción para desestabilizar las expectativas del lector?

Como autor de autoficción, Orejudo se aleja del pacto autobiográfico para configurar la imagen de un autor que no es honesto, pero es sincero. El pacto queda a la fuerza incompleto hasta que el lector decida qué está dispuesto a aportar. A pesar de los personajes fantasmales y los falsos guiños hacia una novela en clave, el autor deja percibir un esfuerzo noble por reflejar el mundo con justicia. El lector de *Un momento de descanso* no debe caer en la trampa de que puede resolver el acertijo de una novela en clave, puesto que Orejudo parece rechazar esta modalidad con la misma vehemencia con que rechaza la autobiografía. Quisiera aclarar que solo me refiero a aspectos de la autoficción según han teorizado Lejeune, Gasparini, Colonna, Doubrovsky y Alberca, con el objeto de explorar los planteamientos que provoca la conjunción de la novela en clave y la autoficción[6]. Lo que Orejudo practica en esta novela es, sin duda, una creación deliberada, a caballo entre autobiografía y ficción, pero que se complica con el simulacro del *roman à clef*. Lejos de querer categorizar la autoficción, o aplicar estas teorías a la novela de Orejudo, me interesa explorar qué objetivos se marca la novela a través de los dispositivos de la autoficción y lo subversivos que son esos objetivos en cuanto a los órdenes que denuncia y en cuanto a cómo leemos, escribimos y entendemos la literatura.

La novela de Orejudo abre en la Feria del Libro de Madrid en 2009 con el protagonista firmando libros. En la página 211 se identifica como «el escritor Antonio Orejudo», y en otra instancia lo hace como el autor de *Fabulosas narraciones por historias* (1996), *Ventajas de viajar en tren*

---

6. Hay que notar las grandes diferencias entre estos teóricos. Por ejemplo, Lejeune (1975) se basa en consideraciones de género literario, mientras que Gasparini (2008) aboga por un acercamiento histórico. Consúltese también Ana Casas (2012), quien recoge distintas tradiciones complementarias en torno al debate de la autoficción. Mientras que la autoficción acusa una claro predominio de la crítica francesa, las formulaciones en español (Pozuelo Yvancos y Manuel Alberca, entre otros) se unen al debate. Véase también Molero de la Iglesia (2000) sobre la autoficción en autores españoles destacados.

(2000) y *Reconstrucción* (2005), novelas a las que se suman sus estudios críticos correspondientes a su faceta como profesor de literatura medieval, datos fácilmente verificables que se mencionan sin recurrir al pudor afectado. Como bien señala José Amícola,

> la mayoría de los críticos modernos se han negado a dar carta de ciudadanía clara y distinta a la novela autobiográfica, por temor a que sus límites borrosos emponzoñaran el dominio autobiográfico en su conjunto. Lo cierto es que contra el pudor de la novela autobiográfica por los nombres propios y referenciales hacia el afuera del texto, la autoficción tiende al otro extremo y, sin ninguna consideración por los implicados, los ofrece con profusión, tornándose así como la denuncia de la mala conciencia de la novela autobiográfica. (Amícola 2008: 4)

El yo autoficticio se destaca en *Un momento de descanso* cuando el escritor va a dar una charla sobre un tema: «*yo*. Yo y mi obra narrativa. Yo y mi lectura de los clásicos. Yo y la literatura contemporánea. *Yo*, un tema que me sabía de memoria y recitaba de corrido. *Yo*, un tema que cada vez me aburría más» (Orejudo 2011: 204). Orejudo da la vuelta como un calcetín al pudor que la novela autobiográfica y de la novela en clave exhiben hacia los nombres propios y referenciales, declarando un pudor hacia adentro: «Conservo todavía cierto pudor ante el elogio o cierta prudencia. O tal vez sea simplemente superstición, una idea mágica, la idea de que el valor de mi literatura, si es que tiene alguno, se reducirá si se habla mucho de ella» (204).

Un momento de descanso ofrece al lector una escena relevante para la autoficción, que aparece en la sección central de la novela, titulada «Cómo me hice escritor». Estando en los sótanos de la Biblioteca Nacional, el personaje Antonio Orejudo, por no derramar en la chica a la que se entrega al sexo oral, dispara accidentalmente su semen sobre unos versos del códice del *Mio Cid*. El semen, que la chica intenta limpiar con un kleenex, borra accidentalmente varios hemistiquios del venerable poema. Como prueba, la novela incluye la imagen digital del poema de la Biblioteca Virtual Miguel de Cervantes, en la que los versos 1801 y 1802 se ven, efectivamente, semiborrados: «aunque mis novelas se olvidaran para siempre», afirma el narrador personaje autor Antonio Orejudo, «yo ya había cumplido el sueño de todo escritor: dejar huella, modificar la literatura o por lo menos una pequeña parte de ella» (115). ¿Cómo hemos de sentirnos como lectores del *Mio Cid* —obra «seminal» según la jerga literaria— sabiendo que en el venerable códice yacen espermatozoides secos del autor autoficcional de *Un momento de descanso* y además especialista en literatura medieval española? Como entes microscópicos, los espermatozoides serán invisibles para los lectores, aunque Orejudo nos quiere convencer de su irrefutable certeza. Alude a la materialidad de la tinta medieval («el sulfato de hierro de las tintas medievales debió de hacer reacción, no sé, la tinta se ablandó», 115), el de las hojas a punto de deshacerse, y la de las palabras con sus pausas y cesuras, órdenes de sustancias con que se elaboran los personajes de ficción y sus vicisitudes, pero que aquí solo emborronan el texto. Con gran sentido del humor, Orejudo despeja la incógnita histórica de los versos borrados en la imagen digital del poema, reportando su contenido antes del irrevocable accidente: «Alegre es doña Ximena e sus fijas amas / e todas las otras dueñas que's tienen por casadas» (115).

El irreverente episodio sugiere que lo que está en juego es otro código totalmente heterogéneo en el que la contribución espermatozoide de Orejudo a la literatura es invisible, entre la materia y el signo, o sea, mitad mitad[7]. El escritor autoficcional se sitúa, por tanto, en un espacio ambiguo, entre las cosas reales y los símbolos. Es tan invisible como sus espermatozoides, pero tan material como ellos, en tanto que su semen pasa a ser parte del códice medieval. El espermatozoide está ahí, en el libro, como diciendo «este soy yo». La relevadora escena sitúa al autor de autoficciones en pleno acto creativo, fecundando —literalmente— el códice del *Mio Cid* y su larga tradición hasta el presente. A su vez, frente a la edición ínfima de la obra medieval, *Un momento de descanso* disfruta de una tirada muy superior en Tusquets. La única copia existente del códice medieval es relevante puesto que sitúa la literatura en una cadena de copias de un original desaparecido —un original fantasmal— iluminando así el concepto posmoderno del simulacro. El yo autoficcional se estremece ante el códice y evoca a Per Abbat,

> … el monje de Medinaceli que lo copió, había tocado esas mismas páginas ochocientos años atrás […]. Me lo imaginaba mojando el cálamo en el vitriolo, posando los ojos en la pericopia (que no se conserva), cometiendo un

---

7. Mi reflexión sobre la escena en la Biblioteca Nacional se inspira en una novela posapocalíptica, *Anatomía humana* (1993), del argentino Carlos Chernov, en la que en una de las escenas los personajes discuten sobre la verosimilitud y la verdad. Uno de ellos reflexiona sobre el espermatozoide disecado dentro de un libro como, «el resto de un cuerpo, con toda la dotación genética de una persona *escrita* en él» (32, subrayado en el original).

error por lectio facilior, memorizando el fragmento, dictándose la frase a sí mismo, transcribiéndola con el error y volviendo la vista al modelo. Me estaba imaginando todo esto cuando la Araña me besó en los labios. Sí me besó en los labios. Y volvió a besarme y me besó de nuevo porque la intención de la Araña nunca fue enseñarme el *Mio Cid*, sino violarme en las entrañas de la Biblioteca Nacional. (Orejudo 2011: 114)

La idea de que un autor aspire a «dejar huella» en la literatura española modificándola mediante el descargo autobiográfico de una sola emisión seminal, se inscribe, pues, en clave burlesca en esta novela, pero también conduce a la seria reflexión de cómo un texto puede entregar *lo más real* de un autor —sus espermatozoides, su ADN— en una de las escenas quizá más imaginativas de la novela. ¿Hasta qué punto incorpora la autoficción la dotación genética de quien se escribe literalmente en el texto?

La parte titulada «Cómo me hice escritor», que se remonta a la estadía de Orejudo en Nueva York gracias a una beca doctoral, proporciona otra clave para desenmarañar la autoficción de esta novela. Para sobrevivir a sus penurias estudiantiles, Orejudo se somete como cobaya humana de una empresa farmacéutica. Uno de los experimentos requiere una estimulación magnética transcranial que al final del tratamiento produce extraños efectos secundarios. Cuando ve a desconocidos, el escritor en ciernes sabe de pronto quiénes son, cómo son sus vidas, su pasado, qué tipo de dificultades o momentos felices están pasando —síndrome envidiable para cualquier escritor—. Además de su capacidad de ver la vida de la gente, sufre un encuentro violento con la policía y un intento de secuestro en el tren con *random shooters*, experiencias trepidantes que le hacen dudar si de veras han ocurrido o si solo sucede en su imaginación. A partir de ahí, los trabajos que presenta en la carrera cambian. Empieza a incluir en sus *papers* libros verdaderos y falsos, citas fidedignas e inventadas, sucesos históricos y acontecimientos recreados (142), y también «autores que no existían, pero que a mi juicio deberían de haber existido para entender mejor la importancia que en su tiempo tuvieron los autores reales, por llamarlos así» (141)[8].

---

8. En este sentido, Orejudo, que se compara con el personaje borgiano Funes el Memorioso y recurre a prácticas escriturales borgianas, parece estar mostrando la centralidad de Borges en el impulso contemporáneo de lo autoficcional y de querer desprender la autoficcionalidad del tema de la posmodernidad, como también apunta Colonna (79).

De esta alusión borgiana apenas hay un paso a la autoficción, ante la que el mundo académico pare intransigente. Orejudo advierte que la práctica de enriquecer la realidad con la imaginación es particularmente intolerable en los departamentos de literatura:

Los profesores más jóvenes y más sensibles a lo posmoderno digamos, los mismos que habían escrito ensayos sobre la autoficción o que estudiaban la mezcla de realidad e imaginación en la narrativa contemporánea fueron los más intransigentes conmigo. Esos fueron los que exigieron mi expulsión inmediata y mi humillación pública (Orejudo 2011: 143).

Eventualmente, el aspirante a escritor acaba convirtiendo los datos imaginarios en «un don, al que además podía sacar un alto rendimiento económico» (145). En clave de *Bildungsroman*, esta parte de la novela no solo crea una fabulosa historia de ciencia ficción en la que el talento del escritor es inducido con la tecnología, sino que denuncia mediante la ironía los beneficios económicos de ser escritor en España y el desfase de los críticos literarios en cuanto a la recepción de su obra.

La hechura de *Un momento de descanso* incorpora multitud de géneros literarios, musicales y fílmicos que le dan el espesor de un *pastiche* literario que ciertamente complica el «pacto autobiográfico». Según Gasparini (2008: 297 y 331), la autoficción no es una teoría definitiva porque sus contornos están en continuo movimiento, lo cual, a su vez, «tiende a problematizar la relación entre escritura y experiencia». McDonough (2011: 22) confirma que la escritura autoficcional, debido a su ausencia de características definitorias, no puede definirse con precisión puesto que cuestiona las definiciones de los géneros literarios. La novela celebra el acto creativo del artista refractándolo en diversos géneros y convenciones que prosiguen con la tradición, pero que también se sitúan dentro de un nuevo marco estético para la novela. Orejudo erige su autoficción como un rompecabezas literario en el que se debaten distintas modalidades: 1) las novelas de campus en español, que se describen como inverosímiles frente a las anglosajonas (175); 2) el musical hollywoodense, al que Orejudo recurre como parodia; 3) la astracanada del teatro cómico español del primer tercio del siglo xx que se propone provocar la risa a cualquier precio; 4) el ensayo literario, de manera particular *El atroz desmoche* de Jaume Claret Miranda y también el autocomentario; 5) la entrevista periodística y televisiva, como elementos integrantes de la docuficción; 6) la novela detectivesca con toques de *film noir*, como se produce en el episodio en que el rector de la universidad madrileña fuerza el voto del comité para eliminar al mejor candidato a unas oposiciones; 7) el *Bildungsroman*, en la medida en que se relata cómo el autor se hizo escritor; 8) la ciencia ficción, a través de los experimentos con la estimulación magnética transcraneal; 9) materiales paratextuales que fortifican la apariencia de verdad y el concepto del simulacro y todo ello bajo la rúbrica de la autoficción, que de pronto se nos antoja como un código postal demasiado grande. Orejudo crea un complejo montaje novelesco en clave de *performance* y aprovecha las convenciones de distintos géneros para retar conceptos literarios, incluso el de la autoficción, y para parodiar el mundo académico. El sistema educativo es un circo (por ejemplo, el departamento de Spanish de la Universidad de Missouri, que es «como todos», «tenía un poco de tren de la bruja» por su disposición circular, 31), o tan inverosímil como un musical hollywoodense (por ejemplo, el coro de los padres desde sus coches tras dejar a sus hijos en la High School en su primer día de clase). En el caso español hay *performances* similares, irregularidades y corruptelas que llegan a alcanzar altos índices de violencia y de criminalidad. El aula no es ajena a la impostura, como se sucede en la pedagogía del profesor Virgilio:

> —Miguel de Cervantes Saavedra, entre paréntesis: mil quinientos cuarenta y siete, guion, mil seiscientos dieciséis, cierra paréntesis; nació en Alcalá de Henares, coma, ciudad universitaria cercana a Madrid, punto y seguido. Su fecundidad literaria, coma, su profundo don de observación, coma, su hondo concepto de la vida y la riqueza de sus descripciones hacen de su obra una joya de la literatura de todos los tiempos y de todos los pueblos, punto y seguido.
> —¿Puede repetir?
> —¿Desde dónde?
> —Desde joya.
> —Una joya de la literatura de todos los tiempos y de todos los pueblos, punto y seguido. ¿Está?
> —Sí. (Orejudo 2011: 157)

La novela de Orejudo delata sin tapujos las imposturas del mundo académico y las corruptas estructuras de poder que las sustentan: mundos ocultos, sumergidos, que a los que estamos dentro se nos pueden antojar a la vez sumamente cotidianos. Mas no olvidemos que para Colonna (1989: 102) la autoficción es parte de un lenguaje metaliterario que reflexiona sobre la condición de los propios textos. Sirva como botón de muestra de la invitación de Orejudo a equiparar el lenguaje de la crítica literaria con el de la pornografía. Un doctorado de Cornell en Teoría Literaria —grupo que constituye una reconocida «escuela»— y metido ahora a director de películas porno les da instrucciones a Edgar, el hijo de Cifuentes, y la joven chica con la que está rodando: «—A ver, os cuento un poco el guion. Vamos a empezar *in medias res*. ¿Sabéis qué es *in medias res*? Los chicos no lo sabían. —*In medias res* significa a la mitad. Vamos a empezar a la mitad. Gabrielle está ya desnuda haciéndote una mamada» (Orejudo 2011: 220). La comparación de términos de la pornografía como *glory hole, fisting, bondage, abuse* o *bukkake* con el lenguaje académico revela que este es también una «jeringonza para entendidos que resulta ininteligible para el común de los mortales. En eso el porno me recuerda algunas veces a la crítica literaria. «¿Sabes qué es la crítica literaria?» —le pregunta el director porno a Edgar— «Más o menos» (224). Si el lenguaje de la crítica literaria tiene una analogía en el lenguaje pornográfico y si la novela *Fils* de Doubrovsky dialoga, en efecto, con la laguna teórica de Lejeune sobre la autoficción, *Un momento de descanso* ofrecería entonces una curiosa variante: la autopornoficción. Estas prácticas metaliterarias y performativas confirman que la labor del lector de *Un momento de descanso* no es distinguir qué es real y qué es inventado, sino aventurarse en el simulacro de una escritura de alto riesgo, que fluctúa constantemente entre ficción y autobiografía, pero también entre novela y otros géneros, mezclando las aguas y sugiriendo una obra transgenérica más allá de la ambigüedad de la autoficción.

El simulacro no es solo una teoría posmoderna que nos ayuda a desentrañar *Un momento de descanso*, sino una temática recurrente en la novela a través de lo fantasmal o lo fantasmagórico. La primera parte de la novela, titulada «Aparece un fantasma», revela las experiencias del campus norteamericano vividas por Cifuentes. A Cifuentes, que se especializa en los ensayos de José María Pemán, no lo contratan en el departamento de español de la Universidad de Missouri por su nivel de investigación sino porque quieren atraer a su mujer Lib, investigadora de Genética y Biomedicina a través de lo que se llama un *spousal hire*. La novela denuncia los esotéricos e irrelevantes objetos de investigación académicos en las Humanidades que tienen su raíz o en la mediocridad o en comportamientos fraudulentos. Cifuentes tiene como colegas a Bernie Menlove, máxima autoridad en *El sabio Salamanquesa*, un poema didáctico del siglo xviii que es pura invención de Orejudo; Leopoldo Zapata, cuyo único libro era un estudio sobre la figura del gaucho en la literatura gauchesca; Miguel Iriarte, siglorista que había publicado varios artículos sobre las falsas atribuciones a Cervantes; Amarilo Serna, que llevaba años escribiendo un libro que argüía que la función del texto literario es provocar el nacimiento de la teoría literaria; y Magdalena Lima-Pintón, argentina excéntrica, no solo por dedicarse a la literatura medieval sino por coleccionar glandes de escritores célebres que ella misma fotografía. Con esta plantilla de profesores, no es de extrañar que los estudiantes graduados a su cargo estén desorientados: uno empezó a estudiar la influencia de Benet en la literatura española pero pronto se quedó sin tema y sin saber qué hacer; otra estudiante trabaja únicamente las dedicatorias, que le parecen más relevantes que las obras de los escritores; otra contrata detectives privados y *paparazzi* para que le proporcionen datos sobre las relaciones entre escritores y entre escritores y críticos. Profesores y alumnos forman un conjunto de «zombis» (36) en busca de temas académicos descabellados e irrelevantes.

El especialista en Pemán, Cifuentes, se convierte en una víctima del sistema. Su relato denuncia cómo en las universidades norteamericanas el «fundamentalismo democrático» (52) ha hecho estragos en las relaciones entre profesores y estudiantes, dándole excesivo poder al alumno. La dimisión forzada de Cifuentes viene motivada por amonestar a una estudiante negra, Nela Williams, por haberse quedado dormida en su clase. La estudiante le denuncia y pone en marcha un penoso proceso que aísla al profesor de sus colegas y del sistema universitario, que no sale en su ayuda: «un negro, cualquier negro, todavía podía crucificarte. Solo había que cuestionar en público el sistema de *Affirmative Action* o perturbar el bienestar de alguno de ellos minimizando su marginalidad y recordándole sus obligaciones, para que se sintiera inmediatamente agredido» (50). El incidente también le cuesta caro a nivel personal, pues su relación con su mujer acaba en la ruptura matrimonial. El fracaso profesional y personal de Cifuentes está simbolizado en un boquete en la pared que abre en la pared para instalar un enchufe y que es incapaz de arreglar. «¡Cómo le gustaría unir a su especialidad en Pemán ese remangarse con virilidad y decisión para arreglar el goteo de la cisterna o cambiar el diferencial del cuadro eléctrico!» (22), piensa Cifuentes. Sin embargo, como investigador de la ensayística de José María Pemán, su desconexión con la realidad va en aumento según avanza la novela. Su expulsión del mundo universitario tiene su raíz, de hecho, en los años de carrera en España, donde el estudio de la literatura pasó a ser «una disciplina inútil que solo conducía a la frustración y al paro» (111).

En la universidad española las cosas no van mejor. Quienes se han hecho con el poder a lo largo de las cuatro décadas franquistas recurren a violentas estratagemas para preservar el imperio de la mediocridad y mantener a los profesores revolucionarios en jaque. La novela parodia con acritud el sistema educativo que conduce al corrupto Parnaso universitario del siglo XXI. Como novela-ensayo, *Un momento de descanso* complementa el ensayo de Jaume Claret Miranda, *El atroz desmoche*, que Orejudo incorpora a su novela para explicar que «nuestro raquitismo cultural, intelectual y científico no obedecía a un ciego y fatal designio del destino, sino al dictado consciente de quienes ganaron la guerra y a la incompetencia coadyutoria de los políticos que vinieron después» (203). La novela de Orejudo noveliza ese «atroz desmoche» llevado a cabo por el Régimen que aún perdura en la universidad en el nuevo milenio.

Si Cifuentes acude a la Feria de Libro al comienzo de la novela a ver a su antiguo camarada, es, como el lector descubre más tarde, para proponerle escribir la verdad sobre su antiguo mentor Desmoines, catedrático prodigio y fundador de la universidad española donde estudiaron los dos. Cifuentes descubre que tras su imagen de rector progresista y heroico prohombre republicano se esconde un farsante que le usurpó el puesto al verdadero fundador (Claudio Castillejo) haciendo que lo fusilasen para acostarse con su mujer y construyendo una versión de su pasado que no tenía ningún punto en común con la verdad. A esta traición silenciada se van acumulando otras irregularidades de la gestión universitaria que Castillejo hijo denuncia públicamente para limpiar la honra de sus padres. A través de Castillejo hijo salen a relucir trapos sucios de la universidad: contrataciones fraudulentas del profesorado, normas descabelladas creadas para favorecer a una alumna, profesores que solo aprueban a los alumnos que se inscriben en su academia de pago, despachos que se transforman en apartamentitos por donde pasan las estudiantes más ambiciosas del departamento (162). Las denuncias de estas corruptelas universitarias por parte de Florencio Castillejo no conducen a nada, salvo a su suicidio. Esta parte de la novela adopta el giro de una novela detectivesca, un reportaje periodístico y un ensayo, poniendo al descubierto los procedimientos de investigación de cada modalidad discursiva y aduciendo las pruebas que se utilizarían como evidencia. Los juegos del «yo» abandonan claramente la idolatría del nombre propio y abren paso a hablar de los demás y a desvelar las raíces de una vieja conspiración desde los tiempos de la República. Ni

Castillejo puede restablecer el buen nombre de su padre, el verdadero fundador de la universidad madrileña, ni Cifuentes puede restablecer el de su hijo Edgar una vez que firma un contrato como estrella de porno, pero en el proceso Orejudo desempolva las falsificaciones que, durante décadas, han servido para apuntalar los entramados del poder.

Quizá el fraude que más les afecta como escritores a los dos protagonistas de *Un momento de descanso* sea el del lenguaje: «La inversión de valores es tan radical en nuestros días que una persona que maltrata el idioma diciendo *españoles y españolas* o *presidenta* pasa por ser un demócrata cuando en realidad es un dictador» (234, subrayado en el original), afirma Cifuentes en su discurso inaugural, para concluir que «la rebelión gramatical es la única revolución que nos queda» (234). Frente a la dictadura de la mediocridad, ambos concurren en la necesidad de limpiar el lenguaje, no solo la jerga académica, que Orejudo apareja con la pornografía, sino la jerga política y la periodística. Orejudo escribe un borrador titulado *Aprobados y suspensos*, en el que cuando los líderes de opinión (profesores, periodistas y políticos) cometen un error gramatical, los filólogos resentidos los suspenden literalmente poniéndoles una soga al cuello y colgándolos del techo (240). Tanto Cifuentes como Orejudo rinden en este relato un humilde pero sentido elogio al lenguaje, que quizá sea lo que los rescate de la claudicación moral que les aguarda al final de la novela.

En la tercera y última parte, titulada «La felicidad del hombre descansado», el lector descubre a qué alude el título de la novela. Cifuentes acaba claudicando y acepta ser catedrático en Madrid a cambio de no escribir la novela *The Great Pretender* que hubiera desenmascarado el pasado criminal de los Desmoines. Orejudo dice haber tirado su borrador (*Aprobados y suspensos*) a la basura y publica el resultado de las investigaciones que había asegurado a su amigo Cifuentes que no daría a la luz y que pudo haber sido el verdadero borrador —texto fantasma por excelencia— en que se basa *Un momento de descanso*: «decidí permitirme yo también un momento de descanso y cometer por primera vez en mi vida una pequeña traición» (241). Cifuentes guardará silencio a cambio de la deseada cátedra otorgada por los rectores que han falsificado la verdad y da gustoso la charla magistral de la inauguración de curso ante los Príncipes de Asturias. Esta autotraición le permite disfrutar de un momento de felicidad. Orejudo también disfruta cuando es aclamado en una charla universitaria sobre el «yo» autoficcional de sus novelas, después de haber sido expulsado como profesor precisamente por no respetar la frontera entre ficción y realidad en sus textos académicos.

La degradación moral de los personajes centrales de la novela conducen a que el lector juzgue si como obra de autoficción *Un momento de descanso* se encamina a la autodestrucción; si todos tenemos derecho a «una felicidad más elemental» (239), a bajar la guardia contra las corruptelas y disfrutar cuando somos aclamados en charlas universitarias. Los dos personajes pagan un alto precio por su deseo de aspirar a una felicidad negada—momento pivotal que los sitúa en *a point of no return*[9]— y que los arroja en la ciénaga moral que deploran o el «chof chof» (205) donde chapotean a gusto, renunciando al arbitraje moral de quienes manejan el teatrillo académico. ¿Hay acaso un mecanismo autodestructivo en toda obra de autoficción en tanto que sacrifica o renuncia a algo propio? ¿Es el simulacro necesariamente nefasto si en él radica la posibilidad de sobrevivir? ¿Supone este sucumbir a la impostura una necesidad o una concesión permisible dado que las estructuras universitarias son irremontables? Es más, ¿podemos los lectores adoptar el rol de árbitro moral de unos personajes que solo aspiran a un momento de felicidad?

En conclusión, *Un momento de descanso* es una novela sobre imposturas —literarias, éticas y políticas— que se propone denunciar a través de distintas estrategias autoficcionales, sin la idolatría del nombre propio, y lo ejecuta sin la vanidad de quienes consideran que la realidad en que viven choca con el muro de su integridad, que en el fondo puede ser una forma de vanidad; en otras palabras, la novela lleva a cabo la denuncia desde un sentido del pudor más sincero, confesando que el «yo» no puede limpiarse del todo del fango de la ciénaga académica que a todos nos salpica. Orejudo parece convencido de que para llevar a cabo su cometido la autoficción ofrece ciertas ventajas: su resistencia a la categorización, su hibridización, su zarandeo al pacto entre autor y lector, y la puesta en movimiento de diversas formas discursivas que impiden la

---

9. El término *point of no return* originó, según el *Oxford English Dictionary*, como un término técnico durante la II Guerra Mundial en la navegación aérea para referirse al punto en que un avión, debido al bajo nivel de combustible, no podía regresar al campo de aterrizaje del que partió. La novela de 1947 *Point of No Return* de John P. Marquand, que inspiró la obra de Broadway de 1951 de Paul Osborn con el mismo título, popularizan el uso metafórico de la expresión para referirse al momento en que la vida de una banquero norteamericano sufre un viraje radical.

lectura pasiva de un lector que ha pactado de antemano qué es y qué no es el texto que tiene entre manos. Orejudo prefiere incomodar al lector, desestabilizar sus expectativas, convidándole a compartir una forma de novelar rocambolesca que se aleja de las formas tradicionales, inveteradas, sabiondas y relamidas.

BIBLIOGRAFÍA

ALBERCA, Manuel (2007): *El pacto ambiguo. De la novela autobiográfica a la autoficción*. Madrid: Biblioteca Nueva.

AMÍCOLA, José (2008): «Autoficción, una polémica literaria vista desde los márgenes (Borges, Gombrowicz, Copi, Aira)», *Olivar* 9.12, disponible en <http://www.scielo.org/ar> [última visita: 11.06.2013].

BAUDRILLARD, Jean (2005): *Cultura y simulacro* [7ª ed]. Trad. Antoni Vicens y Pedro Rovira. Barcelona: Kairós.

DOUBROVSKY, Serge (1977): *Fils*. Paris: Gallimard.

CASAS, Ana (ed.) (2012): *La autoficción. Reflexiones teóricas*. Madrid: Arco Libros.

CERCAS, Javier (2005): *La velocidad de la luz*. Barcelona: Tusquets.

COLONNA, Vincent (1989): *L'Autofiction. Essai sur la fictionnalisation de soi en littérature*. Tesis de doctorado (dir. G. Genette). Disponible en <http://tel.archives-ouvertes.fr> [última visita: 11.06.2013].

DELEUZE, Gilles y PATTON, Paul (2004): *Difference and Repetition* [1968]. London: Continuum.

DONOSO, José (1995): *Donde van a morir los elefantes* [1985]. Madrid: Aguilar.

GASPARINI, Philippe (2008): *Autofiction: Une aventure du langage*. Paris: Seuil.

LEJEUNE, Philippe (1975): *Le Pacte Autobiographique*. Paris: Seuil.

MARÍAS, Javier (1989): *Todas las almas*. Barcelona: Anagrama.

McDONOUGH, Sarah Pitcher (2011): *How to Read Autofiction*. Tesis de B.A. (dir. C. Poisson). Disponible en <http://wesscholar.wesleyan.edu> [última visita: 11.06.2013].

MOLERO DE LA IGLESIA, Alicia (2000): *La autoficción en España: Jorge Semprún, Carlos Barral, Luis Goytisolo, Enriqueta Antolín y Antonio Muñoz Molina*. Bern/Berlin/Bruxelles/Frankfurt/New York/Oxford/Wien: Peter Lang.

Orejudo, Antonio (2011): *Un momento de descanso*. Barcelona: Tusquets.

Pozuelo Yvancos, José María (2005): *De la autobiografía. Teoría y estilos*. Barcelona: Crítica.

Sanz, Teo (2011): «¿Qué es la autoficción?», disponible en <http://teosanz.blogspot.com/2011/02/que-es-la-autoficcion.html> [última visita: 13.06.2013].

Sobre los autores

Javier Ignacio Alarcón es profesor de Literatura y Pensamiento Político en el Colegio Integral el Ávila, la Universidad Monteávila y la Universidad Católica Andrés Bello, en Caracas. Entre sus líneas principales de investigación destacan el pensamiento de Miguel de Unamuno, tema que trabajó en su tesis de grado en Filosofía, y la autoficción, área en la que se especializó en la Universidad Autónoma de Barcelona, en el Máster de Literatura Comparada: Estudios Literarios y Culturales.

Manuel Alberca es catedrático de Literatura Española en la Universidad de Málaga. Ha sido profesor invitado en las universidades de Toulouse-Le Mirail, Tours, Paris XIII y Libre de Bruselas. Desde 1991, participa como investigador en los proyectos de la Unidad de Estudios Biográficos, de la Universitat de Barcelona. Es autor, entre otros, de los libros *La escritura invisible. Testimonios sobre el diario íntimo* (2000), con prólogo de Philippe Lejeune, *Valle-Inclán, la fiebre del estilo* (2002) y *El pacto ambiguo. De la novela autobiográfica a la autoficción* (2007), con prólogo de Justo Navarro. Entre sus publicaciones, también destaca la introducción «La cara oculta de Valle-Inclán» a Ramón del Valle-Inclán, *Inédito. Narraciones y epistolario*, ed. de Joaquín del Valle-Inclán Alsina (Madrid, Espasa, 2008). Está ultimando, junto con J. del Valle-Inclán Alsina, la biografía canónica del escritor gallego.

Susana Arroyo Redondo se doctoró en Teoría de la Literatura y Literatura Comparada por la Universidad de Alcalá con una tesis sobre la autoficción española contemporánea, ha trabajado con la Unidad de Estudios Biográficos de la Universitat de Barcelona y ha publicado diversos artículos sobre formas autobiográficas y autoficticias («Formas híbridas de narrativa: Reflexiones sobre el cómic autobiográfico», *Escritura e Imagen* 8, 2012; «Autorrepresentación en la obra de Gonzalo Torrente Ballester», *Revista de Literatura* 74-147, 2012), siempre con especial atención a cuestiones pragmáticas y paratextuales («Aproximaciones teóricas al prólogo: su papel en la narrativa española reciente» de próxima aparición en *Revista de Literatura*). También gestiona la página web www.autoficcion.es.

Fernando Cabo Aseguinolaza es catedrático de Teoría de la Literatura y Literatura comparada de la Universidad de Santiago de Compostela. Ha sido profesor invitado en las universidades de Borgoña, California (Irvine), Tours y Harvard. Es autor, entre otros, de los libros *El concepto de género y la literatura picaresca* (1992), *Infancia y modernidad literaria. Entre la narración y la metáfora* (1996), *Teorías sobre la lírica* (1999), *Manual de Teoría de la Literatura* (2006) —en colaboración con María do Cebreiro— y *El lugar de la literatura española* (2012) —volumen 9 de la *Historia de la literatura española*, dirigida por José-Carlos Mainer—.

Ana Casas es Investigadora Ramón y Cajal de Literatura Española en la Universidad de Alcalá. También ha sido profesora en las universidades de Neuchâtel (Suiza), Autónoma de Barcelona y Pompeu Fabra. Pertenece al GEF (Grupo de Estudios sobre lo Fantástico) y al Grupo Semiosferas. Cine, teatro, literaturas, relaciones interartísticas e interculturales. Dirige *Pasavento. Revista de Estudios Hispánicos* (www.pasavento.com). Entre sus líneas principales de investigación destacan el cuento español contemporáneo, lo fantástico y la autoficción. Algunas de sus publicaciones son *El cuento en la posguerra. Presencia del relato breve en las revistas españolas* (2007) y *La autoficción. Reflexiones teóricas* (2012). Dirige el Proyecto de investigación del Plan Nacional *La autoficción hispánica (1980-2013). Perspectivas interdisdiplinarias y transmediales.*

José-Luis García Barrientos es Investigador Científico en Teoría de la Literatura del CSIC (Madrid). Ha publicado, entre otros, los libros *Drama y tiempo. Dramatología* I (1991) —traducido al árabe—, *La comunicación literaria* (1999²), *Teatro y ficción. Ensayos de teoría* (2004) —traducido al árabe—, *Las figuras retóricas* (2007³), *El teatro del futuro* (2009²), *Cómo se comenta una obra de teatro. Ensayo de método* (2010⁴) —traducido al árabe y al francés en curso—, y *Actuación y escritura (Teatro y cine)* (2010). Ha editado *Análisis de la dramaturgia: Nueve obras y un método* (2007) y *Aná-*

lisis de la dramaturgia cubana actual (2011). También es coautor de varios libros de texto y de volúmenes como *Le temps du récit* (1989), *La moderna crítica literaria hispánica* (1996), *Teoría del teatro* (1997) y *Versus Aristóteles: Ensayos sobre dramaturgia contemporánea* (2004). Dirige el Proyecto de investigación del Plan Nacional *Análisis de la dramaturgia actual en español: Chile, Estados Unidos, Uruguay, Costa Rica, Panamá*.

DANIEL MESA GANCEDO es profesor titular de Literatura Hispanomericana en la Universidad de Zaragoza. Ha publicado los libros *La emergencia de la escritura. Para una poética de la poesía cortazariana* (Kassel, 1998), *La apertura órfica. Hacia el sentido de la poesía de Julio Cortázar* (Bern, 1999) y *Extraños semejantes. El personaje artificial y el artefacto narrativo en la literatura hispanoamericana* (Zaragoza, 2002). Ha colaborado en la edición de la poesía completa de Cortázar (Barcelona, 2005) y coordinado un volumen sobre la obra de Ricardo Piglia: *Ricardo Piglia: la escritura y el arte nuevo de la sospecha* (Sevilla, 2006). Se ha ocupado también de autores hispanoamericanos incluidos en las colecciones *1001 libros que hay que leer antes de morir* (2006), *La isla de los 202 libros* (2008) o *100 escritores del siglo xx* (2008). Recientemente ha editado la colección *Novísima relación. Narrativa amerispánica actual* (Zaragoza, 2012).

PALLE NØRGAARD es Máster en Filología Española y Literatura Comparada. En la actualidad está realizando sus estudios de doctorado en la Facultad de Letras de la Universidad de Aarhus. Es miembro del Proyecto de investigación *La memoria novelada: la contribución de la literatura a la construcción de identidades culturales en España (2000-2010)*, financiado por el Consejo de Investigación de Cultura y Comunicación de Dinamarca. En el marco de dicho proyecto desarrolla su estudio a través del análisis de la interacción entre ficción y personajes y hechos reales en la novela española actual y en el género autobiográfico.

DOMINGO RÓDENAS DE MOYA es profesor titular de Literatura Española en la Universidad Pompeu Fabra (Barcelona). Ha sido profesor invitado en la Universidad de Brown durante el curso 2010-2011. Es crítico literario en *El Periódico de Catalunya*. Como especialista en las letras españolas del siglo xx, es autor de las antologías *Proceder a sabiendas. Antología de la narrativa de vanguardia española, 1923-1936* (1997), *Prosa del 27* (2000), *Contemporáneos* (2003), de los ensayos *Los espejos del novelista* (1998) y *Travesías vanguardistas* (2009) y ha editado numerosos clásicos contemporáneos (entre otros, Unamuno, Azorín, Gómez de la Serna, Jarnés, Carmen Laforet, Delibes). Ha coordinado la obra en dos volúmenes *100 escritores del siglo* xx. *Ámbito Hispánico* y *Ámbito Internacional* (2008). Sus últimos libros, en colaboración con Jordi Gracia, son *El ensayo español del siglo* xx (Crítica, 2009) e *Historia de la literatura española. 7. Derrota y restitución de la modernidad, 1939-2010* (Crítica, 2011). En 2013, ha editado la compilación de ensayos *De la aventura al orden*, de Guillermo de Torre.

Julien Roger es profesor en la Université Paris-Sorbonne Paris iv desde hace diez años. Su tesis, de 2002, versó sobre la figura del autor en la obra de Leopoldo Lugones. Ha publicado diversos artículos sobre literatura argentina del siglo xx y editado, entre otros, los libros *Le texte et ses liens I* y *II* (2006, 2007) y *Unité et fragmentation, Production et réception, Généalogies d'une œuvre* (2009). Actualmente se dedica a la escritura femenina argentina, en particular los autores Silvina Ocampo, Norah Lange y Sylvia Molloy.

Ana Rueda es catedrática de Literatura Española y Directora del Departamento de Estudios Hispánicos de la Universidad de Kentucky. Especialista en la época moderna y contemporánea, investiga la narrativa (cuento, novela, género epistolar, literatura de viajes y literatura bélica), la escritura de mujeres, los acercamientos interdisciplinarios, y la historia intelectual. Es autora de numerosos artículos académicos y de seis libros, entre los que destacan *Relatos desde el vacío. Un espacio crítico para el cuento actual* (1992), *Pigmalión y Galatea: Refracciones modernas de un mito* (1998), *Cartas sin lacrar: la novela epistolar y la España Ilustrada, 1789-1840* (2001) y *El retorno/El reencuentro: la inmigración en la literatura hispano-marroquí*, con la colaboración de Sandra Martín (2010).

Arnaud Schmitt es catedrático de Literatura y Filosofía Norteamericanas en la Universidad de Burdeos. Como especialista en teoría literaria, filosofía norteamericana y novela norteamericana contemporánea, ha publicado los libros *Je Fictif / Je Réel: Au delà d'une Confusion Postmoderne* (2010) y *Pratique et Esthétique de la Déviance en Amérique du Nord* (2012), este último editado con la colaboración de Pascale Antolin. Asimismo, ha coordinado el monográfico de revista *Le Pragmatisme, une Idée Américaine* (*Revue Française d'Etudes Américaines*, n° 124, 2010) y publicado numerosos artículos de su especialidad.

Lionel Souquet es catedrático en la Universidad de Bretaña Occidental (Brest, Francia). Es miembro del equipo de investigación EA 4249 HCTI Héritages et Constructions dans le Texte et l'Image (U.B.O.-U.B.S.) y miembro asociado del S.A.L., CRIMIC (Universidad Paris iv-Sorbonne). Autor de una tesis doctoral sobre el *kitsch* en la obra de Manuel Puig (1996), obtuvo también en 2009, en Paris iv, bajo la dirección de Milagros Ezquerro, el diploma de habilitación para dirigir investigaciones (HDR) cuyo texto *La «folle» révolution autofictionnelle. Arenas, Copi, Lemebel, Puig, Vallejo* será editado próximamente por Presses Universitaires de Rennes (P.U.R.). Ha publicado numerosos artículos sobre Pedro Lemebel y Fernando Vallejo.

Natalia Vara Ferrero es doctora en Literatura Hispánica y profesora ayudante doctora en la Universidad del País Vasco. Ha sido investigadora posdoctoral en la Universidad de Chicago, donde desarrolló una investigación sobre el papel de la parodia en la novela española actual, y posteriormente profesora invitada en la Universidad de Maryland. Especialista en teoría de la literatura y en narrativa española contemporánea, algunas de sus publicaciones más destacadas se han centrado en la obra narrativa de Pedro Salinas, de quien ha editado diversos textos (*Víspera del gozo y otros textos del Arte Nuevo*, 2013), algunos de ellos inéditos (*Dos prosas inéditas [entre la ironía y la sátira]*, 2011; *Defensa del estudiante y de la universidad*, 2011).

Gilberto D. Vásquez Rodríguez es doctor en Filología Hispánica, Máster en Filosofía Comtemporánea y doctorando en Filosofía y Estética por la Universidad de Murcia. Docente e investigador en Centros de la Universidad de Murcia. Actualmente está adscrito a la línea de investigación sobre «Estética y sinceridad, estudios sobre verdad y veracidad en la construcción textual» en los estudios doctorales de Filosofía y Estética de esta misma Universidad. Ha participado en numerosos encuentros nacionales e internacionales. Ha publicado *El imaginario del andrógino en la novela hispanoamericana contemporánea*, además de varios artículos y publicaciones periódicas, relacionados con la literatura latinoamericana, la androginia, la ficcionalidad y más recientemente con la estética y la literatura testimonial. En la actualidad desempeña su labor como docente en IES Prado Mayor de Murcia.